지혜롭게 사는 인생 노트

이종훈 지음

도서출판 홍릉

지혜롭게 사는 인생 노트

인 쇄: 2020년 12월 18일 초판 1쇄
발 행: 2020년 12월 30일 초판 1쇄

저 자: 이종훈
발행인: 송 준
발행처: 도서출판 홍릉
주 소: 01093 서울시 강북구 인수봉로 50길 10
등 록: 1976년 10월 21일 제5-66호

전 화: 02-999-2274~5, 903-7037
팩 스: 02-905-6729
e-mail : hongpub@hongpub.co.kr
http://www.hongpub.co.kr
ISBN : 979-11-5600-814-9(03220)

정 가: 19,000원

• 책 머리글에서 •

내 삶의 마지막을 장식하는 여정 속에서 생각나는 일이 있다면, 첫째로 47세의 젊은 나이에 6.25를 슬기롭게 이겨내지 못하고 세상을 등진 아버지의 운명이다. 비가 주룩주룩 내리던 밤 온 식구들을 모아놓고 이천 고모님 댁으로 가야만 하는데, 아무 사유도 없이 간다는 것이 너무도 비참하여 모든 것을 다 버리고 차라리 너희들과 함께 있는 것이 좋겠다는 한마디 말, 그것이 전부였으니..., 그 뒷말은 내가 들은바 없기에 납치된 체 운명을 다하고 마셨다. 그것이 전부였으니 6.25로 아버지를 잃은 이 슬픔이 이보다 더 할 수 있겠는가?

또 다른 하나는 사랑하는 아내 곽순화와의 이별이었다. 아들과 딸, 그리고 둘째 아들을 낳고 정들었던 중 고등학교를 떠나 농촌진흥청으로 근무지를 옮겨 국민의 주식량인 쌀을 자급하겠다는 오직 일념으로 연구에 매진할 수 있었던 것은 아내의 끈질긴 내관이었다. 그러나 그것도 잠시 인간의 운명은 어찌할 수가 없었다. 1971년 10월 22일 그의 나이 겨우 38세 되든 해 가을, 어머니와 나 그리고 친정어머니와 오빠가 지켜보는 가운데 느닷없는 비보에 놀란 가슴은 지금도 허탈하기 그지없다. 그는 빈손이었다. 오직 하나 있다는 것은 남편과 어린 자식뿐이었다. 명운이 엇갈리는 마지막을 고하는 날 어린삼남매를 어찌 두고 갈 것인가 라며 보고 싶지만 그 어린것들에게 내 운명의 모습을 보일 수 있겠는가..., 굳이 보여서는 아니된다든 그에게 마지막 말을 남기고 싶습니다. 고맙기만 합니다. 어린 자식들 모두 잘 키웠나 보오. 큰아들 석구는 서울대를 나와 고등학교 교사를 하던 것을 일본 쓰구바대학(筑波大學)으로 유학을 시켰고, 그 후 대구한의대를 나와 한의사로 활약하고 있으며, 둘째 동구는 고려대학교를 나와 KOICA에서 한국을 해외에 알리는 일을 하고 있으며, 막내 원구는 연세대를 나와 EBS에서 영어를 담당하다 최근에는 기획을 담당하고 있고, 딸 은희는 대학을 졸업하고 사위 김일주는 철도청 공무원으로 근무하고 있다. 이 같은 사실을 알리고 싶은 것은 아내가 너무도 사랑하는 아들과 딸이었기 때문이다.

타계한 아버지와 요절한 아내에게 굳이 남기고 싶은 것은 나를 위해 남을 위해 제발 이렇게만 살아주면 되지 않겠느냐 라는 간곡한 바람이 있었기 때문이다. 그리고 새 아내 화원 연타원과 큰 며느리 유선경, 손자인 요섭, 성민, 작은 며느리 홍선용과 손녀인 아영 손자 승재, 외손자인 윤성에게 본 저서가 잘 읽어지길 바란다. 특히 아영에게는 본 저서 정리와 교정에 이르기까지 많이 애써 주어 고맙게 생각한다.

본 저서는 나를 아는 사람을 위해 정리한 것이기에 부끄럼 없이 내놓으려고 합니다. 내가 말하고자 하는 대로, 마지막 남기고 싶었던 그대로를 적어 전하고자 한 것들입니다. 그러기에 후회 없는 글들이라는 점입니다. 여기에 적은 글들은 나의 창작이지만 더러는 성현들의 글을 내 것으로 소화하기 쉽게 읽을 수 있도록 요약하여 쓴 것이라는 점을 밝힙니다. 그리고 책 속에는 긴 글을 줄이어 건강에 관한 이야기들을 모아서 나름 그 뜻에 어긋남이 없도록 한 것 들입니다. 건강에 도움 있으시길 바랄뿐입니다. 더욱 본문에는 삶의 방법을 배우는 불교의 가르침인 반야심경의 어역을 감히 손을 대어 법보에 어긋남이 있지 않을까 걱정하면서도 불교에 입문하지 않은 사람이라도 읽어 이해할 수만 있다면 하는 바람에서 쓴 것이기에 이해를 바라며, 또한 노자의 도덕경에 나오는 상선약수, 공자의 인(仁) 사상에 대한 나의 작은 생각, 그리고 다도가 가르치는 참된 이야기들을 엮었습니다.

이울러 농학인으로서 우리나라의 미래지향적 농업 및 농학의 길을 탐색해보고, 세계의 평화에 이바지할 농업의 위치는 과연 무엇인가에 대해 질문을 던지고, 그 해답으로 농업은 영원히 지속되어야 한다는 결론입니다. 그리고 농업의 갈 길은 국민 식생활의 안정적 공급이라는 명제에서 벗어날 수 없다는 것을 다시 한 번 강조하고, 여기에 오직 일념 주식인 쌀의 자급자족이라는 숙명적 운명 앞에 내 몸을 불살라 보겠다는 각오가 깃들어져 있다는 것입니다.

끝으로 제가 쓴 시 몇 편을 골라 사이사이에 올리면서 시에 담긴 저의 간절한 이미지를 읽어주시길 바랍니다. 그리고 본 저서는 *지혜롭게 사는 인생노트 20편* 중 서로 이어지는 것이 아니라 서로 다른 것들로 엮어져있어 독자 여러분께서 읽고 싶은 곳을 열어 읽으시면 됩니다.

본 저서가 길이 삶의 보탬이 되었으면 하는 마음 간절하오며, 특별히 본 저서의 제목을 어떻게 하는 것이 적절할 것인가에 대해 몇 지인들과 고민을 하다가 *지혜롭게 사는 인생노트*로 정한 것을 독자 여러분들에게 알립니다.

그리고 본 저서가 인연이 되어 새로운 벗이 된다면 얼마나 좋은 일인지를 알 것만 같아 숙연해집니다.

우리 아들들과 딸을 위해 이 글이 그들의 글로 이어질 수 있기를 빌며, 아울러 원불교 연타원인 화원 아내에게 진정 수고 많이 하였오 라고 간절히 전하면서 이것이 남편의 마지막 글이라는 점을 전하려고 합니다.

끝으로 본 저서가 출판되기까지 같이 한 벼재배동우회 여러분, 한국방송대 교수 및 학생 여러분, 농촌사회발전연구원 동지여러분, 농촌진흥청에서 함께한 동료 여러분에게 감사드립니다. 끝으로 자동제어밸브 분야의 신흥강자인 한국본산(주) komoto 회장이자 제자인 고기창님에게 특별히 고마운 마음을 전하고 싶은 것은, 본 저술은 본래 출판을 목적으로 쓴 것이 아니기에 더욱 그러합니다. 한번은 본 원고를 보고 출판을 권유하기에 아니라 말했지만 굳이 출판을 해야만 한다기에 많이 고민한 끝에 결정을 한 것임을 밝혀 드립니다. 송구스럽기만 합니다. 그리고 출판에 애써주신 분들에게 각별한 감사의 말씀을 드립니다.

● 차례 ●

1장
자연 속을 거닐며 생각하며

2장
성현들의 가르침을 찾아서

3장
건강을 젊게 지키는 생활의 지혜

4장
내가 믿고 실천해온 건강가이드 라인

19부 내가 믿고 실천해온 건강상식 / 327

5장
농업은 삶의 대도(大刀) 세계의 평화

20부 미래지향적 농업과 농학의 길 / 405

제 1 장

자연 속을 거닐며 생각하며

PART 1

안한무사(安閒無事)의 마음을 기르자

가정이든 사회든 어떤 집단이 형성되면 서로가 개성을 존중하며 어긋나지 않고 화목을 이루어야 한다(和). 그 화목을 잘 이루려면 경(敬)이 바탕이 되어야 하며, 경을 이루는 존중과 배려는 맑고 깨끗한 청(淸)에서 나온다. 맑고 깨끗함은 조용하고 차분한 적(寂)에서 나오는데, 여기서 적은 말만 앞세우는 것보다는 조용한 실천을 의미하기도 하고, 화목과 존중과 맑음이 이뤄지면 언제 어디서나 당당하게 자유로울 수 있다는 의미로 해석된다.

화기애애(和氣靄靄)한 인간관계를 다도생활에서 찾는 것도 바람직하지 아닐까요?

1

인간은 누구에게나 "좋은 사람으로 인정받고 싶다"는 바람이 있다.

그러나 그것이 목적이 되면 "나"라는 존재는 없어진다. 왜냐하면 그것을 달성하기 위한 "수단"으로 나를 묶어버리기 때문이다. 곧 상대가 마주하는 사람인 나는 "가짜의 나일뿐" 본래 그대로의 나는 아니기 때문이다. 훼예포폄(毁譽褒貶)이란 말이 있다. 나를 헐뜯는 사람과 칭찬하는 사람은 반반이라는 것이다. 있는 그대로의 자신으로 살라는 것이다. 원점을 잃은 꾸민 인간관계는 어김없이 부자연스럽고 어긋나는 관계가 되고 만다. 있는 그대로 자신을 속이지 않을 때 비로소 바람직한 인간관계가 이어지게 된다.

2

현대 사회에서는 서로 간에 배려와 감사의 마음이 사라져가고 있다.

인간 사회는 인연으로 엮어져 성립된 것이다. 모든 천(天), 지(地), 인(人)의 자연 생태계는 서로 없어서는 안 되는 관계에 있다. 따라서 모두는 "그 덕분에" 존재하므로 감사하다는 마음을 갖는 데서 "덕분"이란 말이 나왔다. 그 어원은 선조(先祖, 祖上)가 있기에 지금의 "나"가 존재하므로 감사하다는 마음에서 "덕분"이라는 단어가 비롯된 것이다.

예를 들면 식사할 때 맛있게 차려진 음식은 농민이 볍씨를 뿌리고 모를 길러서 논에 심고 거름을 주고 잡초를 뽑고 병해충을 방제하고 거두어 도정해서 쌀을 만들어 유통하고 밥을 지어먹을 때까지 그 과정 하나하나에 얼마나 많은 사람들의 힘과 물자가 동원되어 이루어진 것인지? 그 "덕분에" 먹는다고 생각해 본적이 있는지? 질문을 하면 "아니 내 돈 내고 먹는데 누구덕분이 어디 있어"라는 반응이다. 아무리 능력이 뛰어나도 혼자 할 수 있는 것은 아무 것도 없다. 모두가 나 아닌 상대의 배려 없이는 이루어질 수 있는 것은 하나도 없다. 그러기에 늘 "덕분입니다." "고맙습니다." 라는 감사지심이 생활 속에 배어있다면 인간 사회는 넉넉하고 살맛나는 서로 믿고 사는 삶이 될 것이다.

3

선어(禪語)에 안한무사(安閑無事)란 말이 있다

아무 일도 없는 것에 감사하는 마음을 가지라는 뜻이다. 무엇에도 얽매이지 않은 자유롭고 평온한 나날을 보낼 때 행복을 느낄 수 있다는 것이다. 희로애락의 자극적인 감정에 흔들리면 평정심을 잃고 소란스러워진다. 연인이나 부부관계도 시간이 흐르면서 느슨해지는 것은 지극히 당연하고 자연스러운 것이다. 결코 상대에 대한 내 마음이 시든 것이 아니다.

오히려 서로를 향한 마음이 시간의 흐름에 따라 깊고 그윽해져서, 보이지 않는 유대와 신뢰가 형성되었기 때문이다. 애정의 관계는 오래되면 될수록 편안하고 평온한 관계로 이어진다는 것이 얼마나 고마운 일인지를 서로가 이해하는 일이 중요하다.

4

다도(茶道)에 일기일회(一期一會)란 선어가 있다

일기일회, 모든 인간은 우주의 삼라만상과 지금의 만남은 평생 단 한 번 뿐, 다시는 그 만남은 오지 않는 것이니 소중히 여기고 진심을 다해 성의를 베풀라는 뜻이다.

이는 다도에서 나온 말인데, 인간은 오늘의 만남이 내일 또 다시 올 것이란 착각에서 소홀히 하기가 쉽다.

오늘 친구 5명이 차를 마시며 이런 저런 이야기를 나누었다. 그런데 다음 주 다시 5명이 차를 마시면서 이러 저런 이야기를 나눈다고 하여도 오늘과 똑 같은 날은 다시 오지 않는다. 그러므로 일생에 한번이라고 생각하고 그 기분으로 하라는 것이다.

금년 2월 S군으로부터 전화가 왔다. 만나자는 것이었다. 늘 가는 다방에서 만나 차를 마시며 집안 이야기를 나누고, 점심 식사를 나누며 오늘따라 가족 이야기를 나누었다. 그런 그가 갑자기 세상을 등진 것이다. 나는 급히 시간을 되돌리고 싶었다. 과거로 되돌리고 싶었던 것이다. 그런데 이미 다시는 되돌릴 수가 없는 것이라는 것을 알았다. 그 두 번 다시라는 말의 냉기를 그렇게 차게 느끼기는 처음이다. 인간은 어느 날을 경계로 「두 번 다시」라는 말이, 만날 수 없다는 때가 반드시 온다는 것임을....

인생은 일어날 일은 언제나 「돌연」이었다. 옛날도 지금도....

만약 앞서 알았다고 하여도, 사람은 참으로 그렇게 되기까지 아무것도 마음에 준비같은 것은 하지 않는 버릇이 있다. 그러기에 인간은 만나고 싶으면 만나지 않으면 안 된다. 꽃이 피면 축하하자. 연애를 한다면 빠져라. 좋다면 서로 나누어 가져라.

그래서 소중한 사람과 만나면 함께 먹고, 함께 살고, 단란하게 음미하라. 일기일회란 그런 것이다.

5

인간은 본분(本分)을 다하면 가장 이상적인 인간관계가 성립될 수 있다

우리는 살아가면서 저마다 소중하게 생각하는 우선순위가 있다. 가족, 사랑, 직업, 돈, 지위, 명예, 신용, 행복 등..., 물론 각자 우선순위는 다르겠지만, 위의 것들을 이루는 밑바탕에는 사람과의 관계라는 맺음에 근거한다.

우리는 타인과의 관계 속에서 사랑을 하고, 지위를 얻고, 돈을 벌고, 인정을 받아 명예를 얻고, 행복을 추구하고...등 모두가 사람들과의 관계 속에서 느끼는 감정이다.

선인선과(善因善果)라는 선어(禪語)가 있다. 선한 일을 하면 좋은 결과가 온다는 것이다. 좋은 인연이라는 "선과"를 얻으려면 "선인"이 필요하다. 그러면 "선인"이라 할 만한 것은 무엇일까?

자기 스스로 본분(本分: 사람이 마땅히 해야 할 본래의 의무)을 다하는 것, 즉 내가 할 일을 묵묵히 해 나가는 것이다. 선어에 "이금(而今)"이라는 말이 있다. "지금"이 가장 중요한 순간이기 때문에 온 힘과 온 마음을 담아서 정성껏 지금을 살라는 것이다. 식사할 때는 마음을 담아 정성껏 밥을 먹고, 청소를 할 때는 정성껏 청소를 하고, 상대와 이야기할 때는 마음을 담아 정성껏 대화를 하라는 것이다. 순간순간 지금 여기에 놓인 일에 최선을 다해 충실한다면 좋은 인연은 저절로 찾아온다는 것이다. 이것이 곧 "본분"을 다하는 것이다.

어느 선승(禪僧)의 말이다. 화무심초첩 첩무심심화(花無心招蝶 蝶無心尋花), 꽃은 무심코 나비를 부르고, 나비는 무심코 꽃을 찾는다, 라는 뜻이다. 봄이 왔으니 꽃은 피었을 뿐이고, 나비는 꽃이 있으니 꿀을 받을 뿐, 자신의 본분을 다할 뿐이다. 서로가 본분을 다하면서 꽃은 나비에게 꿀을 주고, 나비는 꽃가루를 옮기는 역할을 나누어 정성껏 본분을 다한 것이다. 사람과 사람 사이의 관계도 이와 같이 서로의 본분을 지성껏 다한다면 가장 이상적이지 아닐까요? 언제 어디서나 한 결 같이 각자의 자리에서 주어진 본분을 다한다면 오늘날 같이 삐걱거리는 인간관계는 화목한 관계로 바뀔 수 있을 것이다.

6

매일 아침 청소는 좌선(坐禪)과 같은 마음의 먼지를 털어내는 수행이다

매일 아침 일어나 꼭 해야 할 일 하나를 제안하자면 "청소"를 하자는 것이다. 핵가족 시대에 무슨 먼지와 얼룩이 있다고 매일 청소를 하느냐? 출근하기도 바쁜데, 할일도 많은데 청소를 하라고요? 청소는 단순히 집안을 깨끗하게 하는데서 끝나는 것이 아니다. 먼지를 털고 닦는 일은 곧 전날 많은 사람들과 얽혀 살면서 생긴 욕망, 시기, 증오, 망상, 집착, 다툼 등 불신, 탐욕, 어리석음 등 마음에 묻은 먼지를 털어내야 하는데, 그 작업이 바로 "마음을 청소"하는 일이다. 실제로 생활공간을 깨끗하게 하면 마음도 정돈되고 기분이 좋아진다. 하루를 시작하는 아침이 상쾌하면 마음의 눈이 맑아져서 상대와의 인간관계도 좋아진다. 이제부터라도 아침에 30분 일찍 일어나 청소를 해보면 어떨까요? 주춤하지 말고 당장에 실행해보지 않겠는지요?

7

항상 합장(合掌) 인사를 생활화하여 상대에게 감사하는 습관을 기르자

원불교에서는 상대가 누구이든 만나면 합장하며 인사하는 것이 수칙처럼 보인다. 아주 보기 좋은 예법으로 수행이라고 생각된다.

합장에는 특별한 의미가 담겨 있다고 본다. 불교에서는 오른손은 상대의 마음, 왼손은 내 마음으로 두 손을 공손히 모으는 일은 나와 상대의 마음을 하나로 합한다는 뜻이라고 한다. 특히 불단에서의 합장은 돌아가신 분에게 '생명을 주신 덕분에 오늘도 즐겁게 아침을 맞이할 수 있어서 감사하다.' 라고 인사하는 행위라고 한다.

아침에 일어나 하는 합장은 오늘 하루도 열심히 살겠습니다. 사람을 만나 하는 합장은 만나서 즐겁습니다. 식사하기 전 합장은 귀한 양식을 주셔서 감사합니다. 이렇게 사사(事事)마다 합장으로 고마움을 표현한다면 마음이 평온해지고 유연심과 내성(內省)을 길러 탄력 있고 원활한 인간관계로 이어지게 될 것이다.

8

생활 속에 다도를 익혀 화경청적의 마음을 기르자

선어 화경청적은 다도의 진수(眞髓)다. 근경청적(謹敬淸寂)이라고 다도의 원조는 말했다. 그 뒤 센노리큐(千利休)는 한 글자를 고쳐 화경청적(和敬淸寂)이라고 말했다. 여기서 화(和)는 화목이나 화평으로만 해석해서는 충분치 못하다.

화경청적(和敬淸寂)의 뜻은 의 4가지 정신, 즉 선(禪)의 정신으로 화목하면(和) 존중하고(敬) 마음이 맑아지면(淸) 주위가 깨끗해진다(寂).

和/ 다툼과 대립의 화해라는 의미보다는 모아서(會) 서로 통하게 한다는 소통에 가깝다. 어긋남이 없이 서로 다른 개성을 인정하며 조화를 이룸이다. 和를 이루려면 서로 간에 존중과 배려가 있어야 함이니 이를 敬 이라 한다.

君子는 和而不同(서로 다르지만 함께 어울리고)

小人은 同而不和(어울린듯하지만 함께하지 못함)

敬/ 생명 있는 것부터 무정물에 이르기까지 일체의 존재에 대해 공경(恭敬)하는 것으로 和와 유기적 관계이며, 이 둘을 합하여 화경(和敬)이라고 한다. 敬은 널리 공경한다. 상대인 모두를 하늘처럼 모신다(人乃天). 그러려면 낮은 곳에 임할 때 이루어진다.

淸/ 깨끗함 청정함을 의미하는 말로 자신의 내면세계를 깨끗이 하는 자성청정(自性清淨)과 외부의 모든 더러움을 깨끗이 한다는 뜻의 이구청정(離垢清淨) 두 가지가 있다. 맑아지려면 잘 비워서 허공처럼 되어야 한다(清虛). 허공처럼 맑아지면 거리낌이 없고 언제 어디서나 당당할 수 있다.

寂/ 문자적 의미로는 고요하다는 것이지만 불교적 해석은 열반(涅槃)의 번역어 이다. 열반(涅槃)은 해탈(解脫)이며 자유이다. 화경청적이라는 다도의 정신세계로 우리 함께 들지 않겠습니까?

PART

2

소중한 인간관계를 기르자

1

사람과의 만남은 인생의 보람이다

인생이란 참으로 불가사의하다. 인생이란 사람과의 만남에서 결정된다고 해도 지나친 말은 아니다. 누구나(본인도) 사는 동안 많은 사람들과 사귀면서 친해지기도 하고 헤어지기도 한다. 즐거울 때도 있고 괴로울 때도 있고....실로 가지각색이다.

나도 지금껏 많은 사람으로부터 도움도 받고, 가르침도 받으며 살아왔다. 그런가 하면 상처를 준 사람도 있을 것이다. 태어난 때와 장소, 자란 환경이 다른 사람과의 주고받는 관계이기 때문에 여러 가지 어려운 일이 생기게 마련이다.

싫은 사람과의 교제는 어떻게 해야 좋은지....고민이다. 대화중에 늘 귀찮게 말대꾸하며 나대는 사람에게는 어떻게 해야 하나?

사랑하는 사람과의 관계, 부부관계 등 타인과의 소통이 원만하지 않다는 것은 인간으로 살고 있는 이상 대단히 어렵고 고민스러운 일이다.

불교에서는 중생세계에서 겪는 팔고(八苦), 생로병사(生老病死)인 사고(四苦)에다가 애별리고(愛別離苦, 사랑하는 사람과 헤어지는 고통), 원증회고(怨憎會苦, 미워하는 사람을 만나게 되는 고통), 구부득고(求不得苦, 구하는 것을 얻지 못하는 고통), 오온성고(五蘊盛苦, 오온이 너무 치성한 고통)라는 자기와 타인과의 만남의 관계에서 오는 괴로움을 나타낸 말이 있을 정도라면, 인간관계에서 생기는 고민이야말로 고뇌가 아니겠는가.

오늘날 급진전되고 있는 고령화 사회에 놓인 노인은 물론, 복잡한 사회구조 속에서 고민하는 청소년 중에서도 고립, 고독, 외로움을 호소하는 사람이 늘고 있는데, 이것은 실로 본인이 타인과의 관계를 의식하면서 심하게 생각하고, 그로 인해 오는 고립의 내향적 자의식(內向的 自意識)에서 비롯되는 것이라고 생각한다. 사람인 이상 사람과 만나고 싶다. 사랑하고 사랑 받고 싶다는 본능은 변함이 없다. 그렇다면 더더욱 사람들과 적극적으로 만나야하고, 만나고 싶은 사람은 찾아 만나야 한다고 생각한다. 80세 이상의 나이가 되면 정말로 만나고 싶은 사람은 점점 없어지고 있으니까요.

2

인생의 운명이란 누군가와의 만남에서 결정된다

생각해보면 일생동안 "나"와 만나는 "남"은 수많은 사람 가운데 제한된 사람에 불과하며, 더더욱 자기를 알아주는 사람(知己)은 지극히 한정되어 있다는 것을 깨닫게 된다.

천권의 책을 한 번만 읽는 것보다는 읽어야 할 열권의 책을 열 번 읽는 편이 낫다. 그런데 그 열권의 책을 고르기 위해서는 수백수천권의 책을 읽어야 한다. 사람과의 만남도 같다. 소중한 사람과 만나 인연을 맺기 위해서는 더 많은 사람과 만나지 않으면 안 된다. 만나서 인연을 맺을 사람을 만나지 않고 삶을 산다면 인생에 있어 가장 큰 손실이다. 물론 인간관계에서는 상처를 받기도 하고, 귀찮게 하기도 하고, 배반하기도 하고....등 어렵고 힘든 일이 많지만, 그럴수록 도움을 주고 감사할 수 있는 사람도 얼마든지 있으니, 인간관계는 해보다는 득이 많다고 긍정하는 편이 좋다.

3

마음에 들지 않는 사람과의 만남

내가 하는 일에 싫어하는 사람은 그 사람의 사정에서 싫어하는 것이니, 내가 그 사람 사정에 맞출 필요가 없다. 그 사람의 사정에 자기를 맞추려고 하기 때문에 괴로운 것이다. 물론 자기 사정만으로 살아갈 수는 없지만, 자기는 자신의 사정을 중시하는 것이 기본이다.

사람에게 적대심을 갖는다는 것은 열등감의 뒤집기, 자기에게 자신이 있다면 적대심을 가질 필요는 없다. 설사 상대가 적대심을 가져도 그것은 그 사람 스스로의 약점 때문이라고 생각한다면 씨름판 겨루기는 하지 않아도 된다. 상대와 같은 수준이 되어서는 안 된다. 사람의 가치관은 제각기 다르고 우리는 그러한 관계 속에서 존재하기에 상대에게 지나친 기대를 하지 않는 것이 중요하다.

살아가노라면 싫은 사람도 있기 마련이다. 그러나 그 사람을 미워하고 질투할 만큼 싫어해서는 득이 없다. 오히려 미워하고 질투하게 되면 자기 자신의 정신(혼령)이 침식당하게 된다. 싫은 사람이 좋아질 수는 없다. 따라서 이해하려고 생각할 필요도 없다. 다만 싫은 사람과 만나는 방법만은 자신을 위해서라도 배워야 한다.

4

헤매지 말고 고백 실행하라

좋은 사람이 생기면 방황하지 말고 호의(好意)를 고백하라. 이것이라 마음이 가면 헤매지 말고 사라. 가고 싶은 곳이 있다면 바로 여행을 떠나라. 포기한 후회가 해버린 후회보다 크다.

상대가 연락해오지 않는다고 자신도 연락하지 않는다. 상대가 만나고 싶다고 말하지 않으니 자신도 만나고 싶다고 말하지 않는다....그와 같은 인간관계의 흥정은 실로 마음과 시간의 낭비다. 목소리가 듣고 싶으면 자신이 먼저 전화를 하면 되고, 만나고 싶으면 자신이 먼저 만나러 가면 된다. 솔직한 것이 제일의 지혜다. 나이가 들면 그리워 만나고 싶어도 이미 만날 수 없는 사람이 많다. 젊은 사람들은 이상하게도 자의식과잉(自意識過剩)에 빠지지 말고 만나고 싶은 사람, 뜻이 맞는 사람에게는 좋아한다고 솔직히 행동하라는 것이다.

5

연인(결혼)을 구하는 조건

흔히 연인을 구하는 조건으로 용모나 수입, 학벌 등을 내세우지만, 평소에 어떤 말(언어)을 쓰는 사람인지가 중요하다. 아무렇지도 않게 쓰는 말 중에는 그 사람의 인간성, 인격이 가장 잘 나타나기 쉽기 때문이다.

당신이 지금 교제하고 있는 사람은 "당신에게 자신을 안겨주는 사람인가," "당신이 자신만만하게 자만과잉일 때 충고해줄 수 있는 사람인가," 이 단순명료한 두 가지 조건이 갖추어진 사람이 당신을 행복하게 해줄 사람이다.

서로가 호의를 가지고 있다면 서로에게 상냥한 것은 당연하다. 그러나 그 사람이 객이 되어 점원에게 또는 택시운전사에게 어떤 말을 쓰고 행동을 취하고 있는지를 눈여겨 봐야한다. 당신 이외의 사람에게 대하는 태도는 얼마 안 있어 당신에게 대할 태도가 된다.

젊은 사람으로부터 생애동반자로 어떤 사람이 좋을까요...라는 질문을 받는다면 나의 답은 함께 길을 갈 때 속도가 언제나 같은 사람이라고 대답해 줄 것이다. 왜냐하면 체격 차이도 있을 것이고, 몸의 조건이 좋고 나쁨이 있을 것이다. 그러나 상대를 생각하는 마음이 지극하다면 자연히 걷는 속도는 같아진다. 그런 두 사람이라면 틀림없이 함께 할 수 있는 사람이다.

6

서로의 관계를 오래도록 건전하게 유지하기 위해서는?

아무리 기(氣)와 마음이 맞는 동지라도 공감(共感) 되는 것, 조금은 다르다, 라는 것이 있다. 「다르다」라고 느끼는 것을 존중할 수 있느냐 없느냐가 자신의 도량(度量)이고 아량(雅量)이다. 오히려 의견의 다양성이 사고(思考)를 깊게 하는 기회가 된다. 상대에게 완전한 동조(同調)를 구하는 것은 잘못이다. 자기 자신도 불완전하기 때문이다.

사람을 좋아하는 데에는 서로 닮은 부분이 필요하다. 그러나 보다 깊게 헤아리기 위해서는 상대와 자기와의 다른 점, 차이점을 이해하지 않으면 안 된다. 자신과 「같은 점」과 「다른 점」을 모두 인정해야 한다. 상대에게는 결점이 하나 둘 있어도 문제는 없다. 장점이 열 스물 많기 때문이다. 불완전한 자신이 상대에게 완전히 같기를 바라지 말아야 한다. 자신을 사랑하는 정도 만큼은 타인을 사랑하지 못한다는 것은 진리라고 생각한다. 자신을 사랑하지 못하는 사람이 타인을 사랑할 수는 없다.

7

감사와 경의의 마음가짐을 기르자

서로서로 첫 만남에 있었던 정열은 세월이 흐름에 따라 점차 식어간다. 그 대신 틀림없이 "언제까지나 함께 있어도 싫증나지 않는구나.", "싫지가 않구나."....정도의 온정의 기분으로 바뀐다. 그리고 이 사람을 잃고 싶지 않다는 감정으로 승화한다. 오래도록 이어지는 관계란 그와 같은 감정이다. 정열은 일시적인 것, 그 다음은 상대에게 품은 경의(敬意)의 마음으로 지속되는 것이다.

파트너에게도, 직업상 같이하는 동료에게도, 가족에게도, 그 누구에게도 결국 남는 인간관계는 상대에게 존경심을 갖느냐에 있다. 아무리 애정이 있어도 경의심이 결여된 인간관계는 계속되지 못한다. 따라서 소중한 사람에게는 정확히 경의를 표하는 것이 중요하다. 아무리 진력(盡力)해도 상대가 당신에게 경의심이 없다면 당신은 그 사람으로부터 진정한 애정을 끌어낼 수는 없다. 애정 인 듯 시늉을 표할 뿐이다.

살아가면서 사람의 호의(好意)에 응석부릴 일도 있는가 하면, 반대로 사람에게 호의를 베푸는 일도 있다. 그런데 호의의 원점은 「감사하는 일」이다. 감사심을 잃으면 호의를 받을 자격을 잃는 것이다.

8

집착(執着)하지 말라

누군가에게 무엇을 구한다 해도 얻지 못했다면 단념해야 한다. 왜냐하면 그 사람은 자신이 구하는 것을 가지고 있지 않거나, 가지고 있어도 주지 못할 이유가 있기 때문이다.

사랑도, 물건도, 그 무엇이든....인생은 능숙하게 단념할 수 있어야 한다. 집착은 인간관계를 복잡하게 악화시킬 뿐이다. 단념하는 것이 나쁜 것만은 아니다. 인간사에는 단념하지 않는 사람이 성공하는 예가 많으나, 누구에게나 들어맞는 것은 아니다.

단념하지 못하고 집착과 미련으로 안절부절 하기보다는 단념하고 재출발하는 것이 좋을 경우도 있다. 단념하는 힘이 단념하지 못하는 힘보다 때로는 현명하다.

「인간본래무일물(人間本來無一物)」, 인간은 본래 무엇 하나 갖지 않고 태어나고, 무엇 하나 갖지 않고 죽는다. 실패하여 무엇인가 잃었다고 해도 처음상태로 되돌아왔다고 생각하면 된다. 잃어버린 사람이나 물건에 미련을 갖는다면 그 다음은 한발작도 나갈 수가 없다. 살고 있는 한 희망은 있다. 85세가 되어 마음으로부터 그렇게 생각한다.

9

인간관계는 적절한 거리감이 필요하다

인간관계가 좋고 나쁨은 결국 사람과 사람과의 거리감(距離感)이다. 아 이사람 싫은데 라고 생각되면 신경 쓰이지 않는 곳으로 떨어져 본다. 좋아하는 사람도 더러는 이상하게 느껴질 때는 조금 떨어져 본다. 물리적으로는 무리겠지만 조금 마음의 거리를 두고 본다. 인간관계가 이상할 때에는 언제나 사람과의 거리가 수상할 때라고 생각할 수 있다.

사람에게 지나치게 가까워지면 그 사람에게 휘둘리게 된다. 친자 간에도, 친구 간에도, 직업상 관계에서도 능숙한 인간관계를 갖는 데에는 틀림없는 거리감이 유지되고 있다. 소중한 사람과 오래 오래 아주 친하게 지내려 한다면 적절한 거리감이 필요하다. 의존이나 지나친 간섭은 만남에 대한 고뇌의 씨앗이 된다.

아무리 사람과 친해진다 해도 허물(버릇)없이 지내서는 안된다. 아무리 절친한 사이라 하더라도 거리감은 필요하다. 허물이 없는 관계는 언젠가는 깨질 수 있다. 소중한 사람이 생겼다면 자꾸자꾸 절친하게 하라. 그리고 허물이 없다고 버릇까지 없으면 안 된다는 마음을 지녀라. 허물없는 것이 버릇없는 것으로 변하지 않아야 한다.

사람은 친해질수록 「감사하다」,「미안하다」는 말을 잊기가 쉬운데, 착실하게 말로 해야 한다. 친한 친구니까 이해하리라 싶은 것이 허물이 지나쳐서 버릇없는 사람, 교양 없는 사람으로 변해버리기 쉽다는 것을 잊어서는 친구도 잃게 된다.

나의 이력서

아무도 알 수 없는 미지의 땅
천년 수령 은행나무 옆에 머문다.
오십 억년의 달이 물끄러미
나를 내려다보며 묻는다.
몇 년 살았느냐고?
1933년 11월 13일생이니
오늘로서 88년이라고 대답했다.

고래구름 하나가 밤하늘을 여행하다
발을 멈추고 묻는다.
나그네 어디서 왔느냐고?
경기도 여주군 흥천면 신근리657번지에서 태어났지만
지금은 정해진 곳 없노라고 대답했다.

문득 옆에 섰던 천년 묵은 은행나무가
엄숙히 묻는다.
지금껏 남겨온 값진 일이 무엇이냐고?
논에서 연구실에서 벼를 기르며
대학 교단에서 벼를 가르치며
수차례에 걸친 농림부장관상

녹색혁명 유공 녹조근정훈장
우수논문 한국작물학회장상
우수도서출간 금상
한국농업과학상..........등
영광도 많았지만
아무 것도 공헌한 것이
없노라고 대답했다.

나뭇잎 하나 우주가 되어
내 어깨 위에 가볍게 앉아 묻는다.
지금 가진 것이 무엇이냐고?
지갑 속에 깊숙이 간직한 것
서울대 의대 해부학 실험용 "시신기증 등록증"뿐
아무 것도 없노라고 대답했다.

낙엽이 내 어깨를 떠나 갈 곳을 찾아 머문다.
불현듯 쫓아가 잡으니
산산이 바스러져 흔적을 감추며 한마디 남긴다.
존재하고 있는 것은 곧 존재하지 않는 것
/色卽是空, 空卽是色/....이라고

끝으로 흰 비둘기 한 쌍이 날라와
마지막 하고 싶은 일이 있다면 무엇이냐고?
자연 속에서 자연인이 되어

별과 함께

구름과 함께

물과 함께

바람과 함께

살고 싶다........고

PART

3

미련 없이 자신을 긍정하자

평균수명이 길어져 인생의 삶이 길어진 만큼, 잘못 살아온 부분이 있다면 고치며 살아갈 기회가 생겼으나, 현실과 같은 정치, 경제, 사회, 문화 등 가혹한 환경 속에서 경쟁하며 살아간다는 것도 어려운 일이다. 인간사회는 개인 또는 누구에게나 일어나지 말아야 할 예측하지 못한 일이 얼마든지 생길 수 있다.

그럴 경우 별 수 없다. 그래도 삶을 즐겁게 보람차게 보내야 하지 않겠는가? 있는 그대로의 자신을 지키며 적응할 필요가 있다. 폭발할 것만 같은 감정을 자제하면서 능동적으로 삶을 즐기기 위한 마음가짐이 중요하다.

1

미련 없이 자신의 가치관을 갖자

자기에게는 자신의 가치관이 있고, 타인에게는 타인의 가치관이 있다. 타인에 대한 불평불만이 있다면, 먼저 자신의 가치관을 억누르고 있지는 않은지 뒤돌아보자.

자신과 타인을 비교하기 때문에 괴로운 것이다. 타인의 인생은 삶의 한 샘플에 불과하다. 타인 편이 되자가 아니라 자신 편이 되자....라고 생각한다면 매우 편안해진다. 자신의 인생은 자신의 기준에서 측정하는 것이며 타인의 기준으로 재는 것이 아니다. 그렇다고 해서 자신을 크게 강하게 보이려고 해서는 안 된다. 자신을 실력 이상으로 주변 사람으로 하여금 기대시키려 한다면 얼마되지 않아 그 기대는 어긋나게 되어 자신도 타인도 실망케 한다. 따라서 과대평가도 과소평가도 금물이다.

2

자기 자신을 긍정하자

자신은 타인에게 상냥해야 하지만 자기에게는 더더욱 상냥해야 한다. 자기에게 있어 모든 것의 중심은 자신에게 있다. 그러나 타인에게 있어 당신이 중심이 될 수는 없다. 타인이란 자기 자신이 생각하는 만큼 당신의 일을 생각하고 있지 않다는 사실을 알아야 한다. 타인도 필요 이상 당신에게 기대하지 않는 것과 같다는 말이다.

타인과 친해지기 보다는 정말로 자기 자신과 친해지는 것이 어렵다. 자신과 능숙하게 친해지지 못하는 것이 타인의 탓은 아니다. 자신과 만나는 일을 게을리 하거나 피해서는 안 된다. 우선은 자기 자신과 능숙하게 만나는 지혜가 있어야 한다.

남자로 낳았으면 남자로 놀고, 여자로 태어났으면 여자답게 놀아라. 무엇보다도 자신으로 태어났다면 자신답게 놀아라. 진심으로 자신답게 행동한다면 주어진 일도 자신 있게 이루어낼 수 있다. 자기의 성격, 용모, 두뇌, 재능....이것이 자신이라고 강하게 마음을 지녀라. 자기가 자신을 싫어하며 산다면 인생은 지루하고 너무나 길다.

3

미련 없는 깨끗한 자신이 되자

지금의 잘못된 자기 자신이 변하지 않는 이유가 어버이가 이렇게 기른 탓, 누군가가 나를 억압한 탓, 아니면 DNA의 탓으로까지 소급해 올라간다. 지금의 변하지 않는 이유를 보모가, 과거의 누군가, 과거의 무엇이....라고 탓만 한다면 일생은 변할 수 없다.

모든 것은 자신으로부터 시작된다. 「미련 없는 자신이 되겠다」라고 마음을 정한다면 어떤 일이 있어도 마음이 흔들리지 않을 것이다. 본래 모든 일이 능숙하게 이루어지는 것은 아니기 때문에, 모든 일을 능숙하게 이루어내겠다는 것은 방법으로서는 잘못된 생각일 수 있다. 미련 없이 실패하는 경우도 있을 수 있다. 라고 생각한다면 마음의 안정이 있게 된다. 인간의 본성은 이겼을 때보다 졌을 때 나타난다.

자신은 「어떤 사람?」이 될 가능성은 있다. 그러나 「그 누구」는 결코 될 수는 없다. 자신의 최대 자기편은 자신이라는 것을 잠시도 잊어서는 안 된다.

4

유유자적(悠悠自適) 하면서 서두르라

인간세상은 각자 살아가는 속도가 다른 사람들이 모여 살고 있다. 매일 매일을 서두르며 앞질러 가려는 사람, 느긋하게 살아가는 사람....각자 행복하게 살아가는 모습이 있다. 어쨌든 자신을 타인과 비교하면서 살아가는 습관은 의미가 없다. 인생을 하찮게 만드는 습관이다.

시간의 으뜸가는 절약은 서두르지 않고 확실히 하는 것이다. "천천히 서두르라"는 말이 있다. 시간에 쪼기여 일이 오히려 조잡해진다면 서두르지 않음만 못하다. 시간은 사용하는 것이지, 시간에 사용당해서는 안 된다. 시간을 주체적으로 사용하자. 주체적으로 사용한 시간이야말로 그것은 곧 자신을 만드는 시간이다.

5

게으름은 자기를 녹슬게 하는 것이다

사람은 게으름에 버릇되면 끝장이다. 꾸준히 계속한다는 것은 바로 힘이요 역량(力量)이다. 재능은 넘쳐도 게으름으로 망친 사람을 주변에서 본다. 무슨 일이든 처음에는 모방으로부터 시작되지만, 계속 한다는 것은 진짜로 가는 확실한 방법이다.

뜻밖에 횡재로 타고난 재능도 끝까지 갈고 닦아야 한다. 그 재능도 책상다리를 하고 앉아 게으름을 피워 못쓰게 된 사람을 주변에서 보아왔다. 자신의 단점에 신경 쓰기보다는 하나의 장점을 살려 노력하는 것이 사람을 성장시키는 열쇠다. 사람과의 관계도 똑 같다. 타인의 단점을 들기보다는 그 사람의 장점을 인정하는 편이 인생을 관대하고 풍부하게 한다.

6

감정에 지배되지 말라

인간관계로 화(火)날 때가 있다. 화기(火氣)를 머리끝까지 올려서는 안 된다. 이때 단전(丹田)에 거둬들이면 일단 안정된다. 화를 화로는 절대 다스려지지 않는다. 화를 제어할 수 있는 사람이 큰 사람(大人)이다. 쉽게 꾸짖는 사람은 다른 의사소통 법을 모르는 서투른 사람이다. 자신에게 여유가 있다면 좀 더 다른 표현으로 상대에게 전하면 된다. 여유가 있으면 상대가 기다려주고 상대의 말도 이해하고 받아드리게 된다.

완벽하지 못한 인간 동지가 만나는 것이기에 부딪히는 일도, 다투는 일도 있다. 화가 났을 때 "상대도 완벽하지 못하고 나도 또한 완벽한 인간은 아니다"라고 생각한다면 일단 숨이 트인다. 그리고 다툴 때의 태도에서 인간의 품격이 가장 잘 나타난다는 것을 잊어서는 안 된다.

타인의 재능을 시기 질투하면 화가 일어난다. 화는 불운을 불러온다. 타인을 시기 질투하고, 원망하고, 미워하지 말고 스스로 심혈을 쏟아 만족할 수 있도록 노력하자. 나도 남은 미래를 화내지 않고, 노하지 않고 미소로 인간관계를 너그럽게 쌓아갈 것이다.

7

사람에게 상처 주는 사람이 되지 말자

사람에게 상처 주는 사람이 절대 되지 말자. 그리고 사람으로부터 상처받는 나도 되지 말자. 이 같은 간단한 맹서만으로도 나의 삶은 넉넉해진다.

사람에게 마음의 상처를 주는 사람은 어차피 자기도 누군가로부터 상처를 받고 있는 불행한 인간이다. 때문에 괴롭힘에 저서는 안 된다. 때로는 "제멋대로 사는 것이다"라고 어깨를 펴고 바람을 헤치고 살자.... 허세라도 좋다. 인생의 고비는 몇 번이고 바뀐다.

불합리(무리)한 요구로 자신이 상처를 입는 일이 있어도, 나로 하여금 상대가 상처받는 일은 하지말자는 생각이 들면 그것으로 좋다. 생각난 것만으로도 화가 나는 경우도 있겠지만, 노성(怒聲)을 노성으로 대응하면 결국 상대와 똑같은 수준밖에 안 된다. 불유쾌한 일로 자신의 소중한 마음과 시간을 낭비하지 말자.

지금까지 인생을 살면서 사람에게 상처를 준 경우도 있는가 하면, 자신도 상처를 입기도 했다. 피할 수 없는 상황이 왕왕 생긴다. 그러나 자기가 상처 입은 일에는 민감하면서, 타인에게 상처를 준 일에는 이상하리만큼 둔감한 사람이 많다. 사람은 상대에게 선하게 한 것만큼 사람으로부터 선함이 돌아온다. 자기의 감정 자기의 사정(편의)만으로 사람에게 상처를 주어서는 안 된다.

8

얼굴은 인생의 거울이다

예부터 「40세가 지나면 자신의 얼굴에 책임을 져라. 삶의 태도는 얼굴에 비친다.」라는 말이 있다. 얼굴보다는 얼굴에 나타난 표정이다. 겉보기(외관)는 타인에게 보이는 그 사람의 바깥 모습이다. 따라서 겉보기로 사람을 판단하는 것은 잘못이다. 물론 미추(美醜)와는 전혀 다르다.

얼굴보다는 얼굴표정이 마음에 걸린다. 얼굴은 어버이로부터 받은 것이지만, 얼굴표정은 자신이 만들어낸 것이다. 태어난 미추는 세월흐름에 따라 옮어지지만, 자신이 만들어낸 얼굴표정은 해와 더불어 성장한다. 세월을 지혜롭게 보낸 선하고 인자한 얼굴표정을 지닌 사람을 만나는 것은 참으로 즐거운 일이다.

「풍부한 체험을 쌓고 넉넉한 내면을 기르자」라는 결심을 한다면, 몇 살이 되어서도 너무 늦었다는 것은 이유에 지나지 않는다.

PART

4

명경지수(明鏡止水)로 살수는 없을까?

인간은 본래가 더불어 공생(共生)하며 살아가도록 되어 있다. 홀로는 살 수 없는 것이다. 그 공생이 사람과 사람과의 관계만이 아니고, 사람과 우주만유(宇宙萬有)와의 관계가 한결같이 공생, 공서(共生.共棲 symbiosis) 관계에서 성립되었고, 영원히 이어져 가고 있는 것이다. 따라서 그 속에는 분명한 질서가 있고 윤리가 존재해야만 건전하게 유지될 수 있다. 그렇다면 그 질서와 윤리는 무엇인가?

1

적당히 만족하고 그칠 줄 알아야 한다

노자(老子) 44장에 지족불욕 지지불태 가이장구(知足不辱 知止不殆 可以長久)라는 명언이 있다. 스스로 만족함을 알면 욕되지 않고, 그칠 줄을 알면 위태롭지 않으니 언제까지나 편안할 수 있다는 뜻이다. 즉, 분수를 지켜 너무 탐내지 않는 지족(知足)과 분에 넘치지 않도록 적당한 선에서 그칠 줄을 아는 지지(知止)를 잘 지켜나가는 것이 중요하다는 것이다. 그래서 노자는 이렇게 노래합니다.

명여신숙친(名與身孰親)

명성과 내 몸 어느 것이 더 귀한가

신여화숙다(身與貨孰多)

내 몸과 재산 어느 것이 더 중한가

득여망숙병(得與亡孰病)

얻음과 잃음 어느 것이 더 관심거리인가

시고심애필대비(是故甚愛必大費)

그러므로 무엇이나 지나치면 그만큼 낭비가 크고

다장필후망(多藏必厚亡)

너무 많이 쌓아 두면 그만큼 크게 잃게 된다

지족불욕(知足不辱)

만족할 줄 아는 사람은 욕되지 않고

지지불태(知止不殆)

적당할 때 그칠 줄 아는 사람은 위태로움을 당하지 않는다

가이장구(可以長久)

그리하여 영원한 삶을 살게 되는 것이다

만족할 줄 알면 욕되지 않고, 멈출 줄 알면 위태롭지 않아, 언제까지나 오래살 수 있다는 지족지지(知足知止)의 지혜가 지금 현대를 살아가는 우리에게도 꼭 필요한 지혜가 아닐까? 특히 오늘의 권력이나 명예의 자리에 있는 사람에게 주는 교훈이며 경고이기도 하다. 고전에서 배워 현재를 살아가는 혜안이 있어야 할 것입니다.

2

마음을 텅 비운 사람으로 살 수는 없을까?

명경지수(明鏡止水)란 격언이 있다.

「명경(明鏡)」이란 여러가지 것들을 있는 그대로 비추는 깨끗이 닦아진 거울을 뜻한다.

「지수(止水)」란 흐름이 멈춘 물이란 뜻이다.

즉, 명경지수란 격언은 물결하나 없는 수면은 흡사 깨끗이 닦아진 거울과 같아서 모든 것을 있는 그대로 비춘다는 뜻이다.

바람도 불지 않으니 수면에는 물결하나 일지 않는다. 그러면 물에는

거울 같이 주변 모든 것을 비춘다. 주변의 나무들, 나르는 새와 나비의 모습도 비추고, 하늘의 구름도 비추고, 달도 비춘다.

또한 「止水」는 사람의 마음상태를 가리키고 있다. 마음을 혼란스럽게 하는 원인이 되는 성냄이나 애태움, 욕심이나 사악함, 일체의 망상과 사심잡념 등 부정적인 감정이 사라져 없어진 맑디맑게 탁 트인 상태, 곧 마음이 텅 빈 무심(無心)의 상태를 뜻한다.

마음이 텅 빈 상태가 되면 무엇이 옳고 무엇이 잘못된 것인지를 분명하게 이해한다는 것이다. 따라서 명경지수라는 말은 마음을 텅 비운다는 중요성을 가리킨다.

현인(賢人, 덕행이 뛰어난 어진 사람)은 언제나 마음을 텅 비운 상태를 유지하고 있는 사람이라고 할 수 있다. 선입관(先入觀)이나 마음속에 깊이 담아둠이 없는 텅 비운 상태를 이룸이다.

마음을 텅 비운 상태가 되면 타인으로부터 충고를 받았을 때 순수한 기분으로 「옳아, 좋은 아이디어다. 즉시 해보겠다.」고 받아들일 수가 있다.

허심탄회(虛心坦懷)」라는 말이 있다.

「허심(虛心)」의 「虛」는 "아무것도 없는 상태"를 뜻한다. 즉, 마음을 비운다는 말이다. 「탄회(坦懷)」의 「坦」에는 솔직 순수하다 라는 뜻을 갖는다. 「懷」는 "품, 가슴속"이란 뜻을 나타내는 말이다. 이것도 넓은 의미로 「기분, 마음가짐」으로 이해해도 좋다.

다시 말하면 허심탄회란 마음을 텅 비운 순수한 마음가짐으로 사람의 말을 받아들이는 일이 중요하다는 것을 의미한다. 그렇게 함으로서 보다 현명한 삶의 방법이 될 것이고, 즐거운 삶의 선택이 될 수 있다.

노자(老子)에서는 「마음이 텅 빈 상태」를 「무(無)」라는 말로 표시하고 있다. 이것은 불교에서 말하는 「무심(無心)」이란 의미와 같다. 불교에서는 마음을 텅 비우기 위한 훈련법이 있다. 「명상(瞑想)」이다. 선종(禪宗)에서는 「선, 禪」이라 부르고, 진언종(眞言宗)에서는 「아종관, 阿宗觀」이라고 하는데, 넓은 의미에서 「명상, 瞑想」이라 해도 좋을 것이다.

조용한 환경에서 천천히 호흡을 고르면서 마음 속 잡념을 털어버리면 무심(無心)의 상태가 된다. 비록 승려(僧侶)가 아니라도 일상생활 속에서 명상이라는 습관을 받아들임으로써 즐겁고 올바른 삶을 이어간다면 행복한 삶을 이루게 될 것이다.

본 글은 비난 불교에서의 가르침만이 아니라 모든 인간 삶의 본보기라고 생각한다.

3

나이들어 무심적적(無心寂寂)으로 살 수는 없을까?

나는 우리 선영(先塋) 묘비(墓碑)에 안과장공 영침한수 안무유종지의 수무침영지심=雁過長空 影沈寒水 雁無遺蹤之意 水無沈影之心 이라는 「靈竺淨慈自得禪師錄 卷第四」에 나오는 글을 우리말로 번역하여 기록해 놓았습니다. 하늘을 나는 기러기는 그 그림자가 연못에 잠기나 자기의 그림자를 남길 뜻이 없고, 물 또한 기러기의 그림자를 받아들일 마음 없다....바로 기러기와 물 양자는 안한자적(安閒自適) 심신이 편안하고 한가해서 스스로 유유자적, 모든 욕심이 끊어진 깨우친 도인이요, 무심적적(無心寂寂) 마음이 무심의 경지에 들어 어떠한 경계에 부딪쳐도 번뇌망상이 일어나지 않아 편안하고 고요하여 사랑할 사람도 미워할 사람도 없다는 경지에 달한다는 뜻이다.

원불교에서는 사대강령(四大綱領)인 정각정행(正覺正行) 지은보은(知恩報恩) 불법활용(佛法活用) 무아봉공(無我奉公)을 교리로 정하고, 그중 무아봉공은 사대강령의 결론이다. 바로 거짓 나(假我)·작은 나(小我)에 대한 집착에서 벗어나 참 나(眞我)·큰 나(大我)를 발견, 빈 마음과 무소유의 정신으로 인류사회에 헌신 봉공하는 생활이 무아봉공이라고 한다. 무아봉공이야 말로 현대사회의 갈등·모순·부조리를 해소하는 가장 좋은 방법으로, 무아봉공 없이는 정의실현은 위선이다. 묵묵히 무아봉공의 자세로 살아간다면 정치도 진정한 민주화를 이룰 수 있고, 경제도 복지사회를 이룰 수 있고, 종교도 사회의 빛과 소금의 역할을 충실히 수행할 수 있어서, 자유민주의 이상사회, 정의사회, 복지사회를 건설할 수 있다고 설하고 있다. 어찌 아집(我執)에서 벗어나지 못하고 안한자적·무심적적의 경지를 말할 수 있으리.

추석날 달밤

추석 전날 달밤에는
헤어져 사는 온 식구 큰집으로 모이고
마루에 둘러앉아 오순도순 지나온 이야기
송편 속에 넣어 빚으면
휘영청 달님은
가신 님 얼굴 비치네

그 해
추석날 달밤엔
모였던 식구 다 떠나가고
마루에 걸터앉은 어머니
물끄러미 달님보고
“저 둥근 달도 오늘이 지나면 이지러지겠지”
혼잣말 한 마디
눈 돌려 몰래 훔쳐본 어머니 눈에는
그 뜻 알 것만 같은 눈물이 흐르고

“아비도 내일은 떠나지
고단할 터인데 이제 그만 쉬어야지” 하시며
눈물 보일까 뒤돌아서시던 어머니

이제는 가냘픈 그 뒷모습 볼 수 없고

올 추석 휘영청 달님도

그 해 추석 어머니처럼 다정하고

그 해 추석 어머니처럼 눈물 감추고

어스름 되어 떠나네

PART

5

진정한 친구는 있는가?

1

당신은 진정한 친구가 있는가?

나는 나이 80이 지나면서 때때로 한적할 때면 또 다른 「나」에게 질문한다. 「당신은 진정한 친구가 있는가? 있다면 몇 명이나 있는가? 이름은 무엇인가?」라고. 그리고 「그 친구도 나를 진정한 친구로 생각하고 있는가?」라고....

또 때로는 젊은 사람으로부터 「선생님은 참된 친구가 있습니까? 어떤 분이십니까?」라고 물어올 때가 있다. 그 사람은 지극히 자연스러운 질문이었는지 모른다. 그러나 순간 난처해서 우물쭈물 할 수밖에 없었다. 정직하게 말해 그 젊은 사람이 물은 친구의 얼굴도 이름도 언뜻 떠오르지 않았기 때문이다. 그래서 "글세라 떠오르지 않는데...."라고 대답하니, 그는 담백하게 수긍한 듯 다른 화제로 말을 돌렸지만, 나로서는 그 질문의 여운으로부터 빠져나갈 수가 없었다.

물론 나에게도 일찍이 친구라고 부를 벗이 있었다. 고향의 친구, 초중고교 때의 친구, 대학과 직장의 친구도 있었다. 그런대도 나이가 들면서 친구는 없어져가고 있지 않는가?

결국은 남자의 경우 직업이 다르고, 직장 따라 거주지가 달라지고, 직업 따라 지위나 입장이 달라지면서 친구는 멀어지게 마련이다. 물론 새로 만나는 친구도 있었지만 진정한 친구와는 뉘앙스가 다르다. 왜냐하면 직장으로 연결된 종적인 관계(상하관계, 업무내용, 수입 등 따로따로 이기에....)에서는 참된 친구이기 어렵다. 더욱 남자의 경우(사람에 따라 다르겠지만) 총리, 장관, CEO 경영자 일수록 진정한 친구는 더더욱 없을지 모른다. 왜냐하면 스스로 자기 입장을 지나치게 내세워 고독을 자초하기 때문이다. 그만큼 남자는 가엾다. 그렇게 보는 것이 틀림없다.

그러나 여성은 좀 다른 것 같다. 직접 물어보지는 않았지만 친구를 사귀는 성격과 생리가 다르다고 생각된다. 다정다감하고 다변적이며 감성적이기 때문이 아닌가 싶다. 따라서 일 친구, 주부 친구, 학부모 친구, 심지어는 취미친구, 여행친구, 쇼핑친구 등 다양하다. 그러나 어쩌면 여자도 다를 바 없지 않은가 싶기도 하다. 이유가 있다면 남자나 여자나 「나는 과연 진정한 친구로 인정받고 있는가?」에 대한 물음에 답(책임에 대한 원인)이 자기에게 있기 때문이다.

2

성가시고 귀찮은 인간관계는 차라리 끊어버리는 현명함이?

현대는 스트레스(stress) 사회라고 말할 만큼 학교나 직장, 그리고 가정에서조차 스트레스는 늘어만 간다. 급속도로 발전 변화해가는 사회구조 속에서 인간관계도 점차 복잡해지기 때문이다. 문제는 스트레스가 각종 성인병의 원인이 되어 환자가 증가하고 있다는 것이다. 의사는 말한다. 「병을 고치려면 스트레스를 받지 말고, 쌓아두지 않는 것이 가장 좋은 치료법입니다」라고, 그러면 환자는 「무인도로 이사 갈 수밖에 없네요」 라고 대답한다.

스트레스를 일으키는 원인의 대부분은 「인간관계의 갈등」이다. 극단적인 말, 이해관계, 질투, 경쟁 등 다양하다. 인간 있는 곳에 스트레스가 있다는 것은 당연하다. 그렇다면 해결방법은 간단명료하다. 독신생활(獨身生活)이 Stress free의 대표적 방법일 것이다. 왜냐하면 문을 닫고 있으니 번거롭고 성가신 인간관계가 없어질 것이며, 무리하게 사람과 만나 피곤해질 것도 없고, 누군가를 위해 참을 필요도 없기 때문이다.

사람은 태어날 때도 혼자고, 타계할 때도 혼자다. 결국 「혼자」라는 것은 지극히 자연적인 것이다. 이 사실을 순수하게 받아들인다면 언제인가는 “홀로 살 수밖에 없는 때를 대비한 좋은 점”이 눈에 좀 더 잘 보일 것이 아니겠는가?

3

어느새 여생(餘生)이라니, 어떻게 살아갈 것인가?

어느 사이에 벌써 나이를 먹고 직장에서 물러나면서 여생을 살고 있다. 국어사전(동아새국어사전)을 보면 여생(餘生)을 “한 평생의 남은 인생, 앞으로 남은 삶”이라고 쓰고 있다. 결국은 직업(일)을 가지고 있을 때가 「진짜 인생」이고, 그 후는 「덤의 인생」이란 것이다.

확실히 평균연령이 짧았던 과거에는 직장을 그만두고, 길지 않은 동안 한가롭게 살다 갈 날만 기다리는 인생이었을 것이다. 그러나 의학의 비약적인 발달, 생활수준의 향상, 풍족한 식생활 등으로 한국인의 평균수명은 2017년 현재 남자 82.7세, 여자 85.7세 라고 하니, 평균 60세를 정년으로 하면 남자는 23년, 여자는 26년의 여생이 남았다는 것이다. 100세 시대에 살고 있다면 여생은 무려 40년, 지나치게 긴 긴 세월이다. 요컨대 여생은 결코 「덤의 여생」이 아니고 직장시대와 겨룰 만큼 중요한 긴긴 세월이라는 것이다. 다시 말해서 정년은 여생을 바라보고 아직도 기나긴 인생도정(人生道程)을 되짚어 달려갈 중간지점에 불과하다. 다만 힘껏 달려온 인생 전반기와는 달리 여생은 자기 나름의 기준에 맞추어 가는 것이 중요하다. 더욱 혼자 살아야하는 생활이야말로 확실하게 자신만의 기준을 지켜나가는 것이 가장 적절한 자기완성의 즐거운 여생의 길이다. 그렇다면 어떻게 건강하고 품위 있는 삶을 살 것인가? 다음 몇 가지 생각해보기로 하자.

4

현자(賢者)의 양생훈(養生訓) 가르침은?

요즈음 매스컴은 온통 건강 붐으로 정신이 없다. 건강을 위한다는 건강기능식품, 암을 비롯한 성인병에 관한 책들도 즐비하다. "건강을 위해서라면 죽어도 좋다"라는 난센스 농담도 귀에 들린다. 그런데 80 나이를 많이 지난 나 자신이 생각하면 건강과 질병에 관한 책은 젊은 사람에게 필요한 것이지, 우리에게는 귀찮고 성가시게 느껴지기도 한다. 물론 80세가 넘어서 마라톤 경기에 나가고, 등산대회에도 나가는 보통 사람과는 다른 체질을 가진 축복받은 사람도 있다.

왜냐하면 「암은 무서운 병」이라 해도 생명을 위협할 만큼 암세포가 증가하는 데에는 10년, 아니 20년 걸린다고 알려져 있다. 그렇다면 85세에 작은 암세포가 발견되었다고 해도 90~100세 까지는 걱정할 필요가 없다는 것이다. 걷기운동도 1시간을 추천하고 있지만, 80세 이상 노령은 20~30분으로 적당하다고 용기있게 말할 수 있다고 생각한다. 그런 까닭에 참고할만한 것은 100세 전후까지 살아온 현인들의 양생훈(養生訓, 건강을 위한 가르침)은 현대를 살아가는 우리에게 큰 가르침이 될 것이다.

(1) 산해진미(山海珍味)도 위장에 80% 이상 채우지 말기

건강하게 장수하는 제1기본은 먹는 것(식사)에 있다 해도 과언이 아니다.

일본 유학자 가이바라(貝原益軒)의 양생훈(養生訓, 1713년)에서는 현대에 사는 우리에게도 충분히 들어맞는 가르침과 주의사항이 많이 담겨져 있다. 그 대표적인 하나가 복팔분(腹八分, 위장에 80% 이상 채우지 말기)이라고 가르치고 있다. 아무리 진미(珍味) 진수성찬(珍羞盛饌)이라도 복팔분으로 끝내라. 만복(滿腹), 포식(飽食)은 뒤에 반드시 화(禍)와 재(災)가 된다고 경고한다. 양생훈이 대단하다고 보는 것은 당시 과학이 발달하지 않은 시대에, 현대과학에서 정확히 증명하고 있는 가르침이 잔득 기술되어 있다는 것이다.

만복, 과식은 다름 아닌 칼로리의 과다섭취를 뜻하며, 과식으로 만복이 되어있으면 장생(長生)할 필요가 없어지면서 장수유전자(長壽遺傳子)의 활동이 정지된다는 것이다. 미국 과학잡지 사이언스에 발표한 wisconsin대학 동물(원숭이) 실험에서 칼로리 80%로 제한한 군이 자유롭게 만복 시킨 군과 비교해 암, 동맥경화, 당뇨병 등 발병률이 현저히 낮고 사망률도 낮아 1.5배 장수했다고 보고하고 있다. 즉 장수유전자가 on으로 있지 않고 off 상태가 지속되면 노화를 늦추지 못한다는 것이다.

따라서 한국 활동인의 추천 장려섭취 칼로리는 남성 30~49세 2,650, 50~69세 2,400, 70세 이상 1,850킬로칼로리, 여성 30~49세 2,000, 50~69세 1,950, 70세 이상 1,550킬로칼로리 라고 한다. 이것이 양생훈의 기본 가르침이다.

(2) 오래 씹으면 씹을수록 건강 장수한다.

개인차는 있겠지만 일반으로 고령일수록 치아는 나빠지고, 혀의 운동기능으로 침샘(타액, 唾液)의 분비도 줄어든다. 때문에 음식이 잘 씹어 삼켜지지 않는 삼킴장해(연하장해, 嚥下障害)를 일으킨다. 이 같은 장해가 진전되면 음식이 기도로 들어가 재치기를 하게 되고 때로는 폐로 들어가 폐렴을 일으킨다. 노인의 사망 원인 중 폐렴 비율이 증가하고 있다는 사실에 주목해야 한다. 이를 방지하기 위해서도 잘 씹어 먹어야 한다는 것은 지극히 당연하고 지켜야 할 수칙이다.

그러면 구체적으로 어느 정도 씹어서 먹는 것이 좋을까요?

「한입(한 수저) 30번 이상」을 목표로 씹는 것이 이상적이라고 말하고 있다. 일본에서는 1990년 씹는 일을 중요하게 생각해 발족한 일본저작학회(日本咀嚼學會)는 표어까지 만들어 더욱 잘 씹어 건강을 유지하도록 1회 30번 씹기를 장려 실천토록 하고 있다. 잘 씹어 먹는 효과는 다음과 같다.

① 비만방지: 잘 씹으면 뇌가 만복감을 기억해 과식을 방지한다.

② 미각의 발달: 잘 씹으면 식재 본래 맛을 알아 미각을 발달시킨다.

③ 언어의 발달: 씹으면 씹을수록 안면근육 발달로 표정이 풍부해지고, 언어를 바르게 발음이 되도록 한다.

④ 뇌의 발달: 씹는 동작을 하면 관자놀이가 움직이면서 뇌로 혈류가 잘 돌아 뇌를 활성화시킨다.

⑤ 치아 질병방지: 씹는 횟수가 늘면 타액의 분비가 왕성해지고, 타액에 의해 충치와 치주병을 예방한다.

⑥ 암 예방: 타액에는 옥시타제 성분이 함유되어 있어서 식품 중 발암성을 억제하는 작용을 한다.

⑦ 위장의 작용촉진: 많이 씹게 되면 식품이 잘게 잘리어 위와 장의 부담이 작아지고, 위장이 정상적으로 작용하게 된다.

⑧ 전신의 체력향상: 꼭꼭 씹으면 턱이 발달하기 때문에 꽉 이를 악물게 되어 전신에 힘이 들어가게 된다.

이상과 같이 씹는 데에는 정말로 많은 이점이 있다. 결국 씹으면 씹을수록 건강하게 된다. 돈도 들지 않는다. 특별한 기술도 필요 없다. 그저 씹으면 된다. 씹는 데에는 의치라도 똑 같다. 전체 틀니(의치)를 한 사람도 많이 씹을수록 건강을 유지할 수 있다. 나는 희망농촌지에 30번 씹는 것이 아니라 100번 씹으라고 권고했다. 음식물이 입안에서 죽이 되어 스스로 목구멍으로 넘어갈 때까지 씹도록 말이다.

(3) 「사는 보람」을 갖는 사람일수록 장수한다

나는 요즈음 건강장수에 필요한 조건으로 식사, 운동, 그리고 「사는 보람」을 들고 싶다. 비록 식사에 신경을 쓰고, 열심히 운동을 한다 해도 거기에 인생에 즐거움과 매일매일 살아가는 일에 보람이 없다면 건강하게 장수할 수 없다고 생각한다. 특히 「산다는 보람」에 대해서는 노령이 되어서야 절실히 느껴지는 문제이기도 하다. 일상생활에서 평상시 하고 있는 일도 즐겁게 할 수 있으면 그것이 「사는 보람」이다.

운동이라고 하면 많은 사람은 무슨 스포츠를 생각하지만, 진짜 건강한 사람이란 특별히 스포츠맨이기 보다는 매일매일 일상생활 속에서 몸을 움직여 활동하는 사람이다. 예를 들면 마라톤을 하고 있는 사람이 전형적 스포츠맨이다. 허지만 수년간 계속하다보면 반드시 무릎을 해쳐 건강이 오히려 좋지 못한 경우도 있다. 운동을 한다면 마라톤 보다는 걷기가 좋다. 1일 6,000보 걷는 사람은 골조송증(骨粗鬆症)이 적고, 1일 10,000보 걷는 사람에게는 대사증후군(metabolic syndrome)이 없다는 보고가 있다. 즐기면서 건강을 지키는 운동만큼 좋은 것은 없다.

일상생활 속에서 재미있다고 생각되면 주저 말고 도전해본다는 긍정적인 마음으로 실행한다면 뇌는 활성화되어 정신건강에도 으뜸이다.

(4) 생활 속에서 「설렘」의 대상을 찾자.

또 하나 권하고 싶은 것은 「설렘」이다. 이탈리아 정신과 교수 에마뉴엘 박사는 연애의 설렘이 신경성장인자의 분비를 촉진시킨다는 것을 보고했다. 즉, 연애를 막 시작한 남녀와 2년 이상 연애관계를 계속하고 있는 남녀를 비교실험 한 결과, 후자의 신경성장인자의 혈중농도는 전자의 피크치의 약 50%에 그친다는 사실을 알았다. 신경성장인자를 증가시키기 위해서는 언제까지나 신선한 설렘의 기분을 갖는 것이 중요하다는 것이다. 미국 일리노이대학의 디나 박사와 텍사스대학의 챙 박사의 조사연구에 따르면 행복하다고 느끼는 사람은 불행하다고 느끼는 사람보다 14% 오래 산다는 것을 보고하고 있다. 인생의 만족도가 높고, 낙관적이며 긍정적인 사고로 생활의 만족도 행복도가 높으면 건강과 장수에 좋은 영향을 미친다는 것이다.

설렘의 대상은 사람이 아니어도 좋다. 스스로 몰두 하는 일, 정열을 쏟는 대상이라면 신경성장인자의 혈중농도가 높아지고 행복한 기분에 만족해진다면 건강한 장수생활로 이어질 것이 아닌가?

즐겁게 지내면 장수하게 되고, 장수하면 몰랐던 것도 알게 되고, 되지 않는 일도 이루어지게 된다. 그런 두근두근 설레는 인생으로 살고 싶지 않은지요?

(5) 소문만복래(笑門萬福來)–매일 매일의 생활을 웃음으로!

매일 매일의 생활이 안락하지는 않아도 웃음이 끊이지 않는 집에는 복이 넘치게 느껴진다. 「행복하니까 웃는 것」이 아니라 「웃기 때문에 행복해진다」라는 발상은 긍정적 사고(positive thinking)의 원점이다.

우리들 행복에는 건강해야 한다는 것이 기본이요 불가결하지만, 웃음과 건강이 밀접히 관계하고 있다는 것을 알고 있을 것이다.

사람은 웃으면 뇌로부터 뇌 속 모르핀(morphine)이라 불리는 베타 엔도르핀 이라는 호르몬을 방출한다. 이 호르몬은 강력한 진통작용을 가지고 있어 류머티즘 관절염 등 통증을 완화하는 효과가 있다. 또한, 엔도르핀 호르몬은 말초신경을 확장시켜 혈액의 흐름을 좋게 하여 몸 구석구석까지 충분히 산소와 영양을 공급한다. 그 결과 신진대사가 활성화되어 질병이나 노화를 막고, 몸에 건전하지 못한 부분을 고치려는 면역세포를 증가시킨다는 것이다.

역으로 피로나 스트레스 등이 계속되는 웃음이 없는 상태에서는 혈관의 수축으로 신진대사가 저하되고, 동시에 면역력이 저하하여 질병에 걸리기 쉽다. 결국 「싱글싱글 미소는 건강을, 무뚝뚝한 불쾌는 질병」을 얻는다는 것이다. 그런데 이상하게도 억지로 꾸민 미소에서도 진짜 미소와 같은 효과가 있다는 것이 최근 연구에서 알려졌다. 이것은 얼굴의 근육이 웃는 형태를 보이면 뇌는 「웃고 있다」고 인식하기 때문이라고 하는데, 아무래도 독신으로 살면서 표정이 굳은 사람에게는 낭보(朗報)일 것이다.

그렇다고는 해도, 마음속으로부터 뱃속으로부터 마음껏 배꼽 빠지도록 웃어본 일은 없는지요? 매일을 살아가면서 작은 일에도 즐겁게, 기쁘게 생각하면서 웃음이 넘치는 생활이 되도록 노력해 보시지 않으렵니까? 우리 모두의 행복한 장수를 위하여!

PART

6

나의 삶을 자연 속에서 배우며 살자

1

장자(莊子)에게 배우자

건강장수에서 빠져서는 안 될 방법이 있다면 「쓸데없는 걱정을 하지말자」와 「무슨 일이든 늘 걱정하며 끙끙 앓지 말자」다.

여기서 장자에게 배워야 할 莊子 內篇7 應帝王6에 있는 말이 생각난다. 지인지용심약경 불장불영 응이불장 고능승물이불상「至人之用心若鏡. 不將不迎, 應而不藏, 故能勝物而不傷」.

풀이하면 「지인(현명한 사람)의 마음 씀은 거울과 같은 것이다, 가는 것은 가는 대로 두고 오는 것은 오는 대로 둔다, 변화에는 호응하고 감추는 것이 없다, 그렇게 하면 모든 사물에서 이겨내어 상처받지 않을 것이다」. 곧 부장(不將)은 언제까지나 그것을 여러 가지로 생각하지 말고 불영(不迎)은 쓸데없이 걱정하지 마라라, 응이(應而)는 일이 생기면 처리해버리고 불장(不藏)은 그 일을 잃어 버려라. 그러면 사건과 목적을 이루어 상처받지 않고 편안해진다는 뜻이다. 전편 지혜롭게 사는 인생노트(4부)에서 明鏡止水와 雁寒水에 관해 기술한 바와 같이 무심(無心)의 경지를 이름이다.

장자(莊子), 논어(論語), 노자(老子), 채근담(菜根潭)....등의 가르침이 모두 자연의 도에 순응하면서 있는 그대로 받아들이는 삶의 잠언들이다. 인간은 일체의 동물의 순종과는 달리 만유법칙에 어긋나지 않는 노력을 현자(賢者)의 본분으로 살아간다면 건강장수로 영순입선(迎順入仙)할 수 있다고 감히 말하고 싶다.

2

천만 경계 속에서 삶(인간관계)을 어떻게 운영할 것인가

원불교 사전에서는 경계(境界)를 다음과 같이 설명한다. ①인과의 이치에 따라서 일상생활에서 늘 부딪치게 되는 모든 일들, 생로병사, 희로애락, 빈부귀천, 시비이해, 염정미추, 삼독오욕....등 인간생활의 모든 일이 다 경계이다. ②나와 관계되는 일체의 대상, 나를 주(主)라고 할 때 일체의 객(客)이 경계가 된다....라고. 따라서 인간은 이들 경계 속에서 살아가기 때문에 그 사람의 가치도 경계 속에서 나타난다고 하면서, 그 경계에 끌려가거나 물들지 않고, 나와 경계를 다 잃어버리고 하나가 되는 경지 곧 주객일체(主客一體), 물심일여(物心一如)의 경지가 바로 해탈의 세계라고 까지 비약한다.

여기서 일상생활이나 인간관계에서 흔히 부딪치는 시비(是非)로 분간되는 경계에서 어떻게 하는 것이 올바른 것인지를 생각해 보기로 하자.

어떤 일에 시비가 생겼을 때, 거스른 말을 들을 때, 나의 생각 곧 나의 망념(妄念)만 붙이지 않으면 경계가 되지 않는다.

경계는 일어난 일에 대해 나의 생각 경계심을 붙일 때, 무의식 깊숙하게 숨어 있는 상처를 건드릴 때 쉽게 활성화 한다. 경계란 사실 남이 주는 것이 아니다.

경계는 나에게서 작용하는 것이기 때문에 경계가 올 때 나는 오직 나를 바라볼 뿐이어야 한다.

왜냐하면 상대인 그 사람이 하고 싶은 말을 하고, 하고 싶은 행동을 하는 데, 그것을 내가 어찌 할 수 있겠는가? 그 때는 그 사람의 말, 행동에 나의 내면이 흔들리는지? 오직 나를 바라봄으로써 나에게 공부하는 절호의 기회가 됨을 알아야 한다.

모든 말과 행동의 모습을 있는 그대로 봐주고 인정해주고 수용해주는 것이 현명하게 사는 삶이다. 그것을 나의 생각 망념을 통해 바라볼 때 필연적으로 생각이 번다해지고 번뇌가 된다는 것을 잊고 사는 것이 아닌지를 내관(內觀)해야 할 것이다.

이것을 의학적으로 분석한다면, 마음은 중추신경을 비롯해 내장의 자율신경 호르몬 분비에 직접 영향을 미친다. 가령 경계가 왔을 때 버럭 화를 내고 노기가 발동하게 되면 먼저 공격중추신경이 자극되고, 이어서 몸에 나쁜 노르아드레날린이 분비되면서 심장박동이 빨라진다. 그러면 혈당과 혈압치가 상승한다. 싸울 준비를 해야 함으로 내장으로 가야 할 혈액을 팔, 다리, 근육으로 보내게 된다. 그러면 위장이 작아지고 위액분비와 위장운동이 저하된다. 그 결과 스트레스로 이어지고 각종 병증(암)을 유발한다고 하니, 경계에서 얻는 또 다른 측면도 있다는 것을 생각해봄직 하다.

3

현자들의 건강을 위한 생활노트

(1) 산책으로 뇌를 훈련시키자

얼마 전만해도 이른 아침 활동하고 있는 사람은 신문배달인과 우유배달인 정도였다. 최근에는 많은 사람들이 다이어트, 성인병예방, 건강증진 등을 목적으로 산책, 걷기운동을 하는 것을 쉽게 볼 수 있다. 물론 아이를 기르는 엄마들, 직장에 나가는 사람은 "아침전쟁"을 치르듯 초인적인 스케줄로 바쁘다.

그러나 독신 시니어는 다르다. 외출예정이 없는 한 매우 느긋한 시간이다. 만약 최근 몸이 나른하다는 느낌이 있는 사람은 아침 워킹을 시작해보시지 않겠습니까?

아침은 참으로 기분이 상쾌하다. 바람은 상큼한 향기로 스치고, 아침 햇살에 비추는 가로수와 들풀들은 금빛으로 눈부셔 다시 태어나는 기분이다. 둘레길이나 시내외각 들길을 걷노라면 자연의 파워가 몸속으로 들어와 생명에너지가 넘쳐날듯 한 느낌으로 하루를 출발할 수 있다.

하루의 시작을 아침부터 게으름을 피우면 하루 종일 지루하게 질질 끌고 가게 된다. 역으로 아침 출발이 기운차면 충실한 하루를 보낼 수가 있다. 아침 기분에 맞추어 즐겁게 산책할 수 있다는 것은 비유해 말하면 홀로 사는 특권이기도 하다. 상하 워킹스타일로도 좋고, 평시 입는 그대로 걷는 것도 좋다. 무엇보다 귀한 것은 아침 햇볕을 마음껏 쬔다는 것이다.

더욱 자연 속을 걷는다는 것은 작은 자연이 걸어가는 곳마다 가득히 펼쳐진다는 데에 놀라게 된다.

이른 봄에는 부풀어 오른 매화꽃몽우리를 살피며 산책하면 즐겁기 그지없다. 오늘은 손톱 끝만 한 크기인데 내일은 어떨까? 꽃이 피기까지는 2~3일 걸릴까?....생각하면서 매화와 대화를 나눈다면 즐거움은 배가된다. 예상한대로 꽃이 핀 것을 보면 「아, 드디어 꽃이 피었네.」라고 소리친다. 또한, 핀 꽃을 보고 머리로 연상하고 말로 표현해본다. 청초하다, 귀엽다, 가련하다, 사랑스럽다. 예쁘다....등 생각만으로도 뇌는 눈이 팽팽 돌도록 활동하고 노화를 막는데 크게 도움을 준다. 여름 산책에는 푸른 하늘을 떠도는 구름 모양을 보는 것도 즐거운 일이다.

다만 막연하게 보는 것만으로는 소용이 없다. 대상물에 의식을 집중시켜, 대상물에도 기분이 있다는 기대와 심산으로 관찰하는 것이 요령이다.

이와 같이 뇌 훈련을 언제나 유념하는 사람은 감정이 녹 쓸지 않고, 즐거움의 진폭도 젊은 사람 이상으로 커서 작은 것에서도 즐거움을 발견하게 된다. 「나이가 들면 즐거운 일도 줄어든다고?」라고 어리석고 못난 소리를 하는 사람도 있으나, 그것은 큰 잘못이다. 즐거운 일 자체가 줄고 있는 것이 아니라, 즐겁다고 느끼는 기능이 쇠약해진 것뿐이다. 매일을 즐겁게 지내기 위해서는 일상생활 속에서 즐거움을 찾는 노력을 게을리하지 않는 것이 중요하다. 어렵게 생각하지 말고 몸 주변의 자연환경을 관찰하는 습관으로부터 시작해 보도록 하시지요.

(2) 꽃과 나무에게 「안녕」이라고 인사를 하시지요

아침 동쪽으로 향한 창문으로 햇빛이 쏟아져 들어오는 행복감, 나는 창가에 놓인 귀엽고 청초하고 사랑스럽고 예쁜 각가지 꽃과 나무에게 반갑게 「안녕」인사를 한다. 그것만으로도 새아침이라는 구분이 지어지고 활동에너지가 솟게 된다. 또한 매일 아침마다 이들 나무와 꽃과 인사를 나누다보면 이상하게도 식물에 대한 애착이 점점 커진다. 그러면 지금까지는 그저 심심풀이로 심은 것이니 잘 자라주면 좋겠다, 라고 하던 꽃과 나무들이 이제는 집안에서 소중하고 사랑스러운 존재로 애착물을 넘어 가족처럼 느껴진다. 그렇게 되면 이들 식물의 사소한 성장에도 마음이 가게 되고, 매일 매일의 삶에도 생기가 돌게 된다.

인간도 식물도 똑같이 생명이 있는 생물이다. 그렇게 생각한다면 저절로 마음이 깃든 「안녕」이란 인사가 나오는 것은 당연하지 않을까요? 내가 자연 속 식물을 전공한 사람이라서가 아니겠지요? 누구나 똑같은 감성이 있으니까요.

(3) 그리운 노래(멜로디)로 뇌를 즐겁게 자극시키자

노래방에서 최근 히트곡을 부르는 시니어(senior)가 늘고 있다. 더러는 빠른 템포로 옮겨 가면서 가수 못지않게 부르는 사람도 보인다. 어떻게 어려운 노래를 젊은 소년 소녀 같이 부를 수 있을까? 감탄한다. 이런 부류의 사람을 나는 인품이 좋은 사람으로 보고 싶다. 혼자 노래방에도 자주 가서 즐긴다. 어찌 보면 나도 그 정도는 아니지만 자주 노래방을 찾는 편이다. 물론 이것이 가능한 것은 노래방을 선호하는 사람으로 한정되지만, 보통은 옛날 기억나는 곡을 생각하며 부르는 것이 고작이다. 그래서 18번지 노래만을 부르는 사람이 대부분이다.

물론 신곡을 부르는 것과 흘러간 노래를 부르는 데에는 압도적으로 신곡을 부르는 쪽이 뇌에는 강한 자극을 줄 것으로 느껴진다. 그렇지만 흘러간 그리운 노래에도 의외로 뇌에 큰 효과를 미친다고 한다.

예로 자기의 청춘시대 히트한 노래가 흘러나오면 「애정이 담긴 노래로구나」라는 생각과 동시에 당시의 풍경이 신선하게 떠올랐던 경험은 없었는지요? 청춘시대에는 누구나 가슴이 찡한 달콤새콤한 추억이 하나 둘 있을 것이다. 흘러간 그리운 노래를 부른다는 것은 뇌를 크게 자극하여 활성화시키는 뇌 훈련법으로는 으뜸이다. 이것은 노래방에 한한 것이 아니다. 청소를 하면서, 정원을 정리하면서, 목욕을 하면서도 그리운 노래를 흥얼거려 보시지 않겠습니까? 그것만으로도 즐겁고 충분한 뇌 훈련이 될 것이다.

(4) 잠듦이 좋지 않다면 어떻게 해야 할까요?

몸 상태가 좋지 않을 때에는 증상에 따라 처방하는 약이 있겠지만, 기운을 되찾는 데는 「잠을 푹 자서 몸을 쉬게 하는 것」이 우선이다. 그것은 잠이 몸을 안정시키고, 몸을 따뜻하게 보존하며, 에너지를 보충

해주는 일을 하기 때문이다.

그런데 유감스럽게도 나이가 들수록 잠의 질이 떨어져서 60세 이상에서는 3명 중 1명은 「불면증」을 느낀다는 것이다. 피곤해서 일찍 자겠다고 잠자리에 들었어도 언제까지 기다려도 잠이 오지 않아 안달복달 속 태운다는 불만을 토로한다. 이렇게 되면 스트레스는 쌓여 점점 심해진다.

당신은 1일 중 사람의 체온에 어떤 변화가 있는지 알고 계신가요? 체온이 가장 낮은 때는 잠에서 깨어나기 직전이고, 그로부터 체온은 서서히 올라가 낮을 거쳐 밤 자기 전에 가장 높아진다. 그리고 잠이 깊어지면서 점점 낮아졌다가 아침 날이 밝아오면서 다시 올라가게 된다. 이렇게 매일매일 반복된다. 여기에는 멜라토닌 호르몬이 관여한다고 한다.

잠자는 밤에는 체온이 낮아지는 것이 에너지대사를 억제하고 뇌 활동을 쉬게 하기 때문이다. 연령이 많아지면 많아질수록 하루 종일 최고 체온이 낮고, 체온을 낮추는 데에도 시간이 걸리기 때문에 잠드는 데에도 시간이 걸리고, 잠도 깊이 들지 않게 된다. 또한 하루 활동량과 수면량은 비례한다. 젊을 때는 에너지소비량이 많기 때문에 듬뿍 잘 수 있지만, 활동량이 적은 고령노인은 많은 잠을 필요로 하지 않는다.

그런데 「할일도 없으니 잠자리에 들까」, 「충분히 자고 싶으니 일찍 잠이나 자자」라고 생각해버리면 더더욱 잠듦에 어려움을 느끼게 된다. 어느 정도 「잠이 온다 싶을 때까지 기다리는 것」도 잠을 유도하는 한 방법이다. 또는 활동량을 무리가 없는 범위 내에서 늘리는 것도 수면에는 피할 수 없는 해결책이라고 본다.

(5) 취침 전 따뜻한 물로 목욕을 하는 것은 어떨 까요?

취침 전 목욕의 효과는 부교감신경이 활발해지면서 몸을 긴장상태로 하는 교감신경의 작용을 약화시키기 위함이다. 목욕을 하면 긴장이 풀려 잠이 올 수 있다는 것 보다는 체온의 변화가 잠을 자도록 유도한다는 데에 뜻이 있다.

앞에서도 기술한 바 있지만, 인간의 체온은 아침에 잠에서 깰 때 가장 낮고, 낮에 서서히 높아지면서 밤 취침 직전에 최고치에 달했다가, 잠이 깊어지면서 서서히 낮아져간다. 체온이 낮아지기 시작할 때 잠이 오기 시작하므로 이 타이밍에 맞추어 이불 속으로 들어가면 바로 잠들게 된다. 그리고 체온의 저하 폭이 크면 클수록 깊은 잠을 자게 된다.

그런데 연령이 많아질수록 최고 체온이 낮아지게 되어 체온의 저하 폭도 자연히 작게 된다. 그래서 취침 전에 목욕이 유효한 것이다. 왜냐하면 연령(고령) 탓으로 낮아진 최고 체온이 목욕에 의해 일시적으로 체온을 끌어올리게 되고, 체온의 저하 폭이 커져서 기분 좋게 푹 잘 수 있기 때문이다.

주의할 것은 목욕물의 수온이다. 최적 수온은 「미지근하다」고 느끼는 38~40℃, 이 정도 알맞은 목욕물에 천천히 편안하게 입욕하는 것이 좋다는 것이다. 뜨거운 열탕 물로 심장발작을 일으키는 위험성은 피해야 한다. 목욕시간은 취침을 유도하는 체온의 저하시간을 생각해서 취침 1시간 전에 끝내도록 한다. 수면의 위치는 심장보다 낮게 하는 반신욕도 매우 좋다. 오래 탕에 들어가 있어도 지치는 일이 없이 몸속부터 따뜻해져서 기분이 상쾌할 정도의 목욕이면 숙면에도 효과적이다.

(6) 배를 시계방향으로 백번 마사지 할 것을 권합니다

취침 전 침대위에 반드시 누어 배를 내놓고 손바닥에 약간 힘을 주어 배꼽(臍)을 중심으로 시계방향으로 작게 그리고 크게 원을 그리며 배 전체를 마사지 하게 되는데, 이 방법은 오장육부(五臟六腑) 중 흉부

갈비뼈(늑골.肋骨)가 보호하는 심장(心臟)과 폐장(肺臟)을 제외한 비장과 위장(脾臟, 胃腸), 간장과 담(肝臟, 膽), 신장과 방광(腎臟, 膀胱), 소장과 대장(小腸, 大腸)을 모두 마사지 하는 결과가 되므로 적극 권해드립니다. 본인도 실천하면서 혼자만 하기에는 너무 아까워서 권하는 것입니다.

일본 한학자 모로하시(諸橋轍次) 박사는 "宇野哲人박사 백수기념록"에서 선생에게 장수건강법을 물어보니 「배를 の字로 백번 그려라」는 가르침을 배워, 본인도 그 가르침을 실천해서 백수를 맞고 있으니 실로 좋은 장수법(長壽法)이라고 전하고 있다.

☞ 논어에도 인자수(仁者壽, 雍也第六)라는 말이 나온다. 전통적으로 한학자나 유학자는 「장명(長命)이 아니면 인자(仁者가 아니다」라고 기술하고 있다.

노령이 되면 위와 장에 힘이 약해지면서 변비로 힘들어하는 사람이 많다. 물론 요즘에는 변비완화제가 있지만 약에 의존하기 보다는 배 마사지 운동만큼 좋은 방법은 없다고 자신한다. 그리고 이와 같은 간단한 건강법이 유가들 사이에서 구전되어 온 것은 당시에 「유가(儒家)는 수(壽)」라는 이미지가 강했기 때문이며, 여러 가지로 연구되고 실천되어 온 것으로 이해된다. 적극 실천해보시지 않겠습니까? 누어서 하는 것이니 간편하면서 편안하게 실천할 수 있기에 말입니다.

인연 닿지 않는 한 떨기 별

하늘과 땅 사이
아득히도 먼 곳
밤이면 밤마다 정해진 곳에
수많은 별 다 떼어버리고
유난히 파랗게 빛나는 한 떨기 별
눈물 글썽이며 쳐다보는 나를
너는 진정 몰라라

너와 나 인연 닿지 않는 사이
밤은 깊어 모두 떠난
까마득히 먼 자리
너마저 검은 산등성이로
어스름 눈빛
하얀 추억만을 남기고 사라져버리면
서러움은 견딜 수 없어
이내 울어버린 나를
너는 까맣게 몰라라

PART 7

독신생활을 즐겁게 살자

1

독신 노후를 즐기며 살자

한국인 수명도 길어져 100세 시대라고 흔히 말한다. 정년을 하고도 여생(餘生)이 40~50년 이상을 살아야 한다. 그러니 40년이나 되는 긴 세월을 덤으로 주어진 인생이라고 볼 수는 없다.

무엇인가의 이유로 홀로(독신) 긴긴 세월을 보내야 한다고 했을 때, 주변 사람들의 눈에 아무튼 마음에 걸리게 되고, 자기 자신도 이유없이 불안해진다. 그렇지만 어차피 인간은 태어날 때도 혼자, 죽을 때도 혼자....라고 생각한다면 혼자서 살아가는 것도 또한 자연스러운 모습이다. 떳떳하고 쾌적하게 「홀로 살아가는 요령」을 몸에 익혀 즐거운 인생으로 천수(天壽)를 누리셔야하지 않겠습니까?

(1) 독신생활이기에 제멋대로 즐겁게 살 수 있는 장점도 있다

현재 70세 전후의 시니어(senior)들은 청소년 때만해도 한 가족으로 2세대 3세대 동거는 당연한 일로, 할아버지 할머니는 많은 가족으로부터 노고를 위로 받으며 존경 받고 살았다. 그것이 예의지국의 모습이었고, 또한 단란한 가정의 표본이기도 했다. 그래서 당시 어떤 이유로든 혼자 사는 노인은 불쌍한 사람으로 보이거나 이상한 눈으로 보이기도 했다.

세월이 흐르면서 가족의 모습도 크게 변했다. 고령화 핵가족으로 일변하면서 노후 혼자 산다는 것이 조금도 드믄 일이 아니다. 오히려 노후 독신 생활자는 점차 증가할 것은 명백하다. 그러나 이 같은 시대가 되었음에도 불구하고 아직도 「혼자 사는 것이 딱하다 가엽다」라는 풍조가 뿌리 깊게 남아있다.

진정 「독신생활」이 그렇게도 부자연스럽고 쓸쓸한 것일까요?

당신은 젊었을 때 「독신으로 살고 싶구나」라고 생각한 적은 없었는지? 묻고 싶다.

같은 방에서 예의범절이 엄격한 조부모, 부모의 심한 잔소리, 초저녁 대문 걸기, 형제들에 마음 써가며 공부해야 하는 등을 기억한다면, 누구나 간섭 없는 자신만의 공간을 갖고 싶었던 적은 없었는지요? 또는 결혼해서 아기가 생겨도 좁은 주택사정으로 답답해하면서 「나 혼자만의 공간」을 갖고 싶다고 생각한 적은 없었는지요?

아무리 가족이 사랑해주고, 활기차게 떠들썩한 것을 좋아하는 사람도 혼자만의 공간과 시간이 전혀 없다면 숨이 막히지요. 누구에게나 마음이 쓰이지 않는 공간과 시간만이 마음의 편안을 주기 때문이다.

더욱 나이가 들면 누구나 완고해지고 자신의 생각을 지키고 싶어져서, 누구와 같이 지낸다는 것은 알력이 생길 위험성을 적지 않게 갖게 된다. 또한 요즘은 젊은 세대 중심으로 모든 일을 처리하기 때문에 어른들은 소외감을 느끼거나 여러 가지로 참아야 하는 경우가 많다.

그러나 혼자 산다면 그런 걱정은 할 필요없이 자기 자신의 페이스대로 하고 싶은 대로 하면 되니까 거리낌이 없다. 물론, 가족과 함께 보내는 노후를 부정하는 것은 아니지만, 「혼자의 삶」에는 혼자 사는 데에서 얻는 제멋대로의 자유라고 하는 장점도 많이 있는 것이다.

(2) 독신생활에도 여러가지 형태가 있다

「독신생활」을 하게 된 데에는 각각의 사정이 있다. 예를 들면 ① 결혼하지 않고 일생을 초지일관 홀로 사는 타입, ②결혼은 했지만 도중에 이혼하고 혼자 살아가는 타입, ③배우자가 먼저 세상을 떠나서 혼자 살 수밖에 없는 타입....등 여러가지다.

결혼하지 않고 독신으로 살아온 사람은 긴긴 세월에 걸쳐 혼자서 인생을 살아야겠다고 생각했기 때문에, 정년 후 홀로 보내는 시간이 늘어난다 해도 눈에 띄게 늙는다든가 갑자기 생기를 잃지 않는다. 왜냐하면, 지금까지 홀로 살아오면서 좋은 면 나쁜 면을 숙지하고 있는 독신생활의 프로이기 때문이다.

또한, 이혼하고 혼자 사는 사람은 홀로된 기간에 따라 다르겠지만 역시 독신생활에 적응이 강하다. 이혼이라는 정신적 육체적으로 어려운 국면을 극복하며 언젠가는 혼자가 된다는 각오가 되어있기 때문이다.

어디까지나 경향이겠지만, 독신생활에 약한 타입은 반려자(부부) 중 한 사람이 먼저 타계한 경우라고 본다. 앞에서의 타입들은 독신생활을 자신의 의사로 결정한 것에 대해, 이 경우는 반려자의 죽음으로 결과적으로 독신이 되었기 때문이다.

물론, 긴 기간 반려자의 투병생활을 간병하며 지켜온 사람이라면 언젠가는 혼자가 되리라고 생각할 시간과 각오가 되었겠지만, 간병할 때 반려자와의 밀접한 관계 등으로 심한 고독감에 휩싸일 경향도 있다. 더욱 반려자가 갑자기 타계한 사람은 각오가 되었을 리가 없다는 것은 말할 나위도 없다.

그렇다고 해서 반려자와 사별한 사람은 홀로의 삶을 즐기지 말라는 것은 결코 아니다. 생각을 조금만 바꾸어 보거나, 여러가지 일을 여느 때와 다른 방향으로 생각한다면 즐겁게 자기가 하고 싶은대로 혼자의 삶을 만끽할 수도 있다고 본다.

(3) 가족과 함께 있는 것이 고독할 수도 있다

노후 독신생활은 아무래도 「고독」이라고 하는 이미지가 항상 따라다닌다. 그러기 때문에 가족이 있는 경우에는 가족으로부터 함께 살기를 권유하는 경우가 많다.

K친구는 정년하고 2년 후 부인이 타계하면서 갑자기 독신이 되었다. 아들과 며느리의 강력한 권유로 살던 집을 팔고, 아들의 집을 조금 큰 집으로 이사하는데 자금을 보태주고 동거하기로 결정한 것이다. 친구모임이 있어 점심을 함께하고 나면 시간을 끌면서 일찍 집에 가기를 싫어하는 눈치다. K친구는 이리저리 배회하다 때로는 저녁식사까지 해결하고 집에 간다는 것이다. 직장에 다니는 며느리의 눈치가 보인다는 것이다. 며느리는 극진히 잘하지만 부자유스럽다는 것이다. 더운 여름엔 웃통을 벗고 팬티바람으로 있고 싶지만 어렵고, 화장실 가는 것도 시간에 맞추어 간다는 것도 불편하다는 것이다. 충분히 이해가 된다. 합치는 것이 아니었다고 후회하곤 한다.

분명히 자식과 손자 손녀들에 둘러싸여 떠들썩하게 보내는 노후가 나쁘다고는 생각하지 않는다. 즐거운 일도 많이 있다. 그러나 가족이 많다고 고독감이 줄어드느냐 하면 정직히 말해 의문이 남는다.

고독(孤獨)이라는 말을 사전에서 찾아보면 ①외로움, ②어려서 부모를 여읜 아이와 자식 없는 늙은 이, ③짝 없는 홀몸이라 했고(동아출판사), ①친구나 친척이 없는 외돌토리, ②생각한 것을 이야기하거나 마음을 나눌 사람이 하나도 없이 쓸쓸한 것(日本大辭林)이라고 쓰여 있다. 결국, 혼자뿐이라는 것만이 아니라 대가족이 함께 라고해도, 그 속에서 마음을 주고받는 사람도 없이 고립상태라면 차라리 혼자 사는 것보다도 더욱 강한 고독감을 느낄 수도 있다. 「고독은 산에 있는 것이 아니라, 시가지에 있다」. 혼자라는 인간에 있는 것이 아니고 많은 인간들 「사이, 間」에 있다는 뜻이다. 확실히 산속에 혼자 있는 것이 쓸쓸할지 모르지만, 북적이는 속에서 아무도 아는 사람도 없이 혼자서 외따로 있는 것이 훨씬 허전할 것이다. 혼자 사는 것이 가장 좋다고 말하는 것은 아니다. 그러나 노후에 가족과 함께 지내는 것이 가장 좋으냐고 묻는다면, 그렇다고 잘라 말할 수는 없다. 그런 경우를 주변에서 많이 보고 듣는다.

(4) 반려자가 있어도 없어도 좋다

일본 간사이(關西) 지방에 일품인형 다까사고인형(高砂人形)의 유래가 있다.「공백발(共白髮) 」의 뜻이 담겨있다. 백발의 노부부를 본뜬 인형으로 부인은 빗자루를, 남편은 갈퀴(熊手)를 쥐고 있다. 그 뜻은 부인은「お前百まで(掃くまで/하구마데)=당신은 100세까지(빗자루로 "쓸다"의 발음이 百까지/하구마데 와 같다) 」 라는 의미가 있고, 남편은「わしゃ九十九まで(熊手/구마데)=나는 99세까지(갈퀴는 "아홉"의 발음이 九까지/구마데 와 같다) 」라는 의미가 있다. 즉, 부부가 동시에 백발이 될 때까지 사이좋게 살자는 염원이 담겨있다.

다까사고인형(高砂人形)은 「 이상형의 부부상, 夫婦像 」이라는 것인데, 어지간히 이런 부부를 찾아보기란 쉽지 않다. 그러나 한국인의 마음속에는「함께 백발(백세)까지 금술 좋게 사는 것이 부부의 행복 」이라는 이미지가 깊게 숨어있기에, 어떤 사정으로 반려자가 없어지게 된다면 아차 나의 인생도 이상적 부부는 아니었구나? 라고 한탄하는 사람도 있을 것이다.

그러나 다까사고인형(高砂人形)이 이상형 부부라고....누가 정한 것일까? 본래 이상적 부부란 자기 자신이 정하는 것이다. 누가 정한 이상적 부부상과 현실사회에서 자기가 정한 것과 다르다 해서 마음 아파할 필요가 없다. 반려자가 있으면 좋고, 없어도 좋다. 그저 눈앞에 현실을 있는 그대로 받아들이면 된다. 둘에는 둘의 장점이 있을 것이고, 혼자에는 혼자만의 장점이 있기 때문이다.

(5) 독신일수록 규칙적으로 먹는 습관을 지키자

인간의 활동에너지원은 먹을거리이며, 먹을거리 없이는 살아갈 수가 없다. 또한 먹을거리의 선택법이 나쁘면 병이 날 수도 있다. 생활습관병의 대표적인 것이다.

그렇다고 해도 먹는 일은 기쁘고 즐거움이라는 요소가 강하기 때문에 「자신이 좋아하는 것만을 먹는다」, 「필요 이상으로 먹어버린다」는 경향이 짙다. 즉, 편식이나 과부족 없는 정확한 식생활을 해야겠다는 생각을 머리로는 알고 있어도 그것을 실천하는 것이 어려운 것이 식습관이다. 뿐만 아니라 여러 가족이 함께 식사를 하게 되면 각자 즐겨먹는 것이 다르고, 식품의 영양소도 다르기 때문에 필연적으로 많은 종류의 식탁차림이 될 수밖에 없다. 또한 각자의 눈이 있어 경합과 억제가 작용한다.

그러나 독신생활에서는 자신만이 즐기는 식품으로, 몇 시에 먹을 것인가, 얼마만큼 먹을 것인가....를 모두 자기 기분 하나로 정하게 된다. 특히 남자의 경우 저녁식사는 당연히 술이 따르고, 맥주와 땅콩, 소주와 삼겹살....같은, 저녁밥상이라 할 수 없는 것으로 대신하고, 술기운으로 자는 경우도 많다. 아예 저녁 식습관이 되어버린 사람도 있다. 이 같은 식습관으로는 건강한 몸을 유지하기 어렵다.

몸이 자산이라는 말이 있다. 몸만 건강하다면 고령이 되더라도 여러 가지 일에 도전할 수 있고, 훌륭한 노후를 보낼 수 있다. 건강한 신체일수록 멋진 독신생활도 가능한 것이다. 독신생활일수록 특히 「의식동원(醫食同源)=병 치료도 매일의 식사도 사람 생명을 부양하여 건강을 지키기 위한 것으로, 그 근원은 똑같다」이라는 것을 의식해서 정확히 먹는 습관이 몸에 배도록 해야 할 것이다.

(6) 아침식사는 반드시 먹되, 자신이 준비하지 않아도 된다

K와 L은 부인이 타계하여 독신으로 2년을 살고 있다. 그런데 K친구는 예나 다름없이, 아니 부인과 동거하고 있을 때보다 오히려 젊어진 모습으로 건강해보였고, L친구는 오전 중에는 늘 흐릿하고 기운이 없어 보인다.

K친구의 젊고 건강을 유지하는 비밀이 어디에 있는지 아침에 찾아가 보았다. 얼마나 호화롭게 식사를 하는 것일까? 메뉴를 보니 몇 가지의 채소와 과일 한 접시에 반숙 계란 1개, 그리고 떡 2쪽에 미역국으로 극히 간편하면서도 조화된 아침식사였다. 그리고 1년 후부터는 아침에 일찍 일어나 식사를 준비하는데 시간이 많이 걸린다며, 가까운 곳에 있는 패밀리 레스토랑에서 또는 편의점을 이용해 정한 시간에 식사를 즐기고 있는 것이다. 바로 노후 독신생활에서 젊고 건강하게 보이는 비밀이 정한 시간에 아침을 거르지 않고 확실히 하는 데에 있었다.

반면 L친구는 아침식사 준비가 귀찮아 커피 한 잔에 쿠키 한두 개로 끝낸다는 것이다. 그 때문에 몸은 넉넉히 쉬고 있는데도 불구하고 오전 중에는 흐릿한 기분으로 힘겨워하고 몸도 야위어 갔다. 의사에게 상담한 결과 「아침식사는 반드시 먹도록 하십시오. 그렇지 않으면 뇌에 영양이 공급되지 않기 때문에 시간이 지나도 의식상태가 흐려 하루 종일 멍하게 지낼 수밖에 없다. 아침식사를 거르는 상태가 오래 지속되면 생활습관 병이 되기 쉽다」는 경고를 받았다는 것이다. 정말이지 의사로부터 이렇게까지 주의를 들으면 아침식사를 하지 않을 수는 없지 않을까요?

실제로, 도시 어느 곳이든 아침식사를 할 수 있는 편의점이나 패밀리

레스토랑은 물론 스탠드 커피점, 모닝세트점....등 다양한 조식점이 잇달아 개점하고 있어서, 간편하면서 즐겁게 아침식사를 할 수 있는 폭이 넓어지고 있다.

이들 점내에 들어가 보면 폭넓은 연령대의 사람들이 많고, 특히 젊은 싱글의 직장인들이 꽤나 많이 사용하고 있으며, 메뉴도 다양해서 걱정할 것 없이 충실하다. 도시락, 구운 생선과 된장국, 빵과 계란요리, 샐러드 세트, 심지어는 낫토(納豆)를 곁들인 밥 세트....등 다양해서 독신생활인 들에게 걱정할 것이 없는 현실로 변해져 가고 있다.

더욱이 노후 독신생활인 들에게 무엇보다도 즐거운 것은 종업원이 상냥하게 「어서 오십시오, 안녕하십니까?」라고 친절이 가득 찬 인사, 독신생활에서 상대가 없는 아침에 밖에 나가지 않는 한 「안녕하십니까」라는 인사만으로도 신선감이 생길 것이다. 또한 아침 일찍이 집에서 편의점까지 걷는다면 머리도 몸도 산뜻하게 깨어나면서 고팠던 배에서는 반갑다고 소리 내며 「아아 맛 좋다」라고 아침식사를 할 수 있을 것이다. 즐거움도 괴로움도 모두 마음이 만드는 것이다.

(7) 노인 독신생활이 좋은 점만큼 게을러서는 안 된다

앞에서도 기술한 바와 같이 노후 독신생활에도 무엇인가 즐거운 일이 기다리고 있지만, 그만큼 주의하지 않으면 안 될 점도 있다.

① 「노후에는 아무것에도 얽매이지 않고 자유롭게 마음 편히 살고 싶다」. 많은 독신노인이 이 말을 입에 담고 있다. 확실히 가족을 위해, 직장을 위해 열심히 일해 왔기 때문에 노후에는 유유자적하며 살고 싶다는 생각은 당연하다. 그러나 정신 차려야 할 것은 「자유롭게, 여유롭게」와 「게으름 피우기」를 혼돈해서는 안 된다. 여기서 「자유롭게, 여유롭게」라는 것은 여유있고 낙낙하다는 뜻을 담고 있지만, 「게

으름 피우기」는 정해진 것이 없이 진력이 나도록 질질 끄는 버릇, 또는 지루하고 굼뜨다는 뜻이다.

독신, 특히 노인 독신생활은 자기페이스대로 타인의 간섭 없이 모든 일을 진행한다는 장점(merit)이 있지만, 이것은 동시에 자신에게 야무지지 못하고 후하다는 점과 주의를 시킬 사람이 없다는 것이다. 그러기 때문에 독신생활의 경우 잊어서는 안 될 것이 「자계(自戒)」, 다시 말해 자기 자신을 잡도리(경고) 하는 일이다.

결국, 적절한 긴장감이 없으면 사람은 점점 느릿한 쪽으로 흐르게 마련이다. 그런 쪽이 편하기 때문이다. 그렇지만 편안함만을 바란다면 뇌도 몸도 「게으름 버릇(懶怠癖)」이 붙어버려서, 정신이 들었을 때에는 이미 되돌릴 수 없게 되는 경우가 드문 일이 아니다.

② TV를 진력 나도록 진종일 틀어서야?

아침에 눈을 뜨자마자 TV를 켠다. 외출에서 귀가하자마자 켠다. 식사를 하면서도 켠다. 밤잠들 때까지 켠다. 심지어는 TV를 켜놓은 채로 졸고 있다. 이와 같은 하나로 이어지는 일련의 동작을 기억하고 있는지요? 특별히 보고 싶은 프로가 없는데도 「전등 대신 TV를 켠다」, 「TV를 켜는 것이 버릇이 되었다」, 「아무 생각없이 TV를 켠다」, 「TV를 켜지 않으면 차분하게 있지를 못한다」....라는 사람이 결코 적지 않다는 사실이다.

물론, 그도 그럴 것이 TV에서는 새로운 정보가 흐르고, 시청자의 마음을 끄는 스포츠나 노래, 코미디, 드라마 같은 프로가 재방 3방 방영된다. 더욱 많은 케이블 TV 보급으로 채널이 200여개가 넘어 자기 취미에 맞는 프로를 24시간 볼 수 있어서, TV없이는 잠시도 살 수 없도록 틈을 주지 않는 생활 동반자가 되어버렸다. 그런데, 독신 노인일수록 TV를 보는 시간이 길다. 아예 하루 종일 TV 스위치를 켜 놓은 채로 있는 느낌이다.

물론, TV를 보는 자체가 결코 나쁘다는 것은 아니다. TV에서 배우는 것도 많다. 즐거운 프로를 보면서 웃는 것은 정신위생상 매우 좋다. TV를 통해 세계여행도 즐길 수 있고, 세계적인 명산을 찾아 등산기분도 맛볼 수 있기 때문이다. 다만, TV를 하루 종일 스위치를 마구 돌려가며 눌러 붙어 늘어지게 보는 것은 노화를 재촉한다는 사실이다. 화면을 통한 일과성으로 함께 생각하고 의견을 교환하지 않는 일방적 보여주기 들려주기로 뇌 활동이 매우 수동적이다. 또한 TV를 보는 동안에는 움직이지 않게 되고, 아무런 생각없이 멍하니 보고만 있을 뿐....화면 따라 웃고 울며 즐기기 때문이다.

그래서 TV를 시청할 때에는 「이 프로는 보고 싶다」라는 분명한 의식을 가지고 봐야한다는 것이다. 그리고 그 프로가 끝나면, 즉시 TV를 끄는 것이 중요하다. 더욱 계획적으로는 보고 싶은 프로를 신문이나 잡지를 통해 체크해보는 습관은 현명한 방법이다. 또한 TV 조작에 능한 사람이라면 시청예약을 해놓고 보는 방법도 있다.

이 프로는 반드시 보겠다는 명확한 의식을 가지고 보는 것과 아무 생각없이 지나가는 프로를 보는 것과는 뇌의 움직임에도 크게 다를 것이다.

③ 자고난 침구는 반드시 가지런히 정리해야 한다.

뜻하지 않은 손님이 왔을 때, 자고난 이부자리가 흐트러진 채로 있는 침실을 보는 것은, 물건들이 흐트러져 있는 방을 보는 것보다 어쩐지 더 부끄럽지 않을까요? 대부분의 사람은 이부자리가 흐트러져 있는 모습을 보고 싶지 않을 것이다.

물론 독신노인이 되면 어차피 밤이 되면 또다시 깔아야할 것인데, 굳이 갤 필요없이 그대로 방치한들 무슨 관계냐? 고 말할 수도 있다. 그래서 타인의 눈에 마음 쓰지 않는 독신생활에서는 「뭐, 오늘쯤이야 개둘 필요없지」라고 스스로에게는 야무지지 못한 것이 게으름 병이다. 그런데, 오늘 하루쯤이야....라는 자신에게 후한 생각이 엉거주춤 계속 질질 끌게 되면서 습관으로 굳어버리게 된다. 그렇게 되지 않으려면 눈이 떠지면 즉시 이부자리를 개야한다는 약속을 자신에게 지키는 것이 중요하다.

이런 말을 하면, 고작 이부자리 하나로 야단스럽게도....그까짓 것 가지고 어느 쪽이든 관계없다고 생각할 사람도 있을지 모르지만, 자고난 이부자리를 펴놓은 채로 어수선하게 흐트러져 있는 것은 상상 이상으로 보기 싫은 결점이다.

최근에는 침대생활이기 때문에 굳이 이부자리를 개야할 필요는 없겠지만, 이부자리에서 빠져나온 모습이 감도는 문적문적 구겨진 상태는 보기가 싫다. 반드시 시트의 네 모퉁이를 잡아당겨 접어 넣어서 누가 보아도 부끄럽지 않은 상태로 해두자. 팽팽하게 펴져 덮인 침구에서는 청결한 공기가 감돌아, 그곳에서 자는 사람의 이미지도 좋게 보일뿐만 아니라 그 시트에서 자는 사람의 등골도 정정하게 해주는 효과도 있는 것이다.

2

「가사는 여성의 일」이라는 생각을 버리자

남성이 독신생활로 불안을 느끼는 것 중에 하나가 가사(家事) 문제다. 여성들의 사회진출이 활발해졌지만, 아직도 「가사는 여성의 일」

이라는 이미지는 여전히 남성세계에는 깊게 자리잡고 있다.

그러기 때문에 정작 남성이 집안에서 자질구레한 가사를 하지 않으면 안 될 상황에 놓이게 되면, 굉장한 스트레스나 불안을 느끼게 된다. 이런 사람은「가사를 해주는 대신 내가 먹여주면 된다....」라고 생각하고 있을지도 모르겠다. 이 같은 생각은 여성에 대해 대단한 실례다. 여성은 가정부(家政婦)가 아니다. 가정부가 되기 위해 결혼하는 것도 아니다. 만약, 아무리해도 가사를 해줄 사람이 필요하다면 가사도우미(프로)에게 부탁하고 돈을 지불하는 것이 수순이다.

가사는 해본 일이 없다. 할 자신도 없다. 해줄 여성을 찾고 싶다....이 같은 생각을 하는 사람은「가사는 여성의 일」이라고 제멋대로 생각해버리는 그 잘못된 사고방식은 버려야만 한다. 남성이라고 해서 가사를 못할 리가 없고, 자발적으로 하지 않았을 뿐이며 기회가 없었을 뿐이다. 막상 해보면 생각보다 쉽다. 못한다고 단념하기 전에 우선 도전해 보십시오.

실제로 세상에는「남자이기에 집안 살림은 못한다」라고 생각해버리는 남성들이 꽤나 많다.

친지 B의 경우, 공직에서 정년퇴직 1개월 전 갑자기 부인이 타계한 것이다. 간병할 시간도 마음의 준비조차 생각할 여유도 없이 어이없게 사별하고 홀로 남은 B는 어리둥절 멍하니 망연자실 상태였다. 딸이 있었으나 이미 결혼해서 멀리 떨어진 지방에서 살고 있어서, B의 주변에는 도움을 줄 친족이나 친지도 없어 모든 일을 자기 자신이 할 수밖에 없었다.

지금까지 집안 일 일체를 부인에게 맡기고 있어, 직장 일밖에는 모르는 집안일에는 완전 남이었다. 청소기는 어디에 있는지, 세탁기는 어떻게 해야 움직이는지도 모른다. 심지어는 밥솥도 어떻게 조작하는지 조차 전혀 모른다.

세탁물은 뒤죽박죽 흩어져있고, 읽고 난 신문은 여기저기 버려져있고, 싱크대에는 닦지 않은 식기가 쌓여있는가 하면, 게다가 분별할 줄 몰라 불연소, 가연소물이 뒤섞인 쓰레기통이 방치되어 있는 등, 정말로 「남자 홀아비살림에 구더기가 끓는다. 홀아비살림에 이가 서 말」이라는 상태 그대로였다.

저래서야 큰일이구나 싶었다. 걱정스러웠다. 그 후 1년이 지난 어느 날 B로부터 전화연락이 왔다. 집으로 놀러오라는 초대였다. 깜작 놀란 것이다. 정리 정돈은 물론 홀아비 살림치고는 너무도 청결하고, 정신적 신체적으로 건전하기에....그 까닭을 물었다. 그 이유는 간단했다.

아버지에게 자립을 결의시킨 딸의 한 말이 있었다는 것이다. 오랜만에 친가에 들린 딸이 아버지가 보여준 비참한 모습을 보고 깜작 놀란 것이다. B씨의 전언(傳言)이었다.

크게 당황한 딸이 청소를 하기 시작했을 때, 그 곁에서 태연히 신문을 보고 있던 나(아버지)를 보고 딸은 청소를 멈추었다.

「아버지 어떻게 달라질 수 없나? 마치 도둑이 들었던 집 같잖아?」

「엄마가 없으니 어쩔 수가 없지 않겠니.」

「그러면 엄마가 했던 일을 아버지가 해야 하지 않나? 엄마는 이미 없으니까요?」

「알고 있다고, 그렇지만 아버지는 남자잖니.」

「남자니까 집안일은 할 수 없다. 당치도 않아요. 간난

아기도 아니고? 자기 일은 자신이 하는 것은 당연하지 않은가요. 나는 벌써 이집의 딸이 아니기 때문에 딸로 믿어서는 곤란해요.」

「....B는 무언?」, 할 말을 잃었다는 것이다.

정말이지 딸의 그 한마디 말이 자극이었다고 한다. 그 따님의 말은 자못 정론(正論)이었다. 남자라는 것만으로 책상다리를 하고 앉아서 집안일은 누군가가 해주는 것이라고, 자기에게 야무지고 후한 생각을 버리지 못한 자신이 부끄러웠다는 것이다.

그로부터 B씨는 몇 날을 두고 눈앞에 보이는 하나하나를 정리하고, 단번에 깨끗해질 수는 없지만 매일 매일 이곳저곳 청소를 하였다는 것이다. 그리고 전자제품들의 사용설명서도 차분히 시간을 들여 읽어 사용법을 습득했다는 것이다.

이렇게 해서 집안일에 대한 적극적인 태도가 현재 산뜻한 독신생활을 만끽하게 되었다는 것이다. 「그때 너(딸)의 그 한마디 말이 매우 자극적이었다.」라고 딸과 뒷날 이야기를 했다는 것이다. 그러자 딸의 입에서 의외의 말이 튀어나왔다고 한다. 그것은 아버지의 그 비참한 모습을 보고 저의 집(딸집)으로 무조건 모실 생각이었으나, 그 당시의 상태로 집으로 모시면 아버지는 더 더욱 구원할 수 없는 상태가 되고, 함께 살 것이라면 자립할 수 있는 아버지로 바뀌어 주셨으면 좋겠다.... 라고 생각했기에, 그래서 그런 과격한 말을 했어요....라고.

독신으로 생활하든, 누군가와 동거를 하든, 「자기의 일은 자신이 한다」라는 마음가짐이 중요한 것이다.

3

독신이기에 허락되는 즐거운 생활

(1) 독신은 다양한 취미를 가질수록 좋다

젊어서 체력이 넘칠 때에는 하나에 집중하지 않고 여러가지 취미에 손을 대면 중동무이로 흐지부지 끝나고 말기 때문에 주의를 받곤 했다. 확실히 이것도 하고 싶다, 저것도 하고 싶다....는 타입의 사람은 끝까지 하겠다는 취미나 특기가 없어, 「나는 이것이라면 누구에게도 지지 않는다.」라는 끈질긴 결심과 노력이 없이는 이루어낼 수가 없다.

그러나 시니어(senior)에게는 「무엇 한 가지를 끝까지 하겠다.」 보다는 「이것도 좋다, 저것도 즐거워」라고 생각되는 취미를 많이 가질수록 좋다고 본다.

취미의 종류에는 여러가지 있겠지만, 「혼자서 할 수 있는 것」과 「여럿이 할 수 있는 것」을 고루 가지고 있으면 더욱 즐거운 것이다. 건강할 때에는 여러 사람과 함께 취미를 즐기고, 그것이 어려울 때는 혼자서 즐기는 취미를 갖고 있는 사람은 살아가는 일에 유연성이 강해진다.

예를 들면, 해외여행에 취미가 있는 사람은 현역시절과는 달리 시니어에게는 모든 시간이 자기 시간이기 때문에, 정해진 관광코스를 분주하게 시간에 좇기면서 차에 올랐다 내렸다 하는 식의 여행이 아니라, 한두 사람이 차분하게 이국의 문화와 풍경을 보고 즐기며, 때로는 매혹적인 풍광이다 싶으면 마음을 열고 편안하게 정취에 취하면서 푹 휴식시간을 갖는 것은....실로 시니어에게 딱 들어맞는 취미여행이 아닐까요.

나이가 많은 노인이 되면 긴 여행은 무리이며, 기후나 풍토, 시차 등에 대한 적응력도 떨어지게 된다. 또는 마라톤이나 테니스, 축구 같은 신체에 격한 운동이 취미인 사람도 젊었을 때와 같은 체력유지는 어렵다는 것을 잊고 무리해서는 곤란하다.

만약 스포츠든 여행이든 하나의 취미나 하나의 즐거움 밖에 모른다면, 그것을 못하게 될 때 오는 상실감은 크다. 그러나 여러 가지 즐기는 취미를 가지고 있는 사람은 「이것이 아니면 저것, 저것이 아니면 이것」이라고 형편에 맞게 능숙하게 바꾸어 즐길 수 있다는 것이다. 이것이 「많은 취미를 가진 사람이 좋다」라는 이유이다.

더욱 시니어 독신생활자 취미의 key word는 「끝까지 해내고 만다」가 아니라 「즐김」이다. 약간의 대수롭지 않은 깔끔한 욕심쟁이라고 생각할 정도가 알맞다고 하겠다.

취미라고 하는 것은 살아가는 보람이기도 하다. 따분한 싱글시니어(single senior)가 되지 않기 위해서도 아무쪼록 취미를 갖고 있어야 한다. 하물며, 사는 보람이 될 수 있는 취미라고 한다면 어느 정도의 젊은 나이에 시작하지 않으면 어려울 것이라는 생각이 들고, 자기 자신이 거기까지 집중할 자신이 없다는 사람도 있다고 생각한다. 그러나 취미를 갖는 것은 그 길을 끝까지 밀고 나아가 프로가 되겠다는 것과는 다르기 때문에 어려운 것은 결코 아니다. 그 취미가 능란하게 되느냐 라는 문제가 아니고, 자기 자신이 즐거울지 어떨지가 중요하기 때문이다.

(2) 의지할 수 있는 미망인끼리의 교제

시니어여성 3명이 둘러앉아 무엇이 그렇게도 재미나는지 와글와글 왁자지껄....「여자 셋이 모이면 시끄럽다」라고 말한다. 정말로 그 말이 딱 들어맞는다. 아무것도 대수롭지 않은 일에도 깔깔대며 웃는 여인들, 젓가락이 떨어져도 우스워 죽겠다는 나이....어떻게 여기까지 지내온 silver 세대인가? 그리고 모두 남편을 먼저 보낸 미망인들의 모임이다.

「애-, 너희들의 첫사랑 연인은 누구였지? 말해봐」

「나는 중학교 때 담임선생, 키가 늘씬하고 나를
아껴줬지」

「지금이니까 말하지만, 실은 언니의 애인이었지」

「뭐라고? 그것을 언니가 모르고 있었단 말이야?」

「아니야, 그런 것을 말할 이유가 없잖아」

「그렇지, 발각되면 수라장이지....」

정말로 재미있고 거리낌 없는 모임이다.

오랜 세월 같이 살아온 부인을 잃은 남성은 어지간히 견실한 사람이 아니고는 정신적 상처가 커서, 회복될 때까지는 많은 시간이 필요하다. 또는 회복되지 못한 채 점점 쇠퇴일로가 되고 마는 사람도 적지 않다.

그러나 그와는 반대로 남편을 잃은 여성은 처음에는 실망에 빠져 있었지만, 정신적인 회복이 의외로 빠르다. 아니 회복정도가 남편이 살아 있을 때보다 오히려 건강해지는 여성이 많다. 다시 말하면, 여성 쪽이 늠름한 정신을 가지고 있는지도 모른다.

여성의 독신생활에서 가장 소중히 해야 할 것은 여성친구들이다. 그것도 같은 미망인끼리가 상대의 기분을 이해하고, 괴롭고 곤란할 때 누구보다 의지하기 쉽다. 「먼 친척보다 이웃사촌」이란 말이 있다. 멀리 있는 자식보다 가까이 있는 미망인 친구가 낫다.... 라는 뜻이다.

결혼했던 많은 여성들은 긴긴 세월동안 남편과 자식들을 위해 진력해왔다. 자신의 일보다는 가족을 우선 생각하는 생활을 오랜 기간에 걸쳐 희생적으로 해왔다.

그렇기 때문에 남편을 먼저 보내고, 자식을 길러 슬하를 떠나 자립시킨 여성은 크게 인생을 구가할 권리가 있는 것이다. 결혼생활시절에는 할 수 없었던 「친구 집에 머문다」「자기 집으로 친구들을 초대해 수다 떨기」「친구끼리의 여행」등등, 온갖 일을 해도 벌이 되지 않는다.

그렇다고, 그렇게 솜씨 좋게 미망인끼리 친구가 될 수 있겠는지요?.... 라고 생각한 귀하, 걱정은 필요 없습니다. 왜냐하면, 여성 쪽이 평균수명이 남성보다 길기 때문이며, 연령이 쌓이면 쌓일수록 여성 수도 많아지기 때문이고, 또한 여성들의 생리구조가 어울려 잘 떠들고 소통력이 뛰어나기 때문이다.

(3) 독신생활인은 인기

남성이든 여성이든 혼자 살고 있는 사람에게 「무엇인지 해주고 싶다」, 「도움 받고자 하는 것이 있으면 말해 달라」....라고 하는 감정이 생기는 것은 인지상정이다. 이것은 젊은 층이나 시니어 층이나 마찬가지다.

독신생활의 여성이 시민대학이나 남녀 취미서클에 회원에 가입하면, 처음에는 말도 교환하지 않았던 남성들이지만 여성이 혼자 생활하는 독신이라는 것을 알게 되면 갑자기 친절하게 대하는 남성이 있게 된다. 어두운 귀가 길은 홀로 위험하고 쓸쓸하다고 집 앞까지 동행해주거나, 무거운 짐이 있으면 힘들 것이라면서 조금도 어려워하지 말라며 도와주는 등 친절을 베풀기도 한다.

나이가 많은 노인이라도 여성은 여성, 남성으로부터 다정하게 대접받고 기분이 나쁠 리 없다. 같은 나이 정도로 동반자가 있는 여성이나, 자식이나 손자와 같이 생활하고 있는 여성에 대해서는 남성으로부터 그와 같은 친절은 받을 수 없기에, 독신생활 인이 받는 득이기도 하다.

독신생활은 자립의 상징이기 때문에 보다 그 사람을 매력적으로 연출시키는 것인지도 모른다.

(4) 이성에 대한 설렘은 최고의 앤티에이징(Antiaging)

연령을 거듭해도 남성은 여성에게, 여성은 남성에게 인기를 얻고 싶은 것이다. 「이 나이가 되어 그런 성적매력이라니....」라고 생각하지 말라는 것이다. 이성에 대하여 호감을 느끼는 감정은 인간의 본능이기 때문에 부끄러운 일도, 비굴한 일도 아니다. 오히려 정신적인 젊음을 지키는 특효약이 될 수도 있다.

예를 들면, 마음에 드는 이성과 만나기로 한 날에는 입고나갈 옷도 고르고, 머리를 손질하는 시간도 길어진다.

독신생활을 하면 아무래도 자신의 몸가짐과 차림새에는 야무지지 못해서, 외출하지 않는 날에는 머리 빗질도 하지 않는 사람도 있다. 그런 생활을 오랫동안 계속하게 되면 「이 나이가 되어 깨끗하게 한들 무슨 소용」이라고 생각하게 되고, 점점 그대로 사람들 앞에 나가도 태연해지는 등 홀아비의 냄새가 더해지게 된다.

그러나 「마음에 드는 사람이 있다」, 「그 상대에게 자신을 보여주고 싶다」라는 설렘은 위에서와 같은 스스로의 타락병에 브레이크를 걸게 된다.

인간은 연령을 거듭하면서 무엇인가를 하고자 하는 앞을 향한 기분이나 가슴이 설레는 일도 적어지게 된다. 어쩌면 이 같은 일이 제일 먼저 오는 "늙음"의 징조인지도 모른다.

「사랑을 하면 아름다워진다」라는 말이 있지만, 이것은 젊은 여성에게만 해당되는 것이 아니다. 노약남녀(老若男女)를 불문하고 사랑은 사람을 빛나게 해주는 것이다.

진실한 의미의 앤티에이징은 정신적인 빛냄을 잃지 않는 것으로, 시니어 독신이라고 해도 결코 「사람을 좋아하는 마음」을 부정하지 않기를 바랍니다.

(5) 인기의 기준은 보기보다 인품

인기 있는 남성의 조건에는 어떤 것이 있을까요? 젊은 사람의 경우 대표적인 조건으로는 삼고(三高)가 있다. 고학력(高學歷), 고수입(高收入), 고신장(高身長)이라고 듣고 있다. 그밖에도 잘 생겨야 하고, 장래 출세가 기대되고, 특히 여자를 즐겁게 해주는 솜씨가 있어야 하는.... 등 여러 가지 유형이 있을 것이다.

그렇지만, 시니어독신은 다르다. 시니어독신에게는 출세도 신장도 관계가 없다. 함께 있어서 즐거운 사람, 결국은 「좋은 사람=상냥한 사람」이 인기 있는 사람이다.

흔히 젊은 여성은 「그 남자 좋은 사람이야....그렇지만?」라고 말끝을 흐리는 데에는 삼고(三高)를? 역시 「좋은 사람」만으로는 인기인으로 마음에 차지 않는 것이다.

그러나 시니어독신이 되면 「좋은 사람」 이외에 부가가치(附加價値)는 필요하지 않다. 노쇠하여 쭈글쭈글해도 「좋은 사람」이면 된다.

젊었을 때라면 볼품이나 장래성이라는 부가가치가 중시되어 꼬리를 흔드는 여성들이 있을지 몰라도, 시니어독신의 세계에서는 전혀 통하지 않는다.

「나는 좀더 이성에게 잘 보이고 싶다」라고 생각하는 시니어는 자신의 인품을 닦는 노력을 아끼지 말아야 한다. 인품을 닦으라고 말하면 「태어날 때부터의 성격이 그렇게 간단히 바뀔 수 있는 것인가? 세 살 적 버릇이 여든까지 간다」는 말이 있다고 웃어버리겠지만, 그렇게 어렵게 생각할 것은 아니다. 대수롭지 않은 노력으로도 큰 변화를 가져올 수 있다니까요. 마음먹기에 달렸다는 것이지요.

(6) 남녀를 불문하고 「듣기 선수」는 사랑을 받는다

인간사회에서의 관계는 대화로부터 시작되고 끝난다고 해도 과언이 아니다. 남과의 대화에서 지킬 에티켓은 상대에게 말을 많이 하기보다는 상대의 말을 열심히 듣는 것이 대화의 예의이며, 또한 그런 편이 마음도 편하다.

상대의 이야기를 잘 듣는다는 행위는 상대를 신뢰하고 받아들인다는 것과 연결된다. 그러기 때문에, 말을 한 사람은 「자기 자신을 인정해주고 있다」라는 만족감을 얻게 되고, 그런 기분을 만들어 준 상대에게 「좋은 사람, 예의 바른 사람」이라고 생각하게 된다.

남녀를 불문하고 「남의 이야기를 잘 듣는 사람, 충분히 이야기 하도록 응답해주는 사람」은 사랑을 받는다. 그 증거로는 호스티스 중에도 인기가 있는 사람은 "네 네 손님" 하면서 응답을 잘하는 여성이며, 회사에서도 신뢰받는 상사는 부하의 말을 충분히 들어주는 사람이다. 또한 학생들로부터 인기가 있고 신뢰가 두터운 선생은 학생들의 이야기를 진지하게 충분히 들어주는 선생이다.

사람의 마음을 잡는 화술을 습득하는 것은 대단히 어려운 일이지만, 「상대의 이야기를 잘 듣는 일」이라면 누구나 가능한 것이다. 그래서 「상대의 이야기를 잘 듣는 것」만으로도 「좋은 사람」이라는 기준은 상승하기 때문에 노력해볼 가치가 있는 것이다.

더욱 시니어독신이라면 어른이라는 자만심을 버리고, 젊은 사람들에게 어른다운 말을 구사하고, 목청도 낮추고, 예의 바른 본보기를 보인다면 젊은이들로부터 존경과 사랑을 받게 될 것이다.

PART

8

시니어 독신생활인이 지켜야 할 일

1

시니어 독신생활인이 생각해야 할 일

앞에서도 거듭거듭 되풀이하여 기술한 바와 같이 시니어노후에 가장 중요한 것은 「즐겁게 지내는 일」이라고 했다. 그런데, 자기의 즐거움을 위해서는 상대와의 관계, 그 상대가 사람이든 그 무엇이든 지불해야 할 「필요경비」를 생각해야 한다. 왜냐하면 즐거움과 삶의 보람과는 비례하기 때문이다. 사는 보람, 더욱 노후에 사는 보람을 위해 지불하는 필요경비라고 생각한다면 충분히 납득이 되겠지요.

(1) 내세에서는 지갑이 필요 없다

직업전선에서 물러나거나 정년퇴직을 하고 연금으로 살게 되면 갑자기 사람과의 사귐이 소홀해지면서 집에서 좀처럼 밖에 나가는 일이 거의 없는 사람도 있다. 그 까닭은 단순하다.

「누군가와 만나게 되면 식사다, 술이다, 오차다....등
필요경비가 나가니까요」.

「외출하면서 돈 한 푼 쓰지 않는다는 것은 무리다.
비상시를 위해 지갑에서 나가는 돈은 최소한으로
억제해야지」.

「집에만 있으면서 TV나 보고 있으면 돈은 한 푼도 안
쓰니까요」.

라는 이유에서다. 답답한 일이지만 맞는 말이긴 하다.

확실히 인간의 앞일은 어떻게 될지 아무도 모르는데, 현직에 있을 때와 똑같은 감각으로 먹고 마시고 놀러 다닐 수는 없을 것이다. 더욱 시

니어독신이 되면 연령이 거듭할수록 유비무환의 자세를 갖추는 경향이 있는데, 이 같은 생활태도를 나무랄 이유는 없다.

그러나, 독신생활에서 무료하게 집안에서 꼼작 않고 만에 하나 그때만을 위해 준비하는 것이 과연 좋은 것일까요? 모처럼 힘겹게 살아 온 생활로부터 해방되어 아무런 구애 없이 자유롭고 여유 있는 노후를 보내려는데, 남은 여생을 또 언제 올지도 모르는 만에 하나의 경우를 대비해서 금욕생활을 해야만 한다면 너무나도 적적하지 않을까요? 혹시나 저축한 것을 사용하기도 전에 움직일 수 없게 될 수도 있다면 애써 모아온 그날그날의 의미가 없어지는 것이고, 어딘지 허전하고 후회스럽지는 않을까요?

노후인생에서 가장 중요한 것은 「즐거움」이다. 만약 이마저 없다면 매일 매일이 헛되어 지루 할뿐만 아니라, 살아간다는 것마저 고통이 되고 말 것이다. 인간의 뇌는 시니어가 되면 창조력은 물론 의욕도 쇠퇴된다는 것이다.

그러기에, 시니어노후의 인생마저 남은 앞날도 내다보이는 데 「이제 슬슬 돈을 써도 걱정이 없구나」라고 생각이 들면, 그 때에는 이미 즐길 마음도 의욕도 없어졌을지도 모른다.

손안에 쥐고 있는 보옥을 애지중지 지키기 위해 사는 것인지, 즐기기 위해 사는 것인지....생각은 제각각일 수 있다. 다만, 「내세에서는 지갑이 필요 없다」「돈은 내세로 가져갈 수도 없다」라는 간단한 진리를 잊지 마라 주셨으면 할 뿐이다.

(2) 빌려준 돈을 재촉하려면?

시니어독신생활 인에게 때로는 친구나 지인으로부터 돈을 빌려달라고 부탁을 받을 경우가 적지 않다. 어려울 때 돈을 빌려주는 사람에 대해서는 고마운 존재다. 그런데 빌려간 사람이 갚지 못할 경우에는 심리적으로 빌려준 사람을 피하고 싶어지게 되면서, 돈을 꾸었을 때는 고맙다고 생각했던 사람이 가능하면 빌려준 사람을 만나고 싶지 않은 사람으로 바꾸어 놓게 된다. 이 같은 인간의 「속임 심리」라는 것을 알아둘 필요가 있지 않을까 싶다. 그러기에 「인간관계를, 특히 소중한 친구로서 오래도록 좋은 관계를 유지하고 싶다면 돈을 빌려주고 꾸는 일만은 피하라」고 예부터 전해지고 있는 것이다. 배우 최불암 선생은 주례사에서 신랑신부에게 돈은 절대 꾸어줘서도 안되고 보증을 서서도 안 된다는 것을 강조한다고 들었다. 소중한 친구마저 잃게 되기 때문이다.

흔히 빌려간 돈을 재촉할 때, 「미안하지만」이라고 미리 말해놓고 빌려준 돈을 돌려주었으면 좋겠다고 말을 꺼내는 사람이 있다. 재촉하기 어려운 것은 틀림없지만, 그래서야 오히려 마이너스(손해)다.

빌려준 쪽이 「미안하지만」이라는 태도로 나오게 되면, 갚을 쪽에게는 「갚지 않으면 상대가 곤란하니, 만약 돌려주지 않는다면?」라고 하는 기묘한 심리적으로 살짝 바뀌는 생각을 일으키게 할 수 있다.

「미안하지만, 죄송하지만」이라는 관용구는 기본적으로는 사죄의 말씨이다. 그러기 때문에, 이런 경우에는 심리적인 역전을 초래할 수 있지 않을까요?

즉, 돈을 빌려준 쪽이 도리어 서툴게 나오면 안 된다는 것은, 돈을 빌려준 것으로 입장이 우위에 있다는 것은 아니다. 인간관계는 빌려주고 꾸는 것과는 관계없이 자연스러워야 함으로, 굳이 「미안하다」라는 말을 써서는 안 되는 것이라고 생각한다.

반제(返濟=빌려 쓴 금품을 갚음)의 말을 꺼낼 때에는 분명하게 「빌려간 돈 약속한 기간이 되었는데요.」라고 말하는 것이 좋다. 만약에

「미안해요. 조금만 더 기다려 주겠습니까?」라고 말할 경우에는 언제까지면 가능한가를 묻고, 구체적으로「다음달 25일까지」기일을 정하는 것이 피차간에 좋은 것이다. 약속 기한이 되었는데도 돈을 돌려줄 기미가 보이지 않고, 점점 늦어지게 되면 좋은 인간관계로 되돌리기가 어렵게 된다. 그럴 경우에는 별도리 없이「빌려준 돈 말인데, 급하게 쓸 일이 생겨서」라고 자기 쪽에서 필요하게 된 것을 분명하게 말해야 한다. 이 경우 가족 중에 환자가 생겼다든가, 가친이 쓰러졌다고....거짓말 해서는 안 된다. 거짓은 반드시 탄로가 나게 되어있다. 탄로가 났을 때에는 오히려 빌려준 쪽이면서도 거짓말 했다는 것으로 체면을 잃게 되고 마음도 편치 않게 된다. 역시「급하게 쓸 일이 생겼다」는 정도가 좋을 것이다.

2

시니어 독신생활인이 삼가야 할 일

(1) 시니어는 젊은 척 하지 말고 노인답게 살자

우리나라 사람들은 모임문화에서 흔히 기본습관이나 기준처럼 격려하는 말로 파이팅(fighting) 이란 구호를 함께 외치는 것이 관행이다. 회사를 위해, 건강을 위해, 승리를 위해, 합격을 위해, 일의 추진과 성공을 위해 파이팅을 외친다. 본래 fighting은 "전투" "싸움"을 뜻하는 것인데, 변질되어 "열심히 해서 성공하자"라는 격려의 의미로 쓰이는 것이 분명하다. 여기서 말하고자 하는 것은 시니어노인의 삶의 방식에서는 일생동안 살아오면서 분발해온 어깨의 힘을 빼고, 이제는 느릿느릿 둔감하게 행동하면서 양보하며 살아가는「노인다운 의젓함, 원만함, 넉넉함의 품위」가 풍기는 노인이기를 바라고 싶다.

지난 어느 날 전철 안에서 본 시니어 남성노인의 폭언 행동이었다. 대학생풍의 청년을 무섭게 꾸짖는 것이다. 화내고 있는 이유는 청년이 좌석에서 다리를 꼬고 앉아 있다는 것이다. 여러 사람의 면전에서 크게 노한 목소리로 야단을 맞고 있는 청년은 난처해하며 잘못했다면서 몇 번 이고 머리를 숙였지만, 노인의 화는 좀처럼 누그러지지 않았다. 「젊은 나이에 번잡한 전철 안에서 다리를 꼬고 있으면 주변 사람에게 폐가 된다는 것쯤은 알지 않는가? 아무도 주의를 주지 않는다고 생각한다면 크게 잘못된 것이다, 나쁜 것은 나쁘다고 확실히 말하는 인간도 있다」. 온통 전철 안이 시끄러울 정도로 큰 소리를 내는 것이다.

노인 본인은 자랑하듯「젊은 놈에게 지지 않는 자신」이라고 어필(호소)하고 있는지는 모르겠지만, 반론도 반항도 하지 않는 청년에게 끈질기게 폭언을 계속 토해내는 모습은 심히 노인답지 못한 추태로 보였다.

이상하게도「노인으로 보이고 싶지 않다」「새파랗게 살고 싶다」라고 발버둥치는 시니어 일수록 주변의 눈에는 노인으로 비치는 것이다. 반대로 아등바등 하지 않고 자연스럽게 「늙어짐」을 받아들이는 사람일수록 오히려 젊게 보이는 것이다. 감정을 자제하지 못하는 폭주노인(暴走老人)이 되지 않도록 어깨에 힘을 빼고, 참 노인답게 고상하게 품위를 지키며 늙어가도록 하지 않으시렵니까?

(2) 시니어노인이 경어를 사용하면 더욱 품위 있어 보이는 것을!

당신은 어떤 때에 경어(敬語)를 사용하느냐고 묻는다면 「연장자인 사람」과 대화할 때라고 대답하는 사람이 많을 것이다. 역시 나이가 들면 많은 사람으로부터 존대 말을 받는 대상이 된다는 것이다.

그렇다면 시니어노인 당신자신은 어떤 사람에게 경어를 사용합니까?

나이가 들면 들수록 주위 사람은 손아랫사람이 되니까 경어를 사용할 기회는 적어질 수밖에 없다. 손아랫사람에 대해서는 평상시에 사용하는 언어도 실례가 되지 않으므로, 아무래도 존대 말을 쓰는 일이 적어진다.

그러나 시니어가 되면 될 수 있으면 경어에 신경을 쓰는 것이 좋다고 생각된다. 특히 젊은 사람에게도 반드시 높임말로 이야기해 보십시오.

시니어의 경우는 젊은 사람의 경우와는 달라서 굳이 경어로 말해야겠다....라는 생각이 있어 보다 친절한 인상을 보이게 된다.

예를 들면, 당신보다 연장인 사람이 젊은 사람의 초대에 대한 인사말로 「오늘은 귀한 초대를 받아 대단히 감사했습니다.」라고 공손한 말로 인사하면서 머리를 숙인다면, 매우 황송해 하면서 동시에 「아아, 어쩌면 저렇게도 예의 바른 어르신이실까」라고 느끼게 되지요. 시니어의 정중한 말하기와 태도는 오래도록 인상에 남게 될 것이다.

어느 누구에 대해서도 차별 없이 친절한 대응이 가능한 사람이야말로 「진짜 어른」이다. 쓸데없이 나이만 먹고 「어른의 본보기(本分)」에 마음 쓰지 않아서야 시니어노인으로서 부끄럽지 않겠습니까?

(3) 사랑받는 시니어노인이 되자

서울에서 전철은 시니어노인들에게는 최상의 교통수단이다. 무임승차에 어느 곳이든 짧은 시간에 갈 수 있는 세계에서도 으뜸가는 교통망이다. 많은 외국 관광객들도 놀라고 있다.

전철 각 칸마다 앞뒤 양쪽 4곳에 3좌석씩 있어 도합 12석이 노인 지정좌석이다. 그런데, 노인들의 전철 이용객이 많아지면서 좌석 수가 모자라서, 노인들이 힘들게 서 있거나 젊은 사람들 틈에 끼어 앉는 경우도 많다. 자리를 차지하지 못한 노인은 두리번거리며 젊은 층에서 자리라도 내줄까 싶어 서성거리는 모습도 자주 본다. 요즘 같은 삭막한 인심 속에서도 시니어노인들에게 자리를 양보하는 젊은 사람도 흔하지 않게 있다. 그런 광경을 보면 웃는 얼굴로 양보한 젊은이에게 흐뭇하게 칭찬의 눈짓을 보내는 사람도 있다. 아름다운 모습들이다. 그래서 나의 경우는 매일 출퇴근으로 피곤해하는 젊은이들이 미안해할까 싶어, 미리 출입구 쪽에 서서 젊은 사람들과 얼굴이 마주치지 않게 스마트폰으로 음악을 즐기니 마음도 편하다.

그런데, 젊은이로부터 좌석을 양보 받는 시니어노인들의 대응도 가지각색이다. 「연장자인 내가 앉는 것은 당연하다」는 것처럼 그대로 앉아버리는 노인이 있는가 하면, 「아, 감사해요」라고 기쁜 듯 앉는 사람도 있다. 그런가 하면 「나는 아직 좌석을 양보 받을 나이가 아냐」라고 말하면서 「괜찮아」라고 거절하는 사람도 있으니 여러가지다.

그러나, 그 중에서도 사랑 받는 시니어노인이라고 한다면 역시 고맙다는 예의를 갖추고 고개를 숙여 기쁨을 표시하는 사람이다.

좌석을 양보해준 사람은 상대로부터 기뻐해줄 것이라는 마음을 갖기 때문에 솔직히 기뻐해준다면 자신도 기쁜 것이다. 그러나 양보를 받고도 당연하다는 태도에는 시니어노인의 오만함을 느끼게 될 것이다. 또한, 「됐어요」라고 거절하는 사람은 언 듯 보기에는 예의 바른 것같이 생각되지만, 실은 상대의 선의에 상처를 줄 수도 있다는 데에는 마음쓰지 않는 섬세함이 결여된 시니어라고 말할 수 있다. 왜냐하면 좌석을 양보한 사람과 좌석을 양보 받은 사람과는 전혀 초면이다. 그런데, 딱 잘라서 「됐어요」라고 말한다면 선의를 모두 거부당한 것 같아서 겸연쩍어 할 것이다. 그래서 이젠 사람에게 자리를 양보하는 일은 그만두자라고 생각할지도 모른다.

'좌석을 양보받고 싶지 않다'라고 생각한다면 「고마워요. 다음에 내릴 것이니까 괜찮아요.」라는 말 정도의 헤아림은 가졌으면 한다. 아니면 좀 떨어진 장소로 옮겨가는 것도 필요하다. 「괜찮다」라고 거절해놓고 그 앞에 계속 서있는 다면, 양보하려고 한 사람은 더 이상 배겨있을 수 없게 된다. 그 같은 상식 없는 시니어노인이 되고 싶지는 않겠지요.

사랑받는 시니어노인은 상대의 호의에는 순수하게 고마워하고 감사한 마음으로 응답하는 사람이다. 고작 전철에서의 좌석문제라고만 생각하지 말고, 자신의 평상 시 행동을 다시 한 번 생각해보는 것은 어떤지요.

(4) 자신의 방식을 타인에게 강요하지 말자

인간은 나이가 많아지면 많아질수록 누구나 성질이 완강하고 고루해진다고 한다. 그것은 긴긴 세월 지나오면서 여러가지 경험이 쌓여지고 자신만의 생각이나 방법이 습관화되었기 때문이다. 그래서 많은 시니어들은 자신의 방식이나 생각에 고집하게 된다. 그것이 완고라고 불리는 원인이다.

완고라는 말에는 융통성이 없다, 머리가 굳었다는 부정적인 이미지가 연상되기 쉬운데, 결코 나쁜 것은 아니다. 오랜 기간에 걸쳐서 갈고 닦은 자신만의 습성으로 어떤 사물처리에 있어 그 방식에 따라 행한다면 실패도 없다. 만약 결과가 나쁘다 해도 후회하지 않는다.

걱정스러운 것은 연령이 거듭할수록 자기 고집을 타인에게까지 적용시키려는 경향이 강해진다는 것이다. 농사일을 하는데도 자기고집대로 후계자에게 강요하는가 하면, 물건을 구입할 때도, 길을 갈 때도, 심지어는 음식점에서 메뉴를 선택하는 것까지도 상대의 의견을 완강히 무시하면서 자기의 생각만을 완고히 고집하는 것이 문제다.

시니어의 경우에는 만약 당신이 다른 사람이 하는 방식을 보고 「자기가 하는 방식은 다른데」라고 생각되어도, 그것을 직선적으로 말하면서 고집을 부릴 것이 아니다. 물론 당연할지도 모르지만 상대는 상대의 방식이 있는 것이다.

아무리해도 마음에 걸린다면, 어디까지나 그것은 자신의 방식이겠지만 「당신에게는 좋을 수도 있지만, 이런 저런 방식도 있을 수 있지. 어때 같이 생각해볼까」라고, 이와 같이 억누르기가 되지 않도록 조언 또는 권고하는 수준으로 상대의 의견을 중시하는 것이 좋지 않을까요?

(5) 시니어노인일수록 쓸데없는 걱정은 하지말자

이일 저일 쓸데없는 걱정을 하는 것을 「기우(杞憂)」라고 한다. 중국의 고사로 "기(杞)나라의 어떤 사람이 하늘이 무너지면 어떻게 하지요, 땅이 꺼져 떨어지면 어떻게 하지요"라는 걱정으로 밤에 잠을 자지 못했다는 이야기에서 생겨난 말이다.

이와 같은 극단적인 사람은 없겠지만, 이와 닮은 「부질없는 걱정」이나 「지나친 근심」을 하는 사람은 어디에나 있게 마련이다. 더욱 시니어노인이 되면 어째서인지 그 수가 많아진다.

걱정의 원인에는 여러 가지가 있겠으나, 시니어의 경우는 「상실감(喪失感)」이 key word라고 생각한다. 연령을 거듭할수록 체력이 떨어지고 순발력도 떨어진다. 퇴직하고 났으니 수입도 없다. 이와 같은 여러 요인이 큰 상실감으로 나타난다. 따라서 모든 일에 자신이 없기 때문에 필요도 없는 일에까지 걱정하는 것이다.

물론 예방책이 있는 경우라면 걱정도 유효하다. 그러나 아무리 걱정해보아도 도리가 없는 일에 마음을 썩이고, 더욱 부정적인 생각을 주변에 까지 떠들어대는 사람은 싫어할 수밖에 없다.

독신생활의 시니어는 혼자라도 많은 이웃사람과의 연계가 긴요하다. 알게 모르게 남들로부터 싫어하지 않도록 불이익이 되는 발언에는 충분히 마음을 써야 한다. 특히 젊은 사람들이 싫어하는 시니어노인의 발언으로 「나 같은 사람 언제까지 살아있을지 몰라요」, 「나에게는 앞날이 없어요」, 「요즘 나는 죽은 사람이야」....이와 같이 말을 내뱉으면 젊은 세대는 응답할 여지가 없다. 이 같은 듣기 싫은 말을 입에 담는 사람과는 같이 있고 싶지 않을 것이다.

상대로부터 싫어지고 싶다, 상대로부터 미움받고 싶다, 상대의 기분을 불쾌하게 하고 싶다....라는 생각이 아니라면 제발 말을 함구하는 것이 좋다. 그런 말을 한다고 해서 무엇 하나 이로울 것이 없다. 자신도 모르게 어리석은 자가 될 뿐이니 주의가 필요하다.

(6) 할 수 없는 것은 할 필요가 없다

연령을 거듭하면 젊었을 때에 가능했던 것들이지만 할 수 없게 되는 것은 당연한 사실이다. 대학생시절 100m를 15초에 달린 사람이 80세가 되어서도 그 시간을 지킬 수 있는 사람은 없다. 20대에 한 끼니에 밥 다섯 공기를 먹던 사람이 80세를 넘겨 그 턱도 없는 식사를 할 수는 없는 것이다. 그런데, 그것을 걱정할 필요가 어디에 있겠습니까? 어디에도 없겠지요. 연령을 거듭하고 무엇을 할 수 없게 되는 것은 당연하며, 생각을 바꾼다면 「할 필요가 없기 때문」이다. 젊은 청년같이 뛰지 않아도 넉넉한 시간 여유를 가지고 교통신호가 바뀌기 전에 횡단보도를 건너간다면 아무런 문제가 없다. 또한, 외출 시 황급히 변소로 뛰어들 필요가 없도록 가고 싶지 않아도 미리 변소에 가주는 것이 좋은 것이다.

더욱더 빨리 먹거나 과식은 시니어만이 아니라 누구에게도 몸에는 독이다. 작은 양을 천천히 시간을 갖고 충분히 씹어 먹는 것은 오히려 몸에 좋다.

그런데, 유감스럽게도 「할 수 없게 되었다」라는 사실에만 눈을 돌려 자기 자신이 싫은 사람이 있다. 자기 자신이 싫은 사람은 자신을 귀중하게 하지 않는다. 자신을 소중히 하지 않는 사람이 타인을 소중히 할 여유는 더더욱 없다. 점차 주변 사람으로부터도 싫어지게 되는 것이다. 그래서야 살아있어도 산다는 뜻이 없는 것이다.

그와는 반대로 자기 자신이 좋은 사람은 매일 매일이 즐거운 것이다. 자신이 좋기 때문에 자신을 소중히 하고, 타인에게도 친절을 베푸는 여유가 생기는 것이다.

타인으로부터 친절하게 대접받는 사람은 그 사람이 베푼 일이 즐겁기 때문에 행복의 인연이 연쇄적으로 이어지게 되는 것이다. 그렇다면 어떻게 하면 「자기 자신을 인정하고 좋은 자신」이 될 수 있을까요?

(7) 살고 있는 것만으로도 모두가 다 멋진 인생이다

「자신을 인정」한다는 것이 무엇일까요. 해답은 간단명료하다.

예를 들어보기로 하지요. 시니어노인, 더욱 독신생활을 하시는 노인들께서 다음을 함께 따라 하시면서 생각해 보기로 합시다.

자신의 손가락을 움직여 보시지요. 그리고 수저를 들고 음식을 집어 보시지요. 그것이 된다면 고스란히 남는 이득입니다. 자신의 다리는 어떤가요? 잠깐 움직여 보시지요. 그리고 일어서서 걸어보시지요. 그것이 자연스럽게 된다면 이것 또한 나의 엄청난 이득이며 행복입니다.

「오늘도 즐겁게 손을 움직여 맛있게 먹을 수 있고, 정원을 유쾌하게 걸을 수 있구나....좋아 좋아」라고 확인하는 것이다.

고령자 독신노인이 되어 발이 불편해지면 심각한 일이다. 집안에서라도 자유롭게 움직이는 것만으로도 근사한 일입니다. 다음에 손으로 잡고 펴 보십시오. 그 다음 가까이 있는 물건을 집어보십시오. 그것이 되면 「좋아 좋아, 확실히 걸을 수도 있고, 물건도 잡을 수 있구나! 순조(順調), 호조(好調)」라고 힘주어 소리 내어 말해보는 것이다.

사람이 물건을 들어 올리는 일은 간단한 동작이지만, 같은 동작을 로봇(Robot)에게 시키자면 수십 억 원의 개발비와 많은 천재들의 두뇌 없이는 불가능하다. 그것을 아주 쉽게 간단히 들어 올릴 수 있으니 얼마나 크게 인정되는 것이겠습니까?

또다시 거울 앞에 서서 자신의 얼굴을 비춰보십시오. 그리고 입을 크게 벌려보고 오므려 보면서 웃어보십시오. 그것이 된다면 거울 속에 비친 자기 얼굴을 가리키며 박수갈채 「좋아, 얼굴모습이나 표정이 조금도 달라지지 않았어, 멋지다」라고 칭찬해주는 것이다.

웃는 얼굴, smile woman, smile man이 된다는 것은 마음(기분)의 여유가 없이는 될 수 있는 게 아니다. 표정을 잃고 말면 사람과의 소통은 곤란해진다.

아무런 의식도 없이 호흡하는 것도 훌륭한 일이며, 자연스럽게 눈을 뜨고 아름다운 사람의 얼굴을 보고, 자연의 아름다운 꽃을 보는 것도 멋있는 일이다. 책을 손에 들고 읽을 수 있는 것도 행복한 일이다. 극단적으로 말하면 「살아있다」는 자체만으로도 눈물 나게 행복한 일이다.

별과 나

밤은 깊어 적요한데
어디서 모여든 별들인지
참으로 많기도 하다

저렇게 많은 별 중에서
아련하게 빛나는 별 하나가
나를 정답게 내려다보고 있다

밤하늘 아래
잠 못 이루는 많은 사람 중에서
나만이 너 빛나는 별 하나를
애절하게 쳐다보고 있다

이토록 눈물겹도록 정다운 너와 나의 인연은
또 어디에서 무엇으로 태어나
서로 정답게 만나리....

제 2 장

성현들의 가르침을 찾아서

PART

9

현대인은 좌선으로 무엇을 구하려고 하는가?

한국은 세계에서도 자살하는 사람이 많은 나라에 속한다(세계 10위권 내). 2018년도 자살인 수는 13,670명으로 1일 평균 38명이 자살한다는 것이다. 놀랄 일이다.

또한 알코올장애, 약물장애, 불만장애 등 모든 정신질환으로 의료기관에 치료 중인 사람도 급증하고 있어서 2017년 통계로 470만 명에 이른다고 한다. 그 중에서도 우울증환자가 현저히 늘어나고 있는데, 그 숫자로 보아 알 수 있는 것은 지금의 한국사회가 얼마나 숨가쁘게 흘러가고 살아가기 힘든 생활 속에 있다는 것을 실감한다.

인간의 삶은 기본적으로 소비활동과 대인관계 속에서 이루어진다. 소비활동과 대인관계의 기능은 뇌가 담당한다. 따라서 뇌의 사용방법이 잘못되거나 지나치게 기울어지면 뇌기능이 고갈되어 정신질환이 생기게 되고, 자칫하면 자살이라는 위험에 빠지게 된다는 것을 잊어서는 안 된다. 그 실상의 하나로 뿔뿔이 흩어진 현 사회실상에서 볼 수 있다.

1

고민해야할 시대적 혼란의 위기

지금의 사회는 흡사 말라버린 사막의 모래알이 된 느낌이다. 가정이나 학교, 사회 어디를 봐도 모두가 뿔뿔이 흩어져서 질서라는 것은 없고 연대감도 없다. 살인, 상해 행위가 일상적으로 일어나고 있음을 TV나 신문보도를 보고 놀라게 된다. 60년 전만해도 생각도 할 수 없는 일이다. 이웃 간, 친구 간, 친자 간에서도 거리낌 없이 살해해버리는 끔직한 지옥상이 여기저기서 자행되고 있다. 이 같은 실상을 보고 다가오는 장래의 인류운명에 강한 불안과 위기감을 안고 살면서도, 대책 없이 손을 놓고 있는 현재에 살고 있다.

그렇다면 가정은 어떤가? 따로따로요 뿔뿔이다. 기본적으로는 친자도 육체적으로는 따로따로다. 특별한 조건이나 환경으로 떠받치지 않는 한 따로따로가 될 소지는 충분히 있다. 매우 걱정인 것은 인간은 욕망의 동물이다. 자기를 중심으로 한 욕망에는 한계가 없다. 눈앞에 욕망달성을 위해서는 수단방법을 가릴 것 없이 물질을 지배하려는 것이다.

2

일체유심조(一切唯心造)

욕망의 파도는 조용히 가라앉히자 생각해도 쉽게 가라앉지 않는다.

불교의 화엄경(華嚴經)에서는 「일체유심조.一切唯心造」라는 게구(偈句)가 있다. 모든 것은 오로지 마음으로 지어졌음이란 말이다. 세계의 본연의 이상적 모습을 있는 기대로 보려고 생각한다면 그 세계는 자기 마음이 지은 것이라고 인식하라는 설득이다.

마음이 평온하게 살기를 원해도 우리들의 마음은 때때로 울고, 웃고, 노하고, 슬퍼하고, 질투하는 등 항상 마음이 안정되지 못하고 분주하게 요동치고 있다. 조용했던 마음에 파도가 일어나는 것은 좋거나 싫다는 감정, 즉 과거의 경험으로부터 얻어진 선입관들이 오랜 세월에 걸쳐 쌓여 생긴 마음의 습관성 때문이다.

일체의 사실을 있는 그대로 보지 않고 감정이나 선입관으로 판단해버린다. 그래서 행복한 "나", 불행한 "나"라고 제멋대로 정해버린다.

감정이나 선입관을 제어한다는 것은 매우 어려운 것이다. 어렵기 때문에 「일체유심조」라는 말이 생겨난 것이기도 하다. 임제종조인 백은선사(白隱禪師)도 우리들의 생활은 「어리석고 못난 우치(愚癡)의 상태」라고 그의 좌선화찬(坐禪和讚)에서 밝히고 있다. 여기서 우치라고 하는 것은 어리석음에 기울어진 마음의 상태를 말하는 것이며, 그 편견된 마음이 「고(苦)」를 만들어내는 것이다.

우주에 존재하는 모든 것 만유(萬有)를 있는 그대로 받아들이지 못한다. 좋다 싫다는 감정의 마음을 선(禪)에서는 본래의 깨끗한 마음으로 되돌리려고 한다. 금강반야경(金剛般若經)에서는 그 마음(其心), 대승기신론(大乘起信論)에서는 자성청정심(自性淸淨心)이라고 부르고 있다. 좌선이나 엄격한 수행, 그리고 명상은 이 같은 본래의 마음으로 되돌리기 위해 이루어지는 것이다.

3

선(禪)이 지향하는 마음

본래 마음이란 어떤 것인가. 유명한 선어(禪語)에 「명경지수(明鏡止水)」라는 말이 있다. 「명경」이란 한 점의 흐림도 없이 맑게 비추는 거울, 「지수」란 물의 흐름이 없이 고요히 맑은 수면(水面)으로, 흐림이 없는 거울과 고요하고 맑은 수면과 같아서 모든 것을 있는 그대로 비추는 마음을 가리킨다. 마음이 평정하여 태연자약한 모양을 이르는 말이다. 이것은 장자(莊子)의 내편 「덕충부편(德充符篇)」에 있는 명경과 지수를 합친 말이다.

거울에 비춘 것은 눈앞에 들어낸 것 그대로의 모습이다. 그곳에 감정이 들어가 버리면 거울은 흐려져서 있는 그대로의 모습은 비추어지지 않게 된다.

명경지수의 「고요히 맑아 흐림이 없는 마음」을 선(禪)은 목표로 하고 있으니, 그것을 방해하는 것이 마음의 흐림(어두움)이다. 감정이나 기억으로 흐려진 마음의 작용을 「망상(妄想)」이라고 한다. 그러기 때문에 반복하여 망상하지 말아라, 망상하지 말아라..., 이를 선어에서는 「막망상(莫妄想)」이라고 말한다. 망상을 버리고 본래의 흐림 없는 마음을 되찾아 인간본연의 생명력이라고 할 수 있는 「생명」을 회복하는 것이 중요하다.

4

불교의 가르침으로 본 제언

이상에서 지적한 바와 같은 혼탁한 21세기라는 시대에 대처해야 하는 물음에 대해 비약일지는 몰라도 대승불교의 십계호구(十界互具)를 소개하고자 한다.

인간까지를 물질로밖에 보지 않는 현실에서 인간을 보다 높은 가치 있는 존재로 보기 위해서는 어떻게 하는 것이 좋을까라는 생각에서 제언하는 것이다.

불교에서는 「십계(十界)」라는 용어로 모든 동물이 사는 세계를 10종으로 분류한다. 밑으로부터 순서로 「지옥계(地獄界)[온갖 악업을 짓고 고통이 가득한 세계]」, 「아귀계(餓鬼界)[온갖 탐욕을 부려 굶주림으로 괴로워하는 세계]」, 「축생계(畜生界)[악업의 응보로 끌려온 짐승의 세계]」, 「수라계(修羅界)[시기 질투 교만으로 싸움이 끝이지 않는 세계]」, 「인간계(人間界)[탐진치가 잠재되어 있으나 수행으로 선을 닦는 중생 세계]」, 「천상계(天上界)[모든 바람이 충족되고 즐거움이 갖추어진 세계]」로 「육도(六道)」라고 한다. 육도는 인간이 갈피를 잡지 못하고 헤매는 세계이며, 이 육도의 세계영역에서 생과 사를 되풀이 하는 데, 이를 육도윤회(六道輪廻)라고 한다. 이는 마치 물레방아(水車)가 반은 물속으로 도는 데, 물에서 밖으로 올라왔을 때가 생(生), 물 속으로 들어갔을 때가 사(死)라고 한다면, 물레방아의 회전을 따라 인간은 끊임없이 생과 사를 되풀이하게 된다는 생각이다. 또한 위로는 상계(上界)인 깨달음의 세계가 있어서 아래로부터 순서로 「성문계(聲聞界)[불제자의 세계]」, 「연각계(緣覺界)[부처의 가르침 없이 스스로 깨달은 세계]」, 「보살계(菩薩界)[고승인 보살승의 세계]」, 「불계(佛界)[부처가 사는 정토세계]」의 사계(四界)가 있어, 전자를 육도(六道, 범부의 세계), 후자를 사성(四聖, 성자의 세계)이라 하고, 모두 합하여 십계라고 한다.

이에 따르면 십계는 지옥계로부터 불계까지 엄연히 나누어져 있지만, 또한 상호 이어져 통해 있다. 왜냐하면 불(佛)의 대자비는 지옥계를 포함하는 다른 아홉계(九界)에도 널리 이어져 있어서, 지옥계의 사람도 인연이 충분히 성숙하면 상계의 인간계 내지는 불계에도 태어날 수 있어서, 불계는 다른 아홉계를 모두 갖추고 있다는 것이며, 지옥계도 다른 아홉계를 모두 갖추고 있다는 것이다. 즉 십계가 서로 다른 아홉계를 갖추어 이어지고 있음을 십계호구(十界互具)라고 한다. 이 같은 생각에 따르면 우리는 누구나 아래로는 지옥계로부터 위로는 불계까지 십계를 모두 갖추고 있다는 가르침이다.

생각해보면, 우리는 매일매일 십계를 우왕좌왕 하고 있는 것이다. 노하고 성을 내서는 수라(修羅)가 되고, 탐욕의 마음을 일으키면 아귀(餓鬼)가 되고, 어리석게 굴면 축생(畜生)의 경지로 빠지게 된다. 또한 때로 마음이 청정해지면 자비심을 일으켜 보살(菩薩)이나 불(佛)에 가까워질 수도 있다.

21세기는 물질문명인 과학이 더욱 급속도로 전개해나갈 것이라는 데에는 의문의 여지가 없다. 그렇기는 하지만, 이 과학의 진전이 인류의 행복과 지구의 안전을 위한다는 아무런 보증이 없다. 어떤 시대가 되든 우리 국토의 보존을 꾀하고, 고도의 문명기술을 보람있게 쓰는 데에는 역시 인간의 마음에 달린 것이다. 인간의 마음가짐이 아귀계(욕심)나 수라계(노함)에만 치우치고 있는 현실이 문제인 것이다.

현실 문제를 대처하는 데에는 우리 모두가 자기의 인생관을 바꾸는 것이다. 자기 안에 가장 중요한 것, 존엄한 것이 무엇인지를 자각하고, 자기를 내려놓고 이타(利他)를 위해 즐겁게 봉사하는 무사봉공(無私奉公)의 큰 서원을 기원하고 실천하는 삶이어야 한다.

5

좌선(坐禪)의 기본과 자세(단전호흡)

(1) 초심자가 갖추어야 할 비법

① 좌선을 해야겠다고 생각했을 때 즉시 시작하라. 물론 사찰 또는 선승의 지도를 받는 것이 가장 좋다. 도장이나 평생교육기관에서도 강좌 실습이 가능하다.

② 좌선은 올바른 자세를 신체로 하여금 외우는 것이 중요하다.

③ 우리가 배워야 할 것은 자세와 호흡이다.

④ 좌선은 조신(調身), 조식(調息), 조심(調心), 즉 자세와 호흡과 마음을 갖추는 일인데, 마음은 말로는 전수할 수도 없고 보여줄 수도 없는 것이다. 따라서 말로 전해주고 모습으로 보여줄 수 있는 것은 자세와 호흡이다. 그러면 마음은 어떻게 갖추어야 하는가? 걱정할 필요가 없다. 왜냐하면 자세, 호흡, 마음은 삼위일체이기 때문에, 자세와 호흡 둘이 갖추어지면 「마음」도 자연히 갖추어지게 된다. 좌

선에서 가르치는 것은 그것뿐이다. 초심자이기 때문에 우선 이것부터 가르쳐서 점차 level up해서 고도 수준의 비법을 가르친다는 것은 좌선에서는 없다. 바로 초심자에게 갖추어야 할 것은 조신, 조식, 조심이 비법이니, 좌선의 목적 달성 여부는 그 사람 자신에게 있다.

(2) 좌선과 건강, 긴 호흡을 느껴 익히면 건강하게 되고, 마음이 안정되어 자신이 붙게 된다

① 좌선은 건강법으로 성립된 것은 아니다. 무슨 생각으로 좌선에 몰두하느냐? 는 물론 사람에 따라 다를 것이다.

② 좌선에서는 호흡을 조절하는 것이 지극히 중요하다. 그런 의미에서 건강에 기여하는 부분이 크다고 본다.

③ 건강을 위해 식사에 주의해야 한다는 사람은 많다. 그러나 식사는 1일 3번밖에 하지 않는다. 식사를 건강을 위한다고 4~6번 하지는 않는다.

④ 그런데 사람의 호흡은 자릿수가 다르다. 보통 1분에 15~16회, 1시간에 900회, 1일이면 21,600회나 된다. 그럼에도 불구하고 호흡은 자신이 조정할 수 있다는 것이 강점이다.

⑤ 좌선을 30분하면 의식적으로 긴 호흡을 하게 된다. 단전(丹田)을 의식해서 길고 가늘게 숨을 토하고(呼), 그 보다는 조금 빠르고 강하게 숨을 들이마신다(吸). 이것이 좌선의 호흡이다. 긴 호흡은 전신의 혈류를 촉진해서 세포에 영양과 산소를 충분히 공급한다. 좌선호흡은 코호흡(鼻呼吸)으로 건강에 좋다는 것은 말할 나위가 없다. 덧붙여서 말하면 보다 긴 호흡이 된다면 마음이 착 가라앉아서, 인간과의 대화에서나 토의과정에 앞서 좌선호흡을 몇 분간 하면 언어의 이해와 말하기가 명료해진다는 사실이다.

(3) 좌선은 배를 의식해야 한다. 기력은 아랫배에 담는다

좌선에서는 「배(腹)」를 의식한다. 그 배라고 하는 곳은 임맥(任脈)의 중요한 경혈(經穴)의 한 곳인 「단전(丹田)」을 말하고, 이곳은 기(氣)가 모이는 장소, 기(氣)가 가득 차있는 바다라는 뜻에서 「기해혈(氣海穴)」이라고 불린다.

기(氣)라고 해도 눈에 보이는 것이 아니다. 애매모호한 것이라고 굳이 말한다면 그렇겠다고 할 수밖에 없지만, 그러나 사람은 누구든지 그것을 느끼고 있는 것이다.

우리 말 가운데에는 용기(勇氣), 원기(元氣), 기력(氣力), 기분(氣分), 기색(氣色), 기운(氣運), 기품(氣稟), 기개(氣槪), 기고(氣高), 기골(氣骨), 기승(氣勝), 기염(氣焰) 등 사람의 기개를 나타내는 용어가 상당히 많다. 확실히 기(氣)가 있을 때와 없을 때를 실감하게 된다. 운동시합이나 시험에 응시할 직전 긴장하게 되는데, 「아랫배에 힘을 주라」고 한다. 그렇게 함으로서 배에 기(氣)가 충만하게 하여 마음을 안정시킴으로서 최고의 performance와 연결시키는 효과를 기대하기 때문이다. 좌선을 할 때에도 아랫배에 숨을 세차게 뿜어 넣으라고 한다. 철저하게 배를 의식하는 것이다.

자! 좌선으로 「기(氣)」가 넘치는 배를 만들어봅시다.

(4) 좌선은 자기를 연마하는 것이다

① 좌선은 모든 번뇌로부터 벗어나는 수행이다

석가 출생 시 일화가 있다. 탄생한 석가모니는 일곱 발자국을 걷고 오른손은 하늘을 가리키고, 왼손은 땅을 가리키고 사방을 둘러보고는 「천상천하유아독존(天上天下唯我獨尊)」이라고 말하였다. 석가도 인간이라 실제로 그런 일은 있을 수 없지만, 그 일화가 전해지고 있는 데에는 의미가 있다. 「천상천하유아독존」이라는 말을 그대로 해석하면, 이 우주 속에는 「나」자신이 제일 존귀하다, 라는 것이다. 그러나 석가모니가 스스로가 존귀하다고 자만하는 말을 하였겠는가?

여기서 「나」는 인간 모두, 즉 인간 한 사람 한 사람은 모두가 둘도 없는 존재로써 생명을 받았다는 그것만으로도 존귀하다 라는 뜻이다. 생각해보면 사람은 태어난 순간에는 진(眞)과 선(善)을 모두 가지고 있는지도 모른다. 그러나 성년이 되면서 지식이나 경험이 쌓이면서 점차 빛을 잃어가며 어두운 그림자가 쌓이게 된다.

지식이나 경험은 살아가는 데에는 필요한 것이지만, 동시에 어두운 껍질로 덮여 번뇌의 씨앗이 되어가는 것이다. 좌선은 그 껍질을 벗기는 수양작업이라 생각한다. 물론 수년 수십 년에 걸쳐 겹겹이 쌓인 껍질의 기층이 간단히 벗겨질 수 있겠는가?

불교에서는 번뇌라고 하는데, 집착과 망상, 아욕과 질투, 허식과 원한...등 헤아리면 끝이 없다. 좌선에 의해 이들 껍질을 하나하나 벗겨가는 것이 수행이다. 사람은 자신을 연마한다고 하는데, 그 연마라고 하는 것도 「껍질을 벗긴다, 먼지 티끌 흙탕물을 떨어뜨린다」는 작업이다. 그 하나의 실천이 좌선이라고 하겠다.

② 자신이 하는 모든 것이 수행이라 생각한다면 행동거지가 달라진다

선(禪)에서 수행승(修行僧)을 운수승(雲水僧), 행각승(行脚僧)이라고 하는데, 수행기간은 최저 3년간 수행도장에서 합숙생활을 하는 것이 원칙이다. 왜냐하면 선에서는 행주좌와(行住坐臥)의 일체합체(一切合切)가 수행이기 때문이다. 1일중 자기가 하는 모든 일이 수행이

아닌 것은 하나도 없기 때문이다. 어느 하나 손을 떼지 않는다는 것은 그것에 마음을 둔다는 것이다. 그것이 수행이다.

아침 일어날 때에는 일어나는 일에만 마음을 두고, 밥을 먹을 때에는 밥을 먹는 일에만, 청소할 때에는 청소에만, 경(經)을 읽을 때에는 경을 읽는 일에만 마음을 두는 것이다.

끽차끽반(喫茶喫飯)이란 선어(禪語)가 있다. 차를 마실 때에는 차를 마시는 것에만, 밥을 먹을 때에는 밥을 먹는 일에만 마음을 두라는 뜻이다. 좌선이나 수행생활은 이와 같이 그 하는 일에 최선을 다하라는 것이다.

(5) 선종(禪宗)의 종조(宗祖) 달마대사(達磨大師)의 가르침

여기서 좌선의 역사에 대해서 간단히 기술코자 한다.

좌선은 석가모니 시대부터 수행으로서 받아들여진 듯싶다. 요가에는 좌선과 닮은 자세가 많고, 인도의 수행법의 하나였을 것이다. 다만, 좌선을 수행의 중심에 둔 것은 인도로부터 중국으로 들어온 달마대사인 선종(禪宗)의 종조(宗祖)이다.

달마대사에 대해서는 대단한 이야기가 전해지고 있다. 중국의 소림사(小林寺)에서 9년간, 벽을 향해 좌선을 계속했다는 "면벽9년(面壁9年)"이라는 전설이다.

달마대사가 외곬으로 좌선에 몰두한 것에는 한 점 의심의 여지가 없다. 그러나 9년간을 면벽좌선이란 아무리 우화라고는 해도 액면 그대로 받아들이는 것은 아니다. 달마는 당연히 독경도 청소도 했고, 밥도 먹고 잠도 잔 것이다. 다만, 그 하나하나가 수행이었다는 뜻이다.

1일 중 행한 하나하나에 마음을 두지 않은 것이 없다. 즉 대사에게는 일각일각, 그 일거수일투족은 일체합체가 좌선수행이었다는 것이다.

좌선을 하고 있을 때만이 좌선이 아니다. 좌선 때의 마음을 모든 일에 두고 행하였다는 것이다. 선 수행의 핵심은 좌선이기 때문이며, 그것을 선에서는 행주좌와(行住坐臥) 수행이라고 한다.

(6) 좌선이란 본래의 자기다운 자기와 만나는 것

좌선을 하고 있다고 해서 강인한 정신력의 소유자가 되는 것도 아니고, 집중력이 각별히 올라가는 것도 아니다. 다시 말해 자기가 극적으로 변한다는 것이 아니다.

좌선이란 무엇인지를 단적으로 말한다면, 「참 자기와 마주 바라보는 것」이라고 말할 수 있지 않을까 싶다. 정확한 말로 표현하기란 어렵지만, 본래의 자기와 만나는 것, 본래의 자기를 아는 것이라고 말하는 것이 가까울지 모른다.

사람은 여러가지의 자기를 가지고 있다. 속마음의 자기와 겉마음의 자기가 있다. 그 증거로는 "지금의 자기가 본래의 자기가 아니다" 라는 마음이 들 때가 있다. 예를 들면, 자신이 그 일을 성취시키겠다는 목적을, 연애를 반드시 이루어내겠다는 욕심 등은 「~을 위해」 움직이고 있어 본래의 자기로부터 떨어져 있다는 것이다. 좌선에는 「~을 위해」 라는 것이 없다. 무엇을 얻어내려는 수단이 아니다. 말하자면, 앉아있는 것 자체가 목적이다. 즉 결과나 성과를 구하는 것이 아니다. 때문에 그냥 앉아있다 라는 가운데에 본래의 자기라는 것이 점차 나타나게 되는 것이 아닌지요.

물론 본디 순수한 본래의 자기와 만나고 자기를 안다는 것은 간단히 이루어지는 것은 아니다. 그러나 좌선에 의해 조금씩이라도 가까워지게 된다. 여러가지의 모습으로 나타나는 자기와 본래의 자기와의 거리가 점차 좁아진다면, 자기다운 보다 바람직한 삶으로 바뀌어가게 되는 것이다.

(7) 좌선의 기본과 몸가짐(姿勢)

① 초심자가 배워야 할 비법

좌선회에 가서 선승(禪僧)의 지도를 받는 것이 가장 좋다. 앞에서 기술한 바와 같이 좌선은 올바른 자세를 몸으로 익히는 것이 중요하다. 우리가 배우는 것은 자세와 호흡이다.

좌선은 조신(調身), 조식(調息), 조심(調心)으로 자세와 호흡과 마음을 조절(갖춤)하는 것인데, 그 중 마음을 조절했다는 것은 말로 전할 수 없고, 볼 수도 없다. 다만, 자세, 호흡, 마음은 삼위일체이기 때문에 자세와 호흡이 갖추어지면 마음도 자연스럽게 조절이 된다. 좌선에서 배우는 것은 그 것뿐이다. 초심자이기 때문에 우선 알아두어야 할 것은 처음 시작할 때 초심의 마음가짐으로 돌아가 뿌리를 내리는 것이 기본이다.

② 집에서도 가능한 좌선

집에서 좌선을 할 때에도 중요한 것은 몸가짐의 일련의 흐름을 알아 두는 일이다. '하나하나의 몸가짐이 올바르게 이루어지고 있는가'를 체크하면서 차분히 익혀 가면 되는 것이다.

☞ 자세: 이치에 맞는 자세는 보기에도 아름답다.

좌선은 방석을 깔고 그 위에 앉는 것이다. 정식으로는 엉덩이 밑에 방석을 둘로 접어 앉는다(그림1).

발은 「결가부좌(結跏趺坐)」로 앉는다. 책상다리 상태에서 오른발을 왼발 넓적다리 위에 얹고, 다음은 왼발을 오른발 넓적다리 위에 얹는다. 이것이 결가부좌다(그림2).

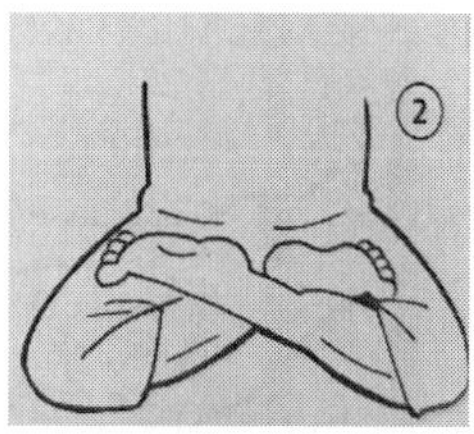

신체가 굳어서 결가부자가 안 되는 사람은 좌우 어느 발을 넓적다리 위에 올리는 반가부좌(半跏趺坐)로 해도 된다(그림3).

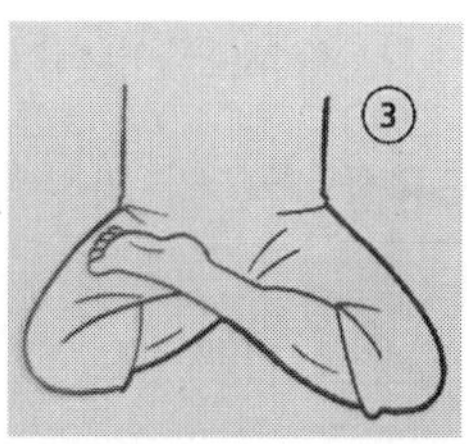

발을 꼬면 등을 곧게 펴고, 머리의 정수리를 천정에 매달 듯 하고, 동시에 배꼽 주변을 꾹 힘을 주어 곧게 세우면 허리가 들어가면서 바른 자세가 된다. 허리심이 뒤로 빠지지 않도록 주의한다(그림4).

손은 오른손바닥을 위로하고 꼰 다리 위(하복부)에 놓고, 왼손을 그 위에 놓는다. 좌우의 손가락이 겹치도록 하고 좌우 엄지손가락을 가볍게 맞추어 계란을 쥔 것 같은 공간을 만들면 된다. 이 모양을 법계정인(法界定印)이라 불리는 인(印)의 하나다(그림5).

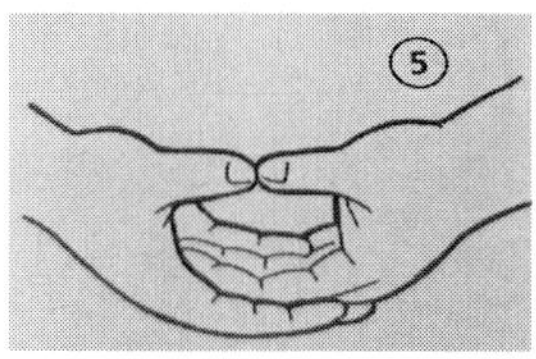

인(印)은 불교의 한 표식으로 「조용히 깊이 생각한다」라는 뜻으로, 좌선을 하고 있을 때에는 긴장감을 잃지 말고 자세의 흐트러짐이 없고, 졸음이 오지 않도록 하는 것이다.

이치에 맞는 자세란 조용한 가운데 과부족 없이 늠름한 기력을 느끼게 하는 민첩하면서 아름다운 자세라고 할 것이다.

☞ 호흡: 천천히 넉넉히 이루어지면 마음도 차분해진다.

좌선할 때 1에서 10까지 마음속에서 호흡을 세는 것을 「수식관(數息觀)」이라고 한다. 코로 숨을 토하면서 '하나'라고 센다. 의식하는 것은 「가늘게」「길게」라고 하는 것뿐이다. 토하는 일에 집중하게 되면 들이쉬는 것은 몸이 저절로 하게 된다. 하나에서 열까지 세면 다시 하나에서 반복한다.

일상생활에서 호흡을 의식하는 일은 거의 없다. 그러기에 좌선에서 의식하면서 호흡을 하는 것이 이렇게도 어렵다는 것을 처음 느끼게 된다. 의식하면 도중에 숨이 막히거나 짧아지는 경우가 있다. 그러나 익숙해지면 점차 가늘고 긴 호흡이 가능해진다.

보통 사람은 1분에 15~16회 호흡을 한다. 좌선을 하게 되면 10회 정도로 줄어들고, 가장 적게는 5~6회다. 호흡을 천천히 할 수 있다는 것은 몸과 마음이 침착해졌다는 증거다.

사람은 호흡을 쉬지 않고 1일 2만 회 이상을 한다. 인생에 가장 시간을 소비하고 있는 것이 호흡이다. 건강의학에서는 1일 100회 좌선호흡(坐禪呼吸)을 한다면 대단히 건강에 좋다고 한다. 몸이 나른해지거나, 마음이 어수선할 때에는 앉아서만이 아니라 서서도, 걸으면서도, 누어서도 10회, 20회 좌선호흡을 할 수 있으니 실천해 보기로 하자.

☞ 시선: 눈을 감으면 마음이 흐트러지니 눈은 반개(半開)한다.

좌선을 할 때 눈은 감지 않는다. 반쯤 뜬다는 것이다. 선에서는 반(半)은 바깥 세계를 보고, 반은 자기의 마음속을 본다는 것이다. 눈을 감지 않는 것이 좌선에 집중된다는 것이다. 실제로 눈을 완전히 감으면 머릿속에 여러 가지 생각, 망상 등 공상적 세계가 떠오르게 된다.

좌선은 「신심일여(身心一如)」, 몸과 마음이 하나가 된다는 것이 중요하다. 몸은 좌선을 하고 있는데 마음은 이것저것 생각한다면 하나가 될 수 없다. 좌선을 하고 있는 자기를 확인할 수 있다는 의미에서도 눈은 반쯤 뜨고 있는 것이 좋다.

얼굴은 앞을 똑바로 향하되 시선만은 1.5m 전방을 내려다본다. 눈을 완전히 뜰 때만큼 시계(視界)로부터의 정보가 들어오지 않는다. 역시 눈은 반개(半開)가 좌선에 가장 집중된다(그림6).

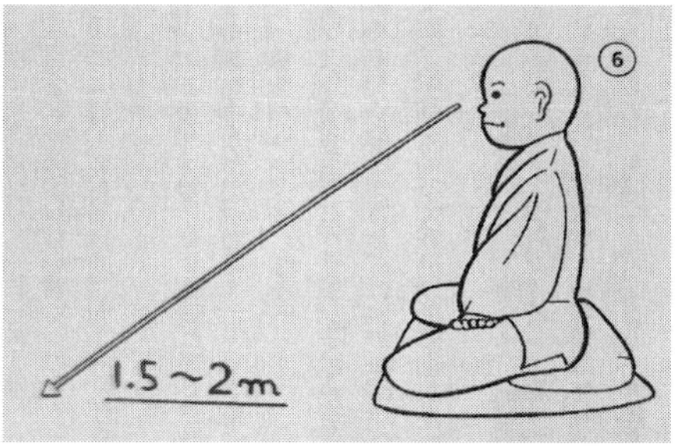

하나 덧붙인다면 좌선에 앞서 배로부터 큰소리를 내어 반야심경(般若心經)이나 청정주(淸淨呪) 같은 경(經)을 읽고 난 후에 좌선에 드는 것이 효과적이다.

- 좌 선 법(예시 1: 원불교 좌선법) -

(1) 좌선의 요지

좌선이라 함은 마음에 있어 망념을 쉬고 진성(眞性, 만물의 본체, 진여(眞如)을 나타내는 공부이며, 몸에 있어 화기(火氣)를 내리게 하고 수기(水氣)를 오르게 하는 방법이니, 망념(妄念)이 쉬면 수기가 오르고 수기가 오른즉 망념이 쉬어서 몸과 마음이 한결 같으며 정신과 기운이 상쾌하리라.

☞ 즉 좌선은 모든 망념을 제거하고 진여(眞如: 眞實如常.自性淸淨心.佛性)의 본성(本性)을 나타내며, 일체의 화기(번뇌망상, 사심잡념)를 내리게 하고 청정한 수기(청정본연심)를 불어내기 위한 공부니라.

☺ <u>화승수강(火昇水降)</u> ⇨ <u>수승화강(水昇火降)</u>

(2) 좌선의 방법

좌선 방법은 지극히 간단하고 편리하여 아무라도 할 수 있다.

① 좌복(坐服)을 입고 반좌(盤坐)로 편안히 앉은 후에 머리와 허리를 곧게하여 앉은 자세를 바르게 하라.

② 전신의 힘을 단전(丹田: 任脈의 氣海穴)에 툭 부리어 일념의 주착(住着)도 없이 다만 단전에 기운이 주해 있는 것만 잡고, 방심이 되면 그 기운이 풀어지니 곧 다시 챙겨서 기운이 단전에 주하기를 잊지 말라.

③ 호흡을 고르게 하되 들이쉬는 숨은 조금 길고 강하게 하며, 내쉬는 숨은 조금 짧고 약하게 하라.

④ 눈은 항상 뜨는 것이 수마(睡魔)를 제거하는 데 필요하나 정신 기운이 상쾌하여 눈을 감아도 수마의 침노를 받을 염려가 없는 때에는 혹 감고도 하여 보라.

⑤ 입은 항상 다물며 공부를 오래하여 수승화강(水昇火降)이 잘되면 맑고 윤활한 침이 혀 줄기와 이 사이로부터 계속하여 나올지니, 그 침을 입에 가득히 모아 나누어 삼키라.

⑥ 정신은 항상 적적(寂寂)한 가운데 성성(惺惺)함을 가지고 성성한 가운데 적적함을 가질지니, 만일 혼침(昏沈)에 기울어지거든 새로운 정신을 차리고 망상에 흐르거든 정념(正念)으로 돌이켜서 무위자연(無爲自然)의 본래 면목(面目) 자리에 그쳐 있으라.

⑦ 처음으로 좌선을 하는 사람은 흔히 다리가 아프고 망상이 침노하는 데에 괴로워하나니, 다리가 아프면 잠깐 바꾸어 놓는 것도 좋으며, 망념이 침노하면 다만 망념인 줄만 알아두면 망념이 스스로 없어지니 절대로 그것을 성가시게 여기지 말며 낙망하지 말라.

⑧ 처음으로 좌선을 하면 얼굴과 몸이 개미 기어 다니는 것과 같이 가려워지는 수가 혹 있나니, 이것은 혈맥이 관통되는 증거라 삼가 긁고 만지지 말라.

⑨ 좌선을 하는 가운데 절대로 이상한 기틀과 신기한 자취를 구하지 말며, 혹 그러한 경계가 나타난다 할지라도 그것을 다 요망한 일로 생각하여 조금도 마음에 걸지 말고 심상히 간과하라.

이상과 같이 오래오래 계속하면 필경 물아(物我)의 구분을 잊고 시간과 처소를 잊고 오직 원적무별(圓寂無別) 한 진경(眞境)에 그쳐서 다시없는 심락(心樂)을 누리게 되리라.

(3) 좌선의 공덕

좌선을 오래하여 그 힘을 얻고 보면 아래와 같은 이익이 있나니

① 경거망동하는 일이 차차 없어지는 것이요,

② 육근 동작에 순서를 얻는 것이요,

③ 병고가 감소되고 얼굴이 윤활하여지는 것이요,

④ 기억력이 좋아지는 것이요,

⑤ 인내력이 생겨나는 것이요,

⑥ 착심이 없어지는 것이요,

⑦ 사심(邪心)이 정심(正心)으로 변하는 것이요,

⑧ 자성(自性)의 혜광(慧光)이 나타나는 것이요,

⑨ 극락을 수용하는 것이요,

⑩ 생사에 자유를 얻는 것이니라.

- 천상천하유아독존 호흡법(예시 2) -

(1) 호흡과 경전 읽기로 뇌 전체를 활성화 시키자

실제 명상하는 방법을 알아보기로 하자.

의식이 단단히 깨어있는 가운데, 그 의식을 오로지 계속 움직이되 어딘가에 머물게하지 않는다는 체험을 우선 스스로 해본다.

평상시 자율신경에 맡기고 있는 호흡을 의식을 가지고 해본다는 것이 시작이다.

의식을 유동한다는 것, 즉 호흡에 의식을 실린다고 하는 방법은 여러 종교가 하고 있는 신체기법으로 매우 일반적이다. 호흡으로 relax한 상태를 만든다는 것은 석존(釋尊)이 매우 중요한 일이라고 설파한 바와 같이....

우선 숨을 천천히 깊고 매끈하게 토해내는 것이다.

섬세한 감각으로 「숨이 드나듦」을 체험 음미하는 것이다. 길게 숨을 쉬는 것은 좌선(坐禪)의 기본이다. 보통 여러분은 1분간에 12회 많게는 15회 호흡을 한다. 첫 시작으로 1분간에 3~4회 해보기로 하자. 좌선에 익숙해지면 1분에 2회도 어렵지 않게 할 수 있게 된다. 무의식에 맡기게 되면 그렇게는 되지 않는다.

호흡에 관한 여러가지 실험이 이루어지고 있지만, 천천히 숨을 들이마시기보다는 빨리 들이마시는 쪽이 공기의 양이 많다는 것을 알게 된다. 보통 호흡으로는 5초에 1회의 리듬으로 하는 사람이 많으나, 숨을 내쉬는 것을 점점 길게 해서 1회에 10초 정도를 목표로 해보는 것이다.

아, stop watch는 사용하지 말고 어디까지나 대중이고, 이런 일에 신경을 쓰면 느긋한 기분이 될 수가 없다.

짧고 깊게 들이마시고, 길고 느긋하게(천천히) 토해내는 것이 익숙해지면 복근이 조금씩 조금씩 단련되어서 횡격막도 자유롭게 움직이게 되고, 좀 더 길게 숨을 토해내게 된다. 좌선 때와 같이 최종적으로는 1분에 2회 정도가 바람직하지만, 이것도 조급하게 바라지 말아야 한다.

다만 승려가 장생하는 이유의 하나가 틀림없이 경전을 소리내여 읽기 때문이라 생각된다. 독경 중에는 매우 길게 숨을 토해내는 것이다. 토해낸 뒤 일순간에 숨을 들이쉰다. 이것이 매우 훌륭한(멋진) 호흡법으로 장생(長生) = 장식(長息)의 비법(秘法)이라고 생각한다.

따라서 길게 숨을 토해내는 연습에는 독경이 최적이다. 권장하고 싶은 경전은 「반야심경(般若心經)」 260자이다. 음운(音韻)으로는 결코 쉽게 소리내여 읽기 쉬운 경전은 아니지만 암송하는 데에는 알맞은 길이다.

경전을 소리내여 읽을 때 처음에는 한 숨 돌림이 쉽지 않을 것이다. 단락(段落)이 알맞은 곳까지 가지 못하고 몇 번이고 숨을 들이마신다.

그러나 점차 한 숨에 읊어지는 양이 많아지고 토해내는 숨이 길어지는 것을 실감하게 된다. 음운을 느끼면서 rhythmical하게 소리내여 읽게 된다. 또한 암송한다는 행위는 뇌가 활성화되기 때문에 감각은 맑아지는데 사고는 멈춰진다. 아무것도 생각 없는 상태가 되어 머리가 싹 여과(濾過) 되는 것 같아 매우 기분이 상쾌해진다.

(2) Image 호흡으로 몸과 마음을 조절한다

독경으로 호흡의 단련이 어느 정도 익숙해지면 소리를 내지 말고 숨이 움직이는 image를 따라 자연스럽게 호흡해보자.

숨 내쉬기를 깊게 천천히 토해내는 것과 똑 같이 중요한 것이 지금 숨이 자기 몸의 어디를 지나고 있는지(통과)를 느끼는 일이다. 몸속으로 들어간 숨이 등뼈(背骨=脊椎)로 전해져 위로 올라가 목구멍을 거쳐 머리끝 정수리(腦天, 百會)까지 가면, 이번에는 정수리에서부터 어깨를 거쳐 양손의 손가락 끝까지 숨이 흘러가고 동시에 의식도 숨의 흐름을 따라 좇아가게 한다. 다시 말해 미세하게 숨의 흐름을 좇아 의식은 그냥 그것을 느낀다....라는 것에 몰두한다.

의식을 움직이며 옮겨가면 혈액도 기도 그곳으로 모아진다. 한방에서는 이것을 종합하여 「기혈(氣血)」이라고 한다. 예를 들면 숨을 천천히 길게 토해내면서 손가락 끝까지 의식을 가져가면 그곳에 기혈이 모아져서 따뜻해진다.

의식만으로도 기혈은 움직이지만, 동시에 호흡까지 하게 되면 더욱 효과적이다. 숨을 토해내면서 어느 특정부분으로 의식까지 가져가면 그 부분에 혈류가 많아지고 산소교환도 왕성해져서 따뜻하게 되는 것이다.

설사를 했을 때 하복부만으로 호흡하고 있다고 생각하고 있으면 확실히 설사가 낫게 된다. 감기가 들었을 때도 바깥공기를 가슴에 넣었다 그대로 가슴에서 내보내고 있다는 식으로 의식해서 가슴뼈(胸骨) 언저리만으로 호흡한다면 곧 낫게 된다. 그냥 그대로 호흡에 의식을 모아 몸 상태를 느끼는 것만으로도 기분이 좋아진다. 호흡은 그만큼 불가사의한 힘을 발휘하는 것이다.

중국 수나라(隋) 시대에 실질적으로 천태종의 개조 지기대사(智覬大師)의 생각을 담은 「천태소지관(天台小止觀)」에서 호흡법을 풍(風), 천(喘), 기(氣), 식(息)의 4단계로 나누고 있다.

제일 나쁜 호흡이 소리가 나는 「풍(風)」, 다음이 소리는 없지만 막힘이 있는 「천(喘)」이다. 「기(氣」)는 소리도 막힘도 없지만 호흡하고 있다는 의식이 아직 남아있다는 호흡법이다. 「식(息」)은 소리도

나지 않지만 막힘도 없고, 호흡을 하고 있다는 것마저 잊으면서도 충분히 호흡하고 있는 상태로서 이것이 최고의 호흡이라고 기록하고 있다.

이와 같은 호흡은 「삼매(三昧)」가 되는 것으로 체득할 수 있겠으나 쉽게 이루어지는 것은 아니므로, 여기서는 기본적인 「image 호흡」을 소개하려고 한다.

☞ 여기서 소개하는 호흡법은 「천상천하유아독존」명상 = 호흡법이다.

① 어깨의 힘이 들어가지 않도록 축 늘어트린다.

② 실제 자기 몸의 윤곽보다도 큰 몸으로 image토록 한다. 양손이 닿을 정도의 크기로, 몸의 윤곽 밖에 있는 공기를 정수리(腦天)로부터 받아들인다는 영상을 마음속에 그리면서....

③ 빨아들인 숨을 단전(丹田 = 배꼽 아래 약 5~10cm범위:氣海.關元)에 거두어들인다. 피부표면이 아닌 몸속 단전(丹田)이다.

④ 단전에 모아진 숨이 대지 밖으로 빠져나간다는 영상을 image하면서 천천히 길게 토해낸다(하체인 항문과 발바닥 용천혈로).

⑤ 다시 대지(항문, 용천혈)로부터 공기를 들이마셔서 일단은 단전에 모아 거두어들인다.

⑥ 단전에 모아진 숨을 천천히 위로 올리면서 정수리를 통해 빠져 나간다는 image로 토해낸다.

⑦ 최후에는 하늘과 땅인 몸 윤곽 주변으로부터 숨을 들이마셔서 단전에 거두어들인다.

⑧ 단전에 모아진 공기가 온몸의 피부로부터 전방향(全方向)으로 발산해간다는 image로 숨을 토해낸다.

1회 완료 - 반복 실시

이 호흡법을 되풀이하면 어떤 종류의 「삼매(三昧)」를 맛보게 된다. 뇌파(腦波)는 측정하지 않고는 모르지만, 아마도 여러분의 뇌파도 알파파(alpha wave)나 씨타파(theta wave)로 변해갈 것이다. 실제 느껴지는 것은 「편안함」이라고 느끼는 감각이라 생각된다.

마치 석존의 「천상천하유아독존」을 상기하는 호흡법이지만, 실제로 image 호흡을 할 때에는 절대로 image를 말로 전환시키지 않아야 한다. 영상적인 image를 띄우고 순간순간 영상에 의식을 집중해가는 것이 중요하다.

PART

10

성현인(聖賢人)들의 사상을 중심으로

- 공자(孔子)의 인애사상(仁愛思想) -

공자 「논어(論語)」에서 핵심을 이루는 사상은 「인(仁)」이다. 천하 모든 인간사가 仁에 의해 위로되고 평정될 수 있다고 말한다.

공자는 仁을 추구하는 발전적 단계로서 자기(인격)를 닦는 일이며(수기(修己), 수신(修身)), 자기를 닦으면 자기를 극복하고 예(禮)로 돌아가게 되며, 사람을 사랑하게 되면 충서(忠恕, 스스로 정성을 다하며 남의 사정을 헤아림)하게 되게 된다. 이것이 仁을 이룩하는 근본이라고 말한다.

인애사상(仁愛思想)의 덕치(德治)로는 예(禮)로써 그 뜻을 말하고, 락(樂)으로써 화(和)하게 하고, 정(政)으로써 그 행동을 동일케 하고, 형(刑)으로써 그 간사함을 막는 것이니, 예락정형(禮樂政刑)이 극점에 이르게 되면 모두가 하나되는 치도(治道)를 구현하게 된다고 가르친다.

이를 미루어볼 때 공자가 부르짖는 것은 인덕(仁德)을 바탕으로 수기(修己)를 이루며 효제(孝悌. 어버이에 대한 효도와 동기에 대한 우애)를 실행하고, 그 연장으로 전 인류의 평화와 행복을 이룸에 있는 것이다.

공자의 논어 속에 담긴 인의 덕치로써의 인도(人道, 인간으로서 마땅히 지켜야할 도리)는 천도(天道)가 인간을 통해 나타나는 도의정신이므로 천심(天心)이 인심(人心)이라는 동양적 인내천(人乃天) 사고가 자라났으며, 인심을 거역하는 정치는 천심을 거역하는 것이어서 결국은 천의(天意)에 따른 혁명조차도 가능케 되는 것이다. 그러므로 위정자의 위치와 책임은 막중하다. 순천자(順天者)는 성(盛)하고 역천자(逆天者)는 망(亡한)다는 것이다.

공자의 위정편에서 계강자(季康子, 魯나라의 대부)가 백성들로 하여금 어떻게 하면 공경스러워지고 충성하며 권면케 하겠습니까? 하고 물었을 때 공자는 다음과 같이 대답했다. 임지이장즉경(臨之以莊則敬), 효자즉충(孝慈則忠), 거이교불능즉권(擧而教不能則勸), 백성들 앞에 임할 때 위엄 있게 행하면 공경하고, 효와 자비로써 임하면 충성스러워지고, 착한 사람을 천거 등용하고 모르는 사람에게 깨우쳐주면 그것이 바로 백성에게 선행을 권면하는 것이라 밝혔다. 서문이 길어진 느낌이다. 공자의 인의 덕치를 현실정치에 비추어 보기 위해서다.

여기서 기술하려고 하는 것은 공자의 논어 속에 「인애사상(仁愛思想」으로 본 덕치(德治)의 핵심인 「인(仁)」이 어떻게 전문을 통해 정의되어 있는지를 감히 작은 생각으로 정리 편집해보려는 것이다.

「인(仁)」은 유교(儒教)의 이념을 나타내는 말로서 유교도가 긴 역사를 통해 존숭해온 사상이기도 하다.

유교는 중국 춘추전국시대의 노나라 사람으로 세계의 4성(聖)의 한 사람인 공자(B.C.551~479)를 시조로 탄생, 그 후 2천 여 년에 걸쳐 중국 사회에 깊숙이 뿌리를 내렸고, 그 곳에 사는 사람들의 생활 지침이 되어온 윤리도덕의 가르침이었으며, 그 영향은 우리나라, 일본 등 동아시아 전역에 미쳐 현재까지 이르고 있다.

옛 중국의 사회는 물론 유교의 영향권에 있었던 우리나라에서도 부자(父子)의 친애(親愛), 군신(君臣)의 의리(義理), 부부(夫婦)의 분별(分別), 장유(長幼, 兄弟)의 차서(差序), 붕우(朋友)의 신의(信義)라는 오륜(五倫)의 인간관계를 인간생존의 기본요소로 삼아왔다. 유교의 특색은 이 같은 오륜의 인간관계에 따르면서 공동사회 속에서 각각의 구성원이 습득해야 할 덕(德), 실천해야 할 도(道)를 명백히 하는 데 있었다. 유교가 오랜 전통을 유지해 온 이유는 실제의 사회생활에 부응하여 인간의 이상을 추구해 왔다고 하는 데에 있었으나, 그런 만큼 현재에는 유교라고 하면 곧 봉건적이라는 비난과 거부가 강하고, 과거사회에 무엇인지 거림직한 것이 있으면 모든 것이 유교에 책임이 있는 것 같이 말한다. 유교를 밖에서 들여다보면 과거의 사회가 탄생시켜 길러온 과거의 사상이기 때문에 현재의 인간생활에 어울리지 않는 면이 얼마든지 있을 수 있다는 것은 당연한 일이다. 그러나 그 사상이 비록 과거의 것이라 하더라도 그 사상의 내부로 한 거름이라도 발을 들여놓고 그 사상을 어렵게 완성시킨 공자의 말에 겸허하게 귀를 기울인다면, 현재에 사는 우리에게 인간사회의 어려운 문제에 부딪쳤을 때 큰 가르침이 될 사물을 생각하는 뛰어난 생각이나 인생의 지혜가 곳곳에 담겨져 있음을 알게 된다. 그리고 논제의 仁의 사상도 그 하나라고 생각해도 좋을 것이다.

그러나 한 마디로 仁의 사상을 말하기란 간단하지 않다. 중요한 것은 그 모체인 유교 그 자체가 약 2000년 이상의 긴 역사를 거치는 동안, 예를 들면 노장(老莊)의 사상이나 불교의 사상 등 동양이 낳은 유교 이외의 훌륭한 사상과의 접촉을 통해서 시대와 함께 그 사상내용이 심화되고 복잡화된 것도 사실이다.

더구나 「仁」에 대하여 공자 자신도 좀처럼 입에 담지 않았다고 전해지고 있는 바와 같이, 또한 후세의 유학자가 仁은 말로 설명하기가 어렵다고 기술하고 있는 바와 같이 언어에 의한 경솔한 설명을 거부하는 성질을 지니고 있다고 생각한다.

따라서 「仁」 전체를 말로, 글로 표현하기란 용이하지 않다. 다만 여기서는 그 요점만이라도 기술해 보기로 한다.

1

덕성(德性)으로서의 「인(仁)」

문자학자의 견해에 의하면 「仁」이라는 한자는 무거운 짐을 등에 지고 있는 사람의 모습을 상징하는 문자라고 했으며, 본래는 「인내함」이라든가, 「용서함」이라든가 하는 자제의 마음을 뜻하는 말이라고 풀이하기도 한다. 그 「仁」이라고 하는 문자에 깊은 사상적 의미 내용을 부여한 것이 공자이지만, 그것은 결코 공자가 자제라든가 자기억제라는 것에서 사회생활을 하는 인간의 성숙된 모습을 보고 취한 것이라고 생각된다. 공자의 경우 자제라든가 자기억제라고 하는 것이 그대로 仁은 아니었다 해도 仁에 도달하기 위한 필요불가결의 조건이었음에는 틀림이 없다.

그것은 그렇다하고 공자의 「仁」의 사상을 이해하기 위해서는 우선 공자의 언행록인 「논어」를 읽어보지 않으면 안 될 것이다. 논어를 읽고 먼저 생각되는 것은 공자의 仁에 대한 설명이 반드시 명확하지 않다는 것이다. 공자는 仁에 대해서 매우 드물게 기술하고 있다. 이것은 仁을 문제로 하기에 족하지 못한 때문은 아니다. 오히려 인간에게 있어 가장 중요한 문제이기 때문에 경솔한 발언을 삼가했다는 의미로 해석해야 할 것이다. 만약 仁이 공자에게 있어 그렇게 중요한 내용이었다면 제자들로서는 어떻게든지 선생의 입으로부터 설명을 이끌어내려는 것이 당연했을 것이다. 공자도 때로는 제자의 질문에 답하고 있다. 그러나 상대에 따라 대답도 달랐고, 또한 간접적인 설명으로 끝나는 경우도 많았다. 예를 들면 안회(顔回)가 공자에게 仁을 묻자 「克己復禮爲仁」(論語, 顔淵篇), 사욕을 극복하여 예(禮)를 실행하는 것이 仁을 행하는 것이라 했으며, 중궁(仲弓)에게는 「出門如見大賓하며 使民如承大祭하고 己所不慾은 勿施於人이니 在邦無怨하며 在家無怨이니라」(顏淵篇), 문을 나가면 몸가짐을 귀한 손님을 봄과 같이하며, 민(民)을 부리되 큰 제사를 받들듯 경건히 하고, 자기가 하고 싶지 않은 일은 남에게 시키지 말지니라. 그렇게 하면 온 나라 백성의 원망이 없고 온 집안 가족의 원망이 없느니라. 라고 했다. 그리고 번지(樊遲)에게는 「愛人이니라」(顏淵篇), 사람을 사랑하는 것이라고 인간주의를 천명한 점 등은 상대에 따라서 공자의 설명이 다르다는 것을 알 수 있다. 그뿐 아니라 같은 사람의 질문이면서도 대답이 다른 경우도 있다. 예를 들면 번지에 대해 「愛人이니라」고 대답한 공자가 다른 곳에서는 번지에게 「居處恭하며 執事敬하고 與人忠을 雖之夷狄이라도 不可棄也니라」(子路篇), 평상시에도 항상 공손한 태도를 가지며, 일을 처리할 때에는 신중과 성의를 기울이고, 타인과 교제할 때에는 충성(진실)을 다하라. 이러한 덕행은 오랑캐 땅에 갈지라도 버리지 못할 것들이라고 했다. 또한 「仁者先難而後穫이면 可謂仁矣니라」(雍也篇), 인자는 어려움을 남보다 앞서서 치르고 보답은 남보다 뒤에 얻으면 참으로 어질다. 라고 대답했다. 그밖에 「巧言令色이 鮮矣仁이라」(學而篇), 달콤하고 감미로운 말이나 꾸며진 얼굴빛의 작태에서는 어질고 순박함이 없다. 고 했으며, 「剛毅木訥이니 近人이니라」(子路篇), 강직하여 불의에 굴함이 없고 의연하여 고난을 잘 참아내며, 성품이 질박하고 말이 무거움은 진실로 어짊에 가까우니라. 라고 했으며, 「仁者樂山」, 「仁者靜」, 「仁者壽」, 「仁者不憂」(子罕篇). 인자는 산을 좋아하고, 인자는 조용하고, 인자는 장수하며, 인자는 근심하지 않는다... 등 어느 것이나 간접적인 설명이거나 그렇지 않으면 인자의 속성에 대한 설명 들이다. 각각의 말의 의미내용은 어쨌든 간에 공자의 설명이 이상에서와 같이 다양했다는 점에서 우선 생각되는 것은 공자가 말하는 仁은 어느 특정의 일이나 성질에 의해 한정되는 것이 아니고 인생사회의 여러가지 상황에 따라 다양한 모습으로 나타나는 가지가지의 도덕적 가치를 총괄하는 근원적인 덕성이라고 말할 수 있다. 이와 같은 것 들을 혼일적(渾一的)인 것, 무적(無的)인 것, 전체적인 것, 포괄적인 것이라는 말로 표현할 수 있겠으나, 요컨대 공자가 말하는 仁은 협소한 자아에 사로잡혀서는 도저히 이해할 수가 없는 극히 광대한 인간의 입장을 표명하는 것이라고 생각한다.

2

인간상(人間像)의 사상으로서의 「仁」

앞에서 기술한 바와 같이 仁이 얼마나 광대한 사상이라 하더라도 그것이 인간의 입장인 이상 스스로 체현하지 않으면 의미가 없다. 문제는 그와 같은 광대한 이념을 어떻게 구체적으로 실현하느냐 라는 방법론이 문제이다. 이 경우 그저 광대한 이념이라는 것만을 강조해서는 문제는 정리되지 않는다. 잘못하면 인간이 미치지 못하는 것이라 해서 실현의 노력을 방기해 버리거나, 그렇지 않으면 인간생활 속에서 개개의 행위를 소홀히 하면서 대언장담 할뿐 실속이 없는 공소한 것이 되어버릴 우려가 있다. 이래서는 윤리도덕의 가르침인 유교의 기본에 반하는 것이 될 것이다. 공자가 仁 그 자체에 대한 발언에 신중했던 하나의 이유가 여기에 있었다. 논어 속에서 기술하고 있는 것은 모두가 仁에 도달하기 위한 방법이라고 후세의 유학자(宋의 楊龜山)가 말하고 있는 바와 같이 공자는 仁 그 자체에 대한 설명은 적게 하고 仁을 실현하는 방법을 설명하는 경우가 많았던 것이다. 그렇다면 공자는 仁을 실현하는 가장 유효하고 확실한 방법은 도대체 어떤 것이라고 생각하고 있었는가?

그것은 제자 자공(子貢)이 한 마디 말로써 평생토록 지켜 행할 수 있는 것이 있습니까? 라고 물었을 때, 공자는 「其恕乎 己所不欲 勿施於人」(衛靈公篇), 오직 서자(恕字) 한자가 있다(恕라는 것은 스스로 내 마음을 통하여 다른 사람의 심정도 이해한다는 뜻), 내가 원하지 않는 일을 남에게 강요하지 말라 라고 대답했다. 공자와 자공 사이에 주고받은 다음과 같은 문답이 논어, 雍也篇에 실려 있다.

자공이 「如有博施於民而能濟衆한댄 何如하리있고 可謂仁乎리이까」라고 묻자, 공자는 「何事於仁이리요 必也聖乎인저 堯舜도 其猶病諸시니라 夫仁者는 己欲立而立人하여 己欲達而達人이니라 能近取譬면 可謂仁之方也已니라」, 자공이 만약 백성들에게 널리 베풀고 많은 사람을 구제해줄 수 있다면 어떻겠습니까? 仁이라 할 수 있겠습니까? 라고 묻자, 공자는 대답하기를 어찌 仁이라고만 하겠느냐? 틀림없이 성(聖)이라 하겠다. 요순(堯舜)도 그렇게 하지 못함을 걱정했다. 원래 仁이란 내가 이루고자 할 때 남도 이루게 하는 것이다. 가까운 자기를 가지고 남의 입장을 비교하는 것이 바로 仁을 이룩하는 방도라고 하겠다. 이것은 앞에서 기술한 「己所不欲 勿施於仁」이라고 한 것과 같은 의미를 갖는 것으로 모두 서(恕), 즉 헤아림과 동정심의 정신을 설명하고 있다.

서(恕)는 자타(自他)의 친화융합을 비는 마음일 것이다. 그 자타의 친화융합이란 자타가 자기의 확집(確執)을 넘어 무한의 광대함을 갖는 정신세계를 말하는 것이다. 그때는 이미 仁에 이른 것이다.

여기서 보충하고 싶은 것은 「夫仁者는 己欲立而立人하여 己欲達而達人이니라」라고 한 공자의 말을 자기의 욕망을 만족시키기 위한 수단으로서 먼저 타인의 욕망을 만족시켜 주어야 한다고 해석한다면 공자의 진의에 반하는 것이 된다. 공자가 말하고자 하는 것은 그런 것이 아니고 내가 무슨 일에 나서고 싶으면 다른 사람도 같은 일에 나서게 하고, 내가 무엇을 성취하고 싶으면 남도 성취하도록 해주는 것, 그러므로 같은 입장에 서서 비근한 일부터 착한 일을 행하도록 하는 것이 큰 仁을 이루는 방법이라는 것이다. 한대의 유명한 문지학자인 許愼(A.D.30-124)은 仁이라는 문자를 설명하기를 친숙하다는 의미로 '人'과 '二'로부터 성립된 會意文字」(說文解字) 라고 기술하고 있다. 즉 인간은 혼자(一人)로는 살아갈 수 없으므로 두 사람(二人) 이상의 인간이 모여 사회를 만들고, 그 사회공동의 생활 속에서 비로소 살아갈 수 있다는 것이다. 그러기 위해서는 인간이 서로 친숙한 가운데 서로 서로가 더불어 살아가도록 하는 마음가짐이 중요하다. 그 더불어 같이 살아가기를 원하는 마음이 곧 仁이었던 것이다.

「仁」이란 인간의 생존을 보증하는 원리라고 해도 좋을 것이다. 공자는 仁을 설명하여 「愛人」이라고 했다. 앞에서 기술한 바와 같이 공자의 仁은 인간의 가장 근원적인 덕성(德性)이었다. 따라서 그 기능은 하나에 한정됨이 없이 윤리도덕의 제 법칙으로서 여러가지 모습으로 나타날 수 있겠으나, 무엇보다도 먼저 넓게 백성을 사랑하는 인간애(人間愛)를 인간생존의 원리로 본 것이다. 그러므로 仁의 사상이 생명존중의 사상이라는 것을 쉽게 이해하게 된다.

고대 중국인은 백수의 왕으로서 용맹 민첩한 사자가 아닌, 온유하고 조용한 동물인 기린을 꼽았다. 기린은 살아있는 풀을 밟지 않고 살아있는 먹이를 먹지 않는다는 뜻에서 인수(仁獸)라고도 불리었다. 여기서도 仁의 사상이 생명존중의 사상이었음을 알게 된다. 다시 말해서 공자가 「仁者壽」 라고 기술하고 있는 바와 같이 仁의 사상은 인간생명의 존엄성을 가르치고 삶의 모든 것을 가르치는 생(生)의 철학이기도 하다.

3

「인(仁)」과「화(和)」

그런데 인간의 현실에 눈을 돌리면 대립하는 인간관계 속에서 서로가 질투하고 시기하며 이해관계로 맹렬하게 경쟁하는 인간의 모습에 접하게 된다. 그렇다면 공자는 이 같은 현실적 인간 모습에 눈을 감고 혼자만의 감미로운 꿈만을 추구한 것일까? 실은 그렇지 않고 오히려 역으로 그 같은 현실을 심각하게 직시하였기에 공자는 인애(仁愛)의 필요성을 강조해온 것이다. 공자가 편찬한 저서로「春秋」가 있다. 이것은 공자의 조국인 노나라의 역사를 근간으로 엮어진 것으로 공자가 살아온 춘추시대의 현실 그것이었다. 공자는 대립항쟁을 계속하는 인간의 현실에 눈을 감고 있었던 것은 결코 아니다. 인간의 추함을 피해 산 속에서 숨어 사는 은자(隱者)가 자기들의 친구가 되지 않겠느냐 라고 권유했을 때 공자는 인간은 새나 짐승과는 같이 살 수 없는 것, 세상이 아무리 난세라 하더라도 인간은 결국 인간과 함께 살 수밖에 없지 않느냐, 세상이 험난할수록 어떻게든 인간세계를 구하려고 열과 성을 다하고 있는 것이라고 하면서 은자의 권유를 뿌리쳤다는 일화가 있다(微子篇). 난세라는 현실 속에 파고들어가 인간은 도대체 어떻게 하면 생존을 확보할 수 있는 것일까, 이 문제야 말로 생명존중의 입장에 선 공자로서는 가장 중요한 과제였던 것이다.

그런데 끊임없는 대립항쟁의 인간현실 속에서 인간이 자기생존을 확보하기 위해서는 대립하는 상대를 쓰러트리는 방법이 하나의 방법이라 생각할 수 있다. 하나의 방법이라기보다는 인류의 오랜 역사에 걸쳐 반복되어 온 방법일지도 모른다. 그러나 그 방법이 잠정적인 일시적 방편이었다는 것도 역사가 증명하고 있다. 역사가이기도 했던 공자가 이 점을 간파하지 않을 리가 없다. 인간의 역사에 대한 깊은 통찰에 근거하여 인간이 자기생존을 다하기 위해서는 결국 인간 서로가 손을 잡고 더불어 화(和)하며 살아갈 수밖에 없다는 것이 공자의 지혜였다. 그러나 공자의 仁 사상은 역사적 경험을 통해 얻어진 지혜, 즉 처세하는 과정에서 인정되는 지혜의 소산이라고만 하기에는 공자 유교의 仁 사상의 본질을 충분히 설명했다고는 할 수 없다. 그렇다면「仁」사상의 본질은 도대체 어떤 것이었는가?

인간에게 있어 가장 절실한 것은 무엇인가? 그것은 살려고 하는 자기의 의지인 것이다. 그 살려고 하는 의지를 관철해가다 보면 거기에는 자기의 의지를 넘어 작용하는 무엇인가의 의지의 존재를 깨닫게 된다. 중국민족은 그것을 천명(天命)이라는 말로 표현했다. 천명이란 절대자의 명령이라는 뜻이다. 천명의 입장에서 살려고 하는 의지는 한 사람의 인간인 나만이라는 것이 아니고 천하공공의 것으로서 자기에게, 그리고 자기 이외의 모든 것에 똑 같이 작용한다는 것이다. 따라서 인간이 더불어 살아간다는 것은 처세의 지혜에 근거하는 편의적인 인간의 삶의 방법이 아니고, 실은 절대자, 하늘(天)의 의지에 따르는 가장 안정된 생의 모습인 것이었다.

이상 仁 사상의 요점을 기술했으나, 요컨대 인간의 사회공동생활을 지탱하는 근본원리로서는 유교의 仁, 仁愛의 정신사상은 윤리도덕의 제법칙으로서 존재하며, 그것은 인간사회의 실생활 속에서 구체화되지 않으면 진정한 살아있는 사상일 수는 없는 것이다.

텅 빈 일요일

텅 빈 일요일입니다. 하늘도 비어있고 바다도 비어있고 바람도 비어있습니다.

신록이 더해만 가는 들과 산이라지만 텅 비어있는 까닭을 알 것만 같습니다.

그러나 눈을 감아도 텅 빈 공간을 채우는 것이 있습니다.

아무리 지우려 해도 지워지지 않는 가슴이 있습니다.

아카시아 꽃은 아직 이른데 발길은 그곳으로 향해 가는 까닭은 옛 향기가 아직 남아있기 때문입니다.

텅 빈 일요일입니다. 아무도 찾는 이 없는 홀로인 일요일입니다.

새소리도 들리지 않고 물소리도 들리지 않고 바람소리도 들리지 않는 텅 빈 공간입니다.

그러나 눈을 감으면 들려오는 소리가 있습니다.

그 소리가 그리워 텅 빈 공간을 홀로 거닐곤 합니다.

텅 빈 일요일입니다. 텅 빈방에서 문을 잠그고 시를 씁니다.

시는 나의 고독의 절규이며 사랑의 눈물이기 때문입니다.

설사 그 시가 텅 빈 시가 된다 해도 나는 시를 쓰지 않고는 견디기가 어려운 심약한 사람인 것을 어떻게 하라는 말입니까.

텅 빈 일요일입니다. 팔베개에 한 조각구름 따라 가노라면 구름마저 날 버리고 하늘은 더욱 넓은 빈 공간으로 채워집니다.

아무리 찾아보아도 아무리 불러보아도 빈 공간인 것을.

이제 텅 빈 공간에서 빈 공간을 향해 시를 엮으며

미지를 향한 아름다운 사랑의 원형을 그대로 남겨두고

떠나렵니다.

아 슬픈 사랑이여, 애절한 그리움이여……

PART

11

성현인(聖賢人)의 사상서에 담긴 그윽한 지혜

-「상선약수.上善若水」의 가르침 -

노자(老子)는 도교(道敎)의 시조로 공자와 함께 동양의 대사상가로 쌍벽을 이루고 있으며, 도덕경(道德經)이라 부르는 「노자(老子)」는 동아시아의 전통사상과 문학, 예술, 종교 등 광범위한 영역에서 지대한 영향을 끼친 고전(古典) 가운데 하나다.

특히 중국의 역사서라 할 수 있는 사마천의 사기(史記)에서 유가의 성인 공자가 「老子」 또는 「老子道德經」의 저자 노자에게 예(禮)를 물었다는 유명한 일화와 함께 노자는 역사와 전설의 공간을 넘나들며 수많은 가르침을 남긴 현인이다. 인간이라면 누구나 동경하는 선인(仙人)으로, 또는 도교(道敎)의 신(神)으로, 때로는 불교적 진리를 구체적으로 실현한 위대한 스승으로 추앙되면서 전설적 인물이 된 노자는, 그가 은둔하면서 남겼다는 「老子道德經」은 신비로운 고전으로 자리 잡게 되었다.

「노자도덕경」은 중국 한대에는 경전(經典)의 지위까지 올랐고, 그 문장의 간결함과 함축성 때문에 다양하게 해석 이해되고 있으며, 문인, 도사, 불승 등 다양한 지식인들에 의해 700여종의 주석과 350여종의 주역서가 현존하는 것으로 알려져 있고, 현재도 계속 주역서가 발간되고 있다. 따라서 「노자도덕경」에 접근할 때 어떤 주역을 택하느냐에 따라 상이한 해석의 세계에 도달하게 된다는 것을 의미하게 된다.

「노자도덕경」이 현대 한국인에게 미치는 영향은 매우 크다. 「노자도덕경」이 한반도에 언제 전래되었는가는 정확하지 않지만 고려 말 조선 초에 성리학의 수용과 더불어 시작되었다고 볼 수 있다. 이때 주로 노장사상(老莊思想)으로 읽혔는데, 그 특징은 유가적 입장에서 「노자」를 해석하는 〈이유석노(以儒釋老)〉 방법이었다. 첫째 「노자」는 유가(儒家)와는 다르지만 수기치인(修己治人), 애민치국(愛民治國)으로 귀결한다는 점이고, 둘째 조선의 유학자들은 「노자」의 도(道)를 태극(太極)이나 리(理)로 이해하여 유가와 크게 다르지 않다는 입장을 취했다. 셋째 「노자」의 도덕, 유무 등의 개념을 성리학의 체용(體用, 사물의 본체와 그 작용)으로 이해하여 일원론적 사고를 보여주었다는 점 등은 삼국시대로부터 조선조까지 한국문화를 풍부하고 다양한 사고를 여는 데에 매력적 역할을 해 왔다.

여기서 심오하게 숨을 돌려 생각을 멈추게 하는 것은 인도에서 온 석가모니(B.C.624~), 서양에서 온 예수(B.C.4?~A.D.28), 그리고 동양의 노자(B.C.561~467)와 공자(B.C.552~479), 그리고 소크라테스(B.C.469~369)를 더한다면, 이것이야말로 20세기 한국인의 삶과 사유를 순화하는 원리들 모두를 아우르는 정신적 문명의 경종인 것이다. 바로 성현인의 모든 것들은 다르지 않다. 참 나(眞我.大我.妙我)를 찾는 길인 것이다.

「노자」가 역사 속에서 취했던 역할의 의미는 "화해의 철학"이라 요약할 수 있다. 어떻게 이런 일이 가능한 것일까 라는 차원에서 볼 때 중요한 것은 포용과 화해의 역사가 곧 「노자」의 역사라는 것이다.

이러한 기이성은 「노자」해석을 매개로 종교와 철학, 과학이 모두 만날 수 있다는 사실이다.

21세기로 넘어오면서 「노자」는 일종의 '마음의 철학' 혹은 '치유의 철학'이라는 역할을 했다. 이때의 마음이란 동아시아인의 종교적 심성으로서 토착종교의 토대를 이루는 종교적 신앙이었고, 다른 한편으로는 구체적이고 현실적인 삶을 살아야 했던 민초들의 삶의 마음이었다. 이러한 분위기에서 「노자」는 삶을 치유하는 철학으로 기능할 수 있었다. 그런 의미에서 「노자」는 결코 합리적 세계에만 관여하는 책이 아니라, 신비의 세계에 늘 한 자락을 걸치고 있는 고전으로 존재할 것이다.

여기서는 현대에 사는 우리에게 현묘한 지혜로서 「노자도덕경」중에서 절실하게 소개하고 싶은 것은 8장에 나오는 「상선약수.上善若水」이다. 원문을 제시하고 저자의 소고를 덧붙여 기술하려고 한다.

1

노자도덕경 8장

8.1 上善은 若水하니 水善利萬物而不爭하며 處衆人之所惡라

가장 선한 것은 물과 같은 것이니 물은 만물에게 이롭게 하면서 다투지 않으며, 모든 사람들이 싫어하는 비천한 곳에 자리 잡는다.

8.2 故幾於道니라

그러기 때문에 도에 가깝다.

8.3 居善地하며 心善淵하며 與善仁하며 言善信하며 正善治하며 事善能하며 動善時하여 夫唯不爭이라 故無尤니라

자리를 잡을 때에는 땅처럼 낮은 곳에 처하기를 잘하고, 마음을 쓸 때에는 그윽이 깊게 하기를 잘하고, 사물과 더불어 할 때에는 어질게 하기를 잘하고, 말할 때에는 믿음직스럽게 하기를 잘하고, 바로잡을 때에는 다스리기를 잘하고, 일을 할 때에는 능숙하게 잘하고, 움직일 때에는 시간을 맞추기를 잘하여 무릇 오로지 다투지 않으니라. 그러기 때문에 허물이 없는 것이다.

물은 모두가 이상과 같은 선도(善道)에 상응한다는 것이기에 우리 인간도 「상선약수」 같게 도를 닦아 살라는 가르침이다.

2

우리가 배워야 할 최상의 「물의 덕」이란 무엇인가?

(1) 물은 우주 모든 생명의 근원이다

우주 생태계의 구성원인 인간, 동물, 식물의 탄생으로부터 분화, 생장, 발육, 성숙하는 모든 과정에서 물이 없이는 일시도 생존할 수 없다는 것은 진리이다.

사람과 뭇 동물은 물의 은혜를 받아 난자, 정자의 결합으로부터 태아로 자라고, 그리고 태어나 일생을 자라면서 직간접적으로 몸체가 구성되고 활동하는 에너지를 얻는 일련의 과정이 이루어질 수 있는 것이다. 얼마나 신비한 물의 은혜인가, 이보다 큰 지상의 공덕이 있겠는가.

물은 그와 같은 큰 은혜를 베풀면서도 아무런 나타냄이 없는 무언의 존재이니 「상선약수」의 가르침이 아니겠는가.

자연에서 자라는 식물이나 우리가 기르는 먹을거리 작물의 자람 또한 물이 베푸는 인연의 은혜로 그 어디에서나 자라서, 자연의 풍토를 아름답게 장식하고, 우리 인간과 동물에게 풍부한 양식을 제공한다. 물이 없다면 자라는데 필요한 양분을 어떻게 흡수 이용할 수 있을 것이며, 훌륭한 몸체를 형성하고 계대를 이어갈 결실을 만들어낼 수 있겠는가. 가령 수십 m나 되는 높은 교목(喬木)이 자라나는 것을 보자. 물은 그 높은 나무의 끝까지 끊임없이 물을 보내 자라게 하여 목재로 이용하게 하고 자연의 나무숲으로 환경을 정화시킨다. 얼마나 값진 은덕의 보고인 「상선약수」의 가르침인가.

(2) 물은 때로는 수증기 비 눈 우박으로 변하지만 부증불감(不增不減) 본래의 모습으로 회기 한다

지상 생태계에 있는 모든 물은 기온에 따라 수증기로 변하여 구름이 되어 비가 되고, 눈이 되고, 우박이 되는 등 다양한 모습으로 변하지만 전혀 늚과 줆이 없이 본래에 물의 모습으로 회귀(回歸)한다. 영원불변한 순환(循環)의 진리를 지킨다. 만약에 혹독한 가뭄으로 농지와 산천이 마르고, 긴긴 장마로 하천이 범람하고 농지가 물로 잠긴다 해도, 시간이 지나면 늚과 줆은 보이지 않고 물의 보고(寶庫)인 바다는 부증불감(不增不減) 여여(如如)하다. 이 또한 얼마나 고귀한 우주순환의 상징인가. 그러기에 「상선약수」처럼 살라는 것이다.

(3) 물은 가장 낮은 곳을 찾아 머무는 사양의 덕을 갖는다

물은 샘으로부터 또는 빗물로 생겨나 흐르지만 항상 낮은 곳으로 흘러 흘러서, 드디어는 가장 낮은 자리를 찾아 머문다. 맹자(孟子)의 사단론(四端論 公孫丑上篇)에 사양지심(辭讓之心)의 본보기다. 예나 지금이나 인간관계에서 자기 우선의 이기(利己)를 위한 시기 질투가 분쟁으로 나타나게 되는 요인인데, 이를 겸허히 배척하고 사양하는 지혜는 가장 지키지 어려운 예(禮)이기도 하다. 이 물의 본성은 작은 개울에서 큰 강으로 모여 낙낙하게 유유히 흘러 가장 낮지만 광대한 바다로 모여진다. 얼마나 넉넉한 호연지기(浩然之氣)인가. 이와 같은 삶의 방식이야말로 수오지심(羞惡之心)인 의(義)를 상징하는 물과 같은 삶이며, 또한 가장 이상적인 노자의 「상선약수」의 가르침이 아니겠는가.

(4) 물은 앞을 다투지 않고 살아가는 겸손이 있다

선어(禪語)에 〈흐르는 물은 앞을 다투지 않는다.〉는 말이 있다. 유수(流水)란 하천을 흐르는 물을 뜻한다. 하천을 흐르는 물은 앞에 흐르는 물을 앞질러 내가 먼저 가겠다고 추월하는 일은 결코 없다. 물 동지끼리 다툼이 없이 일체가 되어 큰 하천의 흐름을 만들어 가는 것이다.

그런데 선어는 인간은 과연 어떤가? 라고 묻고 있다. 걸핏하면 〈타인보다 빨리 출세하고 싶다〉 〈타인보다 주목받고 싶다〉 〈타인보다 많은 부를 얻고 싶다〉라고 주변 사람과 다툴 뿐이다. 싸워 이겨서 출세하거나 주목은 끌 수 있을는지는 몰라도, 정신적 스트레스 투성이 상태에서는 행복할 수가 없다. 앞을 다투지 않는 물과 같은 삶으로 주변 사람과 협조하면서 낙낙하게 물 흐름에 몸을 맡기며 유유자적 허심탄회 하게 살아가는 것이 정신적으로 편안하고 현명한 「상선약수」의 삶이 아닐까요.

(5) 물은 자기 자신마저 더럽히면서까지 남의 더러움을 깨끗이 닦아내는 희생정신이 있다

물은 자비(慈悲)의 정신, 어진 인자(仁慈)의 정신을 본령으로 한다. 그러기에 남의 더러워진 것을 깨끗하게 닦아주기 위해 자기 자신을 더럽히는 희생정신이 없이는 불가능한 일이다. 남의 더러움도 싫은 데 하물며 자기 몸마저 더럽히면서까지 희생한다는 것이야말로 맹자의 측은지심(惻隱之心)이라는 어짊(仁愛)이 없이는 감히 어려운 일이다. 이 또한 노자의 위대한 「상선약수」의 본보기가 아니겠는가.

(6) 물은 막히면 저항하지 않고 돌아갈 줄 아는 지혜가 있다

무위자연(無爲自然)이라는 말이 있다. 이것은 「노자도덕경」에 있는 말로 자기 스스로 무리한 일을 하려고 생각 말고, 있는 그대로 자연의 흐름에 따라 살아가는 것이 중요하다는 뜻이다. 물은 위로부터 밑으로 흘러간다. 그것이 자연의 법칙이다. 물은 그 같은 자연법칙에 순응해서 작은 장애물이 있으면 부딪히지 않고 유유히 돌아서 흘러간다. 결코 거슬러 자기마음대로 역류하지 않는다. 순수하게 받아들인다는 것이다.

맹자 사단론(四端論)으로 보면 시비지심(是非之心)의 지략이며, 노자의 「상선약수」의 지혜가 아니겠는가.

그러면서도 한편, 물은 평지가 아닌 바위나 큰 장애물이 많은 급류에 들게 되면 물의 흐름은 그 세력을 배가하여 장애물을 타고 넘어 목적하는 곳으로 돌진해 흐른다.

인간의 삶도 때로는 험한 장애물에 부딪힐 경우가 있다. 일이나 인간관계 문제로 하는 일이 순탄하게 진전되지 못할 때, 급류를 무서운 세력으로 치고 내려가는 물과 같이 인간도 힘을 백배 늘려 어려운 상황을 뛰어넘는 용기가 필요하다. 우리의 삶도 아무 일이 없을 때에는 유유히, 문제가 산적할 때에는 힘을 내어 진력하는 노자의 「상선약수」에서 배워야 할 것이다.

(7) 물은 샘에서 하천을 거쳐 바다에 이르기까지 모든 지류의 물을 거부함이 없이 받아들이는 포용력이 있다

물은 높은 곳의 샘으로부터 시작하여 도랑물로, 작은 개울물로, 강물로, 드디어는 가장 낮은 바다에 이르기까지 긴긴 흐름의 여정 속에서, 곳곳에서 흘러 들어오는 지류의 물을 그 어느 곳에서도 거부함이 없이 모두를 받아들이는 넓은 도량과 포용력이 있다.

우리 인간은 사회생활 속에서 일어나고 있는 씨족 간, 지역 간, 학연 간, 계층 간 끼리끼리인 집단이 보이는 알력과 투쟁으로 빚어지고 있는 분열상은 예나 지금이나 다를 바가 없다. 그것이 정치화하고, 끝내는 상대를 적으로까지 내모는 현실이야말로 부끄럽기 짝 없는 인간상이기도 하다. 우리 모두가 하루 속히 「상선약수」의 가르침으로 아량과 포용력을 길러야 하지 않겠는지요.

(8) 물은 유연성을 가져 어디에도 동화 화합하는 융통성이 있다

물은 그릇에 따라 모양을 따른다는 금언이 있다. 네모난 그릇에 담으면 네모로, 둥근 그릇에 담으면 둥글게 융통성을 보여 모습을 바꾼다는 뜻이다.

이 금언에는 다음과 같은 해석이 있다. 그 뜻에는 물과 같은 삶을 살아가라는 가르침이 있다. 즉, 물은 용기의 형태에 따라서 스스로 형태를 바꾸어가는 유연성(柔軟性)이 있다는 뜻이다.

이 금언은 「인간도 물과 같은 유연성을 가지고 살아가는 것이 중요하다. 그것이 현명한 사람이 갖출 삶의 방식이다」라는 뜻이 된다.

예를 들어 인간관계를 살펴보기로 하자.

세상에는 여러 가지 성격의 사람이 있다. 여러 가지 의견을 가진 사람들도 있다. 그런 사람들이 누구와도 원만하게 사귀며 살아가기 위해서 중요한 것은 「유연성」을 갖는 것이다.

예를 들면, 이 사람은 우유부단한 곳이 있으니까 내가 이끌어주자, 이 사람은 걱정이 많은 소심성이 있으니 가능한 내가 안심을 시켜가며 이끌어주자 라고, 사람에 따라 사귐의 방법을 달리해 가는 것이다. 이와 같은 유연성을 가진 사람이 〈사람 사귐이 능숙한 사람〉이라고 하겠다.

물의 유연성과 같이 인간관계도 상대의 성격에 맞추어 어떻게 교재하는 것이 좋은지를 「상선약수」의 가르침에서 찾아야 할 것이다.

이상은 노자도덕경 8장에서 비유한 「상선약수.上善若水」, 물처럼 사는 것이 가장 착한 삶의 길이란 가르침 가운데 저자 나름대로 가장 정수라고 보이는 핵심만을 골라서, 감히 본인의 생각을 덧붙여 기술한 것이다.

심리학에서 self monitoring 이란 말이 있다. 스스로 자신을 감시하라는 뜻이라고 한다. 알기 쉽게 말하면 자기 자신의 상황을 경계하며 지켜보라는 것이다. 그 방법으로 자문자답(自問自答)을 생각해도 좋을 것이다.

그래서 물처럼 유연한 발상이 가능한 사람은 self monitoring 이란 사고습성을 지니고 있어서 「상선약수」에 포괄되어 있는 진리에 접근할 수 있다고 본다. 따라서

① 나는 지금 어떤 하나의 생각에 사로잡혀 있는 것은 아닌가?

② 그렇다면 심리적으로 사로잡힌(구속) 나를 미련 없이 버리는 것이 좋지 않겠는가?

③ 다른 방향에서 생각하면 더 좋은 방법을 찾을 수 있지 않겠는가?

④ 일단 모든 것을 백지로 돌리고, 처음부터 생각을 바꾸어 보면 어떨까?

라고 언제나 자문자답하면서 유연한 발상으로 일을 진척시키고 일상생활을 보낸다면, 어떤 하나의 생각에 사로잡힌 채로 막다른 상태에 빠져 버린 궁지를 피할 수 있다고 본다.

「상선약수」 속에 내재되어 있는 진공묘유(眞空妙有:일체의 상대적 차별현상을 초월한, 인간의 상대적 언어와 인식작용의 한계를 넘어선 초논리적 초경험적 차원에 속한 절대의 경지/원불교사전)한 진리를 요약 정리하면서 마무리 하려고 한다.

인생을 순수하게 살아간다면, 더욱 멋지고 훌륭할 수 있다는 결론이다. 우주만유 속에서 모든 삶의 존재들에게 무언으로, 무제한 속에 적절히, 끊어짐 없이 영원불변으로 대가도 없고 상(相)도 없는 보시(布施)로 은혜를 베푸는 보고(寶庫)가 네 가지가 있다고 생각한다. 바로 공기요, 햇빛이요, 물이요, 흙이다. 그 가운데 여기서 주제로 다루고 있는

「물」에서 배울 것, 가르침이 있다면 무엇일까? 요약하면

① 물은 우주의 뭇 생명체를 품고 추호의 받는 것 없이 베풀기만을 본령으로 하는 은혜의 보고다.

② 물은 때로는 형태를 변하지만 더함도 감함도 없이 자연 순리 그대로 여여하다.

③ 물은 투기함이 없이 가장 낮은 자리에 앉는 사양심을 본분으로 한다.

④ 물은 다투지 않고 양보를 미덕으로 하는 겸양의 본보기다.

⑤ 물은 자기희생으로 남을 돕는 자비와 인애의 상징이다.

⑥ 물은 다름에 거역하지 않고 순응하면서도 큰 장애물에는 진력을 다해 정진하는 정의로움이 있다.

⑦ 물은 분별치지 않고, 모두를 받아들이는 화합과 융통의 도량과 포용력의 지략을 근본으로 한다.

⑧ 물은 어디에나 동화하는 유연성을 본분으로 한다.

이에 더하여 무엇을 구하겠는가?「상선약수」, 물처럼 사는 것이 가장 선한 삶의 지혜라고「노자」는 가르치고 있지 아니한가.

★ 참고 : 연대순

釋迦牟尼(B.C.624~), 老子(B.C.561~467), 孔子(B.C.552~479),

소크라테스(B.C.469~369), 孟子(B.C.372~289), 莊子(B.C.369~289),

荀子(B.C.315~236?), 예수(B.C.4?~A.D.28)

PART

12

석존의 위대한 지혜가 담긴 반야심경의 가르침

- 불경의 진수 반야심경(般若心經) -

1

현대사회에서「般若心經」의 가르침은 무엇인가?

(1) 한국인에게 뿌리내린 불교의 마음

한국인에게는 불교, 기독교, 천주교, 원불교, 유교, 천도교, 대순진리회 등 많은 종교가 조화롭게 공존하면서 정신적 지주가 되고 있다. 그런 가운데 우리 생활 속에는 살짝 석가모니 부처가 마음속에 계신다.

정적이 깃든 깊은 산 사찰에서 들려오는 제행무상(諸行無常불교의 근본적인 특징을 밝힌 것으로, 인간세계의 모든 현상은 한시도 고정됨이 없이 변한다는 것)의 종소리는 어지러운 마음을 달랜다고 모두들 입에 담는다. 또한「般若心經」에 나오는「色卽是空 空卽是色」이라는 경문은 잘 알려져 있다. 선한 일을 하면 선의 결과가 나타나고, 악을 행하면 악의 과보가 따라온다는 인과응보(因果應報)의 이치는 어렸을 때부터 저도 모르는 사이에 이해하고 있다.「덕분으로 감사합니다」라는 말을 매일 서로 상대에게 하면서 생활하고 있다. 이와 같이 불교의 가르침은 우리들 마음속에 뿌리내리고 있다.

이 가르침은 가정과 사회 속에서 길러져 왔다. 불교가 우리나라에 전파(A.D.372년 고구려 소수림왕 때 전래되어 삼국시대에 크게 융성) 되면서 석가세존의 가르침은 할아버지, 할머니, 아버지, 어머니 그리고 자식으로 긴긴 세월을 거쳐 꽃을 피워 수용되어 온 것이다.

(2) 불교의 진수는「般若心經」에 있다

한국의 불교는 여러 종파로 나누어지고, 그 가르침도 다른바 있고, 따라서 많은 경전(經典)의 가르침이 있다. 어쨌든 일상생활이 어수선하고, 시간에 쫓기고, 안달복달 하면서 이래서야 되겠는가하고「般若心

經」에서 그 해결책을 구하려는 사람이 많다는 것도 오랜 세월에 걸쳐 길러져온 불교가 갖는 자정작용(自淨作用)의 공덕이라 생각한다.

2

경전(經典)은 누가 쓴 것인가

(1) 석가세존의 설법(說法)을 제자들의 기억을 통해 종합정리된 것

석가세존이 입멸할 때까지 많은 설법을 행하셨다. 그 가르침을 듣고 「나는 세존(이 세계에서 가장 존귀하다는 뜻(至尊), 석가의 존칭, 釋迦牟尼世尊) 밑에 출가하고 싶습니다. 완전한 계율을 받고 싶습니다」라고 많은 사람들은 석존을 흠모하며 모여들었다. 석가는 「오라, 수행자여, 진리는 잘 설하였노라. 올바르게 고(苦)에서 벗어나기 위해 수행하라.」라고....

석존 입멸 후, 제자들이 모여 논리적으로 통일됨을 꾀해 제1회 결집을 가졌다(王舍城 七葉石窟). 이때 아난존자(阿難尊者 석가의 제자 중 기억력이 제일 뛰어남)가 석존이 설한 교법을 기억을 더듬어 찾아 낭독한 것이다.

석존의 가르침은 귀로 듣고, 마음으로 암기, 시의 형식이었다. 아난존자는 여시아문(如是我聞.이와 같이 내가 들었다)이라고 썼지만, 또한 이곳에 모인 승려들이 1절 1절 확인 제창했다고 전해지고 있다.

(2) 수많은 경전이 만들어지다

드디어 자리(自利 수행으로 얻어진 유익한 공덕을 다른 사람에게 베풀지 않고, 자기 자신만을 위해 닦는 불법)를 중시하는 집단과 자리이타(自利利他 남도 이롭게 하면서 자기 자신도 이롭게 하는 수행태도)를 중시하는 둘의 유파로 나누어져, 전자를 원시소승불교(原始小乘佛教)라 하고, 후자를 대승불교(大乘佛教)라 하여 많은 경전이

편찬되었다.

3

「般若心經」이란 무엇인가?

「般若心經」은 「大般若經」의 정수(精髓)를 추출한 것이다.

(1) 대승불교의 가르침, 지혜(智慧)를 설득한 경전

「大般若經」이라는 경전은 「大般若波羅蜜多經」(이하 大般若經)이라는 600권, 문자수 60억 40만자에 이르는 장대한 경전이다. 경전 끝권에 般若는 지혜, 般若는 불(佛)의 어머니다. 그러므로 般若는 모든 불(諸佛), 모든 보살(諸菩薩)의 어머니인 반야불모(般若佛母)라고 설명하고 있다.

이 般若의 마음을 260자(제목을 합하여 270자)로 응축 요약한 것이 「般若心經」이다. 약하여 「心經」이라고도 부른다.

「般若心經」은 부처 앞에서 액제(厄除 = 액막이)의 주문경전(呪文經典)으로 많은 사람에게 독송 애송되어 왔다.

(2) 「般若心經」을 읽을 때의 마음가짐

경전은 염정(念靜) 상태에서 읽는 것이다. 간경(看經.黙讀)하는 것도, 근행(勤行)하는 것도 염정의 자세라야 한다는 것이다. 경문 중 혹송혹청(或誦或聽)이라는 말이 있다. 경전을 암송하는 자, 청취하는 자 개안락열의(皆安樂悅意)에 머물러라, 불위좌(佛位座)라는 의미라고 한다.

풀 하나 없는 백설들에 백로의 모습, 죽은 풀 하나 보이지 않는 백설로 뒤덮인 들에 앉아있는 흰색의 백로 한 마리가 우뚝 서있다. 눈도 희고 백로도 희다. 백로는 흰 눈 속에 모습이 어우러져, 있는 것인지 없는 것인지 모르겠다....라는 뜻이 된다. 이 무심의 경계가 그대로 般若心經을 암송할 때 모습이어야 구해진다는 것이다.

(3) 현장삼장(玄奘三藏)과 「般若心經」

현재 보급되고 있는 「般若心經」은 현장삼장의 번역물로, 그의 생애는 「般若心經」과 깊은 관계가 있다. 현장(602~664)은 당(唐)의 고승(法相宗.俱舍宗의 開祖)으로 인도여행기 "大唐西域記"를 저술하여 삼장법사(三藏法師)가 되었다(三藏은 佛敎의 經.律.論을 통달한 僧에 증여하는 칭호). 현장은 불전연구의 대가로 원전인 「般若經」 번역에 착수하여 3년 11개월 만에 전 600권으로 한역 「大般若經」을 완성했다. 번역한 경전만도 1335권, 그 중에서도 걸출한 것이 「般若心經」이며, 이것이 우리나라에 들어와 다대한 은혜를 주고 있는 것이다.

「般若心經」의 가르침에 들어가기에 앞서, 경제(經題)인 「摩訶般若波羅蜜多心經」 전문을 제시하고, 내용에 대하여 설명하도록 하겠다.

般若心經

摩訶般若波羅密多心經

觀自在菩薩 行深般若波羅密多時

照見五蘊皆空 度一切苦厄

舍利子 色不異空 空不異色 色卽是空 空卽是色

受想行識 亦復如是

舍利子 是諸法空相

不生不滅 不垢不淨 不增不減

是故空中無色 無受想行識

無眼耳鼻舌身意 無色聲香味觸法

無眼界 乃至無意識界

無無明 亦無無明盡 乃至無老死 亦無老死盡

無苦集滅道 無智亦無得

以無所得故 菩提薩埵 依般若波羅密多故

心無罣礙 無罣礙故 無有恐怖

遠離 顚倒夢想 究竟涅槃

三世諸佛 依般若波羅密多故

得阿耨多羅三藐三菩提

故知般若波羅密多 是大神呪 是大明呪

是無上呪 是無等等呪 能除一切苦 眞實不虛

故說般若波羅密多呪 卽說呪曰

揭諦揭諦 波羅揭諦 波羅僧揭諦 菩提娑婆訶

☞ 蘊(온):쌓일온, 근심온. 薩(살):보살살. 埵(타):석비레타. 罣(가):거리낄괘.
耨(녹):호미누, 김맬누. 藐(먁):작을묘, 약할묘, 아름다울막.
揭(아):높이들게, 세울게. 諦(제):살필체. 訶(하):꾸지람가. 提(리):언덕제.

4

「摩訶般若波羅蜜多心經」이란 무엇을 의미하는가

위 경제(經題)에서 「般若心經」의 전체를 해독할 수가 있다.

"마하(摩訶)"라는 것은 크다, 뛰어나다, 비교할 수 없다. 라는 뜻이다. 마하란 산스크리트(梵語)의 마하라는 음을 한자로 적용시킨 것으로, 이 경전을 번역한 현장삼장도 한자로 번역하지 않고 원어를 그대로 사용했다.

마하에 이은 "반야(般若)"라는 말은 부처의 지혜(智慧)라는 의미다. 광대한 부처님의 지혜에 대해 설득한 경전이 바로 「大般若經」600권이며, 그 경전의 제명이 「大般若」에서 지혜라는 것을 반야라고 부른 것이다.

"바라밀다(波羅蜜多)"란 산스크리트어의 음을 한자음으로 한 말로 도피안(到彼岸, 피안에 도달 한다=이승의 번뇌를 해탈하여 열반의 세계에 도달하는 일)이라는 뜻이다.

그리고 "심(心)"은 현대에서는 「마음 넉넉하게」라는 정신을 들어내는 것이 마음으로 진심, 핵심, 중심, 관심 등 가장 중요한 곳이라는 뜻이다. 이와 같이 「大般若經」 600권의 중심(心)은 반야보살의 마음인 것이다. 우리들의 마음은 여러 가지로 변화한다. 그 변화하는 마음을 물로 비유한다면, 물은 용기에 따라 스스로 모습을 바꾼다. 그것이 눈에 보이는 물의 참 모습이다. 반야보살의 깨달음의 경지다.

끝으로 "경(經)"은 진리를 관철하는 가르침인 경전(經典)의 뜻이다.

이상과 같이 제명을 摩訶, 般若, 波羅蜜多, 心, 經으로 나누어 기술하였다. 「般若心經」은 모든 괴로움(苦, 煩惱)에서 들볶기는 우리에게

苦를 苦로, 苦를 연고로 하여 피안(無苦의 境地)에 도달하기 위한 부처의 가르침, 부처의 지혜(般若), 즉 반야보살(般若菩薩)의 깨달음의 경지가 설득되고 있는 것이다.

그리고 「般若心經」은 불교에 대해 친숙하지 않은 사람이라도 읽고 쓰고 듣는 것으로써 부처님의 세계로 인도하는 경전이다. 자비에 넘치는 기쁨, 천지자연이라는 진리 속에 품어져 있는 우리들이라는 것을 자각했을 때, 우리 인간은 크게 성장한다. 「般若心經」을 독송한다는 것은 바로 열반의 세계(피안)으로 가는 입구라고 할 수 있다.

※ 부처님:佛陀.無上覺者.如來.釋迦牟尼.釋尊.世尊(B.C.463~543)

「般若心經」 전문어역. 해설

摩訶般若波羅蜜多心經

① 觀自在菩薩 行深般若波羅蜜多時

照見五蘊皆空 度一切苦厄

관자재보살(관음보살)은 피안으로 가는 깊은 지혜(무상,
무아)를 체득하고, 고의 원인이 되는 무명을 끝까지
살펴서 오온(색.수.상.행.식)이 모두가 공이라는 것을
자성의 광명으로 간파함으로써 일체 고로부터
해탈되었다.

해석에 앞서 이해를 돕기 위해 밝혀둘 것이 있다. 불교의 경전은 석가세존 혼자 설법하는 양식과 다른 사람이 석존을 대신해서 다른 사람에게 말을 거는 양식으로 진리를 설하는 경우가 있다. 여기서는 후자의 경우다. 즉 관세음보살이 석존을 대신해서 사리자(舍利子)에게 호소하

는 것이다. 그런데 여기에 석존을 대신하는 관자재보살은 역사적으로 실재인물이 아니다. 불교에는 삼세삼천불(三世三千佛)이라 할 만큼 많은 보살 이름이 많다. 삼세(과거, 현재, 미래)에 각각 천불이니, 도합 삼천불이다. 육체를 갖추어 태어나 죽은 실재하는 부처는 석존뿐이다. 따라서 관자재보살은 석존을 대신한 상징적 존재다. 그리고 사리자는 실존인물이다(뒤에서 상세히 설명).

「般若心經」은 관자재보살이 스스로 피안으로 건너기 위한 참된 지혜를 체득했다는 데에서부터 시작된다.

관자재보살이란 관세음보살을 이르는 것이다. 현장삼장은 우주의 진상을 선입관에 구애됨이 없이 자유자재로 보고, 사람들을 구하는 깨달음을 지닌 수행자라는 의미를 포함하여 관자재보살이라고 한역했다. 따라서 般若波羅蜜多(피안으로 건너는 깊은 지혜)의 진리를 잘 행하는 사람은 모두 관자재보살이 된다.

그러면 관자재보살이 득한 참된 지혜, 반야란 도대체 어떤 것인가? 바다가 깊으면 깊을수록 그 표면은 고요하고 온화하다. 얕은 바다도 똑같은 바다지만, 깊은 바다의 속까지 살피는 자세로 바라보는 것이 심반야(深般若)인 것이다.

그 피안이란 형제를 사랑하고, 이웃을 사랑하고, 사회 모든 사람들과 함께 행복의 세계를 추구하기 위해 정진하며, 상부상조하는 정토(淨土, 부처와 장차 부처가 될 보살이 거주한다는 청정한 국토)의 이르는 피안에 이르는(到彼岸) 길인 데, 그 길에는 수많은 장애가 있고, 그 장애가 번뇌(煩惱)이다. 이들 번뇌를 퇴치하기 위한 「布施, 持戒, 忍辱, 精進, 禪定, 智慧」라는 육바라밀(六波羅蜜)을 행하라고 석가는 말한다.

☞ 풀이/ 六波羅蜜

보시(布施): 자비심으로 일체 중생을 널리 사랑(財.法.無畏) 하라

지계(持戒): 모든 계율을 굳게 지켜 악업을 끊고 선업을 쌓는 일

인욕(忍辱): 박해나 고통을 참고 원한과 노여움을 없애서 마음의 안정을 얻음

정진(精進): 항상 수행 노력하는 것

선정(禪定): 산란한 마음을 고요하게 통일하는 禪을 닦는 것

지혜(智慧): 나쁜 소견과 삿됨을 버리고 밝고 바른 지혜(반야)를 얻는 것

그리고 「般若心經」은 「照見五蘊皆空 度一切苦厄」이라고 이어진다. 일체의 고액으로부터 구제(度)하는 것이 이 반야의 목적인 것이다. 그를 위한 방법으로 오온(五蘊, 色受想行識)이 모두 공(皆空)이라는 것을 똑바로 보라(照見, 正見)고 설득한다. 머리로 일체의 사물을 이해하려고만 하지 말고 마음으로 올바르게 보라는 것이다.

그러면 고(苦)란 무엇을 말하는 것인가? 번뇌가 곧 고이다. 액(厄)은 재앙 재난이다. 인간은 태어나 나이를 먹으며 幼, 少, 靑, 壯, 老年이 되고 드디어는 죽는다. 그 과정은 生苦, 老苦, 病苦, 死苦인 四苦를 겪게 된다. 석가의 가장 큰 출가 요인은 인간으로서 이들 四苦를 어떻게 극복하느냐에 있다. 이들 四苦 이외에도 愛別離苦, 怨憎會苦, 求不得苦, 五蘊盛苦의 四苦가 있어, 이를 합해 四苦八苦 라고 한다.

일체고액은 이들 번뇌가 그 발원지가 된다. 우리는 신체(身)로 행동하고, 언어(口)로 표현하고, 마음(意)으로 여러 가지를 굴려 생각한다(身口意 라고 함). 각각의 활동, 행위는 반드시 善惡, 苦樂의 果報를 가져오게 된다(身業, 口業, 意業 = 三業).

이와 같이 진전도 없는 無明의 세계를 계속 만들어낸다(輪廻). 그래서 이 無明으로부터 벗어나기 위해서는 몸(身)도 마음(心)도 無가 된다. 신심이 모두 텅 빈 심경이 되었을 때 생사의 윤회(輪廻, 중생이 지은

바 업력에 따라 생사의 수레바퀴〈三界 六道〉를 돌고 돈다는 뜻)의 고삐가 끊어지게 된다. 번뇌가 없어지면서 업도 없어지고, 그 결과 고액도 없어지는 것이다. 텅 빈 마음의 경지 그것인 것이다.

다음으로 오온(五蘊)이란 色蘊, 受蘊, 想蘊, 行蘊, 識薀의 다섯을 말한다. 蘊이란 집적의 법칙이라고 해서 모아쌓는다는 뜻이다.

내가 생각하고 있는 것은 육체와 정신과의 화합이며, 육체는 물질을 가리키는 色이고, 마음인 정신을 분석하면 受, 想, 行, 識의 네 가지로 기능하게 된다.

☞ 풀이/ 受: 目見.耳聞.鼻嗅.舌味.身觸으로 뜻을 생각하고 마음으로 받아들임

想: 사상의 의미로 경치를 보고 山川草木 모든 것이 마음에 그려짐

行: 실제 보고 듣고 하는 지각이 마음으로 옮겨 감

識: 마음으로 받아들인 것에 대한 是是非非로 분별함

존재하는 모든 것, 一切諸法은 이들 요소가 결합하여 생기는 因緣生起, 즉 인연에 따라 형성되는 것이기 때문에, 空이라고 석존은 설명하고 있다. 따라서 「나는 무엇인가?」라고 묻는다면 五蘊이라고 답한다는 것이다.

모든 것은 타에 의해 항상 변화(無常)를 되풀이하고 있고, 그 자체가 독립해서 변하지 않는 것은 하나도 없고(無我), 결합 구성된 요소에 있어서도 常住不變인 것은 없다는 것이다(無自性).

정신세계에 있어서도 똑 같다. 一切諸法은 無常, 無我의 相이며, 그러기에 空相인 것이다.

煩惱→業→苦의 수레바퀴 사이에 인간의 마음 그 자체가 마음을 속박하고 있다. 그래서 몸(身)도 空, 마음(心)도 空, 심신(心身)이 다 같이 空이 된 심경으로 들어갔을 때 진공(眞空)이 되며, 번뇌도 없고 고도

없어지는 것이라고 석가는 설한다.

한번 진공묘유(眞空妙有, 우주와 인생의 본체는 텅 비어 아무것도 없지만(眞空), 없는 것에 그쳐있지 않고 유와 무로 돌고 돌아(妙有)) 를 이해하고 깨달으면 煩惱→業→苦의 끈이 끊어진다. 텅 빈 심경 그것이다. 五蘊을 皆空으로 照見한다면 一切의 苦를 해탈한다. 「般若心經」이 목적으로 하는 「照見五蘊皆空 度一切苦厄」에 도달하는 것이다.

② 舍利子 色不異空 空不異色 色卽是空 空卽是生 受想行識 亦復如是

舍利子여, 이와 같이 올바르게 보면(正見) 色(물질)은
空과 다르지 않고 空은 色(물질)과 다르지 않으니, 色은
그대로 空이고 空은 그대로 色이니라. 따라서
지각(知覺)도 상상(想像)도 의행(意行)도 지식(知識)도
모두 空인 것이다.

☞ 풀이/ 舍利子

석가의 제자 중에서도 智慧의 제1인자다. 舍利弗이라고도 한다. 소년 때부터 총명하고 웅변과 학문이 뛰어나 神通 제1이라는 目連과 함께 250명의 제자들을 데리고 석가모니불에 귀의했다. 사리자는 석존의 최초 제자가 된 10명 중 석존의 대리 역을 할 정도의 지도자였으나, 결코 권력을 멀리하고 항상 화합을 앞세웠다. 사리자는 석존이 입멸하기 1년 전 생애를 통해 경애하고 있던 목련이 타 교도에게 살해되자, 석존에게 「내가 출가한 것도 목련과 함께였으니, 나도 함께 입멸하고 싶다」고 고향으로 돌아가 생을 마쳤다고 한다. 아난존자가 사리자의 입멸을 비탄하자 석존은 사리자와 같은 위대한 수행자도 무상을 면할 수는 없다. 사람이 나고 죽는 것은 「諸法從緣起 諸法從緣滅」이라고 無常의 이치를 설득하면서 위로 했다고 한다.

불교의 가르침을 이해하는 데에는 空의 개념을 피해서는 통할 수가 없

다. 「般若心經」은 전체가 260자로, 그 속에 空자가 7곳, 無자가 21곳 있다. 그러므로 「般若心經」은 空의 가르침이며, 無를 가르치는 경전이라 말하겠다. 즉 「般若心經」에는 이 空에 답이 숨겨져 있는 것이다.

그래서 관자재보살은 석존의 제자인 사리자를 향해 「사리자여, 色은 空과 다르지 않다」고 호소한다. 다시 「空은 色과 다르지 않다」고 계속한다.

우리 인간의 신체는 대우주의 여러가지 요소로부터 성립한다고 앞에서도 설명했다. 여기서 자기 자신의 신체를 머리, 손발, 내장으로 나누어 생각한다면, 「머리 부분이 "나"일까요?」, 「손과 발이 "나"일까요?」,「오장육부가 "나"일까요?」라고 물어보기로 하자.

여러분은 답할 것이다. 「그 어디에도 "나"라고 하는 것은 없다」라고. 이것을 空이라고 하는 것이다. "나"라고 하는 인간을 구성 조직하고 있는 色 = 물질은 모두가 空인 것이다.

그렇다면 "나"라는 것은 본래 아무것도 없는 것인가? 라고 하면, 결코 그렇지는 않다. 실제로 "나"는 이렇게 여기서 글을 쓰고 말을 하고 있으니까.... 여러가지 물질이 인연 화합하여 임시로 "나"라고 하는 신체를 조직체로 있는 것이다.

그러기에 「空은 色」인 것이다. 「물질과 다르지 않고」이며, 그러므로 「色은 空과 다르지 않다.」 그리고 「空은 色과 다르지 않다」라고 설득하고 있는 것이다. 본래 일체 사물의 실체는 없다는 인식을 설하고 있는 것이다.

「無一物中無盡藏」이란 말이 있다. 무진장은 쓰고 또 쓰고 또 써도 없어지는 것이 아니라는 것으로, 無一物은 아무것도 없다는 것이다. 상반되는 말이 하나의 말을 형성하고 있는 것이다. 色不異空이나 空不異

色 등도 똑같은 구조를 가진 말이다.

이와 같이 묻고 있으면, 마음속에는 色이라는 것과 空이라는 것 둘이 있다고 생각되겠지만, 그것은 틀린다.

그래서 관자재보살은 그 갈피를 잡지 못하고 헤매는 미궁을 타파하기 위해서 色卽是空 空卽是色 이라고 설득하고 있다.

여기서 말하는 卽은 〈즉〉이라는 의미가 아니고, 다름이 아니라 곧, 그대로, 바로 라는 의미를 나타낸다고 해석함이 마땅하다.

따라서 色과 空은 둘의 따로따로가 아니고, 色卽是空은 色이 그대로 空이고, 空卽是色은 空이 그대로 色이라는 것이다.

번역하면 空 이외는 色은 없고, 色 이외는 空은 없다. 즉 "나 자신"은 정말로 空이며, 空은 정말로 "나 자신"이 되니 無二無別의 것이 되는 것이다.

☞ 풀이/ 色卽是空: 卽은 「다름아니라 곧, 그대로」로 이해하자.
色卽是空 空卽是色을 설명하는 열쇠는 「卽」의 해석에 있다.
「卽」자에는
① 二物相卽: 두 개의 것을 함께로 한다는 卽
② 背面相卽: 겉(表)과 속(裏)의 둘이 하나라는 卽
③ 當体全是卽: 그것 그대로 라고 하는 卽

色을 「나」라고 하는 존재로 바꿔 놓으면 '나 자신'과 '空'은 둘이 있는 것이 아니고, 겉(表)은 나 자신이고 속(裏)은 空이라는 것도 아니다. 나 자신 그대로가 본래의 色이고, 그대로 空이라는 것이다. 다시 말하면 空이라는 것도 아니고 色이라는 것도 아닌 사려분별(思慮分別)을 떠나, 나는 있는 그대로 자신인 것이다.

산은 산이요, 강은 강인 것이다. 거기에 조금더 사려(思慮)를 덧붙인다면, 그것이 망상인 것이다. 따라서 受도 想도 行도 識도 또한 色 그대로 空이며, 空이 바로 受想行識이 되는 것이다.

이 사려분별을 떠난 그 어떤 한 점의 정량(情量)을 가하지 않은 경계가 深般若의 세계인 것이다.

③ 舍利子 是諸法空相 不生不滅 不垢不淨 不增不減

사리자여, 萬法(物.心 일체)의 自性(존재하는 것 그 자체가 본래 지닌 본질 성질이라는 것)은 空이어서 相은 없는 것이다. 生도 없고 滅도 없으며, 垢(더러운 것)도 없고 淨(깨끗한 것)도 없으며, 增(늚)도 없고 減(줆)도 없다.

관자재보살은 사리자여 라고 불러놓고 인연의 진리를 말한다. 그리고 「是의 諸法」에 대해 예를 든다. 是라는 것은 萬法을 가리킨다. 하늘과 땅 사이의 모든 것, 우주 전체의 것을 是라고 말한다. 諸法은 갖고 싶은 욕심이 나고, 밉고, 사랑스럽고, 그렇게 생각하는 마음, 다시 말하면 受想行識 이라고 하는 정신상의 사건들이 육체=色에 작용하는 것을 말한다. 정신도 물질도 되는 것이다.

정신도 물질도 모든 것은 인연 따라 구성되는 것이다. 인연의 因은 원인(물질이 생기고 변화하는 근원)을 가리킨다. 緣은 관계(絆=인연)이며, 자연히 그렇게 될 운명이고, 그 자체가 서로 영향을 주어 이루어지는 일체 사물의 생명 그것인 것이다.

예를 들면 「쌀」을 생각해보자. 쌀은 볍씨가 땅에 뿌려지고, 물과 영양을 흡수하고, 햇볕을 받고, 열(온도)을 얻어 열매인 벼가 익어간다.

이와 같이 쌀이라고 하는 실체는 이들 여러가지 인연에 따라 생긴 것이다. 때문에 볍씨, 대지(땅), 물과 영양, 햇볕, 열(온도)이라고 나누어본다면, 「쌀」은 실체가 없어지게 된다.

그러나 없어지는 것은 아니다. 空인 것이다. 즉 諸法은 無常無我의 相으로, 空의 相으로 나타난다.

「사리자여, 모든 생명은 인연 따라 생기는 것이니 그 모습은 空의 相으로, 새롭게 된 것이 아니다. 그러므로 不生이다. 또한 없어져버린 것도 아니다. 그러므로 不滅이다.」라고 관자재보살은 설득하고 있는 것이다.

그렇다면, 생사의 번뇌를 어떻게 해결할 것인가?

실은 생도 사도 인간의 자유나 선택 밖에 있는 것으로 어찌할 수 없는 일로, 어찌할 수 없는 일이라면 어찌할 수 없다고 빈손으로 받아들이고, 자세를 바로하고 여벌이 없는 오로지 한번밖에 없는 인생, 오로지 하나밖에 없는 자기를, 오늘이라고 하는 날도 두 번 다시없다고 일편단심으로 살아가는 것이 영원히 사는 것이다. 생사가 없는 것이 아니고, 생사가 있으면서도 생사에 끌려 다니지 않는 삶이 「불생불멸(不生不滅)」의 삶이다. 분명히 생과 사를 대립하여 생각하는 것은 망집(妄執)과 미몽(迷夢)일 수밖에 없다. 생중 사가 있고, 사중 생이 있는 것이다.

누구나 죽을 수밖에 없다. 그럼에도 불구하고 죽음에는 도리가 없다. 라고 미소 지으면서 죽을 수 있다면, 그것이 생사 속에서 생사를 초월하는 「不生不滅」의 삶의 태도가 아니겠는가.

그러나, 그렇게 되는 것이 결코 쉬운 일은 아니다. 그러므로 반야심경은 「모든 존재하는 것에는 실체가 없다」라고 하는 공관(空觀)을 몸에 지니고 살라고 가르친다. 이것을 배우는 것이 진정한 인생의 지혜가 아니겠는가.

우리들은 인연에 따른 생을 기뻐하고, 사(멸)를 두려워한다. 그러나 不生不滅의 진리를 깨닫고, 그 진실의 상(實相, 일체의 것들이 지닌 있는 그대로인 진실의 모습, 진실의 상=眞如)을 직시하여 피상(皮相, 외면적인 것)의 변화만을 보고 기뻐하고 슬퍼하는 미혹의 정을 벗어나야 한다.

그리고, 관자재보살은 다시 不垢不淨이라고 계속 설득한다. 구(垢)는 더러워진 때라는 뜻이다. 정(淨)은 깨끗한 마음이다.

공이란「더러워진 것도 아니고, 더러움을 떨어버린 것도 아닌」것이 특색이다. 존재하는 것의 현상에는 분명히 미추(美醜)가 있으나, 그것은 보는 측의 선택이 그렇다는 것이다. 자아를 빼버린 세계가「공」이다. 그곳에는 구(垢)나 정(淨)은 없다. 이른바 깨끗한 물에서는 연꽃은 지리기 어렵다고 한다. 진구렁이 인연이 되어 아름다운 연꽃이 피는 것이다. 선어에도 흙탕물이 많으면 많을수록 큰불(大佛)이 된다고 한다. 인간도 죄나 잘못이 많을수록 인간성에 눈을 뜬 진실한 인간이 된다는 뜻이다.

더럽혀진 것이란 번뇌를 이름이다. 구체적으로는 몸도 마음도 더럽혀진 정신작용의 총칭이다. 이 번뇌도「공」이라고 반야심경은 가르친다. 따라서 인간도 번뇌도 모두「더럽혀진 것도 아니고, 더럽힘에서 벗어난 것도 아닌 것」이다. 이것이 공관(空觀)이며, 공에 따른 인생관 세계관이다.

우리들은 때로 더러워진 마음을 없애버리고 깨끗한 길로 들어가고 싶은 마음을 일으킨다. 그와 똑같이 혐오와 편견의 마음도 생긴다. 그러나 본래는 사람의 마음도 물질도 모두 인연 따라 생기는 것이다. 그러기 때문에「不垢不淨」인 것이다.

그리고「부증불감.不增不減」으로 이어진다. 나의 세계(인간이 자신에 집착한 세계)에서 보면 물질은 증감이 있다. 그러나 空의 세계에서는 증(增)이라는 것도, 감(減)이라는 것도 없다.

「百川海納」이란 말이 있다. 백의 개울물도 모두 바다로 모아진다는 뜻이지만, 바닷물은 늘어나지 않는다. 증감의 변화는 없다는 의미이다.

「不增不減」은 영원을 나타냄과 동시에 균형을 취한 중도(中道)를 나타낸다. 파도 없는 수면에서 空의 정적을 읽을 수 있다. 空의 본체 중에는 증감이 없다. 인간이 자기라는 것에 붙잡혀서 증감(유무, 빈부)의 가치판단을 하기 때문에, 이 자기를 빼버린 空의 세계에는 증감은 없다는 것이다.

이 「不生不滅 不垢不淨 不增不減」으로 관자재보살은 不生不滅의 네 문자로 진실의 실상을, 不垢不淨에서 혐오와 편견을 일탈함으로써 더러워진 속에서 아름다움을 깨닫고, 不增不減에서 아집으로부터 떠난 조화의 세계를 설득하고 있는 것이다.

④ 是故空中無色 無受想行識 無眼耳鼻舌身意
無色聲香味觸法 無眼界 乃至無意識界

舍利子여, 이 이유로 空 중에는 色인 물질적 대상도 없고,
知覺도 없고, 想像도 없고, 意行도 없고, 知識도 없으며,
눈(眼)도 없고, 귀(耳)도 없고, 코(鼻)도 없고, 혀(舌)도
없고, 몸(身)도 없고, 뜻(意)도 없으며, 물질(物)도 없고,
소리(聲)도 없고, 향(香)도 없고, 맛(味)도 없고,
촉감(觸)도 없고, 마음의 대상인 법(法)도 없느니라.
그것과 똑같이 眼界의 영역에서 意識界 영역에
이르기까지도 모두가 없는 것이다.

지금까지 되풀이하여 기술해온 관자재보살의 말은 마음도 물질도 모두 因緣따라 생기는 것이기 때문에, 그 실체는 모두 空이라는 것, 그러기 때문에 色이라고 하는 물질도 없거니와, 受·想·行이라는 마음도, 識이라는 마음의 작용도, 그 이치만이 있고 自性(존재하는 것, 본질)은 없고, 空이라는 것이다.

그리고 여기에서도 관자재보살은 「無色 無受想行識」이라고 설득하고 있다. 그 의미는 五蘊皆空과 같은 것이다. 「般若心經」에서는 五蘊皆空이라는 것을, 말을 바꾸어 되풀이하여 설명하고 있는 것이다. 五蘊에 대해서는 앞에서 상세히 기술했지만, 다시 한 번 복습해보기로 한다.

이들 色受想行識(五蘊)의 작용에 의해 인간관계가 생기게 된다. 또한, 이 다섯 요인이 인연으로 기능하고, 요인 그 자체도 각각이 인연의 집합체이다. 그 각각을 「空」이라고 받아들이는 이유이다.

예를 들면, 인간이 인간으로 존재하기 위해서는 ①육체(色), ②감각(受), ③감각개념을 구성하는 행위 작용(想), ④개념을 기억해서 의식을 만드는 활동(行), ⑤의식이나 기억으로 축적된 지식(識)의 다섯 가지가 필요하다. 그것이 불교의 인간관(人間觀)이다. 그리고 이 다섯 요소의 구성을 인연이라고 한다. 이 구성을 빼낸다면 인간은 존재할 수 없기 때문에 「空」이라는 것이다. 또한 이들 다섯 구성분자도 각각의 필요분자가 모여 이루어졌고, 그 구성도 인연법칙이 따른 것이기 때문에 구성하는 요소자체도 또한 「空」이라는 것이다.

그리고 「般若心經」은 「無眼耳鼻舌身意 無色聲香味觸法」이라고 계속 설득한다.

불교에서는 사람의 신체는 眼·耳·鼻·舌·身·意의 여섯으로 성립하고 있다고 한다. 이를 육근(六根)이라고 한다. 그리고 六根이 인식하는 대상을 경(境)이라고 부른다. 眼에는 色, 耳에는 聲, 鼻에는 香, 舌에는 味, 身에는 觸, 意에는 法이 대응하여 각각 色境, 聲境, 香境, 味境, 觸境, 法境을 六境이라고 한다. 六根과 六境을 합해 十二處(12의 장소라는 뜻)라고 하는데, 「無眼耳鼻舌身意 無色聲香味觸法」과 같이 無자로 각각을 부정하여, 모두 空이라고 설득하고 있다.

☞ 풀이/六根

眼: 색이나 형태를 인식하는 視覺器官

耳: 말이나 소리를 인식하는 聽覺器官

鼻: 향이나 냄새를 인식하는 嗅覺器官

舌: 맛을 인식하는 味覺器官

身: 접촉했을 때 인식하는 觸覺器官

意: 思惟器官

☞ 풀이/六境

色: 눈으로 인식할 수 있는 색이나 형태

聲: 귀로 인식할 수 있는 언어나 음성

香: 코로 인식할 수 있는 향기나 냄새

味: 혀로 인식할 수 있는 맛

觸: 접촉으로 인식할 수 있는 느낌 촉감

法: 뜻(意)의 대상이 되는 사상 등

또한 六根과 六境 사이에서 일어나는 작용이 육식(六識)이다. 眼識·耳識·鼻識·舌識·身識·意識이 있다.

불교에서는 六根과 六境(十二處), 그리고 이 六識을 합하여 十八界라고 한다. 덧붙여서 여기서 말하는 界는 區界의 뜻으로 目은 目, 耳는 耳와 같이 같은 종류의 것이 1區界를 구성한다. 十八界(六根·六境·六識)가 모여서 인간의 신체·사상을 만들고 있다.

☞ 풀이/六根·六識·六境

六根		六識		六境
眼	↔	眼識	↔	色
耳	↔	耳識	↔	聲
鼻	↔	鼻識	↔	香
舌	↔	舌識	↔	味
身	↔	身識	↔	觸
意	↔	意識	↔	法

☞ 풀이/ 六根 ─┐
　　　　　　　├ 十二處 ─┐
六根 ─┘　　　　　　　├─ 十八界
六識 ───────────┘

내지(乃至)라는 말은 '또는'이라는 뜻이 아니고, 여기서는 「oo에서 oo까지」와 같은 의미가 된다. 즉 「無眼界 乃至無意識界」라고 했을 때에는 眼界에서 意識界까지의 十八界라는 의미이다. 「眼界, 耳界, 鼻界, 舌界, 身界, 意界, 色界, 聲界, 香界, 味界, 觸界, 法界, 眼識界, 耳識界, 鼻識界, 舌識界, 身識界, 意識界」가 생략되어있다.

그리고, 관자재보살은 이것들을 모두 無라고 부정하고 있는 것이다. 일반으로 생각한다면, 眼도 耳도 鼻도 舌도 身도 意도 있는 것이 아닌가?

그것이 없다고 하는 것이니 이상하게 생각할 것이다. 그러나 그것들의 본성(本性)을 생각해보면, 그것들은 다른 것과 연결된, 이어진 인연생기(因緣生起, 인연이 있어 생겨난)에 의해 구실(기능)을 하는 것이다. 그것이 독자의 역할을 다하여 존재하는 것은 아니라는 것이다. 다시 말해서 자선(自性)은 없다는 것이다. 여기서 가리키는 無는 自性이 없다는 뜻이다.

이와 같이 불교는 사물의 본질을 아는 智慧=般若를 움직이기 때문에 외견상으로는 有라고 해도, 본질은 無自性이며 無라고 照見하는 것이다. 다시 말하면, 有와 無가 아무런 구별도 없이 동시성립 한다.

여기서는, 五蘊을 구성하는 요소, 十二處(六根.六境), 十八界(六根.六境.六識)가 모두 自性을 갖지 않는다는 인연생기인 것이다.

⑤ 無無明 亦無無明盡 乃至無老死 亦無老死盡
無苦集滅道 無智亦無得

이 공(空)의 세계에서는 무명도 없고, 무명의 소멸(없어진
상태)도 없으며, 늙고 죽음도 없고, 늙고 죽음의 소멸도
없느니라. 그와 똑같이, 이 공의 세계에서는 고통도 없고,
고통의 원인도 없고 그 원인의 소멸도 없고, 그 고통의
소멸에 이르는 수행방법도 없느니라. 그러므로 이 공의
세계에서는 깨달음도 없고, 깨달음을 얻는 것도 없고,
깨달음을 얻지 못한 것도 없느니라.

우리는 대자연 속에서 초목의 잎이 나고 지고, 꽃이 피고 지는 것과 같은 자연현상을 보며 무상(無常)이라는 깨달음의 경지에 들게 된다.

그렇다면, 우리 인간은 세상에 태어나 노사에 이르기까지 과연 어떤 흐름으로 어떤 인연을 따라 삶을 이어가는 것일까?

불교에서는 十二因緣(十二緣起法)이라는 중요한 기본 교리가 있다. 중생세계의 삼세인 과거, 현재, 미래에 대한 미(迷, 迷惑, 迷妄, 迷執 등 무명번뇌로 인하여 사리를 밝게 깨치지 못하고 전도몽상하는 것)의 인과(因果)를 열두 가지로 나누어 설명하면서, 과거에 지은 업에 따라서 현재의 과보를 받고, 현재의 업을 따라서 미래의 고(苦, 苦海)를 받게

되는 열두 가지 인연을 말한다. 중생과 세계가 생멸하는 모든 이치는 인연으로부터 일어났다가 그 인연이 다하면 멸한다는 뜻이며, 인연의 법칙은 "이것이 있으면 그것이 있고, 이것이 없으면 그것도 없다"라고 하는 "이것"과 "그것" 사이에 연기관계(緣起關係)가 있다는 것이다.

바로 無明·行·識·名色·六入·觸·受·愛·取·有·生·老死가 十二因緣이다.

좀 더 상세히 소개하면 다음과 같다. 인간의 생을 석존은 인과율(因果律)로 보고, 처음에 「無明」이 있었다. 그것은 인생고의 근원이다. 그것은 시간적으로도 한없이 멀고 오랜 시작부터다. 이 무명이 원인이 되었기 때문에 본능적 행위가 생기니 그것이 「行」이다. 그리고 그곳에 새로운 생명이 머문다. 새로운 생명이 어머니 모태에서 자라면서 정신적 작용과 신체가 발육해가는 것을 「識」「名色」이라고 한다. 그리고 오체육근이 완전히 갖추어지는 것을 「六入」이라고 한다. 결국 어머니 태속에서 당연히 떨어져 나올 때이다. 그래서 갓난아기는 무명을 근원으로 해서 부모를 인연으로 맺게 되는 것이다. 무명이기 때문에 〈부모를 선택할 자유가 없는 아이〉〈아기를 선택할 자유가 없는 부모〉라는 불가사의한 만남인 것이다. 그리고 첫울음으로 세상에 나온 갓난아기는 무럭무럭 자라고, 물에 손을 넣고 불을 쬐지만 아직은 차다 뜨겁다고 하는 식별은 없다. 이 단계를 「觸」이라고 한다. 그리고는 점차 피부로 차고 따뜻함, 괴롭고 즐거움을 느끼는 감각이 작용하게 되는데, 이를 「受」라고 한다. 이 수의 감각이 작용하면서 자가가 바라는 것에 집착하게 되는 데, 이것이 「愛」다. 일단, 사랑하는 마음이 일어나면 그것을 자기의 것으로 하고 싶은 욕심이 생기게 되는 것이 「取」이다.

어째서 「取」가 있게 되는지 그 원인을 찾으면, 그곳에는 무엇인가

「있기」 때문이다. 그것을 취하여 얻는 것이 「有」다. 존재하고 있는 것, 있는 것을 내 것으로 하고 싶다는 「有」의 개념은 인간이 살아있다는 「生」 때문이다. 살아있는 한 의식주를 확보해서 자기의 소유로 하지 않으면 안 된다. 그런데, 살아있으면 당연히 「老死」가 찾아오는 것을 거부할 수 없는 것이다. 이상이 「十二因緣」이다.

석존은 원인인 「無明」에서 결과인 「老死」에 이르기까지 위에서와 같이 사색한 것이다. 그리고는 석존은 결과인 「老死」로부터 생각을 일으켜서 「無明」에서 원인을 구하려는 역으로의 생각을 한 것이다. 다시 말하면, 「無明」을 근본으로 하여 「老死」의 사실을 알고 동시에, 현실의 「老死」는 「生」에 인연이 있고, 「生」은 「有」에 인연이 있고, 「有」는 「取」에 인연이 있고, 「取」는 「愛」에 인연이 있고....와 같은 역으로의 방식으로, 그 원인을 「無明」에서 구한 것이다.

이상에서와 같이, 우리가 모르는 과거의 세계(過去世)인 「無明」이 원인이 되어 차례차례로 잇따라 인연을 이어 「生死」에 이르기까지 고와 함께 이어가는 것을 「流轉十二因緣, 번뇌 망상 삼독 오욕으로 인해 끊임없이 육도윤회로 헤매는 삶」이라고 한다. 그리고 이들 인연을 끊는 데에는 無明을 깨닫는 것. 「無明은 空인 것이다」라고 깨닫는 것이 중요하다는 것이다. 이것을 불교에서는 「還滅十二因緣, 번뇌 망상 미혹의 세계에서 깨달음의 세계로 돌아감」이라고 한다.

바꿔 말하면, 이 십이인연에 따라서 혹은 그것을 바르게 관조함으로써 깨달음의 경지에 이르게 된다는 것이다. 여기서 설명하는 것은 인연의 진리로, 다른 것이 아니다.

그런데 「般若心經」은 이 십이인연을 단호하게 실체가 없다(空)는 것이다. 그것이 본문에 「無無明 亦無無明盡 乃至無老死 亦無老死盡」, 無明도 없고 또한 무명의 다함도 없다. 그 인연 따라....老도 死도 없고 또한 老와 死의 다함도 없다」라는 것이다. 처음의 「無明」과 말미의 「老死」만을 들어 空하다고 했고, 중간의 열개의 인연을 내지로 생략하면서 십이인연의 모두를 지적한 것이다.

☞ 풀이/十二因緣

無明(ignorance): 미혹의 근본이 되는 無知

行(mental formation): 무지로부터 다음의 의식작용을 일으키게 되는 동작

識(consciousness): 의식작용

名色(mind and body): 심신이 발육하는 곳

六入(senses): 眼.耳.鼻.舌.身.意의 六根

觸(contact): 六根이 사물에 접촉하는 것

受(sensation): 경계로부터 받아들이는 고통 또는 즐거움의 감각

愛(craving): 고통을 버리고 즐거움을 구하려는 마음

取(attachment): 자기가 욕구하는 것을 취하는 것

有(becoming): 다음 세상의 과보를 불러올 業

生(birth): 몸을 받아 태어남

老死(old and death): 늙어서 죽게 되는 괴로움

같은 방법으로 「老도 死도 없고, 老死가 다함도 아니다」라는 것이다. 그렇지만 우리는 「태어나면서 반드시 늙고, 그리고 죽는다」라는 인과의 철칙으로부터 피할 수가 없다. 老死의 실체가 없다는 것은 부정하는 것이 아니고, 生, 老, 死인 현실계에서 살아가면서 그것이 좋다 싫다 라는 감정에 집착함이 없이 순수하게 늙고, 순수하게 병들고, 순수하게 안녕을 하고 살아가는 것이다.

반야심경은 이어서 「無苦集滅道 無智亦無得」이라 설득한다. 苦도 없고, 集도 없고, 滅도 없고, 道도 없으며, 이어서 智도 없고, 得도 없다

고 여전히 심경은 「없다 없다」가 계속된다.

이 「고집멸도」를 네 개의 진리 「四諦」라고 해서 석존의 가르침의 근본이다. 「諦」는 진리의 뜻이다. 즉 마음을 밝고 즐겁게 하여 분명히 사물의 바탕을 판단한다는 의미다.

여기서 제1의 「苦諦」는 세상이 고라고 하는 진리, 제2의 「集諦」는 고의 원인은 무상과 인간이 좋아하는 것만을 고르는 염치없는 집착이라는 진리, 제3의 「滅諦」는 무상과 집착을 초월하는 것이 고를 없애고 깨달음의 세계라는 진리, 제4의 「道諦」는 이 멸제에 도달하는 데에는 여덟 개의 올바른 길인 팔정도(八正道, 중생의 고통의 원인인 탐, 진, 치의 삼독을 없애고 깨달음의 세계인 열반을 얻기 위해 실천 수행해야 할 여덟 가지 길)를 수행한다는 진리이다. 이것이 석존의 최초의 전도이며 처녀설법(處女說法)이다. 그 후 열반에 들 때까지 50년간 계속한 설법도 이 四諦이다.

그런데 불교에서 정사(正邪)를 판단하는 기준을 「인과의 이치」에 둔다. 이 이치에 맞는 것이 정도(正道)요 선(善)이요, 맞지 않는 것이 사도(邪道)요 악(惡)이다.

그러면 팔정도란 정경(正見) 정사(正思) 정어(正語) 정업(正業)정명(正命) 정정진(正精進) 정념(正念) 정정(正定) 이다.

그래서 석존의 설법은 중도(中道 양극단에 치우치지 않는 공명한 길)에 맞는 팔정도로 마치 팔손이의 잎처럼 각각으로 전개하지만, 그 각각은 일곱을 포괄한다. 이 팔정도에서 보는 바와 같이 엄숙한 실천에 따라 비판하는 것이다. 또한 그 기준은 인연법에 있다는 것은 말할 나위도 없다.

반야심경에서는 이 팔정도도 「없다, 실체가 없다」라고 한다. 그것은 팔정도를 실천하는 일을 과장하거나 사치해서는 안 된다는 뜻이다.

그리고 「無智亦無得」 아는 것(깨달음)도 없다는 것은 실은 크게 깨달음(大智)이다. 우리가 흔히 알고 있는 듯하지만, 자기중심적으로 하나로 모은 대립적 지식임으로, 한번 그 뿌리를 뽑아버려서 무내용으로 하지 않으면 자아는 소멸되지 않는다. 무내용은 허심탄회라고 해도 된다. 그것이 무지(無智)라는 것으로써, 그곳에서 큰 지식, 큰 깨달음이 생겨나는 것이다. 또한 자아심을 제거해서 이기심의 뿌리를 뽑아버리면 손(損)은 물론이고 아무런 득(得)도 있을 리가 없다. 「無得」 얻음이 없다 라고 말하는 까닭이다.

☞ 풀이/四諦: 석가의 최초 설법 때 설득한 네 가지 진리를 말한 것이 苦,集,滅,道이다. 각각에 諦를 붙여 苦諦,集諦,滅諦,道諦 라고 한다. 四諦의 法門이라고 한다.

苦諦: 이 세상은 四苦八苦라는 진리, 망상의 결과(병 진단)

集諦: 번뇌 망상 등을 苦의 원인으로 봄(병 결정)

滅諦: 이들 苦를 없애버리는 것이 중요함. 집착을 끊는 것이 깨달음(열반과 해탈)의 세계라는 진리(병 치료)

道諦: 苦의 원인인 번뇌 망상을 끊어버리기 위한 올바른 수행(병 치료방법)

☞ 풀이/八正道(八聖道): 수행을 위한 길

正見: 도리를 바르게 보는 것

正思惟: 바르게 사유분별 하는 것

正語: 진실을 말하는 것

正業: 바르게 마음 갖추어 행동하는 것

正命: 바르게 생활하는 것

正精進: 바른 길로 수행 정진하는 것

正念: 깨달음의 길로 바르게 생각 염원하는 것

正定: 바르게 정신을 안정시키는 것(禪定을 닦는 것)

⑥ 以無所得故 菩提薩埵 依般若波羅蜜多故
心無罣礙 無罣礙故 無有恐怖 遠離 顚倒夢想 究竟涅槃

舍利子여, 얻는 것이 없는 까닭에, 보살들은 해탈 세계에
도달하는 깊은 지혜(무상 무아)인 반야바라밀다에
의지하므로, 마음에 걸림이 없으며, 마음에 걸림이 없는
까닭에 두려움도 없습니다. 그리하여 보살은 마음이
뒤바뀐 쓸데없는 잘못된 생각으로부터 멀리 떠나 드디어
완전한 열반에 이르렀느니라.

꽃은 사람들이 아름답다는 칭찬을 받으려고 피는 것이 아니다. 물은 식물들을 윤택하게 자라게 해도 보수를 바라지 않으며, 태양은 매일같이 그 빛을 만물에 쬐어주어도 소득을 바라지 않는다(無所得).

중생은 항상 얻고자하는 마음에 억매여 있다. 실상은 얻어지는 것이 아닌데 감정은 얻으려는 욕심으로 늘 애가 탄다. 얻고자 하는 마음이 있을 때는 늘 괴로움이 따른다(有求皆苦). 얻으려는 생각을 버리면 항상 편안하고 즐거운 것이다(無求皆樂).

사람은 자기의 본분을 다하면 좋은 것이며, 전력을 다해 노력하면 즐거운 것이 진정한 無所得의 보시(布施)입니다.

般若波羅蜜多의 의지한 보살은 얻고자하는 마음이 없다. 물재도 명예도 삶도 죽음까지도 구하려는 마음이 없기 때문에 마음에 아무런 걸림이 없다. 걸림이 없기에 두려움(공포)도 없다. 다음으로 반야의 지혜는 온갖 쓸데없는 망상과 집착으로부터 멀리 떠나버렸습니다. 마침내는 보살은 지상절대의 대해탈(大解脫) 대열반(大涅槃)에 이르게 되었습니다.

덧붙인다면, 심경에 등장하는 보살은 관음보살이다. 그런데 관음은

특수한 인격이 아니고, 실은 여기서 가르치는 것은 우리들의 본래의 모습이다. 당신에게도, 나에게도 모두의 마음속에는 「관음보살」이 자리하고 있다는 뜻이 숨겨져 있는 것이다.

⑦ 三世諸佛 依般若波羅蜜多故 得阿耨多羅三藐三菩提

과거, 현재, 미래의 모든 부처님도 이 반야바라밀다에
의지하였기 때문에, 최상의 깨달음인
아뇩다라삼먁삼보리(無上의 正眞圓滿한 깨달음)를
이루시었나이다.

경전에는 삼세시방(三世十方)이라는 말이 나온다. 삼세라는 것은 過去(世), 現在(世), 未來(世)를 말한다. 헤아릴 수 없이 먼 과거로부터 현재를 거처 장래의 먼 미래까지의 무한인 시간의 흐름을 가리킨다. 즉, 삼세란 무한의 시간을 의미한다.

또한 시방이란 방향성을 나타낸다. 평면상의 동서남북, 동남, 동북, 서남, 서북의 팔방(八方)과 상하를 합한 세계가 시방세계(十方世界)다. 양손을 펴고 한 바퀴 돌아보시지요. 그곳은 무한으로 이어지는 공간 우주다. 경전은 이 같은 세계의 구조를 아주 짧은 언어로 시방세계로 표현하고 있는 것이다.

그리고 각각의 시대와 방향마다 부처와 보살이 있다. 이것을 경전에서는 三世諸佛, 三世十方諸佛諸菩薩로 표현하고 있다. 미륵보살은 미래세에....라고 하듯이 각각에 어울리는 부처가 계시다는 것이다.

삼세제불은 過去佛, 現在佛, 未來佛로 구분했을 때의 諸佛이다. 따라서 「三世諸佛 依般若波羅蜜多」라고 할 때에는 영원의 시간과 무한의 공간에 계시는 제불이 반야바라밀다의 완성된 지혜로 가장 높고 바르고 진실하고 평등 원만(無上正眞圓滿)한 깨달음을 얻어 부처가 되었다는 뜻이다. 이와 같이 불교는 시간의 흐름을 삼세로 나누고 있지만, 부처는 애당초 深般若의 지혜로 깨달음을 얻었기에 不生不滅인 것이다. 따라서 시간의 흐름을 초월하여 언제 어디서나 계신 것이다.

그런데, 계속되는 「阿耨多羅三藐三菩提」는 阿耨多羅=無上으로, 三藐=正眞圓滿으로, 三菩提=깨달음이라는 의미이다. 無上正遍知(구역), 無上正眞道, 無上正覺 등으로 번역되고, 줄여서 無上正等正覺(신역)이라고 말한다.

① 無上: 無上正遍知를 줄인 것으로, 이 이상 없는 진리

② 正等: 無上正眞道를 줄인 것으로, 우주만유의 실체로서 현실적이며 평등무차별한 절대의 진리

③ 正覺: 無上正覺을 줄인 것으로, 深般若의 지혜로 깨달았다는 뜻

그러므로 가장 훌륭한 지혜(最勝智)의 경지인 佛의 깨달음을 「得阿耨多羅三藐三菩提」라고 하는 것이다.

그래서 보살도 부처도 모두 「無所得皆空」의 진리에 따르지 않으면 올바른 깨달음은 이룰 수 없다고 했다.

그렇다면 여러분은 「그렇다 말해도 반야의 지혜는 여러 가지로 변화해서 매달릴 때가 전혀 없지 않은가?」, 「한마디로 표현하고 있지 않다」는 등 어찌해야 할지 모르겠다....고 반문할 것이다.

하지만, 물은 자신의 모양이 있는 것이 아니다. 어떤 용기라 해도 그 용기의 형태에 조차 모습을 자유자재로 변화시킨다. 그렇다고 물 그 자체(본질)는 전혀 변화하지 않는다. 변화가 없는 변화인 것이다.

부처는 有(존재하는 것)를, 空을, 淨土를 때와 장소를 가리지 않고 사람들에게 자유자재로 반야의 지혜를 설명한다. 병응여약(病應與藥병에 상응하게 약을 처방한다)이다. 그러므로 자신의 병을 철저히 파악하지 않으면 부처가 설득하는 가르침은 모르게 된다. 열반은 단지 육체의 사멸이 아니고 영원한 생명을 얻는다는 뜻이다. 따라서 이 몸으로 현세에서 열반을 얻지 못하면 안 된다.

「불법은 멀리 있는 것이 아니고 마음 속 가까이 있다」고 호소한다. 이 말은 진실을 구하는 마음이야말로 부처이고 열반이라는 것이다.

진리를 구하는 마음에는 깨달을 때까지의 보살심과 수행으로 나누게 된다. 깨달음에 이르면 실증과 입반열이 진리를 구하는 법이 되고, 번뇌로부터 벗어난 자유로운 열반이 원적(圓寂,부처의 열반)의 경지이고, 깨달음 그 자체의 지혜가 원적무별(圓寂無別, 열반을 얻으면 모든 차별이 없어진다는 말)의 경지인 것이다.

⑧ 故知般若波羅蜜多
是大神呪 是大明呪 是無上呪 是無等等呪
能除一切苦 眞實不虛

그러므로 반야바라밀다는 가장 신비한 주문(진언)이며,
가장 밝은 주문이며, 최상의 주문이며, 이 비교할 수 없는
주문인지를 알아야 하느니라. 그러므로 반야바라밀다의
주문은 능히 일체의 고액을 제거할 수 있으며, 진실하여
헛됨이 없음을 알아야 하느니라.

지금까지 「般若心經」은 매우 깊은 불교의 철학이라고 할 수 있는 空, 四諦, 十二因緣 등의 가르침을 지극히 짧은 언어로 말하고 있다. 여

기서는 지금까지의 집대성으로서 반야의 지혜는 주(呪)라는 것, 그리고 呪를 소리 내어 읽는 것으로 모든 고액을 제거한다는 것, 「般若心經」 자체가 呪이다. 라고 설명하고 있다.

呪라는 것은 이 이상 없는 존귀한 佛의 영묘함이 넘치는 언어인 眞言이라는 언어로 번역되고 있다.

그런데 「般若心經」은 「是大神呪 是大明呪 是無上呪 是無等等呪」인 넷의 呪로 기술되고 있다. 이것은 별 개가 아니고 「般若心經」 그것이 呪인 것이다. 라는 것을 언어로 몇 번이고 거듭 거듭 바꾸어서 정중히 기슬하고 있는 것이다.

첫 번째 大神呪는 반야의 지혜는 일체의 고에서 벗어나 모든 재난을 없애는 힘을 갖는다. 이 반야의 진리가 지닌 힘은 어느 주술과도 비교할 수 없이 크고 신비한 大神呪라고 설득한다.

두 번째 大明呪는 반야인 진공의 마음을 이해한다면 四苦八苦, 十二因緣, 四諦라고 하는 이치가 순차로 명백해진다. 때문에 大明呪라고 하는 것은 반야바라밀다를 가득 채우는 것으로, 시방세계를 골고루 널리 비쳐서 마음의 무명인 어둠을 깨버리고 자성의 마음기능을 가득 채우는 말이다.

세 번째 無上呪는 이보다 다른 비할 것이 없는 최상의 주문이라 뜻이다. 반야의 지혜는 모든 사람들에게 널리 퍼져서, 사악한 악마심도 바르게 고치는 힘을 갖는다. 그 힘은 비교할 것이 없기 때문에 이 위에는 없다는 無上呪 이다.

끝으로 無等等呪는 반야의 지혜가 과거, 현재, 미래의 삼세를 거쳐 보편적인 것이며, 비교할만한 것이 없다는 무비(無比)의 초월적 존재, 절대적 경지인 無等等呪 라고 기술하고 있다.

그래서 「般若心經」은 呪를 소리 내어 읽음으로서 마음에 잠겨있는 어두운 그림자를 반야의 이치로 용해시켜, 일체의 고액을 씻어버리는 영력(靈力)을 갖는다고 설명한다.

그래서 「能除一切苦」 반야의 지혜를 익힌다면 능히 일체의 고에서 벗어날 수 있다는 도리이다. 이 뜻은 동시에 처음 앞에서 「照見五蘊皆空 度一切苦厄」에서 오온이 모두 공하다는 것을 올바르게 비추어 본다면 일체고액에서 벗어날 수 있다에 이어진 결론이라는 것을 알 수 있다.

마지막으로 「般若心經」은 그러기 때문에 「眞實不虛」라고 마무리 한다. 여기서 말하는 진실은 진리, 부처님의 지혜라는 것이다. 「般若心經」이 설명하는 진리를 있는 그대로 받아들인다면 마음의 어둠도 고액도 모두 사라진다. 그러기에 반야의 이지는 진실하여 헛됨이 없다는 것이다.

⑨ 故說般若波羅蜜多呪 卽說呪曰
揭諦揭諦 波羅揭諦 波羅僧揭諦 菩提娑婆訶

그러므로 가장 훌륭한 지혜의 경지인 반야바라밀다에
이르는 진실을 설하면 다음과 같습니다. 아제아제
바라아제 바라승아제 모지 사바하

드디어 「般若心經」의 격조 넘치는 마지막 부분이다. 여기서 반야인 진공의 진리를 종합하여 다라니(陀羅尼=佛을 가득 채워 재액을 제거해 버리는 呪)에 그 공덕의 모두를 거둬들인 짧은 진언을 呪라고 했다.

「般若心經」을 번역한 현장삼장도 이 부분은 번역불능이라 판단되었는지 한역하지 않고 산스크리트어의 음만을 옮겨 썼다. 원어에 주역을 달면 이 부분에서 반복되는 아제(揭諦) 라는 말은 제도(구제)한다는 말로, 여기서는 「OO하고 갔다」로 번역된다. 결국 인생의 모든 고난을 반야의 지혜로 극복해 갔다....라는 의미가 된다.

첫「揭諦」는 스스로 일체고액을 극복한다는 뜻이며, 다음「揭諦」는 다른 사람들의 일체고액을 없앤다는 의미다.「波羅揭諦」는 정확히 구제한다는 것.「波羅僧揭諦 菩提 娑婆訶」는 널리 골고루 차별 없이 깨달음에 이르게 한다는 것을 의미한다. 이것을 종합하면

① 揭諦....나도 득도하러 가자 = 제도(구제)한다는 말

② 揭諦....다른 사람에게도 득도하러 가자

③ 波羅揭諦....확실하게 득도하러 피안으로 가자

④ 波羅僧揭諦....확실하게 널리 전부 득도하러 피안으로 가자

⑤ 菩提娑婆訶....득도.정각.열반 성취에 행복 있을지어다

로 끝을 맺는다.

「般若心經」은 글자 수는 모두 합해 270字(經題 포함) 밖에 안 되는 짤막한 경전이지만, 참으로 만나기 어려운 법보(法寶) 입니다.「般若心經」은 신앙(信仰)과 발원(發願)을 강조하고 있습니다. 경전의 후반부에서는 般若波羅蜜多는 "大神呪", "大明呪", "無上呪", "無等等呪" 이기 때문에 능히 온갖 고액을 제거한다고 하였습니다. 주문은 일상적인 생각을 초월한 불가사의를 신비롭게 갖추고 있는 것입니다. 般若心經을 마음속에 염원하며 소리 내어 암송하면, 無明에서 벗어날 수가 있습니다. 단 한 자(字)에 많은 깊은 가르침이 함축되어 있어서, 그것에 의해 이 몸 하나만으로도 불법의 지혜를 실증할 수 있는 것입니다.

이것은 바로 般若波羅蜜多에 대한 신앙을 강조한 것입니다. 그리고

마지막 진언을 통해 처음의 般若波羅蜜多의 내용을 다시 천명하면서 간절한 발원을 담고 있습니다. 발원이 지극히 간절하면 반드시 이루어지는 것입니다.

이상 쉽게 풀어보려고 노력했으나, 난해한 내용이기에 한참 미흡한 해석으로 법보에 많은 누를 끼치지 않았는지 심히 우려하면서, 오역이나 모자람이 있다면 아낌없는 많은 도움을 바랍니다.

산골 초가집

찾는 사람 발길도 끊어진
깊은 산골 초가집

"주인 계시요" 말이라도 걸면
금방 쓰러질 것만 같은
쓸쓸함...........

뻐꾹 뻐꾹 뻐뻐꾹
너 울음마저 멈추면
초가집은 산골이 서러워
나만 두고 떠나리.

PART

13

다도(茶道)에서 말하는 「一期一會」에 대한 소고

一 期 一 會

相送當門有修竹

爲君葉葉起淸風

일생 단 한 번의 만남

친구를 대문 앞까지 전송하니

대나무 잎마다 친구를 위해 산들바람이 이는 구나

지혜롭고 다정한 사람은 청순한 마음씨를 지녀 친구를 전송하고 들어와 남은 차를 마실 때 차(茶)와 선(禪)과 인생(人生)이 상통(相通)하는 것이다.

모든 인간에게 있어서 우주 삼라만상과의 지금 이 만남은 평생 단 한 번뿐, 다시는 그 만남은 오지 않는 것이니 소중히 여기고 진심을 다해 성의를 베풀라는 뜻이다.

제행무상(諸行無常)이라. 우주에 존재하는 만유는 변하지 않는 것은 하나도 없다. 금강경의 게송에는 이런 경구가 있다.

凡所有相 皆是虛妄 若見諸相非相 卽見如來

무릇 현상이 있다는 것은 모두 허망하니 만약 모든 현상이

현상이 아닌 것으로 알면 곧 여래를 보리라

하물며 우리 인간의 삶(일생)도 유한한 것이기에 불교에서는 중생에게 사고팔고(四苦八苦)에서 벗어나기 위해서는 육바라밀(六波羅蜜)을 철저히 이행하고, 올바른 수행으로 팔정도(八正道)를 지키라고 한다.

이것은 누구나 일생을 통해 성서나 경전의 가르침에 귀를 기울여 올바른 삶을 가지라는 종교적 이해와 실천의 권유라고 생각한다.

여기서 밝히고자 하는 것은 주제인 「一期一會」에 대한 이해이다.

1

다도의 계고(稽古) 「一期一會」의 뜻

「一期一會」란 자연과 더불어 살아간다는 뜻도 있다.

「一期一會」란 이이나오스게(井伊直弼.1815~1860)의 「쟈노유이찌에슈, 茶湯一會集」에 근거한다. 또한 다조(茶祖)라 불리는 센노리규(千利休.1522~1591)의 제자 야마노우에소오지(山上宗二, 1544~1590)는 「山上宗二記」에서 「一期一會」를 뜻하는 「一期に一度の會, 일기일회의 모임」이라고 기록되어 있다. 다도(茶道)에서나 선(禪)에서 매우 중요하게 쓰이는 말이다. 그러나 너무나 익숙해져서 그 진의를 적당히 넘겨버리는 것은 아닌가싶다.

예를 들면 이이나오스게는 「쟈노유이찌에슈」에서 「몇 번이고 똑같은 주객교회(主客交會) 만남에서 오늘 모임이 다시는 없는 모임이라고 생각하면 실로 우리는 일생에 단 한 번의 모임」이라고 술회한다. 오늘의 만남은 두 번 다시는 없다. 일생 단 한 번의 모임(交會)이라고 말하고 있는 것인 데, 그것을 솔직하게 인정한다면 모든 미래에 대한 상정(想定)은 있을 수 없다는 것을 의미한다.

알기 쉬운 예로 2011년 3월 11일 발생한 일본 동북지방 후꾸시마겡(福島縣)의 대지진과 쓰나미(津波)로 인한 수십만 명의 익사 압사 소사자를 낸 유례없는 대참사가 있었다. 아무도 예상 못한 자연재해다. 자연은 우리 인간의 상정을 가볍게 초월한다. 이것이야말로 「자연」인 것이다. 「一期一會」란 「자연」과 함께 사는 것을 단적으로 보이는 증거이며 사실이다. 인간이 아무리 정밀하게 상정하고 주도면밀하다 해도, 반드시 그것을 뛰어넘는 것이 자연의 엄격함이다. 그 어떤 법칙도 절대화할 수 없는 속에 인간은 살고 있으며, 「一期一會」의 진의임을 가르친다. 자연의 가르침은 인간에게 겸허를 가르친다. 한정된 경험 이상의 일이 금후에도 언제 어디에서 일어날지 모르며, 또한 분명히 일어날 것이다. 그렇게 생각한다면 50년 100년 냉각보존하며 지하 수십 수백m 깊이로 매몰할 수밖에 없는 플루토늄 연료의 사용도 금후 생각밖에 일이 될 수는 없다.

금년(2020년 1월) 중국의 우한으로부터 발생하기 시작한 코로나 바이러스 COVID19로 인한 전 세계적인 사상자 속출이야말로, 눈에도 보이지 않는 바이러스에게 고도의 과학문명을 과시하고 있는 인간의 무력함을 여지없이 들어낸 증거다. 이 또한 자연재해로 현재도 진행 중이며, 언제 어떻게 될 것인지는 아무도 모른다. 왜냐하면 전 세계의 해당 전문분야 의학 약학과학자들이 총동원된 백신 개발도 1년에 걸려 겨우 나오고는 있지만, 코로나 바이러스도 어떤 변형의 바이러스가 나올 것인지는 아무도 예측하지 못한다. 항상 발견된 뒤에야 비로소 백신도 개발할 수밖에 없다는 사후약방문식이기 때문이다.

인간재해도 마찬가지다. 설마하며 소홀히 하다 큰 인재로 생명을 잃은 사람도 헤아릴 수 없을 정도로 많다. 세월호 침몰사건이 그랬고, 삼풍백화점 붕괴사건, 영동대교 붕괴사건, 수다하게 발생하는 화재사건, 매일 매일 발상하는 교통사고 등...., 자연재해나 인재는 그 어느 경우든 상정하지 못한 순식간에 일어난 소중한 많은 인명을 앗아간 끔직한 사건으로, 귀중한 인연의 상실로 이어진 비극의 극치이다.

이와 같은 비극은 어쩌면 인간의 두뇌가 낳은 고도의 과학발전이면서도 인간성이 무시된 비과학적 소산이기도 하다.

2

「一期一會」의 가르침

앞에서도 밝혔지만, 이와 같은 인간의 능력으로는 어쩔 수 없는 천변지이(天變地異)의 자연재앙과 인간재해가 도사리고 있는 오늘의 현실 속에서, 단 한 번 태어난 존귀한 인명의 위기를 안고 살 수밖에 없는 숙명론적 무상(無常)과 허무(虛無)가 인생이라고 한다면, 「一期一會」 네 글자 속에 담긴 뜻의 가르침은 인간의 삶, 인연, 믿음, 사랑, 자애, 은혜, 보시....등 모두를 포괄한 敬語라고 생각한다.

흔히 우리는 오랜만에 지인과 만나면 「차」라도 한잔 하자고 청한다. 어린 시절 한 고장, 한 마을, 가깝게는 이웃집에서 자라며 즐겼든 죽마고우, 또는 학생시절 함께 했던 동기동창, 같은 직장에서 호형호제 했던 직장동료, 몹시도 사랑하는 사람, 아니 부모와 자식....모두 인연이 다하면 헤어진다. 애별리고(愛別離苦)다. 좋았던 일이 고통으로 우리를 괴롭힌다. 이것이 인간의 삶에 본질이다. 그러기에 우리 인생은 「一期一會」, 모든 현상과 관계(인연)인 오늘은・지금은・이 순간은 단 한 번뿐, 똑 같은 그것은 두 번 다시 오지 않기에 무상 허무라고 한다. 강조하면 니힐리즘(nihilism)에 빠진다고 한다. 그러나 과장이 아니다. 현실이다.

그러기 때문에 단 한 번뿐이라고 생각하고 정성을 다해 화합하고, 존경하고, 맑게 웃고, 정적한 마음으로 인연을 소중히 하는, 티 하나 없는 만남이기를 바랄뿐이다.

벽암록(碧巖錄)에 화진산운해월정(話盡山雲海月情)이란 글이 있다. 친구란 참으로 귀한 존재이기에 산봉우리에 구름이 뭉게뭉게 피어오르듯, 바다에 달이 떠오르듯 정담을 나누는 모습을 그린 글이다. 선자(禪者)끼리 득도의 진수(眞髓)를 이야기 하는 광경을 읊은 것이다.

이 세상 겨우 겨우 100년이라는 가상의 삶으로 끝나는 인간이기에 내 나이 미수(米壽, 88)이고 보니 깨닫기에 강하게 생각되고 또한 아래와 같이 권유하고 싶어진다.

- 만나고 싶다고 생각되면 만나지 않으면 안 된다고,
- 사랑을 한다면 그 사랑에 빠지라고,
- 즐거운 일이라면 나누어 가지라고,
- 봄 여름 가을 겨울 꽃이 피면 마음껏 즐기며 기뻐하라고,
- 남도 갖고 싶을 것이라 생각되면 나누어 상(相)없이 보시하라고,

이것들은「一期一會」당신에게 다시는 오지 않는, 다시는 만날 수 없는 일(인연 현상 사건)이니 즐겁고 행복하다면 그 행복을 부둥켜안고 100퍼센트 음미하라. 이것이 인간만이 죽어도 여한 없이 할 수 있는 것이라고 생각한다.「一期一會」란 그런 것이다. 하루하루에 일어나는 모든 인연을 무심코 놓치지 말고 소중히 엄청 소중히 하라는 가르침이며, 이것은 비록 다도인들 만의 교담이 아니라 우리 인간 모두에게 준 은혜요 덕교(德敎)인 것이다.

PART

14

다도(茶道)의 진수(眞髓)를 찾아 그 가르침은 무엇일까?

다도(茶道) 또는 다례(茶禮)하면 바로 떠오르는 것이 다도정신(茶道精神)의 언어적 표현방식이다.

한국의 중정(中正), 일본의 화경청적(和敬淸寂), 중국의 정행검덕(精行儉德) 이라고 하는 인간으로 갖추어야 할 종교, 사상, 철학, 도덕, 정서가 함축된 문질(文質.겉에 나타난 꾸밈과 속 바탕)이 빈빈(彬彬.외관과 내용이 고루 갖추어져 매우 훌륭함)한 요체(要諦)가 담긴 헤아리기 어려울 만큼 깊고 오묘하면서 고상하고 운치 있는 아담한 정취가 풍기는 다도어구(茶道語句)가 떠오른다.

예부터 차(茶)는 신성(神聖)한 음료로 다뤄져 왔다. 그래서 신성한 차에 걸 맞는 상징적인 의미를 부여하고, 그 상징성이 갖는 정신적 수행을 추구하려는 것이 바로 「 다도, 茶道 」라고 생각된다.

다도를 당시 동양 삼국인 한국, 일본, 중국의 차인(茶人)들은 철학으로, 도덕으로, 불교의 선(禪)으로 승화시킨 것이 다도(茶道)라고 정의한 것이다.

극동아시아를 대표하는 한, 일, 중 삼국은 예부터 각각에 상이한 풍토와 역사를 배경으로 한 고유한 차 문화로 발전시켜 왔다. 따라서 당연히 추구하는 차의 정신인 다도도 다를 수밖에 없다. 차의 선택과 재배방법 채취시기와 방법은 물론이고, 음용에 따르는 제반 의식도 달랐을 것이다. 이처럼 각기 다른 차 문화를 발전시켜 왔으므로, 그것을 언어적으로 표현하려는 독특하고 창의적인 연구의 노력도 부단히 이루어져왔다는 것은 당연하다고 생각한다.

그 언어적 표현 속에는 한, 일, 중 각기 자신들만이 지니고 있는 특유한 역사관과 사상, 그리고 종교 도덕 문화 생활습관은 물론이고, 이들로부터 형성된 민족이 가지는 보편적인 정서도 충실히 담아내야하기 때문에 그에 합당한 농축된 언어를 찾는 것이 요체이며, 이를 위해 차인(茶人)들에게는 연구의 고심이 컸을 것이다. 더욱 그 언어적 표현은 다도의 모든 형식이나 실질적 내용을 구체적으로 담아내면서 한편, 그 표현된 언어적 징표와 합일하는 다도의 내용이어야 한다는 양쪽 모두가 충족되는 표리일체의 다도어구라고 해석한다. 여기서는 한국의 중정(中正), 일본의 화경청적(和敬清寂), 중국의 정행검덕(精行儉德)을 중심으로 한 각각의 다도정신에 역사적 배경과 그 가르침이 현대에 사는 우리에게 어떤 교훈의 지혜로 받아들여져야 할 것이지를 생각해보기로 한다. 다만 일본과 중국의 다도정신은 간략히 소개하고, 한국에 대하여는 다도에 얽힌 역사와 대표적 차인들을 중심으로 다도정신을 기술하고 이해를 돕고자 한다.

1

중국의 다도정신인 정행검덕(精行儉德)

중국의 다예·다도(茶禮·茶道) 정신은 불교, 도교, 유교인 동양 사상에 기초하였다고 볼 수 있다. 당(唐, 618~907)나라 이전 중국의 왕실과 귀족 사이에 근검절약이라는 생활관습은 제례(祭禮)에서 차를 매개삼아 정신적 사상과 문화로 접목되었다고 생각된다.

중국의 다도정신을 구체적으로 문자화하여 제기한 사람은 다성(茶聖)이라고 불리는 육우(陸羽, 733~804)에 의해 「정행검덕, 精行儉德」이라는 정의를 내리고 있다.

육우는 다경(茶經)에서 자신이 사용한 풍로 외관에 문양과 문자 그리고 제작연도를 새겨 그 의미를 부여하고 있는 데, 풍로 세 다리에 각각 일곱 자를 새겼다.

한쪽 다리에는 성당멸호명년주(聖唐滅胡明年鑄), 거룩한 당나라가 오랑캐를 멸망시킨 이듬해에 주조하여 만들었고, 또 다른 다리에는 체균오행거백질(體均五行去百疾), 몸은 오행을 고르게 하여 백가지 질병을 물리치고, 나머지 다리에는 감상손하리우중(坎上巽下離于中), 위에는 물(水)을 상징하는 감(坎)을, 아래는 바람(風)을 상징하는 손(巽)을, 가운데는 불(火)를 상징하는 리(離)라고 새겼다.

그리고 풍로 안은 볼록한 봉우리를 만들고 그 속을 세 개의 칸막이를 만들었다.

한 칸막이에는 불을 상징하는 꿩을 그려 주역(周易)에서 불의 괘(卦, 주역의 골자로 음양으로 나뉜 효(爻)를 세 개 또는 여섯 개씩 어울려 놓은 것, 어우르는 차례를 바꾸는데 따라 3효가 어울려 8괘를 이루고, 6효가 어울려 64괘를 이룸)인 리(離)를 그리고(火神), 또 한 칸막이에는 바람의 상징인 범을 그려 바람의 괘인 손(巽)을 그리고(風神), 나머지 한 칸막이에는 물을 상징하는 물고기를 그려서 물의 괘인 감(坎)을 그린 것이다.

이 문양에서 손(巽) 괘는 바람을 맡고, 리(離) 괘는 불을 맡고, 감(坎) 괘는 물을 맡는다. 즉, 바람(風)은 불(火)을 일으키고, 불은 물(水)을 끓임으로써 세 가지의 괘를 그린 것은 동양 전통의 오행(五行)과 팔괘(八卦)의 사상을 다기에 결합시킨 것이다.

다시 부연한다면, 차를 만들기 위해서는 금(金)에 해당하는 풍로, 수(水)에 해당하는 물, 목(木)에 해당하는 숯, 화(火)에 해당하는 불, 토(土)에 해당하는 땅을 오행(五行: 金→水→木→火→土)으로 나누어 상생(相生)과 음양조화(陰陽調和)로써 질병을 다스려 양생(養生)의 정신을 기른다는 다도의 정신을 내재시킨 것이라고 해석할 수 있다.

다경(茶經)의 저자 육우가 논한 다경 상권에 보면 차의 기원에 대해 소개하면서 다도의 정신인 정행검덕(精行儉德)을 내세우고 있다. 그 속에는 과연 어떤 의미를 담고 있으며, 무엇을 추구하려고 하였을까?

정(精)은 정성이 녹아있는 수련의 결과로 나타나는 정교함을 이룸이며, 행(行)은 그 세밀 정교한 차인(茶人)의 엄격한 행실을 강조하는 표현으로써, 그 정교한 행작(行作)을 정행(精行)이라고 보았다. 검덕(儉德)은 소탈하며 검소(儉素)한 차인이 갖추어야 할 고매하고 너그러운 인격적 품성인 덕(德)이라 할 수 있다. 다산 정약용(茶山 丁若鏞)의 德字 해석에 따르면 〈行 + 直 + 心〉이 합해진 올곧은 마음으로 행하는 차인의 검소한 행실을 뜻한다고 했다.

그리고 다경에서는 "차의 성질이 차서 그 효능으로 보아 차를 음료로 마시기에 알맞은 사람은 행실이 바르고 단정하며 검소하고 겸허한 마음을 가진 사람이어야 한다." 고 기록하고 있다. 즉, 차의 한랭(寒冷)한 자연적 특성은 곧 욕심이 없고 마음이 깨끗하며 조용해서 외부의 영향을 받지 않는 선천적인 대자연의 기질을 가지고 있으며, 이와 같은 다도의 정신인 정행검덕(精行儉德)과 차(茶)는 서로가 합일하는 다인일여(茶人一如)의 덕목이라고 할 수 있다.

그 후 명나라(1368~1644) 서위(徐渭[1521~1593: 예술가로 美學의 천재])는 차를 달이고 우리는 것은 비록 작은 일이고, 일부 사람들의 고상하고 운치 있는 취미지만 팽주(烹主[다도에서 모임과 의식을 주재하는 사람])의 인품이 함께 어우러져야 그 가치가 있다는 말과 일맥상통한다.

명나라 장원(張源)은 다록(茶錄.1595)에서

- 차를 마시는 데에 있어 혼자 마시는 것은 신령스런 경지에 도달할 수 있으며(神),

- 두 사람이 함께 마시면 흉금을 나눌 수 있어 모든 어려움을 이길 수 있으며(勝),
- 서넛 사람이 마시면 차의 아취(雅趣)를 느낄 수 있다(趣)고 했으며,

그리고 다도(茶道)는

- 차를 만들 때에는 정성스럽게(精),
- 차를 저장.보관할 때에는 건조하게(燥),
- 차를 우릴 때에는 청결하게(潔) 한다. “정성과 건조와 청결은 다도의 전부다”라고 했다.

여기서 언급한 〈정(精), 조(燥), 결(潔)〉이 물질적 의미에서의 다도였다면, 〈신(神), 승(勝), 취(趣)〉는 정신적 의미의 다도라고 할 수 있다.

중국의 다도는 유교와 도교와 불교의 「내성사상.內省思想」즉, 자신의 내면을 성찰하는 사상이 깊숙이 배어 있다. 공자(孔子)는 「옳지 않은 것을 보면 내 자신을 먼저 뒤 돌아보라」, 노자(老子)는 「정적인 것을 통해 모든 것을 얻으라」, 또한 증자(曾子)는 「내 자신을 하루에 세 번씩 성찰 하라」라는 사상들을 다도에 접목 결합하여 문화의 소양과 인격의 수련에 근본을 두어 인간의 근본적 수양의 한 방법을 이루고자 한 것으로 해석할 수 있다.

2

일본의 다도정신인 화경청적(和敬淸寂)

일본 전통문화의 하나로 깊숙이 자리하고 있는 다도정신(茶道精神)은 종교·도덕·철학·예술·생활풍습까지 포함하고 있는 종합예술로서 일본문화 속에서 하나의 뚜렷한 체계를 형성하고 있다. 따라서 일본 문

화를 이해하는데 있어서 다도의 역할이 크다고 하겠다. 예술 면에서는 우선 건축으로서 다실(茶室), 정원으로서 노지(露地), 공예로서 다도구(茶道具)와 미술품(美術品), 도덕적 의미가 내재하고 있는 행다(行茶) 등 모든 문화를 포용하고 있는 다도는 종합예술이라고 정의해도 지나친 표현이 아닐 것이다. 또한 일본의 독특한 다도문화(茶道文化)는 일상생활과 비 일상생활을 잘 조화시키고 다실(茶室)을 중심으로 하고 있는 주변 공간과의 조화는 무형문화를 창출해내고 있으며, 이러한 다도의 정신은 일본인의 일상생활에 많은 영향을 주어왔으며 일본의 예의범절에도 깊숙이 자리 잡고 있다.

일본의 다도 정신은 「화경청적(和敬清寂)」에 있다. 이 말의 원류는 일본 다도의 창시자인 잇큐소준(一休宗純, 1394~1481) 선사의 근경청적(謹敬清寂)이었다. 잇큐는 "사람이 다실에 들어가면 겉으로는 남과 나의 구별을 떨쳐버리고, 안으로는 부드럽고 온화한 덕을 함양하며, 서로 간에 교제함에 있어서는 삼가고(謹), 공경하고(敬), 사념을 품지 않고(清), 평온해지며(寂) 결국 온 세상이 평안해진다."는 말로 다도를 세웠다. 이어서 일본 다도의 핵심을 이루는 차노유(茶の湯, 茶道로 손님을 초대하여 차를 끓여서 권하는 예의범절)의 시조는 무라타 주코(村田珠光.1433~1502)로 잇큐 선승에게서 선(禪)을 배우고, 불법도 차노유 속에 있다는 깨달음을 얻고, 일본에 독특한 「차노유(茶の湯)」법칙을 세웠다. 즉, 차노유의 본질을 이루는 다다미 4조반의 초암다실(草庵茶室, 풀로 지붕을 인 암자)과 작은 뜰, 샛길을 특징으로 하는 다정(茶庭) 등 뛰어난 다인이 궁극적으로 지향한 와비차(侘び茶, 간소하고 차분한 차를 마시며 아취와 유한한 정취 속에서 다도의 극치를 즐기는 한거(閒居))를 위해 착안한 법도이며 격식이었다. 무라타 주코는 스스로를 천민으로 여기며 수도인 교토에 초암을 꾸미고 명물 다기를 간직하며 와

비(侘び)의 경지에 몰입한 것이다. 이 무라타 주코의 다도가 뿌리 내리면서 제후는 물론 상인에 이르기까지 다풍(茶風)으로 이어졌다. 그리고 이 다풍은 사카이(堺.상인 거리) 출신으로 가인(歌人)인 다케노조오(武野紹鷗, 1502~1555)에 의해 차와 가도(歌道)의 융합을 이루었고, 가심(歌心) 즉, 시의 경지를 빌려 차문화의 궁극적인 「와비, 侘び.다도의 극치 閒居를 즐김」를 표현하였고, 만년에 선종(禪宗)에 입문 일한거사(一閑居士)의 칭호를 받았다. 다사(茶事)는 한거하며 탈속을 신조로 삼아온 다케노 조오의 다도로 고급 무사들과 상인들 사이에 널리 전파되었고, 문하생들 또한 상인이요 스승을 닮아 교양 있는 가인이며 다인들이었다. 그들 가운데에서 천하제일의 차노유 명인(侘の湯 名人)이라 불리게 된 센노리큐(千利休, 1522~1591)에 의해 정립된 것이 바로 "사규칠칙(四規 七則)"이다. 그 중 사규는 앞에서 설명한 잇큐소준 선사의 근경청적(謹敬淸寂)에서 근(謹)을 화(和)로 대치 「화경청적(和敬淸寂)」으로 바꾸었으며, 지금까지 일본다도의 핵심 사상으로 자리하고 있다. 센노리큐는 선종(禪宗)들은 물론 다인(茶人)들이 갖추어야할 기본정신으로 규정한 것이다. 다시 말하면 인간의 윤리도덕에만 국한시킬 것이 아니라 사물(事物)에도 적용되어야 한다는 것이다. 인간과 사물이 불이일여(不二一如)하니, 이것이 곧 화(和)의 정신이며, 서로 공경하는 마음으로 다도에 임해야 하는 것이 경(敬)의 뜻이니, 모든 다회(茶會)는 이찌고이찌에(一期一會)의 마음가짐으로 인연에 정성을 다해야 한다는 것이다. 정신세계의 청정뿐만 아니라 다실(茶室) 다도구(茶道具)를 청결하게 다루는 일이 청(淸)의 정신을 실현하는 일이며, 공간의 정적과 인간의 마음의 정적이 함께 적연부동(寂然不動) 하는 유현(幽玄)함이 적(寂)을 의미한다. 화경청적은 다회를 통해 구현되는 다도의 이상적인 정신세계를 말한다. 이러한 센노리큐의 사규(四規)사상이 가장 잘 표출되어 있는 곳이 주변의 로지(露地)와 다실(茶室)이다.

로지는 외로지(外露地)와 내로지(內露地)로 나누어지며, 그 사이에 중문을 두어 경계를 이루는 구조로 다실로 가는 통로이면서 정원이기도 하다. 일상과 격리되는 길, 외부 세계와 이어지는 유일한 통로인 로지는 심신을 가다듬고 정갈히 하는 공간이기도하여 다인의 마음을 흐트러짐에서 안정으로 시공을 제공하도록 고안되어 있다. 즉, 일상의 잡념을 털어버리고 무심의 경지로 인도하는 장소이기도 하다.

다실은 비일상적인 공간에서 자연과 인간, 인간과 인간, 차와 다도구와 인간, 그리고 다도의 법식이 혼연일체(渾然一體)가 되어 계절과 상황에 조화를 이룬 화(和)의 세계를 만들어내는 곳이다. 비일상과 일상이 하나가 되어 해방된 정신세계 속에서 절제미를 추구하며 예술을 실현하는 곳이기도 하다.

이 같은 다실이 만들어내는 좁지만 무한한 자연과 인간과 다도구가 조화를 이루어 다도(茶道)라는 이미지를 주는 가르침은 무엇일까?

일본의 다도의 전통인 「와비차(侘び茶)」는 이러한 정신적 내면세계의 성립과 더불어 「노지초암(露地草庵)」이라고 하는 다도환경이 센노리큐에 의해 완성되었고, 「四規 和敬清寂」은 이 같은 다회의 공간을 통해 더욱 더 격조 높은 미의식을 추구하게 되었다. 이것이 「와비(侘び)」라는 다도의 극치로서 간소하고도 차분한 아취(雅趣)와 유한(幽閒)한 정취를 뜻하는 사상이다.

그렇다면 일본 다도정신인 「和敬清寂」인 四規의 의미는 무엇일까?

화경청적은 일본 다도의 법 또는 이념이라고 할 수도 있다.

화(和)는 화합하다, 조화롭다, 온화하다, 평화롭다, 부드럽다....등의 뜻이지만, 여기서 불교적 의미로 요약하면 부처님과 중생이 어떤 차이

하나 없이 똑 같은 존재로 보아야 한다는 "불인일여(佛人一如)"의 경지를 말한다. 다시 말하면 부처와 내가 하나이듯이 다실에서 차를 마시고 있는 주인이나 손님사이에 어떤 차별도 차등도 없기에, 높고 낮음이 없고, 귀하고 천함이 없이 아름다운 관계를 만들어가는 것이다. 법당에 앉아있는 부처님이 곧 나와 똑같은 존재이고, 선방에서 같이 참선하는 도반이나 나도 똑같은 부처님이고, 절에 오고가는 신도나 절에서 공부하는 나도 똑같은 부처라는 것이다.

경(敬)은 화(和)와 다르지 않다. 선방에서 같이 공부하는 도반들이라면 누구를 불문하고 온화하고 화평하게 대해야 하듯이, 경은 상대를 높이고 공경하는 자세를 가져야 한다. 곧 "차를 달이는 주인이나 차를 대접받는 손님 모두가 불성을 가진 존재이니, 부처님을 대하듯 서로 인정하고 존중하라"는 것이다. 그 같은 경의 실천덕목 중에 「일기일회(一期一會)」라는 말이 있다고 했다. 이 다실에서 나와 당신이 차를 함께 마시는 이 기회 순간이야말로 일생 다시는 없는 처음이자 마지막이라는 기회이니, 서로가 공경할 수 있는 최대한의 정성과 아름다운 마음으로 공경하자는 것이다. 이 말은 중국 진나라의 원언백(袁彦伯)이 "만년에 단 한번, 천년에 단 한 차례뿐인 귀한 만남 〈만세일기 천재일회(萬歲一期 千載一會)〉에서 따온 말이다. 모든 순간순간은 이 생애 단 한 번의 소중한 기회이며, 모든 만남과 만남도 이 생애 단 한번만의 인연이라는 뜻이다. 그래서 다실에 같이 있는 사람만이 아니라 다실에 동원된 모든 것들인 차, 물, 불, 다기, 족자, 화병, 꽃 등에게도 사람을 대하듯이 공경하는 마음자세를 가지라는 것이다.

청(淸)은 다실에 들어오기 전에 있었던 수많은 번뇌 망상을 모두 떨쳐버리고, 이 시간만이라도 청정무구(淸淨無垢)하여 깨끗한 마음으로, 정돈된 마음으로, 욕심 한 점 없는 마음으로, 티 하나 없는 마음을 갖자는 것이다. 비록 마음이 청정하지 못하고 번뇌가 차 있는 사람일지라도 차를 마시면서 반복되는 다도를 익힌다면 드디어는 무욕의 마음으로 변해 진정한 자유를 얻을 수 있다고 믿기 때문이다. 그렇게만 되면 육근(六根)인 안(眼) 이(耳) 비(鼻) 설(舌) 신(身) 의(意)가 깨끗해져서, 눈으로는 다실 주변에 펼쳐있는 로지의 청결한 경치를 바라보며, 귀로는 바람소리 물소리와 차를 달이는 솥에서 끓는 물소리를 듣고, 코로는 다실을 둘러싼 정원과 차의 향내를 맡고, 혀로는 차의 맛을 음미하고, 손으로는 각종 다기를 만지며 감상하면서 청정해지면 비로소 마음까지도 청정해진다는 것이다.

적(寂)은 사전적 의미로는 고요한 상태를 이르지만 불교적 해석은 열반(涅槃)의 번역어이다. 다시 말해서 마음에 번뇌가 없고 몸에 괴로움이 없는 상태를 적(寂)이라 하며 해탈(解脫)이며 선정(禪定)의 의미로 쓰인다.

공자는 논어 자로편(論語 子路篇)에서 "君子는 和而不同하고 小人은 同而不和 한다. 군자는 사귐에 있어 화합하나 부화뇌동 하지 않고, 소인은 부화뇌동하되 화합하지 못한다" 고 가르치고 있는데, 군자란 개성을 살리면서 화목하고, 화목하여도 뇌동하지 않는 것이 중요하다. 이것이 적(寂), 즉 마음의 고요함이다. 적(寂)은 번뇌의 불길이 가라앉은 상태이다. 그것은 마치 짚을 태우는 것과 비슷하다. 처음에는 불길이 맹렬히 타오르지만, 다 타면 온기를 남긴 재의 상태를 적(寂)으로 본다. 완전히 꺼진 것이 아니라 마음속에 온기를 간직하고 있다는 것이다. 이 온기가 번뇌로 얼어붙은 사람의 마음을 녹이는 자비와 지혜로 작용한다. 번뇌가 지혜의 온기로 승화되는 「화경청적」이 선(禪)의 마음이요, 다도의 마음이다.

다도의 정신인 화경청적을 일본인들은 화(和)와 경(敬)은 다사(茶事, 차를 다루는 일)에 있어서 주인과 손님 상호간에 느끼고 공감하는 상태를 의미하고, 청(淸)과 적(寂)은 주로 정원과 다실 다기 그리고 다도와 관련된 것으로 나누고 있다.

이 같은 분류도 기본적으로는 다도에 정진하는 마음을 유지해야 비로소 표현할 수 있으며, 이러한 다도정신을 그들은 와비정신(侘び精神, 간소하면서 차분한 雅趣와 幽閒한 情趣)이라고 부르고 있다.

그리고 센노리큐는 사규(四規) 화경청적(和敬淸寂)과 함께 이상적인 다회를 진행하기 위한 구체적 방법인 칠칙(七則)으로 원칙을 삼았다.

첫째, 부드러운 감수성과 평온한 마음으로 맛있는 차를 만든다.

둘째, 목탄을 이용해 물을 끓인다.

셋째, 다실의 꽃꽂이는 들판에 피어난 꽃처럼 자연스럽게 장식한다.

넷째, 여름에는 신선함을, 겨울에는 따뜻함을 느끼게 한다.

다섯째, 다회는 정해진 시간보다 다소 이르게 준비해둔다.

여섯째, 비록 좋은 날씨라도 우산을 준비해둔다.

일곱째, 주인은 손님의 마음을 헤아려 다회를 진행한다.

덧붙여, 바람처럼 -和敬淸寂-이라는 다도와 관련된 노래가 있기에 참고로 소개하려 한다.

風の如く -和敬清寂- (바람처럼 -화경청적-)

노래:키요스미 쿠로, 작사:마츠이 요헤이, 작곡:하라다 아츠시

流るゝ風の如く　道を歩いてゆきましょう
흘러가는 바람처럼 길을 함께 걸어가시지요
留めることのできぬ一瞬を　胸に留める為
멈출 수 없는 한 순간을 가슴에 머물게 하기 위해
繰り返す小さな出会い…大切に
반복하는 작은 만남을… 소중히 하면
重ねれば大きな出会いになるのですね
거듭하면 커다란 만남이 되는 거군요
目の前に微笑みが何時でも在るように
눈앞에 미소가 언제까지나 있을 수 있도록
今日も持て成しましょう
오늘도 환대 합니다
美しい日々、それは向かい合う
아름다운 나날, 그것은 마주보는 것
人と人の心響き綾なす景色
사람과 사람의 마음속 울림, 아름답게 물든 풍경
一椀の茶に込める想いを歌にする時
차 한 잔에 담은 마음을 노래로 바꿀 때
心開き敬いあうことを清く願うのです
마음을 열어서 서로를 존경할 것을 진심으로 바랍니다
名残惜しい時間も軈て終わります
이별하기 섭섭한 시간도 머지않아 끝납니다

其れ故に愛おしく感じるものですね
그렇기 때문에 애처롭게 느끼는 것이지요.
結ばれた縁の全てにありがとうを
맺혀진 인연 모두에게 감사를
贈り伝える道
선물로 전해드리는 길
幾度同じ人と出会っても
몇 번이고 같은 사람과 만난다 해도

一期一会、この一瞬を永遠にしましょう
일기일회, 이 한 순간을 영원하게 만듭시다
桜、散るからこそ…春を彩れる様に
벚꽃, 진다손치더라도… 봄을 장식하는 것처럼
痛みなくして得るものはなし、胸に留めたくて
아픔 없이 얻는 것은 없음을, 가슴에 새기고 싶어

流るゝ風の如く　道を歩いてゆきましょう
흘러가는 바람처럼 길을 같이 걸어가시지요
皆々様と創る一瞬を　永遠に留める為
여러분들과 만든 한 순간을 영원히 마음에 새기기 위해
今日も歌うのです
오늘도 노래하는 것입니다

3

한국의 다도정신인 중정(中正)

한국이 내세우는 다도의 정신은 「중정.中正」이다.

중정이라 정한 내력은 이러하다. 1975년 한국 다도의 정신은 초의선사(草衣禪師, 1786~1866)의 〈동다송, 東茶頌〉에 있는 「中正」이어야 한다고 대다수의 차인들이 동의하고, 1977년 1월 15일 다솔사(茶率寺)에서 한국차도회가 처음 창립되면서 정식으로 한국의 다도정신을 「中正」이라 채택하였고, 1979년 1월 20일에 한국차인회가 결성되면서 동 전문회지인 〈다원〉이 창간될 때에 처음으로 「中正」이란 글이 쓰이게 되었다.

초의선사의 〈동다송〉에 따르면 차의 본령(本領)은 「中正」에 있다고 했으며, 본문에서 "수전유공과중정(雖全猶恐過中正).비록 온전해도 중정을 지나칠까 두려우니, 중정불과건영병(中正不過健靈倂).중정을 지나치지 않으면 건전한 신령이 아우른다."라고 쓰고, 주석에서 "다과의작(多寡宜酌), 차의 많고 적음을 가늠하여 마땅하게, 불가과중실정(不可過中失正), 중정을 지나치거나 잃지 않도록 한다." 라고 기록하고 있다. 그 요지는 물과 차는 각각 차의 몸(體)과 신(精神)이기 때문에 중(中)과 정(正)이 넘침을 두려워해야 하며 「中正」이 균형을 이룰 때 체와 신이 함께 어우러질 수 있다는 뜻이다. 주석에서는 이를 물과 차의 양을 적절히 조절함으로써 중(中)이 넘쳐 정(正)을 잃지 않도록 해야 한다는 뜻으로 설명하고 있다. 여기에 함축되어 있는 뜻은 차인들에게 넘치지도 않고, 모자라지도 않은 최적의 균형 상태를 강조하고 있는 가르침이라고 볼 수 있다. 그 내력에 대하여 연세대 윤병상 교수는 말하고 있다.

중정(中正)이란 사전적으로 보면 "어느 쪽에도 치우침이 없고 곧고 바름 또는 지나치거나 모자람이 없고 알맞다"라고 쓰여 있고, 중용(中庸)에는 "齊莊中正은 足以有敬也라. 지나치거나 모자람이 없이 엄숙하고 단정함은 족히 공경할 수 있다"는 뜻이다. 즉, 중정이란 군자의 덕목으로 형식과 내용의 표리일체(表裏一體)를 강조하는 것으로, 중(中)은 형상을, 정(正)은 형상의 옳고 그름을 판단하는 기준이 되는 것이다.

우리 민족의 정서는 온화하다. 우리 선조 차인들의 다도 또한 그러하다. 좋은 차를 마시기 위해 동이 트기 전 이른 새벽에 명산에 올라 샘물을 길어다 차물로 썼다. 물이 맑지 않으면 차의 아름다운 빛깔이 나오지 않으며, 불이 지나치게 세거나 약하면 차향이 잘 어울리지 않는다. 안과 밖이 똑 같은 것을 순향(純香)이라 하고, 설지도 않고 너무 익지도 않은 것을 청향(淸香)이라 하며, 불기운이 고르게 든 것을 난향(蘭香)이라 하고, 곡우(穀雨) 전 차 순에 싱그러움이 가득한 것을 진향(眞香)이라고 하여 향에도 격을 매겼다. "차를 달이는 요령은 불을 가늠하는 것이 가장 중요하다. 다로(茶爐)에 숯불이 벌겋게 오르면 다관(茶罐)을 얹고, 가볍게 부채질을 하다가 물 끓는 소리가 들리기 시작하면 한층 세게 부치는 데, 이것을 문무지후(文武之候)라고 한다. 불기운이 너무 약하면(文火) 물이 유연하여 다신(茶神)이 가라앉는다. 반대로 불기운이 너무 세면(武火) 물이 너무 끓어 노수(老水)가 되어 차가 눋게 된다. 이것은 모두 중정=중화(中正=中和)를 잃은 것으로 차인이 취할 바가 아니다." 이와 같이 물을 긷는 과정에서부터 차를 끓이는 과정까지, 우리는 넘치지도 모자라지도 않는 중정(中正)을 깨우치며 실천하는 차문화를 만들고 꽃피어왔다.

차를 마시는 과정에서도 정신의 수양과 중정의 의미를 깨닫는 선조들의 지혜가 바로 한국의 다도정신이었다.

다도는 차를 마시는 방법이나 몸가짐만을 말하는 것이 아니다. 다도라고 말할 때는 차 마시는 사람이 갖추어야 할 정신과 다도가 지니고 있는 상징적 의미가 무엇인지가 합일해야 한다고 한다. 그래서 차인은 품격을 갖추어야 한다. 차를 마실 때는 물 흐르듯 서로의 정신적인 나눔이라고 생각하며 상대의 이야기를 수긍하는 예의를 지켜야 한다.

차를 마시는 일은 「一期一會」라는 소중한 인연과 정감을 나누는 일이다. 찻잔에 차를 따르고 손길로 온도를 느끼면서 체온과 비슷하게 되었을 때, 마주하는 상대의 찻잔에 자연 속에서 샘물이 흐르는 듯 졸졸졸 소리를 내며 차를 따라준다. 이 때 나누는 정담을 찻잔에 함께 담으면서 마시는 향기와 빛깔은 천수를 살아도 남을 영원한 자리일 것이다.

더욱 다도를 관통하는 정신을 다도정신이라 하여 다실과 주변 분위기, 다구의 아름다움, 차의 성품, 차를 끓이는 여러 가지 일 등에 상징적인 의미를 담은 것을 뜻한다. 다도정신은 차인들의 정신생활에 큰 영향을 끼쳤는데, 다음과 같은 사실에서 그것을 증명해 주고 있다. 차인들은 차를 통해 세속적이고 일상적인 것으로부터 초월하고자 했다. 예로 한 시구(詩句)에서 "맑은 바람을 타고 티끌세상을 벗어나고자"라고 했듯이 이는 세속적인 것으로부터 초탈을 희구하던 도가의 다도정신으로, 여기서의 초탈은 세상을 등지는 것이 아니라 부귀와 공명을 가볍게 보려는 마음에서이다. 고려시대의 문장가 이규보의 시 중에 "한 잔 차로 곧 참선이 시작된다."는 구절은 차(茶)와 선(禪)이 한 맛으로 통한다는 경지의 표현이다. 차와 선이 같다는 다선일미(茶禪一味)는 선의 삼매경에 들어 묘경을 깨닫는 것이 한가지라는 선가(禪家)의 말로 한국은 물론 중국이나 일본에서도 상통하는 다도정신이다. 우리나라의 다도정신에는 「中正」이 강조되고 있는 데, 이것이 유교 또는 불교의 다도정신으로 중국의 다도정신인 「精行儉德」과 일본의 다도정신인 「和敬

淸寂」과도 상통하는 것으로 본다.

그러면 우리나라의 다도정신이 신라시대를 거쳐 고려, 조선에 이르기까지 어떻게 진전되었으며, 그 시대 시대의 유명한 차인들이 남긴 다도와 관련된 시문(詩文)을 중심으로 한 배경을 살펴보기로 한다.

(1) 신라시대

신라는 문화적으로 고구려와 백제보다 후진성을 면하지 못하였으나, 6세기 초에 불교를 공인하면서 왕권과 귀족사회의 안정이 강화되고 문화가 발전했다. 특히 진흥왕(579~632) 이후 화랑제도의 공인으로 청소년의 인재양성과 불교를 호국적 종교로 받아들이면서 국가발전과 삼국통일의 기초가 되었다.

삼국유사에 수로부인(水路夫人)·처용랑(處容郎)·도화낭(桃花娘)·비형랑(鼻荊郎)등으로 알 수 있듯이 신라인들은 신체미를 숭상하는 관습이 있었다. 미모의 남자를 뽑아 곱게 꾸민 화랑은 신체미 숭배사상의 표상이었다. 특히 화랑도가 다도를 수련한 것은 외형미 못지않게 내면의 심성까지 미화하기 위한 구도적 정신에서였다. 뿐만 아니라 삼국통일의 성업을 성취한 배양도 구도적 다도의 영향이었다. 또한「징회관도(澄懷觀道), 마음이 맑아야만 도가 보인다.」라는 말처럼 화랑도의 아름다운 덕망은 다도의 수련을 통한 맑은 마음에서 생겨난다는 것이었다. 이렇게 수련된 화랑도의 아름다운 정신은 삼국사기와 삼국유사에 수록된 바와 같이 아름다운 덕행인 신라의 다도정신으로 점철된 미덕이라 할 수 있다.

1) 신라의 화랑정신과 다도정신

「한국다문화학, 정상구」에서는 다도정신의 기원은 화랑도에서 엿볼 수 있으며, 한국다도정신의 뿌리는 원효대사(元曉大師. 617~686)의 화쟁지화(和諍之和)정신과 그의 적지적(寂之寂)정신, 즉, 정정신(靜精神)에서 일어났다고 논하고 있다. 그리고 원효성사의 화쟁정신을 기조로 하여 고려시대 이규보(李奎報)의 다시(茶詩), 정몽주(鄭夢周)의 다시를 비롯하여 조선조시대의 서산대사(西山大師)의 다시, 그리고 초의선사(草衣禪師)의 다시 및 다서를 중심으로 전개되었다고 한다.

앞에서 밝힌바와 같이 신라의 화랑과 다도와는 깊은 관계가 있다. 삼국유사에 충담(忠談.경덕왕 때 승려로 향가 안민가·찬기파랑가의 저자)은 미륵세존에게 차 공양을 올리고 남산 오솔길을 내려오면서 지난날 화랑 기파랑(耆婆郞)의 인격을 기리며 다음과 같은 노래를 불렀다.

헤치고 나타난 달이
흰 구름 쫓아 떠가는 어디에
새파란 냇물 속에 기랑의 모습 잠겼세라.
일오천 조약돌이랑의 지나신 마음갓을 쫓고자아
잣(栢)가지 높아서라 모를 화판(花判)이여.

삼국사기에 기록된 바에 의하면 흥덕왕(興德王2년.828)에 당 사신으로 갔던 김대렴(金大廉)이 중국 차나무 종자를 가져와 지리산 화개동에 심었다〈入唐廻使 大廉特茶種子來 王使植智異山〉는 기록이 있다.

왕은 "차의 기미가 신기하여 입안에 이상한 향기가 가득 차다"라고 하였다. 왕이 얼마나 차를 좋아 했는지를 알 수 있다.

그렇다면 과연 화랑정신이란 무엇일까? 이에 관해 최치원(崔致遠)의 난랑비문(鸞郞碑文)에 다음과 같은 글이 있다.

세속오계는 신라 진평왕 때 승려 원광에게 화랑 귀산(貴山)과 추항(箒項)이 찾아가 일생을 두고 경계할 금언을 청하자 원광이 다음 오계(五戒)를 주었다고 한다.

사군이충(事君以忠: 충성으로써 임금을 섬기고)

사친이효(事親以孝: 효도로써 어버이를 섬기며)

교우이신(交友以信: 믿음으로써 벗을 사귄다)

임전무퇴(臨戰無退: 싸움에 임해서 물러남이 없고)

살생유택(殺生有擇: 산 것을 죽임에는 가림이 있어야 한다)

이는 뒤에 화랑도의 신조가 되어 화랑도가 크게 발전하고, 삼국통일의 기초를 이룩하게 하는데 크게 기여했다.

이상에서와 같이 화랑도는 유(儒)·불(佛)·선(禪) 삼교를 포함하여 중생을 교화했으며, 심신을 단련하고, 차와 더불어 체득하는 것이었다. 결론적으로 말하면 신라시대의 화랑정신(花郎精神)은 「화합(和合)·충절(忠節)·숭경(崇敬)·청결(淸潔)」로 요약할 수 있고, 화랑의 다도정신도 화(和)·충(忠)·경(敬)·청(淸)이라 하겠다.

다도철학(정영선)에서는 화랑의 다문화를 논의하면서 6세기 이전 인물로 추정되는 신라의 사선(四仙) 영랑(永郎), 술랑(述郎), 남랑(南郎), 안상(安詳)이 경포대의 한송정(寒松亭)에서 〈석지조(石池竈)〉라는 돌못화덕에 차를 끓여 마셨다는 기록이 흔히 있음을 지적하고 있어 야외 특정 장소에서 차를 끓여 마셨음을 알 수 있다.

처음 사선의 다도를 글로 남긴 사람은 김극기(金克己, 1148~1209)로 그는 제목의 시에서 다음과 같이 읊고 있다.

여기가 네 신선이 자유로이 완상하던 곳
지금도 남은 자취 참으로 기이하고나.
주대는 기울어 푸른 풀 속에 잠겼고
다조는 내버려져 이끼 끼었네.

또한 이곡(李穀, 1298~1351)이 쓴 〈동유기, 東遊記〉에 보면 경포대와 한송정에 있는 사선의 전다구(煎茶具)에 관해 아래와 같이 적고 있다.

> 날이 아직 기울기 전에 경포대에 올랐다.
> 옛날에는 대에 집이 없었는데 요즈음 호사자가 그 위에 정자를 지었다.

이 정자도 사선이 유람하던 곳인데, 오직 서리 내리는 밤의 밝은 달이 있을 뿐이다. 다만 석조(石槽) 석지(石池)와 두 개의 석정(石井)이 그 곁에 남아 있는 데, 역시 사선의 다구이다.

위의 글에서는 한송정뿐 만 아니라 경포대에서도 화랑들이 차를 마셨고, 그 자리에 석조가 남아 있음을 알 수가 있다. 두 개의 석정(돌우물)이 있다는 이유는 하나는 차를 끓이기 위한 신성한 샘물이고, 다른 하나는 낭도들이 허드렛물을 쓰기 위한 우물일 가능성이 크다고 하겠다. 이러한 내용을 중심으로 신라의 차를 마시는 풍속을 살펴보면, 그 주류계층은 화랑이었음을 알 수 있다. 대표적 인물로는 6세기 이전 초기 화랑인 사선(영랑.술랑.남랑.안상)과 후기의 화랑승인 충담.월명.보천.효명 등이라고 하겠다. 그리고 사선이 경포와 한송정에서 차를 끓인 이유는 이곡이 쓴 〈동유기〉의 내용과 〈여지승람(輿地勝覽)〉을 참고하면 차를 끓여 누군가에게 바치고 기도하기 위함이었던 것 같고, 차를 바친 대상은 사선과 선인들이 떠받들었던 삼신 혹은 시조삼신(始祖三神)이었을 것으로 추정하고 있다.

2) 원효의 화쟁사상(和諍思想)과 다도정신(茶道精神)

신라에 있어 「차(茶)와 불교(佛教) 」와는 끊을 수 없는 깊은 관계에 있다는 것은 충담사(忠談師)와 기파랑(耆婆郎), 월명대사(月明大師), 혜소(慧昭), 진감국사(眞鑑國師) 등 고승과 차에 관한 이야기가 많다. 그 중 가장 불교계에 크게 영향을 미친 것은 원효대사(元曉大師, 617~686)이다. 원효대사와 차에 관한 것은 사포(蛇包)와의 일화(이규보의 南行月日記이 기록된 유명한 이야기) 및 원효방 다론(元曉房 茶論)등 많다.

〈한국다문화학, 정상구〉에서는 원효가 불교계의 해동보살일 뿐 아니라 우리의 다도정신을 자득도통한 견지에서 승화시키는데 큰 영향을 주었다고 논하고 있다. 신라통일을 전후하여 많은 고승들이 있었으나 그들은 대부분 당나리에 유학하여 당나라불교에 영향을 받은 사람이 많았다. 그러나 원효는 당나라의 영향을 전혀 받지 않은 스승 없이 자득달통한 사람이다. 이에 관해 삼국유사는 〈"원효는 일정한 스승 없이 스스로 마음을 깨달은 사람이다."〉라고 했다. 또한 고려의 대표적 고승인 의천대각국사(義天大覺國師)는 "내가 어려서부터 불교를 생각하여 선대 선지식들의 학덕을 두루 배우고 익혀왔으나 원효성사 위에 지나가는 이는 없다."라고 하여 원효를 성사(聖師)라 칭했으며 또한 해동보살(海東菩薩)이라고 칭했다.

이런 점에서 더욱 차와 불교와의 관계가 깊어짐에 따라 다도정신에 있어 화합은 막연한 화합에 그치지 않고, 원효의 위대한 「화쟁사상(和諍思想) 」과 자연히 결합되어 갔음을 알 수 있다. 원효의 화쟁사상은 백가이쟁(百家異諍)의 실마리를 풀어서 진리의 바다에 되돌려 보냄으로써 한국적 화쟁사상[1] 곧 원융회득(圓融會得, 제법의 사리가 널리 하나 됨을 분명히 이해) 하는 정신을 이룩했다.

백가의 서로 다른 다툼을 회통시켜서 드디어 요란한 중생들로 하여금 둘도 없는 참다운 본성에 들어가게 하여 꿈꾸는 생사의 긴 잠에서 깨어나 큰 깨달음의 지극한 과(果, 인연으로 생긴 모든 법)의 깨달음에 이르게 한다.

그리고 쟁사상(諍思想)은 원효의 해동기신론(海東記信論.원효의 저술 중 가장 두드러진 불경주석)에 다음 구절에서 엿볼 수 있다. 「불도가 진리의 길이 되는 것은 텅 비고 고요하고 말쑥하면서 깊고도 그윽하기

1) **화쟁사상**: 원효의 반야경종요서(般若經宗要序)에 나오는 화쟁지화(和諍之和) 사상의 근본은 화해(和解)와 회통(會通)의 논리체계를 이르는 말로, 엄밀히 말하면 원효로부터 시작되어 한국불교의 전통으로 이어져 내려온 사상이다.

연기론(緣起論)과 실상론(實相論)을 바탕으로 하여 특정한 교설이나 학설을 고집하지 않고 비판과 분석을 통해 보다 높은 가치를 이끌어내는 사상이라고 할 수 있다. 모순과 대립은 하나의 체계 속에서 다루므로 화쟁(和諍)이라 하였다. 특히 원효의 대승기신론(大乘起信論)에서 "마치 바람 때문에 고요한 바다에 파도가 일어나나 파도와 바다는 둘이 아니다. 우리의 일심(一心)에도 깨달음의 경지인 진여(眞如)와 무명(無明)이 동시에 있을 수 있으나 이 역시 둘이 아닌 하나이다."라고 그 원리가 잘 나타나 있다.

일승(一乘)과 삼승(三乘), 중관(中觀)과 유식(唯識) 등이 화쟁의 대상이다. 화쟁의 방법은 개합(開合)·여탈(與奪)·입파(立破)의 논리를 이용한다. 개합은 나열했다 합하는 것을, 여탈은 주었다 빼앗는 것, 입파는 세웠다 무너뜨리는 것을 말한다. 곧 어느 한쪽에 치우치지 않고 객관적 논리에 근거하여 종합과 회통을 추구하는 것이 화쟁의 주된 특성이다. 이 사상은 뒤에 중국과 일본불교에 큰 영향을 미쳤으며, 한국불교에 뚜렷한 특징을 이루게 되었다. 본래 원효는 〈십문화쟁론.十門和諍論〉을 저술하여 화쟁의 의미를 확고히 하였으나, 유감스럽게도 이 문헌은 오늘 날 전해지지 않고 있다.

때문이다. 그윽하고 그윽하지만 만 가지 형상밖에 벗어나지 않으며, 고요하고 고요하지만 오히려 백가의 이론 속에 있도다」.

여기에서 원효가 제일 중요시 하는 것은「적지적(寂之寂)」사상이다.

적지적 사상이란 무엇인가. 적(寂)은 고요한 적 즉, 쟁야(諍也), 안야(安也)가 주격인 임자자리다. 적지적 사상은 극적(極寂)을 말함으로 적의 근원에 들어감을 말함인데, 적의 근원은 바로 청적(淸寂) 즉, 쟁(諍)이다. 이는 노자의 도덕경에 다음 구절에서도 볼 수가 있다.

「무위자연(無爲自然)[2]」은 곧 적지적함을 두텁게 지키면 천지만물이 모두 일어나는데, 그것이 쟁(諍)에 들어간다는 것을 말함이다. 이와 같이 근본 뿌리에 돌아가는 것을 즉, 쟁이라 한다는 것이다. 노자의 이치를 통해볼 때 적(寂)의 본질은 쟁(諍)인 것이다.

원효의 적지적(寂之寂) 사상도 바로 노자의 그것과 상통한다고 본다. 적(寂)은 고요한 적, 바로 쟁(諍)이다. 적을 강조하여 적지적이라 함은 바로 적의 근원인 쟁, 곧 깨달음을 일컬음이라 하겠다.

이런 의미에서 보면 원효의 불교사상은 바로 화쟁(和諍)이라 하겠으며, 다선일체관(茶禪一體觀)을 기진 원효의 다도정신(茶道精神) 역시 화쟁이라 함이 옳을 것이다.

---

2) **무위자연**(無爲自然): 무위는 자연법칙에 따라 행위하고 인위적인 작위를 하지 않는다. 유가(儒家)는 목적추구의 의식적 행위인 유위(有爲)를 제창하였으나, 도가(道家)는 이를 인간의 후천적인 위선(僞善).미망(迷妄)이라 하여 이를 부정하는 무위를 제창하였다. 또 역설적으로 '무위에서야말로 완성이 있다'고 주장했다. 그 뒤 도가만이 아니라 유가에서도 무위를 인간의 의식을 초월한 고차적인 자연행위, 완성적 행위라고 생각하게 되었으며, 중세 예술론의 근본개념이 되었다.

3) 원효가 차를 마시는 경지는 무엇이었을까.

원효가 불법을 배우기 위해 당나라에 갔을 때, 고총에서 어느 날 밤 잠을 자다 목이 몹시 말라 물을 찾던 중 무슨 그릇에 담긴 물을 마시고 그 맛이 감로수 같았던 것이 날이 밝아 보니 해골에 담긴 물이라는 것을 알고 구토를 느꼈다. 여기에서 원효는 깨달았다. 다 같은 물인데 어느 때는 감로수 같고 어느 때는 구토를 느끼고, 원효는 삼계(三界)가 모두 허위이며 삼계유심(三界唯心.삼계가 오직 마음이요, 만법은 오직 인식일 뿐이다. 마음밖에 법이 없는데 어찌 따로 구할 것이 있으랴)의 진리를 깨우쳤다.

이상과 같이 원효는 그 누구에게도 배운 바 없이 스스로 깨달아 후일 고려왕조에서 그의 위대한 화정사상을 높이 평가하여 화정국사(和靜國師)라는 칭호를 내렸다. 화정국사 원효의 화정정신(和靜思想)이 바로 한국다도정신의 근원이라 하겠다.

참고로 석용운 스님은 전라남도 무안군 초의선사의 탄생지에서 한국의 다도를 중흥시킨 다성 초의선사의 맥을 이어 초의차 초의병차의 전통을 이어가고 있으며, 그의 〈한국도예〉에 나오는 원효성사의 행다법을 소개하면 다음과 같다.

① 먼저 다실 밖에서 탕관에 물을 끓일 준비를 한다. 불을 피울 숯이나 마른 나무를 가져온다.

② 다실 밖에서 불을 피워 찻물을 끓일 차비를 해 놓고 샘에서 물을 길어온다.

③ 화로에 차 솥을 올려놓고 물을 끓인다. 물 끓이는 일은 밖에서 한다.

④ 차 달일 다구를 챙겨서 다실로 가지고 들어가 배열을 마친다.

⑤ 밖에서 물이 다 끓으면 삼발이나 화로를 준비해서 차 솥을 가지고

들어와 다실에 놓는다.

⑥ 떡 차를 다연에 넣고 갈아서 가루로 만들어 놓는다. 가루차는 거친 가루이다.

⑦ 차 솥에 탕수를 한 바가지 떠서 잔을 데운다. 그리고 가루차를 차 솥에 넣는다.

⑧ 또는 가루차를 찻잔에 넣고 탕수를 한 바가지 떠서 그 위에 붓는다.

⑨ 차 솥에 넣은 차는 잘 끓여진 후에 찻잔에 떠낸다.

⑩ 찻잔에 가루차를 넣고 그 위에 탕수를 부어서 만든 차는 다선으로 저어서 거품을 낸다.

⑪ 적당하게 물과 차가 섞여지고 거품이 나면 찻잔을 찻상으로 옮긴다.

⑫ 찻상에 받들어 가지고 가서 원효대사께 드린다. 차를 다 마시면 찻잔을 물린다.

⑬ 찻상에 찻잔을 받아가지고 물러나 다구를 챙겨서 치운다.

(2) 고려시대

고려의 다도정신은 다가(茶家)들이 차를 즐기며 읊은 다시(茶詩)에서 보이는 망형(忘形)의 경지가 가슴에 와 닿는다.

망형이란 자신의 형체를 잊고 무위자연의 도를 깨치는 것으로서 좌망(坐忘)이라고도 한다. 좌망이란 단정하게 앉아서 잡념을 떨쳐버리고 무차별의 경지에 들어가는 것이다. 이러한 망형의 다도정신은 고려청자의 다기(茶器)에도 투영되고 있다. 때문에 송나라의 태평노인은 〈유중금(袖中錦)〉에서 감서(監書)의 술, 단계(端溪)의 벼루, 휘주(徽州)의 먹, 낙양(洛陽)의 꽃, 건주(建州)의 차, 고려청자(高麗青瓷)의 비색은 천하의 제일이라고 격찬하였다.

한국의 다도정신은 특히 고려시대에 이규보(李奎報, 1168~ 1241), 정몽주(鄭夢周, 1337~1392) 등의 시로 이어져 다도의 정신적 발전을 만개시켰다. 전상구의 〈한국다문화학〉에서는 고려시대 다도정신은 본질적으로 화정정신(和靜精神)과 동질적인 것으로 파악하고 있다.

먼저 이규보의 다시(茶詩) 중에서 다도정신을 잘 표현한 시를 감상해 보기로 한다.

> 밤은 깊어 물시계 딩동 할 때 그대에게 三語와의 차이를 묻노니 말해다오.
>
> 나는 긴 세월 정진했으나 스스로 구하기 어려웠도다. 그대를 잠시 보고 나니 모든 것이 空함을 알메라.
>
> 韓退之의 쌍조부(雙鳥賦)는 싫증나고 장자의 소요유(逍遙遊)는 구미에 맞노라.
>
> 타오르는 불에 끓인 향기로운 차는 바로 도의 맛이며, 흰 구름과 밝은 달은 곧 나의 기풍이로다.

이 시에서 깊은 밤 물시계의 딩동하는 소리가 바로 여래의 삼어(三語)와 같다는 인식이다. 여래의 삼어를 살펴보면

① 수자의어(隨自意語): 부천님이 자의대로 자기가 증득한 실법을 설한 것

② 수타의어(隨他意語): 부처님이 중생의 근기에 따라 방편으로 설한 것

③ 수자타의어(隨自他意語): 부처님이 중생을 위하여 설법을 하실 때 절반은 자의에 따라 설하시고, 절반은 타의 근기에 따라 설하신 것을 말함.

앞에서 물시계의 소리가 여래의 삼어와 차이가 없다는 것은 바로 실유불성(實有佛性)의 경지를 표현한 것으로, 오랜 세월 정진하였으나 스스로 구하기 어려웠던 것을 다를 만나고 나니 공한 것을 알았다는 것이며, 장자의 소요유를 한퇴지의 쌍조부보다 좋아하게 되었다는 것은 현실적인 세계관보다 청허(淸虛)와 정적(靜寂)의 노장사상(老莊思想)에 심취해감을 읊은 것이고, 차의 맛을 도(道)의 맛으로 승화시키는 청정한 그의 마음가짐은 흰 구름과 밝은 달을 기풍으로 한다는 청정무구(淸淨無垢)한 무소득무아(無所得無我)의 경지를 기풍으로 한다는 것을 읊조린 것이다.

이 시에 나타난 이규보의 다도정신을 〈한국다문화학〉에서는 청허(淸虛), 청화(淸和), 무사의(無邪意)로 보고 있다. 이규보가 설봉선사의 청에 의해서 지은 다음과 같은 차시(茶詩) 속에도 그의 청허한 다도정신을 읽을 수 있다.

> 돌 화롯불 활화로 피워 차 손수 달이니
> 찻잔의 차 빛깔과 맛 자랑스럽네.
> 끈끈한 그 맛 입속에 부드럽게 녹으니
> 어머니 젖내와 젖내 맡는 얘기 같네.
> 고요로 운 방안에 아무 것도 없고
> 오직 차 솥 생황소리(물 끓이는 소리) 기쁘네.
> 차 이야기 물 고르는 것은 이 집의 가풍
> 어찌 千世의 영화를 바라랴.

화롯불 차 손수 달이는 것은 자득자각의 수행심(修行心)을 표현한 것이며, 차 맛 입속에 녹으니 내 마음 어머니 젖내 맡는 애기 같다는 것은 무사의(無邪意)한 정신 즉, 청화정신(淸和精神)을 말함이고, 방안에 아무 것도 없고 차 솥 물 끓이는 소리 기쁘네 하는 구절은 청허정적(淸虛靜寂)한 마음자리를 나타내고 있으며, 차 이야기 물 고르는 것을 가풍으로 삼고 천세의 영화를 버린다는 것은 육우(陸羽)의 정행검덕(精行儉德) 정신과 센노리큐(千利休)의 화경청적(和敬淸寂) 정신과 상통하는 정신이라 하겠다. 이러한 이규보의 다시를 살펴 볼 때 고려시대를 대표하는 이규보의 다도정신은 청허(淸虛), 청화(淸和), 무사의(無邪意) 라고 할 수 있다.

나쁜 평판 모두 허령한 마음 밖에 던지고 나니
오묘한 도는 오히려 눈앞에 있구나.
돌솥에 끓는 차는 향기롭고 흰 젖이 뜨고
벽돌 화로에 피는 불은 저녁놀 같이 붉구나.
인간사의 영광과 욕됨을 알았으니
이제부터 호수와 산을 유랑하는 늙은이가 되리라.

이 시도 이규보의 다시로서 그의 다도일여(茶道一如) 사상을 잘 표현하고 있다. 자신의 허한 마음을 밖으로 던지고 나니 비로소 도가 보이는데, 이 도는 멀리 있는 것이 아니라 바로 눈앞에 끓고 있는 차속에 있음을 깨달았다고 읊고 있는 것이다. 이 다도일여를 통해서 인간사의 영광과 욕됨의 허무함을 알았으니 이제부터 거기에서 벗어나 자연 속을 유랑하는 삶을 택하겠다는 고고한 정신을 암시한다. 또한 이 다시에는 차를 맑은 흰 젖에 비유하거나, 화로의 불을 저녁놀에 비유함으로서 차를 대자연과 조화롭게 이해하려는 이규보의 다도정신의 일면을 알 수 있다. 정영선은 이규보의 도(道)를 논의하면서 그가 추구하는 도는 불가(佛家)나 유가(儒家)의 도가 아니라 도가(道家)의 도라고 보고 있다. 그 예로서 아래의 이규보 시를 인용 논증하고 있다.

> 한자의 쌍조 이야기는 듣기가 싫고
> 장자의 이충설을 몹시 좋아한다네.
> 타오르는 불에 끓인 향차는 진실로 道의 맛이고
> 흰 구름과 밝은 달은 곧 집의 풍경이네.
> 생공의 설법은 예리하고 날카로우며
> 열자는 바람을 타고 다녀 육신이 해탈했네.
> 그대를 만나 망형하고 애오라지 뜻을 이루었으니
> 그날은 방덕공에게 부끄럽지 않았다오.

또한 대문장가 익제 이제현(李齊賢, 1287~1367)도 차를 사랑하고 아끼는 다인이었다. 〈익제집〉에는 작설차(雀舌茶)라는 이름을 붙인 이는 이제현으로 곡우 전후가 바로 찻잎이 참새의 혀 모양을 갖추었을 때 딴다는 내용의 기록이 전해지고 있다. 혜감(慧鑑)이 새 차를 동암(東菴)에게 보내면 동암은 반드시 시를 지어 보답했고, 자원국사(慈圓國師)가 익제 이제현에게 차를 보내니 이 일이 연례행사처럼 되었다. 이에 〈송광화상이 햇 차를 보내온 은혜에 익제는 붓 가는 대로 적어 방장실에 붙임〉이라는 제목의 시를 지어 붙였다고 한다.

> 문 두드리는 소리에 놀라 나가보니 대바구니 보내와
> 옥과 보다 더 좋은 신선한 차를 얻었네.

맑은 향기는 한식 전에 따왔는지
고운 빛깔은 숲 속의 이슬을 머금은 듯
돌솥에 찻물 끓는 소리 솔바람 부는 듯
자기 찻잔에 도는 무늬는 꽃망울을 토한다.
황정견이 운용차를 자랑할 수 있으려나
소동파의 원토차보다 월등함을 알았네.
서로의 친분은 혜감의 기풍이 남아있고
사례하려 하나 동암의 글귀가 없구나.
붓 솜씨도 노동을 본받을 수 없는데
더구나 육우를 따라 다경을 쓰겠는가.
원중에서 공안을 다시 찾지 마시오
나도 역시 지금부터 시에 전념하겠소.

천병식의 〈한국다시작가론〉에서는 이 시에 대하여 햇 차의 신선함, 차의 빛깔, 차 솥에 물 끓는 소리가 마치 솔바람 소리 같다는 것, 그리고 찻잔에 뜨는 무늬의 아름다움 등 찻 자리에서의 모든 일들이 거의 다 묘사되어 있다고 논하였다. 그러나 익제는 스스로 겸손의 미덕으로 글 솜씨의 비천함과 육우 같은 재주가 없어 〈다경〉 같은 글을 지을 수 있는 힘이 없으니, 이제부터 시를 짓는 일에 전념하겠다는 다짐을 하고 있다.

김명배(조선의 茶와 禪 번역)는 고려의 다경을 크게 보아 ①망형(妄形) ②다선삼매(茶禪三昧), ③역리의 음양사상(易理의 陰陽思想) 으로 파악하고 있다. 우선 망형사상의 예로서 다음의 시를 소개하고 있다.

이규보/ 강변을 방랑하니 저절로 형체를 잃고

임 춘/ 무너지듯 평상에 누으니 문득 형체를 잊고

한 낮의 베개에 바람 불어오니 잠이 저절로 깨누나

이숭인/ 나무의 이끼와 흰 납의 차림에 이미 형체를 잊고

이처럼 고려시대의 다시를 보면 자기의 형체를 잊고 자연에 합일되는 초월적 정신이 표현되어 있음을 이해한다. 그리고 이규보는 「장원 방연보의 화답시를 보고 운을 이어서 답하다」라는 다시에서 세계 최초로 다선삼매(茶禪三昧)의 경지를 제창하고 있다.

초암의 다른 날 선방을 두드려

몇 권의 오묘한 책 깊은 뜻을 토론하리.

늙기는 했어도 오히려 손수 샘물 뜰 수 있으니

한 사발은 곧 이것이 참선의 시작이라네.

이처럼 이규보는 차를 통해서 참선의 경지에 이르는 지극한 다도정신을 느끼고 표현한 다인이었다. 이러한 다선삼매의 정신이 고려시대의 대표적인 다도정신이라 하겠다.

돌솥의 차는 비로소 끓고

풍로불은 빨갛게 피었구나.

물불은 천지의 쓰임이니

곧 이 뜻은 무궁하도다.

이 시는 정몽주의 「역경일기」라는 다시인데 여기서 역리를 도입한

점이 눈에 보인다 라고 논하고 있다. 「易經」에 따르면 감리의 괘는 물.불이니, 이 다시를 통해서 정몽주의 다도정신은 한 잔의 차를 마시며 천지의 정기를 느끼는 역리정신을 바탕으로 하고 있음을 간파할 수 있다고 해석하고 있다.

(3) 조선시대

다도는 다시 뿐만 아니라 그림, 노래, 춤과도 관련된 종합예술이라 할 것이다. 조선시대 다가들은 차를 마시면서 시를 읊고, 그림을 그리고, 음악을 들으며, 춤도 추고, 정담을 나누는 취미를 즐겼다. 차 마시기에 흥취는 유독한상(幽獨閑賞)에 있었다 할 것이다.

조선시대 다가들은 소요(逍遙) · 자득(自得) · 무집착(無執着) · 비우사상(庇雨思想) 으로 수련하였고, 청허(淸虛) · 사무사(思無邪) · 청화(淸和) · 중정(中正)의 다도정신이 자리하고 있었다.

특히 조선시대의 다도정신은 서산대사(休靜 西山大師, 1520~1604)의 다시(茶詩)와 다신(茶神)이라 부르는 초의선사(草衣禪師, 1786~1866)의 동다송(東茶頌) 등에서 엿볼 수 있다. 먼저 사산대사의 다시에서 그의 다도정신을 찾아볼 수가 있다. 서산대사는 안주 출신으로 호는 청허(淸虛) 또는 휴정(休靜)이고, 서산(西山)인 묘향산에 오래 머물렀으므로 西山大師라고 하였다.

낮에는 차 한 잔 하고
밤이 되면 잠 한숨자네.
푸른 산 흰 구름
더불어 無生死를 말함이여.

이 시에 대해 「한국다문화학」에서는 인생의 사고(四苦) 즉, 生.老.病.死를 초월한 서산대사의 인생관이 표현된 작품이라 보고, 낮에는 차 한 잔하고 밤에는 잠 한 숨 자네에서는 대사의 초월적 인생관이 담겨져 있고, 푸른 산 흰 구름 하는 구절은 진리의 침묵, 대자연의 청정심과 청허한 법신 등을 엿볼 수 있으며, 무생사를 말함이란 무아의 경지에 이름을 말하고 있다고 기술하고 있다.

스님 몇 명이 있어
내 안자 앞에 집 지었구나.
새벽종에 함께 일어나고
저녁 북에 함께 잠든다.
산골 물 달과 함께 길러
다 달이니 푸른 연기 나고
염불과 참선일세.

여기서도 서산대사의 고고한 정신을 알 수 있다. 새벽종에 일어나고 저녁 북에 함께 잠든다 라는 구절은 불(佛)의 소리, 공(空)의 소리, 청허(淸虛)의 소리를 담고 있으며, 산골 물 달과 함께 길러 차 달이는 푸름 연기 하는 구절에서는 청허한 공사상을 잘 표현하고 있다. 날마다 하는 일은 염불과 참선일세....라는 대목은 차 달이는 일이 곧 선의 경지에 이른 것 즉, 차-염불-참선의 다선일체(茶禪一體), 다선불이(茶禪不二)라는 그의 청허한 반야의 진리를 밝히고 있다.

산골 물 길어 낙엽으로 태워
차 끓여 한잔 마시네.

밤에는 바위 밑에 자니
얼은 나는 용을 탄 듯하네.
내일 아침 천하를 굽어 살피면
온 고을이 벌집처럼 펼쳐 있으리.

맑고 맑은 그 산골 물을 손수 길어와 또 청정무구한 낙엽으로 스스로 태우는 그 한 점 거리낌 없는 청허한 마음자리, 거기에 밤으로 또 대자연의 품속에 안겨 바위 밑에 자는 무소득의 정신세계 그 기슭에서 그는 청허의 극치인 해탈의 세계를 걷는 것 같은 마음자리, 즉 얼은 나는 용을 탄 것 같은 그 마음자리, 이는 서산대사만이 가질 수 있는 청허의 극치를 엿볼 수 있는 다시라 하겠다. 이튿날 아침 대사는 천하를 굽어 살피면 어찌 온 마을이 벌집처럼 펼쳐 보이지 않겠는가. 서산대사의 다시 한편을 음미해 본다.

만국의 도성은 개미거머리 같고
고금의 호걸들 하루살이 벌레와 같네.
창가의 밝은 달 청허에 벼개하니
차솥 물 끓는 소리 가지런하지 않음이 풍류로워.

'만국의 도성은 개미거머리 같고 고금의 호걸들 하루살이 벌레와 같네'라는 구절은 마치 백거이(白居易)의 시 〈蝸牛角上爭何事〉. 달팽이 뿔 위의 싸움 같은 언짢은 일하고 비웃듯 만국의 도성, 고금의 호걸 들 다 하잘 것 없는 미진의 세계의 것임을 질타하고, 이들이 거대하고 대단한 것 같지만 도인의 눈에는 마치 개미거머리 같고, 천하를 호령하는 호걸들이라 뽐내지만 하루살이 벌레에 불과한 것으로 깨친 자의 눈에는 보인다는 뜻으로, 이 구절에서는 전미개오(轉迷開悟)의 높은 청정심을 알 수 있다. 그 다음 '창가 밝은 달 청허에 벼개하니'에서는 대사의 청순한 모습과 해탈에 경지에 이른 청허한 마음자리를 이해할 수 있는 동시에 다음 '차솥 물 끓이는 소리 그대로 풍류로다' 라는 구절은 대사의 선정(禪定)의 경지에 이름을 알게 한다. 이상과 같은 서산대사의 선시를 종합해 보면 조선조시대를 대표하는 선다시인(禪茶詩人)으로서 서산대사의 다시는 다도정신을 잘 나타내는 것이라 하겠다. 결론적으로 말하면 서산대사의 다도정신은 바로 청허(淸虛), 다선일여(茶禪一如) 정신이라 하겠다. 다음으로 조선시대의 다신(茶神)이라 불리는 초의선사(草衣禪師)의 다신전(茶神傳), 동다송(東茶頌)과 그의 다시(茶詩)에 나타난 다도정신을 살펴보기로 한다.

초의선사의 저서 동다송 29송에는 다음과 같이 읊고 있다.

> 비록 茶의 水體와 茶의 神氣가 온전타 하여도
> 오히려 中正을 잃을까 두렵네.
> 中正을 잃지 않는다면
> 건전함과 신령스러움이 잘 어울이리라.

여기에서 초의선사는 차의 정신으로서 「中正」을 들고 있음을 알 수 있다. 그리고 「동다송」에서 차의 포법(泡法)을 다음과 같이 말하고 있다.

「포법은 중정을 얻어야 한다. 체(體)와 신(神)이 서로 고르고 건(健)과 령(靈)이 서로 함께 하는 것을 일컬어 다도를 다함이라 즉, 다도에 이르렀다 함이라」고 했다. 또 하나 초의선사가 완당 김정희(阮堂 金

正喜) 선생에게 보낸 다시 중에 다음과 같은 다정신을 표현한 시구절이 있다.

가을 하늘은 맑고 달빛 같아
청화(淸和)로
그 맑음 비할 수 있으랴.
잘 생기고 못 생김은
감히 뉘가 말하며
진.가 또한 다 한 가지 초월함이여.

위 시에서 다도정신의 청화, 그리고 진.가 마저 초월하는 진공의 세계의 높은 경지를 알 수 있다. 끝으로 초의선사의 다시 한 구절을 음미해 보기로 하자.

옛 성현들이 차를 좋아함은
차는 군자와 같이 그 됨됨이가 사기가 없으매라.
사람들이 차를 먹게 된 것은
멀리 설영에서 이슬 맺힌 茶눈을 따옴으로 하여 비롯되었다.

초의선사는 차의 성질을 사악함이 없고 진성(眞性)임을 잘 표현하고 있다. 여기서 보이는 초의선사의 다도관은 한마디로 사무사(思無邪)라 하겠다. 사무사란 논어 위정편 제3에 나오는「子日 詩三百에 一言蔽之하면 日思無邪니라」. 공자께서 시경에 있는 삼백편의 시를 보면, 한마디로 말해서 사악한 생각이 없다. 이 한 구절만 보아도 공자사상에 있어 사무사가 얼마나 소중한 것인가를 알 수가 있다.

공자사상의 사무사는 인(仁)에 근원이 되며, 또한 다도에 있어서 화정(和靜)의 근원이 되는 사상이기도 하다. 이상과 같이 초의선사의 저서인 〈東茶頌〉 및 그의 〈茶詩〉 등을 통해 나타난 다정신을 종합해 보면 「中正」.「中和」.「思無邪」로 집약할 수 있다. 결론적으로 한국의 다도정신을 종합 분석해 보면 「和靜」.「淸虛」.「中正」.「中和」라고 하겠다.

조선조 후기에 중요한 다인으로서 정약용(茶山 丁若鏞, 1762~ 1836)을 빼놓을 수 없다. 정약용은 〈목민심서〉를 비롯한 500여권에 이르는 방대한 저서를 남긴 민족의 큰 스승이다. 강진의 초암에서 긴긴 유배생활을 하면서 한 점 흐트러짐이 없이 참으로 선비답게 의연하고 굿굿하게 사신 실학의 인물이었다.

다산의 외롭고 힘든 유배생활에서 귀한 벗이 되어 주었던 것은 차(茶)였고, 차나무를 무척이나 사랑하시어 스스로 호를 다산(茶山)이라 지었다. 신유사옥으로 경상도 장가로 귀양 갔던 그는 황사영의 백서사건으로 심한 고문 끝에 사형에 처할 위급 상황에서 황일환의 도움으로 죽음에서 구해져 강진으로 유배되었다. 정약용이 유배지 강진의 〈다산초당〉에서 읊은 차시에는 극한 상황을 소요와 자득의 정신으로 극복한 모습이 드러난다. 소요정신이란 온갖 욕망을 버리고 유유자적할 때 누릴 수 있는 자유로서, 현실을 관조하고 긍정하는 달관의 경지이다.

한편 일본의 다도정신인 자득이란 우리의 안빈낙도와 견줄 수 있는 것이지만, 우리의 자득이란 다산처럼 절망적인 유배생활을 선택한 운명인양 역설적으로 극복하는 능소능대(能小能大)한 품성을 말한다. 무집착(無執着)은 정약용의 제자인 승려 의순(意恂)이 읊은 "산천도인의 사차시를 받들어 화답하여 짓다(奉和山泉道人謝茶之作)" 라는 차시에서 집착하지 않는 것을 바라말(波羅蜜)이라 한다고 하였다. 이처럼 불가의 무집착은 유가나 도가의 좌망(坐忘)에 담겨있는 무집착과 개념이 같다.

비우사상(庇雨思想)이란 장마철에 비가 새는 방에서 우산을 받고 살았다는 우산각(雨傘閣)의 고사에서 나온 말로 검소함을 역설한 청빈사상에 의한 다도정신은 안빈낙도와 청백리 사상을 함께 담고 있는 차 때(茶時)라는 미풍양속으로 표출되었다. 참고로 청백리사상이란 관직 수행능력과 청렴, 근검, 도덕, 경효, 인의 등의 덕목을 겸비한 조선시대의 이상적 관료상으로 맹사성, 황희, 이현보, 이황, 이원익, 김장생, 이항복 등이 대표적 인물이다.

결국, 한국의 다도정신은 시대별로 양상은 다르지만, 공통의식은 무아(無我)의 경지이다. 왜냐하면 아무것에도 집착하지 않는 마음이란 맑은 것, 아름다운 것, 깊은 것이 샘솟는 원천이기 때문이다.

1805년 정순대비의 승하로 다산의 활동에 약간의 변화가 있어 늘 만나고 싶다고 전갈을 보낸 백련사의 아암 혜장선사를 만나러 갔다. 한나절을 보낸 그가 자신이 누구인지 알리지 않았다. 다산이 돌아간 뒤 알게 된 혜장이 뒤쫓아 와서 그 밤을 지새우며 학문을 논하게 되었고, 이후 혜장이 40세로 세상을 뜨기까지 6년을 교유하였다고 한다. 혜장은 다산이 그렇게 좋아하는 차를 함께 마시고 정성껏 만든 차를 때에 따라 보내 주었다. 어느 해 겨울 다산은 〈乞茗疏〉를 지어 혜장에게 보냈는데, 그 내용은 아래와 같다.

> 나그네 요즘 차만 탐식하는 사람이 되었으며 겸하여
> 약으로 마십니다. 글 중의 묘함은 육우의

〈茶經三篇〉이요, 병든 몸은 누에인양 노동(盧仝)의
칠완(七椀)차를 들이키오. 비록 정력은 쇠퇴했으나
기모경의 말을 잊지 않았고 막힘을 풀고 흉터를 없애기
위해 이찬황의 차 마시는 버릇을 얻었소.

아침 햇살에 찻 빛의 일어남은 맑은 하늘에 흰 구름이
일어남 같고, 낮잠에서 일어나 달이는 차는 밝은 달이
푸른 시내에 잔잔히 부서지는 듯하오.

차를 갈 때 일어나는 가루는 잔 구슬인지 백설인지
등잔불 아래서는 가리기 아득한데 자줏빛 어린 차순의
향기만 그윽하오. 활황과 신천은 산신께 바치는 백포의
맛과 같소. 꽃자기 홍옥의 차완은 노공에게 양보하고
돌솥의 푸른 연기의 담소함은 한비에게 가까웁네. 물
끓는 모습 게눈. 고기 눈에 비기던 옛 선비의 취미만
부질없이 즐기고 용단.봉단은 이미 바닥이 났소. 이에
채신의 병이 있어 애오라지 걸명(乞茗)의 정을 비는
바이오. 듣건 데 고해를 건너는 가장 큰 시주는 명산의
고액을 뭉친 차를 몰래 보내 주시는 일이라 하오.
목마르게 바라는 뜻을 고려하사 베푸는 것을 잊지
마소서.

위의 걸명소에는 차를 좋아하는 다산의 마음이 잘 표현되어 있다. 평소 차를 즐겨 마시고 또한 차에 관한 공부를 많이 하여 육우의 다경과 노동의 칠완, 그리고 차 끓이는 방법, 차의 빛깔과 향기, 물 끓는 모습, 차를 가는 방법 등 차일에 관해서 소상히 알고 있음을 엿볼 수 있다. 또한 좋은 다완, 용단, 봉단 같은 고급 차도 알고 있는 등 차에 관해서

다방면으로 해박한 지식을 갖고 있었다.

천병식의 〈한국다시작가론〉에서는 다산 자신도 차를 만드는 방법을 알고 있었을 뿐만 아니라 주민들에게도 제다 방법을 가르쳤다고 한다. 다산이 강진을 떠날 때 그에게 글을 배운 많은 제자들이 중심이 된 〈다신계〉를 만들도록 하여 그의 제자 24명이 다산이 떠난 뒤에도 차를 만들어 마시며 신의를 지키도록 다음과 같은 절목을 만들었다. 즉, 계원명단, 자산내용과 관리인, 봄가을에 시사와 경비, 동암의 이엉 잇기, 차 따는 부역, 차를 만들어 유산에게 보내는 일 등이다. 다산은 〈茶山草堂〉을 짓고 정원에 큰 돌을 옮겨다 놓고 물을 끌어 들여 폭포를 만들고 그 바위에다 '정석(丁石)'이라 글씨를 쓰고 이를 새겨 두었다. 처소를 귤동으로 옮긴 다산은 마을사람으로부터 차 한 봉지를 얻고서 그 기쁨을 다음과 같이 읊고 있다.

아곡의 햇차가 처음으로 피어날 제
마을 사람으로부터 차 한포를 얻었네.
체천의 물이 얼마나 맑은지
한가로이 은병에 넣어 그 맛을 시험해 보리.

낯선 강진에서 18년간 유배생활 중에서도 많은 제자를 길렀으며 많은 저서를 남기기도 한 다산을 떠 받쳐 준 힘은 차에서 나왔다고 하겠다. 다산은 가난하고 불상한 백성을 사랑하였으니 그의 많은 시편들에는 애민(愛民)의 정신이 잘 표현되어 있다. 김명배는 조선의 다정신을 자득(自得)의 정신, 비우사상(庇雨思想), 다선삼매(茶禪三昧) 등으로 보고 있다. 다음 다산의 다시는 이런 자득의 정신을 담고 있다.

산골 물 차가운 소리 천 떨기 대나무에 이르고
봄의 정취는 뜰의 한 그루 매화에 있네.
지극한 즐거움 이 속에 있어도 달랠 곳 없어
맑게 갠 밤에 여러 번 일어나 어정거리네.

위 시에는 다산이 언제 귀양에서 풀려날는지 기약도 없는 극한상황을 소요(逍遙)와 자득(自得)의 드높은 정신력으로 극복한 것을 알 수 있다. 여기서 정신적인 소요란 현실을 관조하고 긍정하는 달관의 경지이고, 자득이란 주어진 여건을 선택된 것으로 여기고 긍정하고 수용하는 능력을 말한다.

정영선은 〈다도철학〉에서 이러한 자득의 정신을 안분지족(安分知足)하는 정신으로 파악하고 있다. 이는 어려운 생활 속에서도 편안한 마음으로 자기 분수를 지키며 만족할 줄 아는 정신을 말하는 것이라고 했다. 가난한 생활 속에서도 차를 끓여 마시며 근심을 덜고 빈천을 분수로 여기는 마음가짐이라고 했다. 특히 조선시대의 선비 다인들은 차와 더불어 검박하게 살며 자연과 쉽게 동화되어 인간도 자연임을 체득하는 정신적 최고의 경지에 이르렀다고 볼 수 있다고 논한다.

즐겁기만 한데 무엇을 근심하리오.
가난과 천함이 분수에 맞도다.

이 시는 중인 계급의 학자이자 시인인 장혼이 그의 이웃의 작은 오두막집에서 살면서 〈옥경산방다회〉에 참석하여 읊은 것이다. 이처럼 선비들은 스스로 가난함과 천함을 자신의 분수로 알고 만족하며 살았던 것이다.

장혼은 〈청렴한 선비의 갖춰야 할 물건 80개〉를 들었는데, 그중에는 중요한 책이름, 기를 나무 등을 포함하여 이름난 차, 차 솥, 바구니 다함 등이 있었다. 또한 〈선비가 할 일 34가지〉에는 글쓰기와 거울보기, 정원을 가꾸는 여러 일들과 더불어 차 달이기, 샘물 긷기를 들어 선비의 검소한 생활에도 다사가 큰 비중을 차지했음을 알 수 있다.

김시습(金時習,1435~1493)의 다음 시는 차가 어떠한 부나 명리보다 높은 가치를 지녔음을 표현한 것이라 하겠다.

> 솥 속에 감미로운 차가 황금을 천하게 하고
>
> 소나무 아래 띳집이 벼슬아치 붉은 관복의 술띠를 가치 없게 하네.

★ 김시습: 조선전기 학자로 생육신의 한 사람이며 한국최초의 한문소설 금오신화를 지었음. 신동 신재로 3세 때 보리맷돌 가는 것을 보고 〈無雨雷聲何處動 黃雲片片四方分〉. 비는 아니 오는데 천동소리 어디서 나는가, 누른 구름 조각조각 사방으로 흩어지네. 라는 시를 읊어 명석한 총기를 나타낸 천재신동이다.

옛날 서울의 신설동과 보문동 사이에 있었던 숭신방의 동대문외계에는 우산각(雨傘閣)이 있었다. 이 우산각의 주인공은 태조대왕부터 세종대왕까지 4대 임금을 섬긴 정승 유관(柳寬)인데, 우산각이란 장마철에 지붕에서 빗물이 새어 방안에서 우산을 받고 살았다는 일화가 있는 집을 말하는 것이다. 우산각에서 그의 외종손인 판서 이희검(李希劍)이 청빈의 전통을 이어 받고 살랐다. 그의 청빈한 생활신조란 「옷은 몸을 가리기만 하면 족하고 밥은 창자를 채우기만 하면 족하다.」는 것이다. 이러한 청빈의 집인 우산각이 임진왜란 때 불에 타서 주춧돌만 남게 되었는데, 이희검의 아들로서 실학의 선구자인 판서 이수광이 조촐하게 재건하였는데 근근히 비를 가린다는 뜻으로 비우당(庇雨堂) 아라는 집 이름을 붙였다.

이수광이 비우당에서 〈차마시기, 飮茶〉의 육언시(六言詩)를 읊기도 하고 채다론(採茶論)을 논술하고, 사헌부의 차 때(茶時)를 적어 남기기도 하였다.

강하지도 약하지도 않은 물의 상태에
거문고도 피리도 아난 솔바람소리
노동이 잃은 주발의 마시기를 마치니
표연한 신상은 매우 편안하여라.

효종대왕의 장인인 부원군 장유(張維)가 적은 이수광의 묘지명에는 다음과 같은 내용이 적혀 있고 한다.

향을 사르지 않고, 초를 밝히지 않으며, 성악(聲樂)을
듣지 않고, 무색옷을 입지 않으며, 가재에 칠이나 조각을
하지 않았고, 베옷으로 소식(素食)하는 생활

이라는 철학이 적혀 있다.

결국, 조선왕조의 청빈한 관리에 대한 정신적 메카가 된 곳이 비우당이라 하겠다. 이러한 비우사상에 의하여 많은 선비 다인들이 검소한 생활을 하였고, 특히 청백리들이 차를 몹시 즐긴 경우가 많았음을 알 수가 있다.

다음 시는 우리나라 다인들 중에서 다사의 달인이었던 문신 서거정

(徐居正, 1420~1488)의 다시이다.

> 비와 바람은 이미 지붕을 뚫었고
> 시와 글씨는 부질없이 집에 가득하네.
> (중략)
> 조용히 가는 글씨를 쓰고
> 한가롭게 게눈차를 끓인다네.

여기에는 지붕이 뚫린 초가집에서 살며 한가로이 글씨를 쓰며 차를 끓여 마신 청빈한 서거정의 모습이 담겨져 있다. 서거정은 궁핍함을 불편하게 여기지 않고 조용하게 책을 읽고 차를 달이는 유유자적한 달관된 태도를 취한다. 이러한 정신이 과거 선비들의 맑은 청백리 정신이라 하겠다.

다음으로 다선삼매의 다도정신에 대해 살펴보면 다성(茶聖)이라 일컬어지는 초의선사(草衣禪師)의 다시에서 이를 알 수 있다. 초의선사가 읊은 것 중에서 「산천도인이 차를 사례함을 받들어 화답하여 짓다」라고 하는 다게(茶偈)에서 선사의 다경을 찾아볼 수 있다.

> 예부터 성현들은 모두 차를 즐겼나니
> 차는 군자처럼 성미에 사악함이 없기 때문이라네....,
> 알가의 참된 근본은 묘한 근원을 다하고
> 묘한 근원에 집착함이 없으면 바라밀이라네.

이처럼 차를 마시는 일에는 여러 가지의 의미를 둘 수가 있다. 여기서 재미있는 일화 하나를 소개하는 것으로 마무리 하고자 한다.

1200여 년 전 중국 당나리의 명승 조주선사(趙州禪師)는 「끽다거(喫茶去)=차나 한잔 마시고 가시게」 라는 화두(話頭)를 세운 것으로 유명하다. 「끽다거」라는 화두의 유래는 조주선사의 선문답(禪問答)으로 지금까지 널리 전해져 오는 이야기이다. 선사는 절을 방문한 학승(學僧)에게 물었다.

"당신은 전에도 여기에 온 일이 있는가?"

"온 일이 있습니다."

"차나 한잔 들고 가시게."

다른 학승에게도 똑같이 물었다. 그 학승도 대답하였다.

"예, 한 번 와본 적이 있습니다."

"차나 한잔 들고 가시게."

원주가 조주선사께 여쭈었습니다.

"노스님께서는 무슨 연유로 전에 온 일이 있다는
이에게도
'차나 한잔 들고 가라' 하시고, 온 일이 없다는 이에게도
'차나 한잔 들고 가라' 고 하십니까?"

"원주야"

"예"

"차나 한잔 들어라"

이것이 인생의 진정한 의미를 역설하는 「喫茶去」의 유래이다. 선

(禪)의 맛을 모르면 차(茶)의 맛도 모른다고 합니다. 동양 한.중.일 삼국에 다도정신인 「중정(中正)」, 「화경청적(和敬淸寂)」, 「정행검덕(精行儉德)」은 좋은 일에도, 좋지 않은 일에도 오늘날과 같은 무상(無常)을 절실히 느끼는 삶에서는 평상심(平常心)을 가진다는 의미만큼은 다인(茶人)이 아니더라도 한 번쯤 되새겨 볼만한 지혜의 가르침이라 생각하게 됩니다.

모든 것을 버리고

세속의 모든 인연/人緣/을 끊고
머리가 마냥 편안해 좋은 것을…

세속의 모든 사연/事緣/을 끊고
들판을 걷는다.
시간이 여유로워 좋은 것을…

세속의 모든 물연/物緣/을 끊고
맑고 잔잔한 호수 가에 눕는다.
마음이 넉넉해 좋은 것을…

세속의 모든 영연/榮緣/을 끊고
정겹고 한적한 산촌에 머문다.
나 또한 자연이어서 좋은 것을…

깨달음이 늦은 90가까운 나이에
내 몸마저 버리고 떠나려니
행복이 비로소 내 것인 것을…

제 3 장

건강을 젊게 지키는 생활의 지혜

PART

15

Anti-aging은 강력한 혈관에서 찾자

혈관의 Anti-aging이 수명을 결정한다고 해도 지나친 말이 아니다. 100세까지 터지지 않고 막히지 않는 tough한 혈관을 유지한다는 것은 건강하게 장수하는 데에는 유전적 요인도 있겠으나, 일단 태어나면서부터 살아가는 동안에 생활습관, 식품의 선택, 적절한 운동 등을 조화롭게 실천해왔느냐가 중요한 결정요인이 될 것이다. 그런데 이들 결정요인이 건강수명과 직결되는 것이 바로 혈액(血液)과 혈관(血管)이다.

우리의 생명을 유지하기 위해서는 혈액이 필요하다. 이 혈액을 신체 구석구석까지 운반하는 것이 혈관(血管)이다. 혈관이 원활하게 기능하지 못하면 주요 기관인 오장육부는 물론이고, 모든 조직 세포에 산소(酸素)와 영양소(營養素)가 공급되지 않아 각종 병증(病症)과 부조(不調)가 일어나게 된다. 또한 혈관 그 자체가 상처를 입거나 장해가 일어나 뇌졸중(腦卒症:뇌혈관이 막히거나 터져 생기는 병), 심근경색(心筋梗塞:심장의 혈관이 막하는 병)과 같은 위독한 병을 일으키게 된다.

최근에는 동맥경화(動脈硬化, 혈관이 딱딱해진 상태), 내장지방증후군(內臟脂肪症候群, 내장지방형 비만(肥滿)에 더하여 고혈당(高血糖), 고혈압(高血壓), 지질이상증(脂質異常症) 중 2가지 이상을 겸한 상태)이라는 총합적 혈관 건강상태로 인식하는 것이 종요하다.

그런데 일반적으로는 자기 자신의 혈관을 소홀히 하고 있는 것이 현실이다. 우리가 진짜로 유의해야 할 것은 혈관은 간장(肝臟) 이상으로 「침묵의 장기」이기 때문에 혈관 상태가 나빠져도 자각증상이 좀처럼 나타나지 않는데 있다.

혈관병인 뇌졸중이나 심근경색으로 연간 수만 명이 사망한다고 한다. 이것이야말로 혈관이 침묵의 살인자(silence killer)라는 이유다. 그러나 지나치게 걱정할 필요는 없다. 혈관연령(血管年齡)을 젊은 상태로 유지하도록 노력하면 된다. 그 대답은 생활습관에 있기 때문이다.

본 인생노트에서는 일본 도교대학 교수(도교의과대학 八王子의료센터병원장) 다까자와겡지(高澤謙二)의 「100세까지 끊기지 않고 막히지 않는 부드러운 혈관 만들기」에서 지적한 내용 중 핵심 부분을 요약 소개하고자 한다.

1

강한 혈관을 만들면 건강하게 오래 살 수 있다

(1) 심신(心身)의 건강상태는 혈관영령(血管年齡)으로 알 수 있다

젊은 연령에도 동맥경화 환자가 증가하고 있다.

우리는 산소를 받아들이기 위해 호흡을 하고 있지만, 실제로 체내 세포의 구석구석까지 산소를 운반하고 있는 것은 「혈액」이다. 심장으로부터 내보낸 혈액은 동맥을 통해 몸 전체에 산소와 영양소를 운반한다. 다만 동맥으로 흐르는 혈액은 심장의 펌프작용만으로 흐르는 것이 아니다. 동맥도 심장의 작용에 맞추어서 스스로 혈관벽의 근육을 수축이완 시키면서 혈액을 앞으로 앞으로 보내는 역할을 하는 것이다.

그런데 나이가 들면서 여러 가지 요인으로 동맥도 서서히 유연성을 잃고, 혈관벽도 딱딱하고 두꺼워지는 현상이 생긴다. 이것이 동맥경화다. 물론 혈관이 굳어지는 것은 노화현상의 하나로 하는 수 없지만, 최근 젊은 나이에도 동맥경화가 늘고 있다는 것이다. 즉 30대, 40대 청장년층이 심근경색, 협심증 등을 일으키는 케이스가 증가하고 있다는 것이다. 실제 연령으로는 건강해보이지만, 혈관은 너덜너덜하다는 것이다.

혈관은 겉으로는 보이지 않기 때문에 심근경색이나 뇌경색으로 쓰러지고 나서야 비로소 어제까지도 건강했는데....라고 놀라는 경우가 대부분이다. 건강한 혈관이 갑자기 막하거나 터지는 것이 아니다. 동맥경화는 몇 십 년 전부터 시작해서 긴긴 햇수를 거쳐서 진행되고, 드디어 견디어낼 수 없게 되었을 때 발생한다. 혈관이 「침묵의 장기」「조용한 살인자」라고 하는 이유가 여기에 있다.

그런데 혈관으로부터 "SOS"를 알리는 단서가 몇 가지 있다. 바로 다음에 제시한 혈관연령을 알 수 있는 체크리스트를 체크해보기로 하자.

① 계단을 올라가면 가슴에 압박감이 온다.

② 인스턴트식품이나 기름진 음식이 좋아 자주 먹는다.

③ 전화벨이 울리면 즉시 받지 않으면 마음이 불안하다.

④ 책임감이 강해 일이 끝나지 않으면 손에서 놓지 못한다.

⑤ 항상 시간에 쫓기는 느낌이다.

⑥ 1일 담배 피우는 흡연개수×흡연년수=400 이상

⑦ 혈압이 높다.

⑧ 운동 같은 운동을 하고 있지 않다.

⑨ 최근 건망증이 심하다.

⑩ 수족이 차고, 저리거나 마비를 느낀다.

⑪ 콜레스테롤과 혈당치가 높다.

⑫ 친부모, 형제에게 심장병, 뇌졸중으로 쓰러진 사람이 있다.

0~4/ 혈관연령이 실제연령에 상응(정상)

5~8/ 혈관연령이 실제연령 보다 10세 이상 많다

9~12/ 혈관연령이 실제연령 보다 20세 이상 많다

※ 이 체크리스트 결과로 평소에 생활습관을 뒤돌아보는 기회로 삼기를 바랍니다.

※ 최근에는 「가속도맥파기.加速度脈波計」로 혈관연령을 측정하는 시설장비가 설치된 병원이 증가하고 있다.

심장으로부터 혈액을 내보낼 때는 혈관에 압력이 가해진다. 이것이 일반적 「혈압」이다. 한편 내보내진 혈액이 혈관을 통과해, 다시 심장으로 정맥을 통해 되돌아올 때는 심장에 압력이 가해진다. 이것을 「반사압(反射壓)」이라고 한다. 반사압이 높을수록 동맥경화가 진행되고 있다는 것이다.

이해하기 쉬운 예를 들어보기로 한다. 고무공을 높은 곳에서 떨어트릴 때 밑바닥이 딱딱한 철판이면 공은 높이 튀어 오른다. 반사압이 높다는 것이다. 그러나 밑바닥이 부드러운 모포라면 공은 높게 튀어 오르지 못한다. 반사압이 낮다는 것이다. 이와 같이 혈관이 딱딱하게 굳어있으면 반사압이 강하고, 부드러우면 반사압이 약하다는 것이다.

심장은 심장근육을 수축시켜 혈액을 내보낸 후 이완해서 한숨 쉬게 된다. 거기서 딱딱하게 굳은 동맥을 거친 혈액이 되돌아오면 심장은 damage를 받게 된다.

(2) 20~30대이면서도 혈관연령이 50~60대인 사람이 늘고 있다

혈관연령은 기본적으로 나이가 많을수록 높아지는 것이 일반적이다. 그런데 20~30대의 젊은 세대에서 실제연령보다 10세 이상 높은 사람이 많다는 것이다. 그 가운데에는 실제연령과 30세 전후까지 벌어지는 케이스도 있다.

실제 연령보다도 혈관연령이 높은 경우 중요한 것은 그 원인을 생각해야 한다. 혈관연령이 높은 원인은 ① 혈관의 소재 자체를 저해하는 「기질적 원인(基質的 原因)」과 ② 혈관의 기능을 저해하는 「機能的 原因)」으로 나눈다.

기질적으로 동맥이 딱딱해지는 원인에는 나이가 들면서 동맥경화, 지질이상증, 당뇨병 등이 있다. 지질이상증은 혈액 중 cholesterol이나 중성지방 등의 지질양이 이상 증가한 상태로 혈관내벽에 혈전(血栓)이라는 이상조직이 형성된다. 당뇨병은 먹거리로부터 먹은 당분이 에너지로 이용되지 못하고 남아 혈액 속에 넘쳐나는 병이다. 혈액 중에 당분이 많아지면 혈관이 상처를 입어 굳어지게 된다.

기능적 원인으로는 고혈압, 스트레스, 흡연, 불면증 등을 들 수 있다. 혈압이 높으면 혈관벽에 가해지는 압력이 증대한다. 흡사 풍선에 공기를 가득 채워 넣으면 내압(內壓)이 높아져서 풍선의 표면은 딱딱해지고, 공기를 빼면 말랑말랑해진다. 또한 고혈압 상태가 계속되면 혈관이 받는 압력이 높아져 혈관내벽이 상처받기 쉽게 된다. 혈관은 받은 상처를 복원하는 과정에서 혈관벽이 두꺼워지고 딱딱해진다.

스트레스도 혈관을 딱딱하게 만든다. 현대인에게 있어 동맥경화가 가장 큰 원인이 되고 있는지도 모른다. 우리 몸은 스트레스를 느끼면 교감신경(交感神經, 의지와는 관계없이 내장이나 혈관을 조정하는 자율신경) 중 몸을 활동적으로 하는 신경)이 우위(優位)가 되어 혈관이 수축된다. 수면부족도 똑 같다. 보통 낮에 활동할 때에는 교감신경, 야간에 쉴 때에는 부교감신경(副交感神經, 자율신경 중 몸을 쉬게 하는 신경)이 우위가 된다. 쉬어야할 때에 수면을 취하지 않으면 자율신경의 밸런스가 무너져서 혈관이 딱딱하게 수축한 상태가 되고 만다.

또한 흡연이 암의 리스크를 높인다는 것은 주지의 사실이지만, 혈관에 미치는 영향은 어떨까요? 담배에 함유된 니코틴(nicotine)에는 혈관 수축작용이 있다. 담배를 피우면 어찔해지거나 팔 다리가 차가워지는 것은 말초혈관이 수축하면서 산소결핍상태가 되기 때문이다. 줄담배를 피우는 사람은 이미 혈관이 딱딱하고 오그라진 상태이다.

이와 같이 혈관연령은 기질적 경화와 기능적 경화 양쪽을 감안하여 추측할 수 있겠지만, 결국 혈관연령이 높게 산출되었다 해도 기능적 경화의 원인인 생활습관을 개선함으로써 혈관을 젊게 하는 일은 충분히 가능하다고 한다.

2

혈관연령을 젊게 하는 다섯 가지 방법의 실천법

(1) 생채소는 식사하기 전에 먹고, 식사량은 80%로 줄이자

혈관을 젊게 만드는 데는 매일 매일의 생활습관이 중요하다.

도교의과대학 다까자와 교수는 혈관연령을 젊게 하는 다섯 가지 조건을 소개하고 있다. ①식사량은 항상 배 80%에서 수저를 놓도록 유념하자. ②적어도 주 2회 1일 20분을 계속 걸어라. ③양질의 수면을 취하도록 하여라. ④반드시 금연하라. ⑤스트레스를 쌓아두지 말라.

이 다섯 가지 조건은 모두 건강을 유지하기 위해 필요불가결한 것이지만 실천하기가 쉽지는 않다. 그러나 결코 불가능 한 것은 아니다.

식사량을 반으로 줄이거나, 하루 세끼니 먹던 것을 한 끼니 또는 두 끼니로 줄인다는 것은 꽤나 어려운 일이다. 그러나 배 80%에서 수저를 놓는다는 것은 만복 되기 직전에 수저를 놓는 것이니, 그다지 부담이 되지는 않을 것이다.

필자가 권하고 싶은 것은 「식사 전에 생채소를 먼저 먹는 습관을 드리자」는 것이다. 공복 시에 채소를 먹으면 드레싱을 하지 않아도 생채소의 참맛을 즐길 수 있다. 에너지(칼로리)가 낮은 생채소를 먹으면 일정부분 만복감을 느낄 수 있기 때문에, 밥이나 고기 등 빨리 많이 먹는 것을 억제시킬 수 있어서 배 80%를 실천하기가 쉽다. 결과적으로 건강식 다이어트로 이어질 수 있는 것이다.

또한 채소를 먼저 먹어두면 장내에서 식물섬유가 기다리고 있어, 뒤에 먹는 식사 중 콜레스테롤이나 지방을 붙들어 배출하기 때문에 대장암 예방으로도 연결된다. 더욱 육류 등을 지나치게 많이 먹으면 혈액 중 콜레스테롤이나 중성지방 치가 높아진다. 혈액 중 지질이 증가하면 혈액의 점도(粘度)가 높아져서 끈적끈적한 혈액이 되고, 끈적끈적한 혈액은 혈관 속을 원활하게 흐르지 못하고 막힐 위험성이 높아진다.

식사시간은 즐겁고 긴장을 푸는 시간이다. 에너지(칼로리)를 걱정해서 억지로 참는 식사방법은 오히려 혈관을 축소시키는 역효과가 된다. 과식은 하지 말라는 경고다.

(2) 20분 정도의 운동을 주 2회 하는 것으로 족하다

적당한 운동이 건강에 좋다는 것은 누구나 알고 있지만 sport club에 갈 시간적 여유도 없고, 매월 티켓을 구입하면서까지 운동을 하라는 것은 아니다.

운동에는 숨을 멈추고 순간적으로 힘을 내는 무산소운동(無酸素運動)과 산소를 들이마시면서 몸을 움직이는 유산소운동(有酸素運動)이 있다. 비만과 동맥경화를 개선하는 효과가 있는 것은 유산소운동이다.

유산소운동을 하면 bradykinin(혈관확장액)의 분비가 왕성해지고 축적되면서 일산화질소의 생성이 증가하여 혈관이 확장된다. 그 결과 말초혈관의 순환이 좋아지고 혈관의 저항이 작아지면서 혈압이 내려간다. 구체적으로는 주 2회 유산소운동으로 충분하다고 한다.

유산소운동으로는 조깅, 에어로빅, 수영, 골프 등이 있겠으나, 가장 쉽고 간단하게 실행할 수 있는 것은 걷는 것이다. 약간 큰 보폭으로 조금 빠른 속도로 걷는 것이 효과적이다.

(3) 수면은 양보다는 질이 중요하다

수면은 잠자는 시간의 길이가 아니고 어떻게 숙면을 하느냐가 중요하다. 단시간이라도 푹 자고난 다음날 아침은 가볍게 눈이 떠지고 심신도 상쾌하다. 그러나 아무리 수면시간이 길어도 숙면을 하지 못하면 몸의 피로가 풀리지 않는다. 깊은 잠을 자지 못하고 밤중에 몇 번씩 깨고는 쉽게 잠들지 못하면, 다음날 아침 일어나기가 어렵고 몸도 무거우며 머리는 멍하고 맑지 못하다.

수면에는 뇌와 몸의 피로를 회복시키는 역할이 있다. 우리 몸은 자율신경에 의해 수면 중에도 심장박동과 호흡이 멈추는 일이 없이 기능하고 있다. 주간에는 자율신경 중 몸을 활동적으로 움직이게 하는 교감신경이 우위로 작용하고 있어 체온이 높고 심장박동과 혈압도 상승한다. 밤 수면 중에는 몸을 휴식시키는 부교감신경이 우위로 작용해서 체온이 내려가고 혈관도 확장해서 심장박동수도 혈압도 저하한다. 즉 수면은 심장과 혈관에게 있어서 중요한 휴양의 시간인 것이다.

따라서 질이 좋은 수면을 취하기 위해 마음을 써야할 일은 「기상시간과 취침시간을 일정하게 지키는 일」이다. 매일 같은 시간에 자고 일어나는 습관을 드리면 생체리듬이 갖추어져서 주간에 활동수준이 높아지고, 밤에는 낮아지면서 푹 잠을 자게 된다.

또한 취침 전에 목욕도 효과적이다. 목욕탕에 들면 체온이 올라가게 되고, 체온이 내려가는 과정에서 졸음이 오게 된다. 이때 잠자리에 들게 되면 기분 좋게 잠들게 된다. 입욕(入浴)은 몸이 따뜻해지면서 혈관이 확장하고 혈액의 흐름도 좋아져서 심장의 부담도 가벼워진다.

다만 주의할 것은 목욕물의 온도다. 열탕에서는 혈관이 수축되면서 혈압이 올라간다. 또한 혈액을 굳게 하는 혈소판(血小板)이 활성화하여 혈전(血栓)이 생기기 쉽다는 것이다. 41℃ 정도의 쾌적한 수온에서는 심신의 긴장이 풀리고 혈관이 확장된다. 입욕 때는 많은 땀으로 혈액의 점도(粘度)가 높아지기 때문에 입욕 전후에 한 컵 정도의 물을 마셔 수분을 보충하도록 해야 한다.

(4) 담배는 백해무익(百害無益)

담배 한 개비 피운 것만으로도 혈관수축은 30분도 계속된다는 것이다. 그뿐 아니다. 담배에는 니코틴과 타르 등 유해물질이 함유되어 있어서, 이들 유해물질을 배제하려고 체내에 활성산소(活性酸素, 체내에서 지나치게 많아지면 세포를 상하게 하고 노화시키는 물질)가 발생한다. 활성산소는 LDL(악성 콜레스테롤)을 산화LDL로 변화시켜 동맥경화가 촉진된다. 담배를 피우지 않는 사람에 비해 허혈성심질환(虛血性心疾患)으로 인한 사망률이 담배흡연개수 1~14개비/1.6배, 25~40개비/2.1배, 50개비/3배에 이른다고 한다. 역으로 말하면 담배를 1일 50개비 피우는 사람이 금연을 한다면 심근경색이나 협심증의 리스크가 1/3이 된다는 것이다.

술은 적당량을 지킨다면 「백약의 장, 百藥의 長」이라고 알려져 있다. 그러나 담배는 백해무익이니 지금 바로 금연을 결행하도록 하자.

(5) 스트레스는 근실하게 해소시키자

혈관을 젊게 하는데 가장 어려운 조건의 하나가 스트레스에 대처방법이다. 현대에 살아가는 우리에게는 일이나 인간관계에서 뿐만 아니라, 병이나 상처 같은 육체적 스트레스, 직장에서 받는 환경적 스트레스, 더위나 추위 같은 물리적 스트레스, 실연이나 근친자의 죽음이라는 정신적 스트레스 등이 넘쳐나는 사회 속에서 살고 있다.

앞에서도 기술한바와 같이 교감신경과 부교감신경은 서로 상반되는 작용을 한다. 예를 들면 교감신경이 혈관을 수축시키는 것에 대해 부교감신경은 확장시키는바, 하나의 기관에 관해서 반대되는 작용을 하는 것이다. 자율신경은 이 두 가지의 신경이 서로 밸런스를 유지하면서 생명유지에 없어서는 안 될 기관을 훌륭히 제어하고 있는 것이다.

그러나 과도한 스트레스가 계속되면 자율신경 중 교감신경이 자극을 받아 부신피질 호르몬이 분비된다. 이것은 심신이 스트레스에 대항하도록 작용하는 호르몬이다. 이 호르몬의 작용으로 몸은 긴장상태가 되어 맥박이 올라가고 혈관이 수축하여 혈압이 상승할 뿐 아니라 혈액도 굳어지기 쉽게 된다.

또한 스트레스를 해소하려고 카데콜아민(catecholamine:흥분작용을 일으키는 호르몬으로 스트레스 호르몬의 일종)이라는 혈당을 늘리는 호르몬도 분비시킨다. 혈액 중 당분이 증가하면 혈관벽이 상처를 받기 쉽다. 더하여 스트레스를 느끼면 혈당을 줄이는 작용을 하는 호르몬인 인슐린의 효과가 저하하여 혈당은 더더욱 증가하게 된다.

이 같은 직접적인 생체에 대한 영향뿐 아니라, 스트레스에 의한 폭음폭식, 불면, 흡연 등 동맥경화를 악화시키는 생활습관으로 이어지는 것이 문제이다.

그렇다면 스트레스에 어떻게 대처해야 할 것인가? 중요한 것은 스트레스를 회피할 것이 아니고, 훌륭히 해소시켜 쌓아두지 않도록 하는 것이다. 구체적으로는 1일 1회 「참으로 기분이 좋다」라고 생각되는 일을 하는 것이다. 좋은 음악을 듣거나 부르는 일, 온천욕을 하는 일, 자연을 즐기는 산책, 사진 찍기, 꽃 기르기....등으로 스트레스를 쌓아두지 말고 적극적으로 풀어버리는 지혜가 필요하다.

다만, 이상적인 생활을 이어가는 지혜가 있다고 해도, 고혈압이나 당뇨병, 지질이상증이 개선되지 않는 사람의 경우도 있다. 이 같은 케이스는 유전적 요인과 관련이 있다는 것이다. 이 경우에는 의사의 검진을 받아 증상에 합당한 적절한 치료가 필요하다. 따라서 1년 1회 반드시 혈액검사를 포함한 건강검진을 받아 대처하는 것은 건강관리의 기본이다.

다음 인생노트 9~11에서는 본 8과 관련해서 혈관을 젊게 하는 생활습관, 식품, 운동과 마사지로 나누어 소개하려고 한다.

PART 16

혈관을 건강상태로 유지하는 생활습관

1

부교감신경의 작용을 높여 피로를 풀고 혈관을 젊게 만들자

(1) 혈압 보다는 혈류가 중요하다

혈관상태를 말할 때 요점은 혈압이다. 고혈압이 되면 혈관이 받는 압력이 높아져서 혈관내벽이 상처를 받거나 딱딱하게 굳어진다.

40년 전만해도 당시 최대혈압 정상치는「연령+90mmHg」, 나이가 많아질수록 혈압이 올라가는 것은 자연의 생리현상이라고 생각했다. 그런데 그 후 이 같은 가령적 변동은 무시되고, 정상치도 160mmHg 미만으로, 그 후는 다시 130mmHg 미만으로 낮추어졌다. 최근에는 이상치 라고 하여 뭐라 120mmHg 미만이라고까지 정하고 있다.

예부터「혈압이 낮은 사람이 장수 한다」라고 말하고 있으나, 혈압이 높으면서도 장수하는 사람도 실제로 많다. 왜냐하면 혈압보다는 혈류가 중요하기 때문이다.

혈류를 좋게 조절하는 것이 혈압이다. 나이가 들면서 혈압이 올라가는 것은 혈관이 노화하면 탄력성이 떨어지기 때문에, 이에 대응해서 혈류를 확보하기 위함이다. 만약 혈압을 올릴 힘을 잃어 혈류가 장해를 받을 경우에는 세포대사(細胞代謝, 세포내에서 일어나는 화학변화)가 정체되면서 충분한 에너지를 생산하지 못하게 되고, 건강을 유지하는 것 자체가 어렵게 된다.

실제로 혈압을 조정하는 것은 자율신경(의지와는 관계없이 내장이나 혈관을 조절하는 신경)이지만, 어느 수준에서 안정될지는 각자의 생활습관 방식에 좌우된다.

자율신경은 세포의 활동을 활발히 하는 교감신경과 휴식을 시키는 부교감신경이 상호 밸런스를 맞추어 신체의 여러 기능을 조절하고 있다. 혈압은 교감신경 우위에서 올라가고, 부교감신경 우위로 내려간다. 즉, 교감신경으로 활발한 생활습관을 갖고 있는 사람은 보통 혈압도 높아야 안정되고, 부교감신경으로 조용한 생활습관을 지닌 사람은 혈압도 낮아야만 안정되게 생활한다고 볼 수 있다.

(2) 스트레스는 푹 자야 해소된다

현대의학이 혈압을 낮추는데 열심인 것은 고혈압이 동맥경화(動脈硬化, 혈관이 딱딱해진 상태)를 촉진하고, 심근경색(心筋梗塞, 심장의 혈관이 막히는 병), 뇌졸중(腦卒中, 뇌의 혈관이 막히거나 끊기는 병)의 리스크를 높이는 원인이기 때문이다. 그러나 진짜 위험인자는 고혈압이 아니고 스트레스다.

스트레스에 대항하기 위해서는 에너지가 필요하다. 스트레스가 오면 신체는 교감신경을 긴장시켜서 혈압을 높여 혈류를 많게 하고 에너지의 소모를 막게 한다. 이 단계에서 혈압이 상승하는 것은 오히려 신체의 방어반응이라고 보는 것이다.

다만, 자율신경의 방어력에도 한계가 있다. 장기간에 걸쳐 스트레스 상태가 계속되어 교감신경이 과도하게 긴장하게 되면, 부교감신경의 작용이 억제되어서 혈압은 하루 종일 높은 상태로 고정된다. 그 결과 혈관은 피폐되고, 동맥경화를 포함한 만성병이 생기게 된다는 것이다.

핵심은 스트레스를 쌓아두지 않는 것이 중요하다. 스트레스를 푹 자는 것으로 해소시키는 것이다. 자율신경 리듬에 맞추어 「일찍 자고, 일찍 일어나기」 습관을 길러서, 기본은 수면시간을 충분히 취해 심신의 피로를 푸는 것이다. 반드시 실천하기를 권유하고 싶다. 만약 불면증으로 실천이 어려운 사람은 전날 밤 억지로라도 밤샘을 하고, 낮 동안에 잠이 쏟아져도 꾹 참아내면 밤 8시 지나면서 잠이 쏟아져 푹 자게 될 것이다. 3일장(葬) 치루고 잠 못 자는 사람 없다. 이렇게 해서 습관이 되면 자율신경의 리듬은 자연스럽게 갖추어지고 혈관도 젊음을 되찾게 될 것이다.

2

평상시 사용하지 않은 근육을 단련시켜 동맥경화를 해소하자

(1) 전혀 피로 없이 비만과 체지방 감소의 지름길

후꾸오카 대학 스포츠과학과 다나까히로아끼(田中宏曉)교수는 오랜 기간에 걸쳐 실시한 연구에서, 신체와 마음이 다 같이 건강하기 위해서는 매일 30분~1시간 정도의 가벼운 운동이 효과를 발휘한다는 것이다. 그 대표적인 운동이 「천천히 달리기, slow- jogging」이다.

일본에서 2009년 NHK TV 프로로 「slow-jogging」을 시작, 큰 반응을 일으켜 전국적으로 널리 보급되어 현재까지 계속되고 있다. 달리기를 싫어하는 사람도 있겠으나, 걷는 것보다 다소 빠르게 천천히 달리는 것이기 때문에 숨도 차지 않고, 습관이 되면 기분도 상쾌해져서 계속하는데 전혀 지장이 없고 싫증나지도 않는다는 것이다. 그 이유는 무엇일까?

근육은 가는 섬유(筋纖維)다발로 되어 있는데, 실은 둘의 성질이 다른 섬유 즉, 속근(速筋)과 지근(遲筋)이 있다. 속근은 재빨리 수축하면서 순발력이 좋지만 피로물질인 유산(乳酸)을 축적하기 쉬운 근육이다. 한편 지근은 수축은 느리지만 지구력은 우수하면서 유산을 축적하기 어려운 근육이다.

Slow-jogging에서는 지근만을 사용하기 때문에 피로하지 않고, 숨도 차지 않아서 장시간 운동이 가능한 것이다. 또한 slow-jogging은 보통은 사용하지 않는 근육(대퇴사두근(大腿四頭筋), 대요근(大腰筋))을 사용한다. 이들은 걸을 때에는 그다지 사용하지 않고, 나이가 들수록 현저히 쇠퇴하는 근육이지만, slow- jogging을 하게 되면 이들 근육이 단련이 되는 장점이 있다는 것이다.

그런데, 현대인의 건강을 위협하는 문제의 하나가 비만이다. 피하지방(皮下脂肪) 뿐 아니라 내장지방(內臟脂肪)도 축적되면서 당뇨병, 고혈압, 지질이상증, 동맥경화 등 다양한 병증을 일으키기 쉽다. 이 같은 여분의 지방을 제거하는 데에는 slow-jogging은 매우 효과적이다.

(2) Slow-jogging은 정말로 만능약

예를 들면 실제 평균연령 75.5세의 고혈압, 심장병 환자들을 대상으로 slow-jogging을 30분에서 1시간, 주 3~4회 실시한 결과, 고혈압약을 복용했던 환자들이 최대혈압 130mmHg, 최소혈압 70mmHg(기준치는 최대혈압 130mmHg 미만, 최소혈압 85mmHg 미만) 으로 안전치로 개선되었다고 한다. 더욱 가나까 교수 자신도 metabolic syndrom이었으나, 3개월에 체중 9kg 감량을 목표로 1일 300~400kcal 식사량에 해당하는 에너지 소비를 3개월간 slow-jogging으로 대신한 결과 약 10kg의 체중을 줄이는데 성공했다고 한다.

이와 같이 slow-jogging은 여러 가지 병의 치료와 예방에 효과적이어서, 참으로 만능약이 될 것으로 믿고 하루라도 빨리 시작해 보는 것은 어떨까요?

3

배를 복대(腹帶, 腹卷)로 따뜻하게 하면 혈압도 낮아지고 혈관도 젊어진다

(1) 하반신의 혈류 부족이 돌연사를 일으킨다

혈압은 나이가 많아지면서(고령) 올라가는 것이 상식이다. 그 큰 원인은 「하반신의 쇠약」에 있다고 한다. 인체에서 가장 큰 기관은 무어라 해도 근육(筋肉)이다. 남성의 경우 체중의 약 45%, 여성은 약 36%를 근육이 차지한다. 그 중에서 약 70%의 근육이 허리부터 하체에 집중되어 있다.

근육이 많은 곳에는 모세혈관이 많아서 대퇴부(大腿部)의 근육이 발달하고 있는 젊은 때에는 하반신에 많은 혈액이 흐르고 있다. 따라서 하반신의 체온도 높아서 「두한족열(頭寒足熱)」이라는 매우 이상적인 상태라고 하겠다.

그러나 연령이 많아지면서 점점 엉덩이의 근육이 줄어 홀쭉해지고, 대퇴부가 가늘어진다. 따라서 하반신의 근육도 줄고 모세혈관을 흐르는 혈액도 적어진다. 결국 혈액은 상반신으로 올라갈 수밖에 없는 상태가 된다.

이와 같이 상반신에 혈액이 많아지면 혈압도 높아진다. 어째서 뇌경색(뇌의 혈관이 막히는 병)이 생기는가하면 하반신으로 흐르는 혈액이 적어지면서 상반신의 최상부인 뇌에 흐르는 혈액이 많아지기 때문이다. 심근경색(심장의 혈관이 막히는 병)도 심장의 근육으로 영양을 보내는 관동맥(冠動脈)의 혈액이 많아지기 때문에 혈관이 막혀 생기는 병이다. 따라서 돌연사(突然死)로 이어지는 질병은 하반신에 혈류부족에 의해 발생하는 것이라 해도 과언이 아니다. 한의학에서는 이를 두열족한(頭熱足寒)이라 하고, 이를 수승화강(水昇火降) 즉, 두한족열(頭寒足熱)로 전환시켜야 한다는 것이다.

혈액이 적어진 하반신은 당연히 냉기가 일게 된다. 이 상태를 「두한족열」 상태로 되돌리려면 하반신을 따뜻하게 하는 일이 중요하다. 그 방법으로 권하고 싶은 것이 「배를 따뜻하게 하는 일」이다.

배에는 간장(肝臟), 비장(脾臟), 신장(腎臟), 위장(胃腸), 소장(小腸), 대장(大腸), 담낭(膽囊), 자궁(子宮), 난소(卵巢), 방광(膀胱) 등 대부분의 장기가 들어있다. 하반신에 냉기가 있다는 것은 배속에 있는 이들 중요한 장기의 혈행이 나빠지면서 말할 나위 없이 차가워지면서 기능도 저하한다. 이것이 전신의 건강상태를 크게 저하시키는 것이다.

예를 들면 신장에 혈행이 나빠지면 수분대사가 저하하고 오줌이 충분히 배설되지 않아서 신체 속에 여분의 수분이 괴이게 된다. 그렇게 되면 몸은 점점 냉기가 심해지게 되는데, 이를 한방에서는 수독(水毒)이라 하고, 아랫배가 볼록해지고, 하반신이 붓게 된다.

여기서 배를 따뜻하게 하는 일이 필요하다. 방법으로 「복대(腹帶)」를 하는 것이다. 복대로 배를 따뜻하게 하면 신체의 말단인 발끝까지 뜨끈뜨끈 해짐으로, 일상생활에서도 간편하게 할 수 있는 훌륭한 방법이다.

(2) 핫팩으로 몸을 따뜻하게, 걷기운동으로 하반신을 단련시키자

복대 외에도 핫 팩이나 보온 팩으로 복부를 따뜻하게 하는 방법도 있다. 본인은 20년 가깝게 보온 팩으로 밤에 잘 때는 물론이고 몸이 찬 듯하면 배를 따뜻하게 하는 것이 생활습관이 되어 있다. 이 때 주의할 것은 저온화상(低溫火傷)이다.

이 방법으로 하반신을 따뜻하게 하면 하반신의 혈류가 좋아지면서 상반신으로 혈액이 모아지기가 어려워지면서 고혈압개선에도 효과적이다.

이와 함께 반드시 마음 써야할 일은 걷기운동으로 하반신의 근육을 단련시키는 것이 중요하다. 장점으로는 첫째 체온의 상승이다. 조금 땀이 날 정도로 걷기를 계속한다면 체온 1℃ 이상은 상승한다. 둘째는 근육 속을 달리고 있는 혈관의 수축과 확장이다. 혈관이 수축. 확장하게 되면 혈류가 촉진되므로 혈압이 저하한다. 또한 걷기운동으로 하반신의 근육이 늘어나면 혈류도 좋아져서, 앞에서 기술한 「두한족열」의 상태로 점차 바뀌어 정상적인 건강체로 회복 유지할 수가 있다.

이상과 같이 핫 팩이나 보온 팩으로 배를 따뜻하게 하고, 적당히 걷기운동을 한다면 혈압이 정상상태로 좋아지고, 싱싱한 젊은 혈관으로 개선 유지될 수 있다고 이시하라유-미(石原結實) clinic병원장은 확언하고 있다.

4

자율신경을 조정하고 에너지도 소비 가능한 강압법인 노래 부르기

(1) 스트레스에 의한 고혈압에 좋은 노래방을 활용하자

1960년대 후반 일본에서 가라오게(カラオケ)가 한창이어서 도교 유학 중 놀랜 적이 있었는데, 얼마 지나지 않아 우리나라에도 「노래방」이 대중문화로 자라 잡아 널리 뿌리내리고 있다. 자기 목소리에 취해가며 노래 부르며 즐기는 사람도 꽤나 많다.

인생노트(7)에서도 간략히 기술한바 있지만, 노래방에서 노래를 부르는 것은 즐겁게 시간을 보내는 것만이 아니고, 신체 혈관에도 좋은 영양을 준다. 노래방 즐기기로 얻어지는 건강효과를 들어보기로 하자. 그 대표적인 것이 혈압이다. 고혈압은 일반적으로 자각증상이 보이질 않는다. 의사들의 공통적인 진단은 스트레스가 원인으로 몸을 무너뜨리는 사람이 많다는 것이다. 스트레스를 잘 해소시키지 못해서 자율신경(의지와는 무관계로 내장이나 혈관을 조정하는 신경)의 작용이 흐트러지기 때문이다. 자율신경 중 몸을 활동적으로 하기 위해 작용하는 교감신경이 과도하게 긴장해서 혈압이 높아지는 환자가 매우 많다는 것이다. 자율신경은 본래 교감신경과 몸을 쉬게 하는 부교감신경이 조화롭게 작용해서 내장이나 혈관을 조정하고 있다. 이 밸런스가 흐트러지면 몸은 무너지는 것이다.

여기서 스트레스에 의한 고혈압으로 고민하는 사람은 필히 노래방에 가서 노래하며 즐기기를 권하고 싶다. 노래를 부름으로서 자율신경을 조절하는 효과가 있기 때문이다. 노래하는 가운데 기분이 좋아지고 사기가 올라가고, 노래를 잘 부르고나면 안도감을 얻게 된다. 따라서 노래로 적절하게 긴장과 이완을 되풀이하는 자극을 심신에 가하는 것은 자율신경의 작용을 조절해주는 데에도 대단히 유효하다. 뿐만 아니라 운동하는 것과 동일한 효과가 있다는 것도 장점이다. 노래를 한 곡 부르면 100m를 전력으로 뛰는 것과 같은 정도의 산소를 소비한다는 연구결과도 알려져 있다. 고혈압인 사람이 전력 질주하는 것은 좋지 않지만, 반주에 맞추어 소리 높여 노래를 부르는 유산소운동은 혈압을 낮추는 효과가 기대되고, 혈관도 유연해진다는 것이다.

(2) 노래방 노래 부르기로 중성지방 저하효과 판명

큰 소리로 노래를 부르고 웃노라면 병을 이겨내는 면역력을 높이는 작용이 있다는 사실도 밝혀졌다.

예를 들면 후꾸다(福田)의원 원장 후꾸다도모오(福田伴男)박사는 T라는 60대 남성은 최대혈압 180mmHg, 최소혈압 110mmHg으로, 하는 일도 바쁘고 짠 음식을 즐기는 전형적인 고혈압 환자다. T씨는 마이크로 노래를 부른 경험이 전혀 없는 사람이다. 후꾸다박사는 노래방 노래를 권유한 것이다. 우선 똑바로 누워서 배 위에 전화부를 올려놓고, 노래연습을 하도록 했다. 이것은 복식호흡(腹式呼吸, 배를 내밀고 당겨서 횡격막을 상하로 움직이게 하는 호흡법)을 익히도록 계속 연습을 시킨 결과만으로 혈압은 기준치까지 내려가 정상화 되었다. 이어 노래방 노래를 권유 실행한 결과 동맥경화를 일으키는 중성지방도 확연히 낮아진 것을 판명했다는 것이다.

더욱 음치였던 후꾸다박사 자신도 부인과 함께 노래방 노래를 맹연습한 결과 가수 못지않은 노래광이 되었다고 자랑한다. 그는 기관지천식이 심하고, 위장도 약하고, 감기로 자주 고생하는 체질이었으나 큰 체질변화를 가져와 건강한 체력으로 일변했다고 한다.

그는 노래를 부르는 것으로 스트레스가 발산되면서 순환기, 호흡기, 소화기 등 건강효과를 동시에 얻었다는 확신으로 노래방 노래를 적극 권장하고 있다.

5

수면 중 무호흡증을 해소하고 혈관의 부하를 낮추는 수면법

(1) 옆으로 누어자기

당신은 매일 밤 어떤 자세로 자고 계신가요? 만약 매일 밤 심하게 코를 골거나, 의사로부터 「수면무호흡증후군(睡眠無呼吸症候群)」이라고 진단했다면....「옆으로 누어자기(왼쪽으로)」를 실천해보기를 권하고 싶다.

어째서 옆으로 누어 자는 것이 좋은가? 라는 이유를 밝히기 전에 수면무호흡증후군을 설명해 두고자 한다.

이 병증은 수면 중에 심하게 코를 고는 구나....라고 생각하는 사이, 돌연 호흡을 멈춘 상태로 10초 이상 계속 된다. 이 같은 상태가 오랜 동안 지속되면 환자는 아무리 잠을 자도 숙면감이 없고, 두통과 나른함, 그리고 기분이 멍청해진다는 자각증상에 빠지게 된다. 또한 고혈압이나 뇌경색 등을 일으킬 위험성도 있다.

수면무호흡증후군 환자를 pulse oxy-meter로 말초혈관의 산소량(SPO_2)을 측정해 보면, 건강한 사람의 경우 96~97% 이상의 치를 나타내는데 비해 SPO_2 치가 70%까지 내려간다는 사실로도 얼마나 호흡이 정지되고 있는지? 얼마나 체내에 산소가 부족한 것이지 짐작이 된다. 이 때문에 수면무호흡증후군 한자는 심신에 큰 스트레스를 주게 되고, 그 스트레스는 혈압을 상승시켜 혈관에 큰 부하가 주어진다는 것이다.

이 같은 병증에 걸리기 쉬운 비만체형(肥滿體型)의 사람은 연구개(軟口蓋, 위턱 안쪽)나 인두벽(咽頭壁, 목구멍)의 살집이 좋고, 혀도 크고 무겁다. 이 같은 사람이 똑바로 누어 고개를 젖치고 자면, 그 중력(重力)으로 혀가 목 안쪽으로 쑥 들어가서 기도(氣道.공기가 통하는 길)가 좁아진다. 코고는 것도 이 기도가 좁아진 것이 원인이다. 더욱 이같이 기도가 협착상태로 오랜 기간 코골이를 지속하게 되면 만성적 산소결핍상태가 생기게 되고, 그것은 심장이나 폐에 부담을 증가시켜 고혈압이나 뇌경색 등의 원인이 된다.

그런데 옆으로 자면 이 기도를 닫아 막는 폐색상태가 해소된다. 똑바로 위를 보고 자는 것은 인간뿐이다. 다른 동물은 모두 옆으로 누어 잔다. 옆으로 누어 자는 것은 가장 몸에 부담을 주지 않는 체위(體位)이다. 매일 밤 옆으로 누어자게 되면 수면무호흡증후군의 여러 가지 자각증상이 경감될 뿐만 아니라, 고혈압의 개선효과나 혈관이 젊어지는 효과도 기대된다는 것이다.

(2) 180mmHg의 혈압이 120mmHg로 정상화

실제 간마히로시(管間裕)병원장은 수면무호흡증후군으로 30세부터 코골이가 심해, 가족으로부터 시끄러워 잠을 잘 수 없다는 소리를 듣게 되고, 10년 이상 고혈압으로 힘이 들었다고 한다. 그 당시 신장은 183cm, 체중 103kg, 수면무호흡증후군이 된 것도 이 같은 체형이 하나의 요인이었다고 한다. 가장 높았던 때는 최대혈압 200mmHg, 최소혈압 110mmHg(기준치 최대혈압 130mmHg 미만, 최소혈압 85mmHg 미만) 였고, 그것도 고혈압 강압제를 먹고 있을 때의 수치다.

그래서 시작한 것이 옆으로 누어자기였다. 2개월 후 측정한 결과 최대혈압 120~130mmHg, 최소혈압 80mmHg로 극적인 정상치로 개선되면서, 지금까지 먹던 강압제 약도 끊었다고 실토하고 있다.

매일 밤 코골이가 심한 사람, 잠자리에서 일어나 목구멍이 심하게 마른 사람, 수면 중 숨이 끊기는 사람과 그로 인해 몇 번이고 잠에서 깨는 사람, 일하는 중에도 졸음이 심한 사람 등은 수면시 무호흡증후군의 의심이 있는 사람이다, 의사의 검진은 물론, 필히 옆으로 누어자기를 실천해보시기 바란다.

6

혈압이나 혈관연령에 일희일우(一禧一憂)말고 즐겁게 살자

너무 철저하게 빈틈없이 살기보다 더러는 흐리터분하게 사는 것도 어쩌면 정신건강상 좋을 것 같다.

혈관을 싱싱하고 젊게 만들고 유지하는 생활습관에 관해서는 앞에서도 많이 소개했으며, 이것들은 모두가 훌륭한 지적이라고 생각한다. 한편, 그러면서도 지나치게 혈압이나 혈당치 등 검사 치에 과민 하는 것도 역효과라고 생각한다.

혈압은 점점 나이가 들게 되면 올라가는 것은 당연한 것, 혈압이란 개인차도 커서 수치만이 중요하다고는 생각하지 않는다. 혈압이 낮아도 뇌경색 등으로 쓰러지는 사람도 적지 않다는 것이다.

어느 의사의 말이다. 그는 지금부터 20여 년 전 의사모임에서 혈압을 측정한 결과 최대혈압 180mmHg, 최소혈압 110mmHg(기준치 최대혈압 130mmHg 미만, 최소혈압 85mmHg 미만) 이었다. 의사들의 권유로 혈압 강압제를 복용했다. 혈압이 20mmHg 내려갔다. 1주 계속 먹었지만, 수치에 억매는 것보다 차라리 즐겁게 먹고 운동하며 살면 되겠다는 생각으로 약도 끊고 살아오고 있다. 지금까지 별 병도 없이 건강하다는 것이다.

예를 들면 두통이나 토기(吐氣), 나른함, 요통 등의 증상도 없이 건강하다면 혈압이 조금 높아도, 그 사람 나름의 조화로운 건강 유지가 이루어지고 있다는 것이다. 이것을 수치만을 들어서 병일 것이라고 하나로 묶어 의심하고 걱정하는 것은 난폭한 생각이라고 본다.

혈압은 체질은 물론 직업이나 성격으로도 달라질 수 있고, 그밖에 여러 가지 조건이 달라지면 한 사람 한 사람의 수치의 의미는 달라진다. 본래 의사진도 그와 같은 것을 생각하지 않으면 안 된다고 생각한다. 혈압에 약간의 오르고 내림에 일희일우 한다면, 내려갈 혈압도 내려가지 않는다. 그러기 때문에 무리하지 말고 즐겁게 살아가는 것이 제일이다.

나 자신도 85세가 넘도록 살아왔는데, 이제 와서 장수하겠다고 먹고 싶은 것도 가려 억지로 참고, 마시고 싶은 술도 철저히 금주할 필요는 없다고 본다. 물론 나에게는 고혈압도 당뇨도 없다. 다만 지질 중 LDL이 다소 높은 편이지만 다행히 HDL은 높고, 중성지방이 낮다.

식생활은 밀가루 음식은 본래 체질상 싫어해서 먹지 않고, 밥은 가리지 않지만 양은 극히 적게 먹는다. 그 대신 20여 년 전부터 반드시 본식사에 앞서 생강꿀차와 마늘꿀차에 과일 채소 반숙계란 1개와 건과류 등을 믹서로 갈아 배를 채우고, 식사는 아주 간단히 하루 두 번 정도 반공기와 미역국 등으로 끝이다. 물론 생선 고기를 즐기는 편이기에 주 2~3회는 먹고 있으며, 술도 친구모임에서는 소주 2~3잔은 반드시 마시며 즐긴다. 집에서 혼자 술을 마신 적은 한 번도 없는 듯싶다. 주 4~5회 점심은 친구와의 만남으로 자유스럽게 가리지 않고 먹는다.

건강을 위한 운동으로는 수요일 마다 약 20년 이상 등산회원들과 서울 주변 야산 등산으로 하체를 단련하고 있으며, 한의학에 취미를 갖고 있어 매일 선 요가와 간단한 지압 마사지 등....게으름 없이 하고 있다. 그리고 책읽기, 쓰기, 번역요약, 가정 꽃 기르기(떡갈고무나무, 아레카야자, 테이블야자, 풍란, 호접란, 카틀레야, 연산홍, 디펜바키아, 파키라, 꽃기린, 크로톤, 스킨답시스, 자스민, 코다리네, 크리스마스로즈, 엔시클리아.... 등 30여개의 화분)와 봄부터 가을까지는 벼와 쌀을 전공한 농학인 이지만, 벼 한포기 심을 논이 없기에 고양시 원당에 있는 14층

아파트(거주지) 옥상 빈 공간에 콘크리트로 칸이 진 화단이 있기에 2018년부터 토마토 15, 가지 6, 고추 6포기를 심어 멋지게 즐겨 가꾸며 제법 많은 수확을 하고 있다. 매일 아침 6시와 저녁 식사 후 옥상에 올라가서, 정성껏 기른 만큼 자라 꽃피고 열매 맺는 작물의 일생을 같이 한다는 것은 즐겁기 이를 데 없다. 더불어 옥상에서 원당을 둘러쌓고 있는 주변 북한산과 들, 도시근교 풍경, 해 오르고 지는 광경을 보노라면 매일 매일의 시작과 마무리를 이들과 함께 하는 즐거움이란 노후의 행복으로 비길 곳이 없다고 생각한다. 또한 원당 성산종합체육관 옆 산책길(1km)을 주 3회 5~6바퀴를 돌면 5~6km를 걷는 셈이다.

또한 PC와 스마트폰은 친구가 되어 하루도 빠지지 않고 음악듣기를 비롯해 카카오톡, 페이스북 앱을 이용한 의학상식, 편편단상(시와 수필), 그리고 더러는 신문이나 잡지 투고 등 지난날 하지 못했던 일들도 재미삼아 부단히 하고 있으며, 특히 친구와 주변 인연들과의 주고받는 무언의 소통을 일과로 삼고 있다.

정년 후에는 경희대 평생교육원에서 침구의학을 2년간 수강하여, 노후 이동의료 무료봉사의 신념으로 사회에 이바지하려고 애쓰고 있다는 것을 부끄럽지만 여기에 적어둔다. 치료결과 아-참으로 기쁘다, 마음이 넉넉하다....라고 느껴본 케이스도 여러 번 있었다.

더욱 밝혀두고 싶은 것은 고 김문헌 청장께서 후학들을 위해 사단법인 「농업사회발전연구원」을 개설 농촌진흥청에서 함께 했던 선후배 연구관들과 농업 농촌에 관한 현안과 미래지향적 농업발전을 위한 과제 수행을 할 수 있다는 것은 영광된 일이며, 더더욱 이로 인해 한 가족과 같이 직장에 이어 일생 함께 할 수 있으니 이보다 더 큰 인복(人福)은 없다고 생각하고 더욱 소중히 길러가려고 한다. 이 같은 귀한 인연과 일들, 그리고 생활습관이 나를 여기에 지금까지 건강하게 지켜 준 비결이라고 믿고 있다. 복중에 가장 귀하고 큰 복은 인복(人福)이라고 했는데, 나 스스로 인복이 있다고 감사하게 생각하고 있다.

늦가을 밤 나그네 떠난 자리

늦가을 잎 다 떨 군 마른 나뭇가지에
늙은 나그네 까마귀 한 마리
지는 해를 등지고
홀로 앉아 있다

찾는 사람 발길도 끊어진
쓸쓸한 산골마을에
나그네 너마저 떠나버린 자리엔
이둠의 적막이 드리운 채
텅 비어 있구나.

PART 17

혈관을 강하게 하는 「 식품 」

1

고혈압, 동맥경화, 당뇨병을 막을 수 있는 권장할 식품

(1) 스트레스, 피로, 흡연은 피의 흐름을 방해한다

「술술 흐르는 혈액」,「끈적끈적한 혈액」이란 말은 의학에서는 흔히 쓰면서 중요성을 강조한다. 그렇다면 어떤 상태의 혈액을 나타내는 것인가?

혈액 상태를 좌우하는 열쇠는 수분이 아니다. 산소를 나르는 적혈구(赤血球)와 체내에 침입한 이물(異物)을 없애는 백혈구(白血球), 혈액을 굳히는 혈소판(血小板) 등 혈액 중 세포성분의 건강상태가 중요하다.

구체적으로는 적혈구는 탄력성(彈力性), 백혈구는 점성(粘性), 혈소판은 응집성(凝集性)과 각각이 지닌 특성으로 건강상태를 판단할 수 있다. 예를 들면 탄력이 떨어진 적혈구는 건강하다 할 수 없고, 점성이 높아진 백혈구, 응집성이 높아진 혈소판도 건강하지 못한 것이다.

이들 요소들이 조화롭게 짝지어 건강했던 술술 흐르는 건강한 혈액이 건강치 못한 끈적끈적한 혈액이 된다는 것이다. 한마디로 말하면 끈적끈적한 혈액이라도 몇 가지 패턴이 있다. 어째든 끈적끈적한 혈액은 건강치 못한 상태의 것임에는 틀림이 없다.

우리 몸에는 혈관이 구석구석까지 빠짐없이 거미줄처럼 연결되어 있다. 혈관이 굵은 것뿐 아니라 대부분은 머리카락의 1/14 정도인 7mμ의 가늘디가는 모세혈관이다. 혈액이 술술 흐르는 건강한 것이라면 이처럼 가는 모세혈관이라도 smooth하게 흐른다. 그러나 끈적끈적한 혈액이면 모세혈관 내에서 흐름이 나빠지면서, 혈액을 통해 운반될 산소와 영양소가 전신으로 공급 되지 않게 된다.

이 같은 상태가 계속되면 모세혈관이 막히고 터지기 쉽게 되면서, 보다 굵은 혈관에서 동맥경화가 진행된다. 그리고 심근경색이나 뇌경색 등 생명과 직결되는 중대한 병의 방아쇠가 되고 만다. 따라서 혈액을 술술 흐르는 상태로 유지한다는 것은 우리가 건강하게 살고 있다는 것과 직결되는 것이다.

끈적끈적한 혈액에는 몇 가지 패턴이 있다고 했는데, 여기에는 주된 원인이 있다. 적혈구가 탄력을 잃는 원인은 한쪽으로 치우친 식생활이다. 혈액 중에서 중성지방치(中性脂肪値)나 혈당치(血糖値.혈액 중 당분량을 나타내는 치)가 높아지면 적혈구가 탄력성을 잃어 모세관을 통과하지 못하게 된다. 백혈구의 점도를 높게 해서 혈류를 방해하는 원인은 스트레스나 피로, 흡연이다. 혈소판이 굳어지기 쉬운 원인은 알코올(술)의 과음이나 단 것을 지나치게 먹은 결과다.

평상시 생활이 혈액 상태를 좌우하고, 건강치 못한 상태의 혈액이 생활습관 병을 불러일으킨다면, 우선 생활습관을 바꿀 필요가 있다. 그런데 현대인은 이미 스트레스에 노출되어 있으므로, 식습관을 바꾸는 일이 무엇보다 중요하다.

(2) 유익한 식품을 짜임새 있게 섭취하는 것이 효과적이다

혈액을 술술 흐르는 건강한 혈액으로 유지하기 위해서는 지방 섭취량을 줄이고, 효과 있는 식품을 섭취하도록 마음을 써야 한다. 바로 권장하고 싶은 것이 ①「흑초(黑酢), 현미로 만든 식초」, ②「매실, 梅實엑스(트랙트)」, ③「낫토, 納豆, 푹 삶은 메주콩을 짚 꾸러미 보자기에 넣고 더운 방에서 띄운 것」이다. 이들 3가지 식품은 일본「혈액 흐름 연구학회」의 연구.실험에서 혈액을 건강하게 술술 흐르게 하는 효과가 입증된 10가지 식품 중에서 탑3로 랭킹 되고 있다. 덧붙여서 랭

킹 10가지에 속하는 식품을 순위로 보면, ①흑초(黑酢), ②매실엑스, ③낫토(納豆), ④등푸른생선(青魚), ⑤검정콩(黑豆), ⑥녹차(綠茶), ⑦토마토, ⑧양파, ⑨브로콜리, ⑩Beer 이다.

흑초: 적혈구의 탄력성을 높임과 동시에 혈소판을 굳게 하는 것을 방지한다. 즉효성(卽效性)이 있다는 것이 특장으로, 흑초를 마시고 1~2시간 후에 혈액이 맑아지는 효과가 인정되고 있다. 그대로 마시거나 따듯한 물로 희석해서 마셔도 좋다.

매실엑스(트랙트): 푸른 상태에서 수확한 과육(果肉)을 갈라서 졸인 것이다. 졸일 때 생기는 무메후랄(mumefural)은 매실에만 있는 성분이다. 이 성분에는 혈소판이 굳는 것을 막는 작용이 있다는 것이다. 따듯한 물로 희석해서 먹는 것을 권유한다. 꿀을 섞어 먹어도 좋다.

☞ 생매실에 함유된 당질 5-hydroxy-methyl-furfural 과 구연산이 결합한 신규화합물을 발견하여 매실학명인 「prunus mume」의 mume와 신물질의 구조상의 특징을 나타내는 fural을 조합하여 「mumefural」이라고 명명했다. 이 mumefural

이 「경이로운 흑식품, 식탁의 흑화계획」이라면서 4년 전 일본열도를 달군 검은콩, 검은쌀, 흑임자, 흑초 등 흑식품 붐을 일으키는 효시가 되었다.

「mumefural」은 생매실이나 우메보시(梅干)에는 함유되어 있지 않고, 매육엑기스에 풍부하게 함유되어 있는 구연산 등과의 상승효과에 의해 혈류개선 효과(11~52%)를 나타낸다.

매실엑스 성분으로 주목 받고 있는 것이 「mumefural」로, 발견자는 농림성 식품종합연구소 기꾸지(菊池 佑)박사 구릅이다(체외에서 신체 내 혈류측정기술 개발)

낫토: 콩 식품 중에서도 각별히 좋다고 할 만큼 우수한 건강식품이다. 낫토에 함유된 풍부한 비타민B_2는 혈액 중 지방의 산화를 방지하고, 지질이나 당질이 에너지로 바뀌는 것을 도와서 비만을 예방한다. 직접적으로 혈액을 맑게 하는 효과는 낫토 특유의 성분인 낫토키나제로 혈전(血栓, 혈관 내에서 만들어지는 혈액의 덩어리)을 용해시키는 힘이 강하고, 혈소판의 응집을 막는 효과가 있다.

일본 농림수산성 발표에 따르면 흑초와 매실엑스를 조합하여 먹으면 대부분의 사람에게서 혈액이 맑아져 혈관을 막힘없이 술술 흐르는 효과가 있음을 확인하고, 낫토 1팩에 흑초 1스푼을 섞어 매일 먹거나, 또 다른 혈액을 맑게 하는 식품(top 10)과 조합해 먹으면 보다 효과적이라고 권유하고 있다.

2

암 치료 명의가 추천하는 생활습관병 예방식품 당근주스

(1) 고대 그리스나 로마에서는 약용으로 이용했다

일본 니시다이(西台)클리닉 원장 와다요 다까호(濟陽高穗)박사는 암 치료에 크게 성과를 올리고 있다는 식이요법으로 가장 중요한 것은 매일 대량의 채소 과일주스를 먹는 것이라고 소개하고 있다. 그 주스의 소개 중에서도 빠질 수 없는 것이 「당근」이다. 당근을 주스로 만들어 습관적으로 마신다는 것은 암의 예방뿐 아니라, 여러 가지 병을 예방하는 데에도 매우 효과적이라고 한다.

애당초 당근은 예부터 건강증진이나 건강불량을 회복하는데 훌륭한 식품으로 알려졌고, 고대 그리스나 로마에서는 당근이 일반식품이 아니고, 오로지 약용으로 이용되었다고 한다.

현대 영양학으로 보아도 당근은 매우 훌륭한 식품이다. 비타민A, 판토텐산이나 나이아신 등 비타민B군, 비타민E, 칼륨, 철 등 미네랄이 폭넓게 함유된 식품이다. 특히 당근에 함유된 영양성분으로 특기할 수 있는 것은 베타카로틴(β-carotin)이다. 이것은 carotinoid라는 성분의 일종으로 체내에서 필요에 응해 비타민A로 변환한다. 한편, 베타카로틴은 그 자체만으로도 체내 중요한 작용을 하는 성분으로 최근에도 주목받고 있다. 그 대표적인 작용은 뛰어난 항산화작용(抗酸化作用, 병증이나 노화의 근원이 되는 활성산소를 제거하는 작용)이다. 해로운 활성산소는 암을 비롯해 많은 생활습관병의 발생과 악화에 영향을 준다. 체내 활성산소가 과잉이 되면 동맥경화 촉진, 나아가서는 혈행의 저해로 이어진다. 베타카로틴은 그 활성산소를 제거하는데 강력한 작용을 하고 있다.

(2) 협심증이나 심근경색의 발생률을 저하시킨다

당근 100g 속에는 베타카로틴이 7.7mg 함유되어 있다. 이것은 토마토의 14배에 해당된다. 당근이 암의 식사요법으로 빠질 수 없는 것도 풍부히 함유된 베타카로틴의 항산화작용이라고 지적하고 있다.

후쿠시마(福島)대학원 호시노(星野仁彦)교수는 암의 대표적 식이요법 겔손(ゲルソン)요법을 고안 실천해서 암을 극복, 매일 1리터의 당근주스를 마시고 있다고 한다. 스위스나 루마니아 등의 자연요법병원에서도 당근, 사과주스가 치료식의 주체가 되어있다고 한다.

또한 스코틀랜드에서는 베타카로틴의 투여로 협심증(심장의 혈류부족으로 통증이 생기는 병), 심근경색의 발생률이 낮아지고 있다고 보고하고 있다. 그것은 베타카로틴의 항산화작용으로 LDL의 산화가 억제되어 동맥경화의 진행이 저지된 결과라고 보고하고 있다.

만드는 방법은 간단하다. 1컵 분량의 재료로는 당근 3개, 사과 1/2~1개, 레몬 1/2개, 이것들을 잘 씻어서 적당한 크기로 잘라 믹서기로 곱게 간다. 만들어진 주스에 레몬즙을 가해서 바로 마시면 된다. 1일 1잔 이상을 권한다. 물론 당근주스 단독으로도 효과가 크기 때문에 반드시 실행하여 봄직하다.

3

약이 듣지 않는 고혈압, 당뇨병에 효과가 큰 초란(酢卵)

오가와(小川)의원 이사장 오가와데쓰오(小川哲夫)박사의 경우를 중심으로 기술하고자 한다.

오가와 박사가 「초란식초에 담근 계란」을 마시기 시작한 것은 50년 전이고, 계기가 된 것은 어머니라고 한다. 어머니의 당시 나이는 40대로 고혈압과 당뇨병으로 고생. 최대혈압180mmHg, 최소혈압 110mmHg이었다. 강압제와 당뇨병약도 복용 중이었으나 병증이 개선될 기미가 보이질 않았다.

어머니는 민간요법에 관심이 깊어 여러 가지 방법을 모색하다가 시작한 것이 바로 초란요법이었다. 이것이 큰 효과를 나타낸 것이다. 소개하면 식초 1홉(180ml)에 생계란 1개 비율로 준비(식초 2홉이면 계란 2개), 계란은 가능한 신선한 것을 선택한다.

먼저 깨끗이 씻은 계란을 뜨거운 물로 소독한 유리병에 넣고, 식초를 계란이 잠기도록 넉넉히 부어 밀봉해서 상온인 어두운 곳에 둔다. 7~10일이 지나면 계란의 껍질이 녹고, 엷은 하얀 속껍질만 남게 되고, 노른자위와 흰자위는 투명해진다. 이때 밀봉한 뚜껑을 열고 하얀 속껍질은 건저내고, 계란을 식초와 고루 섞는다. 냉장고에 보존하면서 1일 원액을 큰 수저로 2(30ml) 정도를 매일 마시면 된다.

1년 정도 계속 마신 결과 혈압은 최대혈압 180mmHg, 최소혈압 110mmHg 이었던 것이 각각 140mmHg, 90mmHg까지 내렸고, 혈당치도 식후 180mg/dl 이었던 것이 110mg/dl 까지 내렸다. 초란은 전체적으로 몸 상태가 개선된 것이다. 어머니는 95세까지 건강하게 사시다 천수(天壽)를 누린 것이다.

의사 자신도 30년간 계속 복용하면서 건강 상태를 유지하고 있으며, 최대혈압 120mmHg, 최소혈압 70~80mmHg 을 유지하고 있다. 만약 초란 원액을 마시기가 힘들다고 느낀다면 1일분의 분량을 컵에 넣고 따뜻한 물 200ml로 희석해서 벌꿀을 알맞게 넣고 먹는 것도 좋으며, 먹는 시간은 특별히 정할 필요는 없고, 취침 전에 마시는 것이 좋다고 한다. 실천해 봄직하다.

4

동맥경화와 알츠하이머병 예방에 주목할 식품「올리브유」

(1) 올리브유와 건강장수

「올리브유.olive oil)」는 건강에 아주 좋은 식품으로 알려지고 있다. 2011년에 100세를 맞은 세이로가(聖路加) 국제병원 이사장 히노하라(日野原重明) 박사는 매일 아침 천연과즙주스에 올리브유를 1spoon 넣어 40년 이상 계속 마시고 있어 건강장수 활동인으로 유명하다.

우리가 섭취하고 있는 기름은 크게 포화지방산(飽和脂肪酸. 버터나 라드 등 주로 동물성지방)과 불포화지방산(不飽和脂肪酸, 식물성지방과 어유)으로 나눈다. 불포화지방산은 또다시 3가지로 분류한다. 분자구조상 아마인유(亞麻仁油), 어유(魚油) 등이 함유된 「오메가3계」, 샐러드유 등이 함유된 「오메가6계」, 올리브유가 함유된 「오메가9계」로 나눈다.

현재 문제시 되고 있는 것이 「오메가6」의 과잉섭취다. 「오메가3」와 「오메가6」는 본래 1대 1의 비율로 섭취하는 것이 이상적이지만, 현대인의 식생활에서는 1대 20의 비율로 섭취하고 있다는 데에 있다. 「오메가6」는 체내에서 아라키돈산이라는 물질로 변한다. 이것을 과잉섭취하게 되면 아라키돈산으로부터 프로스타글란딘, 트롬복산 등이 염증반응을 일으켜서 기관지염, 피부염, 관절염, 특히 뇌세포에 염증을 일으켜 알츠하이머병 리스크를 높인다는 것이다. 따라서 1대 4 정도로 추천하고 있으나, 그 양을 확보하기 위해서는 정어리, 꽁치 등을 현재의 2배 이상 먹어야한다는 것이다.

그래서 대안으로 추천하고 있는 것이 「오메가9인 올리브유」이다. 구체적으로는 매일 사용했던 샐러드유 대신 올리브유로 바꾸면 된다. 아침에 빵에 마가린 대신 올리브유를 발라 먹거나, 저녁 무침이나 볶음에 샐러드유를 쓰지 말고 올리브유로 조리하라는 것이다.

(2) 관절이나 뇌의 염증을 막는다

올리브유에 함유된 polyphenol에 대해서는 새로운 성과가 보고되고 있다. Polyphenol은 식물에 함유된 색소나 쓴맛의 성분으로 노화나 병의 기본이 되는 활성산소를 저하시키는 효과가 있다.

여기서 스페인 바르셀로나 시립의학연구소 보고를 소개하고자 한다. 지중해 주변에서 실천하고 있는 식사를 「지중해식」이라고 하는데, 그 특징은 육류는 적고 채소와 생선을 중심으로 올리브유를 많이 사용한다는 점이다. 이들 지중해식과 올리브유에 대한 흥미 있는 실험이 이루어지고 있다. 즉 20~50세까지의 건강인 90명을 3그룹으로 나누어, 제1그룹은 지중해식에 polyphenol 이 많이 함유된 올리브유를 넣은 식사, 제2그룹은 지중해식에 polyphenol이 적게 함유된 올리브유를 넣은 식사, 제3그룹은 지중해식만을 계속 먹도록 했다. 3개월 후 혈액을 채취해 유전자분석을 실시 한 결과, 제1그룹에서는 동맥경화를 일으키는 유전자 발현이 다른 2그룹에 비해 명백히 적어졌음이 판명되었다. 이 실험을 시작으로 올리브유에 함유된 polyphenol이 동맥경화 예방에 관여하고 있다는 것이 확인된 것이다.

쥰덴도오(順天堂)대학 대학원 가령제어의학부(加齡制御醫學部) 시라자와(白澤卓二) 교수가 권유하는 것은 올리브열매를 제일 먼저 짜낸 Extra virgin olive oil 이다. 여기에 함유된 올레오칸달(oleocanthal)이라는 화합물에는 뛰어난 항염작용(抗炎作用)과 항암효과 및 항산화효과로 의학계에 주목을 받고 있어, 병원에서 처방하는 항염증제와 동등한 효과가 있음이 밝혀졌다. 따라서 관절염 환자는 대량의 항염증제를 먹고 있는데, extra virgin olive oil를 섭취함으로써 약량을 줄일 수 있다는 것이다. 또한 항염증제를 복용하는 루머치스 환자는 알츠하이머병의 발병리스크가 낮아진다고 보고되고 있다. 결국 extra virgin olive oil에는 알츠하이머병의 발병리스크를 낮출 가능성이 있다는 것이다. 신비스러운 기름이기에 앞으로 적극 이용될 것이라고 확신하고 있다고 한다.

5

생강홍차로 체온을 높여 혈압을 낮추고 혈액순환을 개선하자

(1) 체온 1℃ 낮아지면 면역력 30% 저하

최근 체온저하로 인한 면역력저하가 각종 혈액병리스크가 급증하고 있다는 사실이 알려지고 있다. 왜냐하면 체온 1℃가 내려가면 면역력(免疫力, 체내에 들어오는 바이러스, 세균, 이물질 등으로부터 자신의 몸을 지키는 힘)은 약 30% 저하하여 병에 이병되기 쉽고, 더욱 혈액순환이 나빠져 혈압이 상승한다는 것이다.

의료현장에서는 고혈압이라고 진단되면, 즉각 강압제(降壓劑, 혈압을 낮추는 약)를 처방하는 풍조가 있는데, 최대혈압 150mmHg, 최소혈압 100mmHg정도까지는 강압제의 처방은 신중해야 한다는 견해도 많다.

혈압이 높으면 심근경색, 뇌경색으로 돌연사 하기 쉽다고 생각하는 사람도 많으나, 반드시 그렇다고는 말할 수 없다는 견해도 많다. 왜냐하면 역으로 혈압강하제의 부작용으로 심근경색이나 뇌경색의 발증이 지적되고 있기 때문이다. 혈압을 낮추면 혈류가 완만해지기 때문에 혈전(血栓, 혈관 내에서 만들어지는 혈액의 덩어리)이 쌓이기 쉬어서 심근경색이나 뇌경색의 리스크가 높아진다는 견해도 있다.

예로 고혈압 환자에게 강압제를 계속 복용시킨 결과 안정피로(眼睛疲勞)가 심해져서 안과진찰을 받은 결과, 눈 속 신경에는 혈액이 막히기 쉬운 곳으로, 혈압을 지나치게 낮추면 혈행이 저해된다는 진단으로 강압제 복용을 중지한 결과 증상이 해소되었다는 것이다(文藝春秋, 2011.11호).

이상과 같이 고혈압에 관해서는 가지각색의 다른 상식이 존재하므로,

가장 좋은 처방은 저염식(低塩食)이라는 것이다. 그러나 지나친 감염식(減塩食)은 체온을 낮춘다는 중요한 사실을 망각해서는 안된다.

염분의 지나친 감염식은 체온을 냉하게 하는 원인이 되며, 오리려 혈관을 수축시켜서 혈압을 높이는 위험성이 있다. 여기서 몸을 따뜻하게 하는 최적의 방법이 바로 「생강홍차」다. 한방치료로서 효능에 주목하고 있다(이시하리, 原結實clinic 원장).

(2) 체온상승을 촉진하는 최강의 조합 「생강홍차」 만드는 법

만드는 방법은 생 생강을 깨끗하게 씻어(껍질도 벗겨냄) 믹서로 곱게 갈고, 양질의 꿀로 재워 유리병에 넣어 냉장고에 보관한다. 매일 아침 저녁으로 1spoon + 홍차를 넣고 뜨거운 물로 적절히 희석하여 식전에 마시도록 한다.

한방약에서는 대부분(70% 이상) 생강을 2~3쪽 넣는 것이 상식이며, 모든 식재에도 생강을 양념으로 넣는 것은 식미를 높이는 것은 물론, 체온을 높이고 항균작용 효과가 있어 세계적으로 최상의 식품이다.

따라서 「생강+홍차+흑설탕 또는 꿀 차」는 체온상승을 촉진하고, 신진대사를 높이는 최강의 조합이라는 것이다.

본인도 냉 체온으로 추위에 약하고 식욕부진으로 약한 체질이었으나, 2013년부터 매일 아침저녁으로 복용하면서 체온도 높아지고, 소화기관도 정상적으로 돌아와 건강이 정상화되었음을 확인하면서, 고혈압의 예방과 개선, 냉 체온으로 인한 각종 병 리스크의 예방에도 뛰어난 효과가 있다는 것을 확증하면서, 많은 분들의 실천이 있기를 권유하는 마음 간절하다.

6

초콜릿으로 혈관을 부드럽게 유지하여 심장발작 위험으로부터 벗어나자.

(1) 구미에서는 「초콜릿이 혈압을 내린다」가 정설

초콜릿(chocolate)이라고 하면 지방이 많고 고에너지(칼로리)라는 이미지가 강하다. 그러나 초콜릿에는 동맥경화, 인지증(認知症), 암, 위궤양, 관절 류머티즘(rheumatism), 아토피성피부염, 꽃가루증(花粉症), 백내장(白內障, 눈 렌즈에 해당하는 수정체가 탁해지는 병), 당뇨병 등 많은 병증을 막는 작용이 있다는 것이 알려져 왔다.

초콜릿은 고래로부터 중앙-남아메리카에서 신으로 받은 선물로 중히 사용되어 왔고, 유럽으로 전해져와 왕실귀족의 비약(秘藥)으로 귀중하게 여겨져 왔다. 즉, 초콜릿은 몸에 좋다는 것은 예부터 알려져 왔다는 것이다. 최근에는 성분분석에 의해 주원료인 카카오(cacao)에는 polyphenol이 열매에 풍부하게 함유되어 있다는 것이 명백히 밝혀지고 있다.

Polyphenol은 식물에 함유된 강력한 항산화작용(병증이나 노화의 기본이 되는 활성산소를 제거하는 작용)을 갖는 약효성분이다. 따라서 초콜릿을 먹으면 활성산소가 관계하는 병증인 암, 동맥경화, 알레르기 등을 억제하는 작용이 기대되고 있다.

예를 들면, 동맥경화는 혈관 내에 쌓인 콜레스테롤이 활성산소에 의해 산화되면서 일어난다. 그런데 초콜릿에 풍부히 함유된 polyphenol은 강력한 항산화작용을 가지고 있기 때문에, 혈관을 부드럽게 유지하여 동맥경화를 예방한다. 또한 최근 주목을 끄는 것은 초콜릿의 고혈압

개선효과이다. 구미에서는 오래전부터 「초콜릿을 먹으면 혈압이 낮아진다.」는 것이 정설이다. 따라서 카카오 성분의 혈압강하작용에 대한 연구가 속속 보고되고 있으며, 그 중 몇 가지를 소개하기로 한다.

(2) 1일 1.5개, 한입 초콜릿으로 충분

먼저, 미국 의학잡지에 게재된 독일 퀼른(Cologne)대학 연구 결과이다. 56~73세의 고지혈증(高脂血症, 혈액 중 지방분이 많은 상태, 지질이상증), 고혈압 환자 44명을 대상으로 18개월간 dark-chocolate 와 white-chocolate를 무작위로 먹게 했다. 그 결과 dark-chocolate를 먹은 그룹은 최대혈압 평균 2.9mmHg, 최소혈압 1.9mmHg 내려갔다. 한편, white-chocolate을 섭취한 그룹에서는 혈압변화가 없었다. 이 차이는 카카오의 색소성분인 polyphenol이 white-chocolate에는 함유되어 있지 않았다는 것이다. 이 실험에서 혈압강하 폭이 적었다고 생각하겠지만, 고혈압환자에 있어 최대혈압이 3mmHg 내려갔을 경우 심장마비에 의한 사망률이 8%, 협심증이나 심근경색이라는 관상동맥질환의 리스크가 5% 감소되었다는 것이다. 따라서 chocolate를 습관적으로 먹는 것은 혈압강하에 효과적이라는 결론이다.

또한 독일 연구보고에서 1일 7.5g의 초콜릿(한입초콜릿1.5개)을 먹으면 혈압을 내리고, 심장발작 리스크가 감소한다는 것이다. 이 연구는 1.100명을 대상으로 1994~2006년까지 35~65세의 남녀를 조사한 결과로서, 역시 dark-chocolate의 효과가 크다는 것이다. 이것은 카카오에 함유된 polyphenol이 혈관의 탄력성을 높이고 혈관을 확장시킨 결과이다.

그렇지만, 보통 초콜릿에는 설탕이 많이 포함되어 있어서 지나치게 많이 먹으면 심혈관계에 악영향을 미칠 우려가 있다.

따라서 polyphenol이 풍부하고, 설탕 함유량이 적은 dark- chocolate을 매일 1~1.5개 정도 섭취하는 것이 이바라기(茨城christ) 대학 이다꾸라(板倉弘重) 박사는 이상적이라고 한다.

7

양파로 끈적끈적한 혈액을 술술 흐르게 하여 혈전을 막자

(1) 양약보다 좋은 양파의 뛰어난 효과를 알자

혈압이 높아지는 원인에는 몇 가지가 있다. 일반으로 알려져 있는 것은 혈액이 끈적끈적한 상태가 되어 동맥경화(혈관이 딱딱해진 상태)가 일어나고, 혈류가 나빠지면서 혈압이 높아지는 것이다. 혈소판(혈액을 굳게 하여 출혈을 멎게 하는 작용을 하는 혈액성분)이 응고하면서 끈적끈적 해지는 것이다.

또한 LDL(나쁜 콜레스테롤)과 활성산소(체내에서 지나치게 많아지면 세포를 상하게 하여 노화시키는 원인물질)가 결합하면 산화LDL이라는 초악성 콜레스테롤로 바뀌어 혈관벽을 상하게 한다. 그러면 면역세포(몸을 지켜주는 세포)가 작용해서 산화LDL을 혈관벽에 끌어들여서, 혈관이 두꺼워져 아테로마(atheroma, 粥狀塊)가 형성되면서 동맥경화를 일으킨다. 이것을 atheroma성 동맥경화라고 한다. 이 같은 동맥경화는 흡연, 불규칙한 생활, 편식, 과도한 스트레스, 지나친 자외선노출, 과도한 음주, 고령화 등의 요인에 의해 일어난다.

그런데 현대사회에 살고 있는 우리가 늘 노출되어 있는 고혈압의 위험성에 대한 뛰어난 약효를 지닌 식품의 하나가 「양파」다. 양파는 혈압강하 작용뿐만 아니라 중성지방, 콜레스테롤, 혈당의 강하작용, 항암작용 등 총합적인 건강기능을 가진 식품이다.

양파에는 함유아미노산(유황을 함유한 아미노산)이나 조리 가공에 의해 생기는 함유화합물이 풍부하게 함유되어있다. 그 중 세파엔류 등 함유화합물에는 혈전(血栓)을 막는 작용과 혈소판(血小板)이 응집되어 혈액이 끈적끈적 해지는 것을 막는 작용이 있다.

양파 등 파속식물이 지닌 함유화합물은 항산화작용에 의해 활성산소를 제거 LDL의 산화를 저지함으로 atheroma성 동맥경화가 방지된다.

또한 양파에는 퀘르세틴(quercetin)류의 플라보노이드(flavonoid, 식물에 함유된 polyphenol의 일종)가 풍부히 함유되어 있다. 퀘르세틴은 양파의 껍질색소의 기본으로, 식용부에는 퀘르세틴 배당체라는 형태로 풍부하게 함유되어 있다. 이 퀘르세틴 및 배당체에도 강한 항산화작용이 있다는 것이 명백히 밝혀졌다.

(2) 양파를 잘라 실온에서 30~60분간 방치해야

이상에서 밝힌 바와 같이 양파는 고혈압에 대하여 대단히 뛰어난 효능을 가지고 있다. 양파의 약효를 효과적으로 이용할 수 있는 핵심에 대하여 소개하고자 한다.

양파의 함유아미노산(含硫 amino acid)은 생 양파를 자르면 효소가 작용하여 화학반응이 일어나면서 다양한 성분으로 변화한다. 다만, 자른 후 바로 조리하면 효소반응이 충분하지 못해서 혈류개선효과가 높은 세파엔류 등의 함유화합물이 충분히 생성되지 않는다. 때문에 양파를 실온에서 30~60분 정도 방치해서 효소에 의한 화학반응이 이루어지는 것을 기다려야 한다. 시간이 없으면 양파를 자른 후 전자레인지로 15초 정도 덥히면 된다.

양파의 혈압강하작용을 보다 효과적으로 하는 데에는 이상에서와 같은 조치를 한 양파를 매일 1개씩 먹으면 된다. 생으로 먹어도, 가열해서 먹어도 된다. 퀘르세틴류는 생으로든, 가열하든 분해되지 않고 남아 있고, 가열조리 하면 세파엔류 등의 혈소판 응집억제물질이 만들어진다. 다만, 양파를 물로 씻는 사람이 있는데, 양파의 이들 성분은 수용성(물에 녹기 쉬운 성질)의 함유화합물이기 때문에 퀘르세틴류도 함께 씻겨간다. 더욱 양파의 혈압강하작용은 식초와 조합해먹으면 더욱 효과가 있어서 식초양파도 적극 권유하고 있다.

8

레몬은 혈관을 탄력 있게 해서 혈압을 낮추는데 특효 인정

일본 히로시마현(廣島縣)은 일본 레몬 총생산량의 65.7%를 생산하는 최대산지이다. 히로시마대학보건복지학부 도오모토(堂本時夫)교수는 레몬농가를 대상으로 여성 111명(평균연령 60세)에 대하여 2008~2009년 ①다량군: 1일 레몬 1개 이상, ②중간군: 1일 레몬 0.5~1개, ③소량군: 1일 레몬 0.5개 미만....으로 나누어 5개월간 섭취토록 하여 혈압을 조사 분석한 결과, 놀라운 결과를 얻었다.

①군은 최대혈압 평균 2mmHg 이상 낮아졌고, 그 중에는 30mmHg 이상 낮아진 사람도 있었다. ②군에서도 평균 2mmHg 낮았으며, ③군은 역으로 1mmHg정도 올라갔다. 조사기간이 10월~2월로 기온하강시기임으로 혈관이 수축하기 쉬운 시기로 ③군의 혈압상승은 기온이 반영된 것으로 보고 있다. 더욱 주목되는 것은 지방세포에서 만들어지는 생리활성물질, adiponectin의 혈중농도가 레몬 섭취량에 따라 증가경향을 보였다는 것이다. Adiponectin은 동맥경화의 억제, 항염증(抗炎症) 등의 작용을 가지고 있어 metabolic syndrome(내장지방형비만에 고혈압, 고혈당, 지질이상증 중 2 이상의 합병상태)를 막는 효과를 인정하

고 있다.

그밖에도 레몬을 많이 먹는 사람일수록 혈중 HDL(좋은 콜레스테롤)이 높고, 중성지방이 적은 경향, 통풍(痛風, 뇨산의 결정이 혈중이나 관절 내에 쌓여 통증을 나타내는 병증)의 원인이 되는 뇨산치(尿酸値)가 낮아지는 경향을 보였다.

또한 구연산을 함유하고 있는 레몬이 고혈압과 동맥경화 개선에 유효하다. 레몬재배농가들의 섭취법으로는 아침 레몬즙을 내어 먹는 간단한 섭취법인데, 구연산은 체내에서 에너지를 생산하는 대사회로에 불가결한 물질이기 때문에, 하루가 시작되는 아침에 레몬즙을 마신다는 것은 매우 유효한 섭취법이라고 한다.

9

엽산 섭취로 혈관에 상처를 주는 활성산소를 줄여 동맥경화 등 혈관질환을 막자

(1) 세계 60여국에서 의무적으로 섭취권장

엽산(葉酸)은 시금치의 성분에서 발견된 비타민 B군의 일종이다. 시금치와 브로콜리, 아스파라거스 등의 녹황색채소(綠黃色菜蔬)를 비롯해 간(肝), 성게, 김, 콩, 표고버섯...등에 풍부히 들어있다.

엽산은 조혈(造血)비타민이라고도 부르며, 비타민 B_{12}와 함께 혈구(血球)를 만드는 핵산(核酸)합성 식품이다. 엽산이나 비타민 B_{12} 어느 것이 부족하면 거적아구성빈혈(巨赤芽球性貧血)로 불리는 악성빈혈의 원인이 된다.

또한 엽산은 세포분열•증식•성숙에 없어서는 안 될 아미노산이나

DNA형성에 관여하기 때문에 세포분열을 활발하게 되풀이하며 성장하는 태아(胎兒)에 특히 중요한 영양소이다. 모채 내에서 엽산이 부족하면 척추에 장해가 생겨 척추이분증(脊椎二分症)이라는 선천적 이상이 생기기 쉽게 된다.

또한 엽산은 임신초기에 필수 비타민이라는 것이 알려지면서, 미국은 엽산의 추천 섭취량을 1일 400μg(1gr/1000,000)로 정하고, 1998년에는 빵이나 밀가루 등 곡물 100gr에 엽산 140μg을 첨가하도록 의무화했다. 미국의 이 정책은 수년에 결실을 맺어 척추이분증의 발생빈도는 반감했다. 이 결과를 근거로 캐나다, 영국 등 여러 나라에서도 차례차례로 곡물에 엽산첨가를 의무화하고 있다. 오스트레일리아, 뉴질랜드에서는 2007년부터 곡물 100gr에 엽산 280μg을 첨가하도록 의무화했다.

수많은 영양소 중에서 섭취량을 의무화한 것은 엽산뿐이다. 얼마나 중요시하고 있는지 알만하다. 현재 엽산의 섭취를 법적으로 강화하고 있는 나라는 60여 개국에 이루고 있으며, 이들 나라에서는 척추이분증이 감소하고 있다는 것이다.

2010년 판 「일본인 식사섭취기준」에서는 거적아구성빈혈 예방목적으로 1인당 성인의 엽산 추천량을 240μg, 임신부의 엽산 추천량을 480μg로 정하고 있다. 한국에서는 엽산에 대한 인지도가 불충분하여 편식이나 다이어트 등의 영향으로 엽산의 섭취부족이 염려되고 있다.

또한 엽산은 동맥경화를 일으키는 homocysteine의 축적을 방지하는 작용과 뇌졸중, 심근경색, 인지증 예방에도 필수 비티민이라고 한다.

엽산은 비티민 B_{12}, B_6와 함께 간장(肝臟)내 메티오닌(methionine)이라는 아미노산 대사(체내에서 생기는 화학반응)에 관여하고 있다.

엽산이 부족하면 대사cycle에 장애가 생겨서 homocysteine이 지나치게 많아져 혈액 중 homocysteine농도가 상승하고, 일정수준 이상이 되면 혈액 중 활성산소가 증가하여 혈관벽에 상처를 주어 동맥경화를 일으킨다. 그 결과 뇌졸중이나 심근경색을 발병시키는 리스크가 높아진다.

☞ 참고: Homocysteine은 1932년 미국에서 처음 언급, 아미노산대사에서 매우 중요한 중간체인 것을 입증.1968년 어린아이 2명이 뇌졸중으로 사망했다. 원인이 homocysteine 수치와 관련이 있다는 연구결과가 발표되면서 본격적으로 임상실험과 연구를 통해 homocystein이 혈관질환에 있어서 매우 강력한 위험요소임을 입증 "혈관암살자"라 불리게 되었다.

음식물을 소화하게 되면 methionine(아미노산의 일종)이 발생하는데, methionine은 비타민에 의해 인체에 무해한 스테인으로 바뀌게 되는데, 이때 특정 비타민이 결핍하면, 혈관암살자homocysteine이라는 돌연변이 물질이 발생 혈관에 플러그를 만들어 동맥경화 뇌졸중 우울증 알츠하이머 파킨슨 자연유산 등을 일으킨다.

☞ 참고: 엽산이 많이 함유된 주요 식품(100gr당 엽산함유량μg)

닭간 1300, 소간 1000, 돼지간 810, 뱀장어 380, 멍게 360, 풋콩 320,
표고버섯 240, 콩 230, 파슬리 220, 시금치 210, 브로콜리 210, 쑥갓 190
무 잎 140, 양상추 120, 케일 120, 낫도 120

(2) 미국에서는 뇌졸중이나 심근경색이 격감하고 있다

미국에서는 엽산을 충분히 섭취 권장함으로써 혈중 homocysteine 농도를 낮추는 것이 여러 가지 병의 예방으로 이어진다는 사실이 연구결과 명백히 하고 있다.

세계적으로 metabolic syndrome(내장지방형비만에 고혈압, 고혈당, 지질이상증 중에서 2 이상 합병된 상태)은 증가하고 있는 실정이다. 그런데 최근 미국에서는 뇌졸중 사망률이 격감하고 있다는 것이다. 앞에서도 기술한바와 같이 1998년부터 엽산섭취를 강화한 효과라고 한다. 또한 심근경색도 엽산의 곡물첨가로 격감해서 매년 40억$ 이상의 의료비가 삭감되고 있다는 시산이다.

일본 사이타마현 사까도시(琦玉縣 坂戶市)는 여자영양대학 고오가와(香川靖雄) 교수와 공동으로 엽산을 적극적으로 섭취하는 「사까도 엽산프로젝트」를 추진, 영양지도 강연회 개최와 엽산섭취량을 책정하고 실천에 옮기고 있다. 권장 섭취량은 1일 400μg 이상이다.

엽산이 많이 함유된 녹황색채소나 간(肝), 콩 등을 메뉴로 매일 엽산 추천량을 섭취한다는 것은 쉬운 일이 아니다. 따라서 엽산이 많이 함유된 곡물이나 supplement도 함께 복용토록 하는 것도 좋은 것이다.

고령이 될수록 건강하게 생활하기 위해서도 반드시 엽산이 다량 함유된 식품을 섭취하도록 노력하여야 할 것이다.

PART

18

혈관을 탄력 있게 관리하는 스트레칭과 마사지

1

「제2의 심장인 장딴지」를 자극해 혈액순환을 촉진하는 발목 당기고 펴기

(1) 고혈압과 동맥경화 예방

본래 혈관은 신축성과 탄력성을 지니고 있으나, 나이가 들면서 점차 유연성을 잃고 혈관 벽이 딱딱해지고 두꺼워지기도 한다. 즉, 혈관 안쪽이 좁아지고 혈액의 흐름이 나빠진다. 그러면 혈액을 순환시키는데 여분의 힘이 들게 되어 혈압이 올라간다.

이 같은 혈액순환 악화는 생활습관을 고치고, 일상생활에서 건강에 대한 공부와 실천으로 개선이 가능하다. 그러면 고혈압도 해소되고 동맥경화 예방도 가능하다. 이를 위한 가장 중요한 포인트가 되는 곳이 바로 「장딴지」이다. 장딴지는 예로부터 「제2의 심장(心臟)」이라고 불려왔다. 그 이유는 전신의 혈관순환에 있어서 매우 중요한 위치를 차지한다는 뜻이다.

대저, 심장에서 가장 아래쪽에 위치한 발로 운반되는 혈액이 중력을 거슬러 견실하게 심장까지 되돌아 올라갈 수 있는 것은 어째서 일까? 그것은 장딴지의 정맥(靜脈)에 정맥변(靜脈弁)이라는 판막장치가 있기 때문이다.

혈액을 신체 구석구석까지 보내는 동맥에는 판막(弁.cap)이 없다. 혈액을 되돌리는 통로인 정맥에만 판막이 존재한다. 그러나 어느 정맥에나 있는 것은 아니고, 있는 장소는 한정되어 있다. 그 수가 적은 장소가 장딴지 이다.

장딴지의 근육에는 비복근(腓腹筋)과 넙치근이 있고, 발끝에서 심장으로 되돌아가는 정맥은 이들 근육에 사이 에 끼어있다. 이 부분의 정맥에는 「八」자 모양의 판막이 있어, 통과된 혈액이 다시 되돌아갈 수 없게 하는 역할을 한다. 매우 중요한 기능이다.

(2) 아침잠에서 깨었을 때 침상에서 실행하는 것이 효과적이다

그런데, 이상과 같은 기능을 하는 「장딴지」를 적극적으로 움직이면 판막의 도움을 받아 혈액이 효율성 있게 심장으로 되돌아간다. 즉, 혈액순환이 촉진된다는 것이다.

그러면 발목당기기와 펴기의 방법은 어떻게 하는 것이고, 그 효과는 무엇인가?

예를 들면, 선 상태에서 발꿈치를 올리면 장딴지 근육이 압박되어 정맥이 좁아진다. 발꿈치를 내리면 장딴지 근육에 압박이 풀리면서 정맥이 해방되어 확장된다. 이 동작을 반복하면 장딴지 근육의 펌프 작용으로 정맥혈이 밑에서 위로 밀어 올려 심장까지 매끄럽게 올라간다. 이 방법을 선채로 발꿈치를 올리고 내리는 운동을 실천한다면 펌프작용이 활발해져 혈액순환이 촉진된다.

더욱더 발꿈치 운동으로 간단히 권유하고 싶은 것이, 위를 보는 자세로 바로누어 하는 「발목 당기기와 펴기」스트레칭이다.

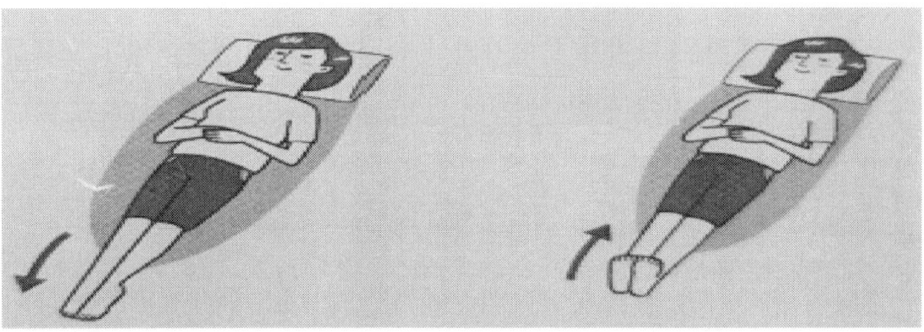

반듯이 누운 상태에서 양 발목 앞면을 펴서 발가락 끝을 쭉 펴 뻗는다. 다음은 양 발목 발가락 끝을 몸 쪽으로 힘껏 당긴다. 이 동작을 10~20번 정도로 족하다. 이때 목적은 장딴지의 근육을 움직이는 것이므로, 당연히 감각도 장딴지에 두면서 실행하도록 한다. 호흡은 동작에 맞추어 힘이 들어갈 때는 숨을 내쉬고, 힘을 풀 때는 들이마신다.

이 스트레칭의 이점은 이불 속에서도 가능하다는 것이다. 아침잠에서 깨어 일어나기 전, 밤에 잠자리에 들면서 실행하는 것이 가장 좋다.

특히 추운 겨울에는 따뜻한 이불 속에서 갑자기 일어나 밖으로 나가면 혈관이 급격히 수축해 뇌졸중을 일으킬 위험이 있다. 따라서 침상 이불 속에서 실행하여 혈액순환을 좋게 한 후에 일어나는 것이 바람직하다.

나이가 들어 발을 단련시킨다고 하면 매우 어려운 운동으로 들릴지 모르지만, 누어서 발목을 당기고 펴는 스트레칭만으로도 충분한 효과를 얻을 수 있다면 바로 실행해봄직 하지 않을까요.

2

혈관마사지로 딱딱하고 가늘어진 혈관을 확장시켜 전신의 혈류를 좋게 하자

일반으로 혈관은 나이가 들어가면서 탄력을 잃고, 혈관내벽에 노폐물이 쌓이면서 좁아지게 된다. 이것이 동맥경화다. 그래서 좁아지고 딱딱해진 혈관으로 혈액을 내보내기 위해서는 펌프역할을 하는 심장이 높은 압력을 걸지 않으면 안 된다. 이것이 고혈압이다.

혈압이 올라가면 혈관내벽에 비중이 작은 콜레스테롤이나 지방 등의 노페물이 달라붙게 된다. 그 결과 점점 혈관내경이 좁아지면서 혈압이 높아지는 악순환에 빠지게 된다. 이런 경우 손쉽게 할 수 있는 것이 온천요법과 병행해서 하는 「 혈관마사지 」이다. 혈관마시지의 이론은 약을 쓰지 않고 가벼운 자극으로 혈액순환을 개선시킬 수 있다는 것이다. 더욱 병원이 아닌 자택에서도 충분히 실천할 수 있다는 데에 매력이 있다.

당뇨병, 신경통, 교원병(膠原病, diffuse collagen disease : 관절통, 근육통, 피부경화 등을 수반하는 원인불명의 병을 총칭), 침침한 눈, 이명, 뇌경색의 후유증에 따른 마비 등 폭넓은 증상에도 효과를 보인다고 한다. 그 중에서도 가장 개선효과가 많은 것은 고혈압이다.

고혈압의 예방과 개선을 목적으로 하는 경우 사지(四肢)에 혈관마사지를 한다. 추울 때 수족이 차거나, 피로하면 발목이 붓는 경우가 있는데, 이것은 심장에서 가장 먼 수족으로 혈액이 골고루 널리 흐르지 않거나, 혈액이나 임파액이 발끝에 정체되어 있는 상태다. 이때 사지에 혈관마사지를 하면 혈관이 확장되면서 혈액의 정체가 해소되고 전신의 혈액순환이 개선된다.

팔과 다리에는 대동맥(大動脈, 혈액순환에 기본이 되는 굵은 동맥)이 통하고, 그로부터 그물과 같은 소동맥(小動脈, 말초의 가는 동맥)이 통하고 있다. 소동맥은 전신의 뼈와 근육, 근육과 근육 사이를 흐르고 있는데, 혈관마사지로 근육을 움직이게 하는 것은 소동맥까지 자극을 주게 된다. 결국 몸 밖에서 간단히 혈관을 문질러줄 수 있다는 것이다. 소동맥이 자극되면 혈액을 심장으로부터 동맥으로 흐르는 작용을 조절하는 혈관확장신경이 반응해서, 소동맥의 혈관내피세포에서 일산화탄소(NO)가 생성되어 혈관이 넓어진다. 그 결과 혈액이 흐르기 쉽게 되고 혈압이 내려간다.

또한 마사지의 기분 좋은 자극은 심신의 긴장을 풀어주고, 몸속 깊이까지 자극이 전해져서 체온이 상승하고, 혈액이 몸속 구석구석까지 흐르기 쉽게 된다. 이 같은 2차적 작용도 혈압을 안정으로 이어지게 하는 결과가 된다.

혈관마시지의 방법은 간단하다. 한쪽 손으로 반대 팔을 손바닥으로 뼈와 근육을 동시에 밀착시켜 상하·좌우·전후로 꾹꾹 눌러준다. 어깨로부터 손목까지 팔 전체를 마사지한다. 반대 팔은 물론이고 양 다리도 같은 방법으로 한다(발마사지는 양손으로 한다). 1일 중 가장 혈압이 높은 아침 일어나면서 10분 정도 실시하면 효과적이다.

사까기바라온천(榊原溫泉) 병원장 아께다(明田昌三) 박사는 병원일로 밤낮없이 바쁜 생활로 최대혈압 180mmHg, 최소혈압 90mmHg을 초과한 경우도 많았으나, 혈관마사지를 매일 아침 5~10분간 계속하면서 높았던 혈압이 6개월 후부터는 최대혈압 130mmHg, 최소혈압 80mmHg인 기준치로 안정되었다고 한다. 또한 혈관마사지 덕택으로 겨울 추위와 수면부족으로 인한 혈압상승도 예방할 수 있었고, 고혈압과 혈류장해로부터 생긴 전신 결림, 수족 저림도 해소되었다고 한다.

앞에서 기술한 바와 같이 혈압을 낮추는 자신치료로써 혈관마사지 이상의 좋은 방법은 없다고 확신하고 싶다. 치료용 도구도 필요 없고, 잠깐의 시간만 있으면 어디서든지 할 수 있다는 것이 혈관마사지가 갖는 장점이다. 필히 고혈압환자는 물론 연령이 많아 노화를 염려하는 분들께서는 긍정적 생각으로 매일매일 습관처럼 혈관마사지로 건강을 유지하기 바랄뿐이다.

3

모관운동으로 신체 구석구석 혈관까지 젊어지게 하여 혈관병을 예방하자

심장(心臟)보다 높은 위쪽에서 움직이자

「피의 흐름이 나빠지면 병이 된다」. 예부터 전해져 알려지고 있는 말이다. 실제로 피의 흐름이 나쁘면 몸 전체 60조나 되는 세포에 산소와 영양을 보내지 못 할뿐 아니라, 몸속에서 생긴 노폐물의 회수도 잘 되지 않아 몸의 기능이 쇠퇴하는 것은 자명하다.

그런데, 혈액순환을 개선하고자할 때 동맥의 흐름을 촉진시키는 방법은 여러 가지 있겠으나, 정맥의 흐름을 개선하는 방법은 한계가 있다.

젊었을 때에는 근육과 혈관은 유연하고 신체도 잘 움직여 정맥의 피 흐름도 매끄럽다. 그러나 나이가 들어가면서 신체활동이 저하하고 근육이 쇠약해지면서 정맥의 피 흐름이 정체되기 쉽게 된다. 그렇게 되면 혈관에 부담이 가해지면서 혈관의 노화가 진행된다.

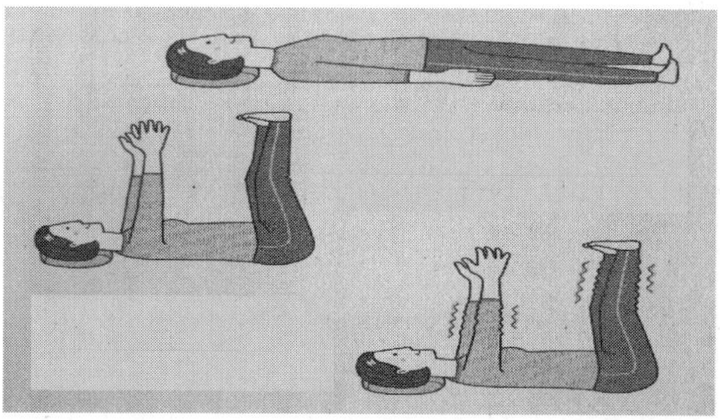

따라서 혈관을 젊게 유지하기 위해서는 정맥 내에서 피의 흐름이 정

채 되지 않도록 하는 것이 중요하다. 그러기 위해서 권유하고 있는 것이 「바퀴벌레 운동」이다. 이것은 똑바로 천정을 보고 누어서 손·발을 가능한 높이 올리고, 부들부들 터는(진동하는) 운동이다. 정식으로는 「모관운동(毛管運動)」이라고 하는데, 그 자세가 바퀴벌레가 뒤집혀 움직이는 모습을 닮았다는 것에서 「바퀴벌레운동」이라고 부른다고 한다(와다베간지(渡辺完爾)병원장).

손과 발은 평소는 심장보다 아래에 위치하고 있다. 그 때문에 손발의 정맥흐름은 특히 정체되기 쉬운 것이다. 예를 들면, 손을 내리고 있으면 혈관은 떠있지만, 손을 심장보다 높게 올리면 떠오른 혈관은 살아지게 된다. 이것은 손을 위로 높이 올림으로서 정맥의 피 흐름이 개선되기 때문이다.

이 상태에서 손·발을 부들부들 흔들어주면 혈액은 가일층 심장으로 되돌아가기 쉬워진다. 이와 같이 정맥의 흐름이 개선되면 거기에 잡아당기어 동맥의 흐름도 좋아진다. 때문에 「모관운동」을 하게 되면 손끝 발끝의 모세혈관의 혈류까지도 개선된다.

모세혈관은 세포의 구석구석까지 산소와 영양을 공급하고, 노폐물이나 이산화탄소를 받아들이는 매우 중요한 역할을 한다. 또한 모세혈관 앞에는 by-pass역할을 하는 소혈관이 있다. 모혈운동으로 손·발을 높이 올려 진동시키면, 모세혈관만이 아니라 소혈관의 활동작용도 활성화된다. 소혈관을 통과하는 혈액이 많아지면 모세혈관이 과도한 부담이 없기 때문에 말초혈관까지도 젊디젊게 유지할 수 있다는 것이다.

결국, 「모관운동」을 하게 되면 전신의 피 흐름이 부드러워지고, 말초모세혈관의 부담을 줄여서 전신의 혈관을 젊디젊게 유지할 수 있다.

그 결과 고혈압개선, 동맥경화(혈관이 딱딱해진 상태), 협심증(심장의 혈류가 부족해져 통증이 생기는 병증) 예방에도 유익하다. 손·발이 똑바로 곧게 올라가지 않아도 상관없다. 중요한 것은 심장보다 손·발을 위로 올려서 움직인다는 것이므로, 무리 없는 범위에서 실행하면 되는 것이다.

4

손목 자극으로 부교감신경의 기능을 높이자

고혈압의 원인으로 하나는 혈관이 수축해서 혈류가 저해되기 때문이다. 60조에 이르는 세포에 운반되는 산소와 영양이 부족해지면 각 세포의 기능이 저하되고, 그로 인한 면역력(체내에 침입한 바이러스나 세균, 이물질 등으로부터 자기 자신의 몸을 지키는 힘)도 떨어지고 만다.

고혈압을 개선하기 위해서는 자율신경(의지와는 관계없이 내장이나 혈관을 조정하는 신경) 중 부교감신경(신체를 쉬게 하기 위해 작용하는 자율신경)의 기능을 높이는 일이 중요하다. 그러기 위해서는 일상생활에서 다음과 같은 일에 관심과 실천이 중요하다.

① 식물섬유를 많이 함유한 식품이나 요구르트 등을 섭취하여 장내 환경을 좋게 한다.

② 아침식사를 반드시 하고, 생활리듬을 갖추어 자율신경의 밸런스를 유지한다.

③ 6~7시간의 수면을 반드시 취한다.

④ 39~40℃의 물 온도에서 충분히 입욕(入浴)한다.

⑤ 심호흡(단전호흡)을 한다.

여기서는 부교감신경의 기능을 높이는 간단하고 효과적인 방법을 소개한다. 속목의 「부교감신경 급소(point)」를 자극하는 방법이다.

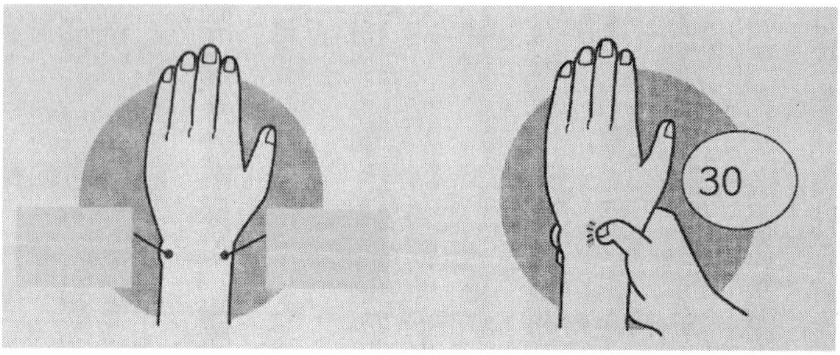

손·발이나 몸의 어느 부위를 자극해도 부교감신경 기능이 높여질 수 있는 것인지? 여러가지 실험결과 실제로 어깨나 허리 등의 자극으로는 전신의 혈류는 그다지 촉진되지 않고, 손·발의 말초를 자극하는 쪽이 혈류를 촉진하고, 더욱 부교감신경의 기능을 높이는 효과가 있다는 것을 알아냈다(順天堂大學의학부 小林弘幸교수). 그리고 손·발의 여러 부위를 검토한 결과 가장 효과가 인정된 곳이 손목 바깥쪽 "급소"다.

즉, 손등을 위로 하고 손목을 보면 뼈가 돌출된 곳이 2곳이 있다. 엄지손가락 쪽의 돌출된 뼈(撓骨莖狀突起)와 새끼손가락 쪽의 돌출된 뼈(尺骨莖狀突起)가 있다. 이 두 돌출뼈 중간이 바로 부교감신경 급소다.

이곳을 반대 손의 엄지손가락 끝으로 30초 정도 기분이 좋은 정도의 힘으로 돌리며 지압한다. 반대 손도 같은 방법으로 하면 된다. 또는 원피침(圓皮鍼, 원형테이프 중앙에 작은 침이 붙어있는 것으로 의료기기 상회에서 구입가능)을 붙이는 방법도 좋다.

그러면, 손등 쪽 손목 「부교감신경 급소」의 자극이 어째서 효과가 있는 것인가?

하나는 물리적 자극에 따른 효과를 생각할 수 있다. 급소를 자극하면 지압을 하고 있는 동안 자극에 반응해서, 우선 교감신경(몸을 활동적으로 하기 위해 작용하는 자율신경) 기능이 높아진다. 그리고 자극이 끝나면 되돌아 보교감신경의 기능도 높아진다는 것이다.

또한 손·발은 심장으로부터 가장 멀리 있어 혈액 정체가 일어나기 쉬운 부위다. 그러기에 손·발을 자극하면 울혈(鬱血, 정체된 혈액)이 해소되어 혈행이 개선된다. 혈관의 저항이 적어지면서 혈압이 낮아지므로 탄력성 있는 부드러운 혈관으로 개선되는 것으로도 효과가 이어진다는 것이다.

5

강압급소 지압은 혈관확장 혈류촉진으로 스트레스가 해소되고 고혈압 등 혈관질환을 예방한다

(1) 뇌 속 모르핀(morphine) 분비로 스트레스 해소

현재 고혈압 환자는 헤아리기 어려울 만큼 많고, 점차 증가하고 있어 실로 국민병(國民病)이라고 할만하다.

고혈압의 원인으로는 「유전」「노환」「운동부족」「비만」「염분과잉섭취」「스트레스」를 들 수 있다. 이들 원인 중 유전과 노화는 자신의 노력이 미치지 못하는 부분이지만, 운동부족이나 비만, 염분과다섭취 등은 생활습관 개선으로 대처할 수 있다.

스트레스도 스스로 대처 가능하긴 하지만, 가정이나 직장에서는 인간관계 등 좀처럼 개선하기 어려운 면도 있다. 그런데, 침구치료가 고혈압과 스트레스로 인한 악영향에 대해 효과가 크다는 것이 현대 과학적

연구와 실제적으로도 잘 알려져 있다.

어째서 침구치료가 고혈압에 효과가 있는 것일까요?

우선 지적하고 싶은 것이 정신안정작용이 높다는 것이다. 정도의 차이는 있지만, 침구에 의한 자극을 주게 되면 정신적 안정을 찾게 된다. 최근에는 몸을 투과하기 쉬운 근적외광을 이용해서 객관적으로 침구의 정신안정작용이 확인되고 있다. 고혈압의 경우 스트레스의 영향으로 자율신경 중 몸을 활발히 움직임에 작용하는 교감신경이 우위가 되어 수축한다. 동양의학(한의학)에서 말하는 「어혈(瘀血)」이라는 상태이다. 이때 침구치료를 하게 되면 반사적으로 부교감신경이 우위가 되어 혈관이 확장되고 혈류가 촉진된다. 동시에 뇌 속 모르핀(β-엔도르핀) 분비가 촉진된다는 것으로도 스트레스 해소에 도움이 된다는 것이다.

(2) 고혈압에 따르는 이명, 현기증에도 효과가 있다

침구치료는 우선 전신의 상태를 편안히 하고, 정신안정을 도모하기 위해 경혈(經穴, 생명에너지인 기(氣)가 통하는 길인 경맥 상에 있는 혈자리)에 자극을 주는 것이다.

대표적인 경혈로서는 두정부에 있는 백회(百會, 머리의 좌우중앙선과 양쪽 귀 상단 끝을 잇는 선이 교합하는 혈자리), 곡지(曲池,팔을 굽혔을 때 엄지 쪽 팔꿈치에 생기는 주름 선을 누르면 함몰하는 혈자리), 합곡(合谷, 엄지와 검지의 뼈가 나뉘는 호구(虎口) 혈자리) 등이 사용된다.

그밖에 기혈(奇血, 경맥 상에 없는 곳)로 누구나 자극할 수 있으며, 혈압을 낮추는 효과가 높아 「강압급소」라고 불리는 곳이다.

① 이첨(耳尖): 권하고 싶은 곳은 귀 위 첨단인 이첨이라는 급소(중요한 자리)다. 귀는 전신의 경락이 모아지는 장소로 침을 놓아 출혈을 내면 좋으나, 일반인도 엄지와 검지로 꽉 집어 눌러 자극한다. 1일 몇

번이고 2-3분간 눌러 약간 아플 정도로 지압하면 된다. 이첨자리는 비문증(飛蚊症.눈앞에 검은 모기가 날라 다니는 것 같이 보이는 증상)의 특효 기혈이기도 하다.

② 강압구(降壓溝): 귀 안쪽 상부에 움푹 파인 부분에 있는 선모양의 자리다. 이름과 같이 혈압을 낮추어주는 급소로 알려져 있다. 앞에서 소개한 이첨과 함께 강압구를 자극하면 혈압이 낮아진다.

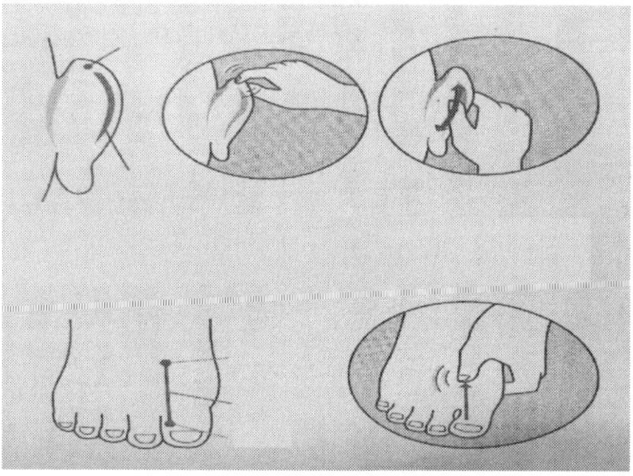

뇌로 혈액을 보내는 동맥은 그다지 복잡하지 않아서 뇌의 구석구석까지 혈액을 보낼 수 있으나, 뇌로부터 심장으로 되돌려 보내는 정맥은 꽤나 복잡하다. 특히 후두부는 정맥총(靜脈叢, 총이란 풀숲이란 뜻)이라 부를 만큼 혈관이 모여 있어 혈액이 정체되기 쉽다.

그래서 이첨과 강압구를 자극하면 정맥총에 괴어있던 혈액의 흐름이 좋아져서 혈압이 낮아진다. 또한 혈압을 낮추는 강압제를 마셔도 혈압이 안정되지 않는 사람도, 이곳을 자극하면 정상화하는 케이스도 많이 있다.

더욱, 고혈압에 따른 이명, 어지럼, 후두부통증을 제거하고, 뇌경색이나 뇌혈전(뇌혈관에 혈액덩어리가 가득 찬 병증) 등의 예방에 도움이 된다.

엄지와 검지로 이첨을 잡고, 이들 급소와 선을 2~3분간 아플 정도로 지압한다. 1일에 몇 번이고 해주면 좋다.

③ 강압혈(降壓穴): 스트레스에 영향을 받기 쉬운 곳이 간경맥(肝經脈)의 경락(經絡)이다. 긴장하거나 안달복달 초조해하면 흥분되어 뇌로 피가 몰리는 상태가 된다. 이런 경우 강압혈을 자극하면 흥분이 가라앉고 혈압도 안정된다. 강압혈이라는 이름은 경혈자리가 아니고, 간경맥의 일부 경혈과 경혈을 이어주는 선모양의 급소라고 보면 된다.

장소는 발에 있는 간경맥의 정혈(井血)인 대돈(大敦, 엄지발가락 발톱 외측 안쪽 끝에서 2mm 떨어진 경혈점)과 태충(太衝, 엄지와 둘째발가락 뼈의 접합부의 경혈)을 잇는 이곳을 1일 몇 번이고 시간이 나는 대로 2~3분간 엄지손가락 끝으로 선을 따라 기분이 좋을 정도의 압력으로 지압하면 효과적이다.

6

발목을 돌리면 혈관이 수축하기 쉬운 발목이 따뜻해지고 전신혈류에 도움이 된다

(1) 발목을 돌린 직후 혈압이 낮아진다

「발목돌림」은 발에 혈류촉진 효과가 높아 고혈압 개선에 도움이 된다. 방법은 매우 간단하다.

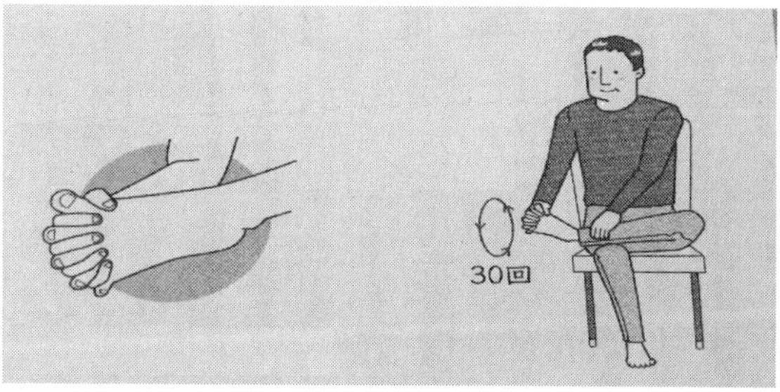

왼발을 반대되는 오른발 무릎에 걸치고, 왼손으로 왼발 발목을 잡고, 오른손 손가락을 왼발 발가락 사이사이에 각각 끼워 넣고 발목을 빙글빙글 돌린다. 횟수는 30번 정도를 기본으로 하지만 사람에 따라 가감할 수 있다. 반대쪽도 똑같은 방법으로 한다. 이것을 1일 2~3회 하도록 하고, 권장시간대는 밤 입욕 시 또는 취침 직전에 하는 것이 좋다. 발목 돌리기를 하면 발끝이 따끈따끈해지면서 잠자리에 들면 잠이 잘 오게 된다.

A친구는 발목돌리기 전 최대혈압이 최대혈압 150mmHg, 최소혈압 90mmHg로 다소 높은 편이었으나, 양발의 발목을 30번씩 돌리고 측정한 결과 최대혈압 133mmHg, 최소혈압 83mmHg로 낮아졌다. 즉시 효과에 놀랄 만큼 효과가 나타남을 확인할 수 있었다.

(2) 심장에 혈액량이 증가해서 심폐기능이 향상된다

어째서 발목돌림으로 혈압이 내려가는 것일까?

신체 중에서 가는 부분인 목, 손목, 발목은 유달리 혈관이 수축하기 쉽고, 차가워지기 쉬운 부위이다. 그 차가워지기 쉬운 발목을 빙글빙글 돌려서 따뜻해지면 혈관이 열리면서 전신의 혈류가 좋아지고, 동맥경화에도 좋은 영향을 주게 된다.

그리고 그 영향을 직접 받는 곳이 장딴지(張脛)에 흐르는 정맥혈이다.

발로 내려간 혈액은 중력에 거슬러 심장으로 되돌아간다. 이때 혈류가 역류하지 않는 것은 정맥 내에서 역류를 방지하는 판막(弁)이 구성되어 있기 때문이다. 그리고 장딴지의 근육이 혈관에 압력을 가하면서 판막이 열리게 되고, 혈액이 흐르는 구조로 되어있다.

실제 이 장딴지의 작용을 돕는 가장 간단한 방법이 바로 발목돌리기일지도 모른다. 발목을 돌리면 동시에 장딴지 근육도 잘 움직인다는 것을 알 수 있다. 그 자극으로 발에 정체되어있던 혈액이 순환되면서 심장에 혈류량이 증가하는 것이다. 이렇게 해서 심폐기능이 높아진 결과 A친구의 혈압이 낮아진 것이라고 생각된다.

특히, 평상시에 장딴지나 발목부분이 잘 붓는 사람, 발이 차가운 사람에게는 발목돌리기를 실행해서 고혈압이나 동맥경화 개선효과를 크게 기대해도 좋을 것이다.

7

입 운동으로 수면 중 무호흡으로 인한 심근경색, 뇌경색을 예방하자

(1) 수면 중 무호흡증(無呼吸症)은 혈관사고의 위험을 높인다

우리 인간은 입속이 마르면 불쾌감을 느낀다. 그것은 입속이 본래 침(唾液)으로 촉촉이 젖어있는 장소이기 때문이다. 그런데 수면 중에는 타액분비가 감소한다. 입을 다물고 잔다면 타액의 증발이 적지만, 입을 벌린 채로 호흡을 하며 잔다면 입속이 말라 불쾌할 뿐 아니라 숙면도 불가능하다.

수면 중 코가 아닌 입호흡(口呼吸)은 부교감신경(의지와는 관계없이 내장이나 혈관을 조정하는 자율신경 중, 몸을 편안하게 쉬게 하기 위해 작용하는 신경)의 기능을 저해해서 혈압의 상승을 부추긴다. 입속이 말라 밤중에 잠에서 깨는 사람, 아침 기상하자마자 입안이 몹시 말라 물을 마시는 사람, 코를 고는 사람의 고혈압은 잠잘 때 입호흡이 동기가 되어 생길 가능성이 높다는 것이다.

또한, 입호흡은 목숨과 관계되는 위험성도 있다고 한다. 그 하나가 수면시무호흡증후군(睡眠時無呼吸症候群)이다. 이것은 수면 중에 단속적으로 호흡이 끊기는 상태가 반복되는 병증이다.

최근 연구에서 수면시무호흡증후군인 사람은 산소부족에 의해 순환기능에 부담이 걸려, 심근경색이나 뇌경색의 위험성이 높아진다는 사실이다. 이 수면시무호흡증후군을 악화시키는 원인도 입호흡이다.

(2) 혀의 근육운동으로 강압제가 필요 없고 코골이도 해소된다

수면 중 입을 벌리고 숨을 쉬는 원인은 실제로 혀의 위치에 있다. 입을 다물었을 때 혀끝이 앞니의 안쪽이 아니고 입천장에 닿아, 혀의 표면 전체가 입천장에 밀착하는 것이 바른 위치이다. 혀가 이 위치에 놓이면 입속이 마르지 않고 코골이도 하지 않는다.

한편, 입을 벌리면 혀는 입천장으로부터 떨어진다. 입호흡이 버릇이 된 사람은 혀를 지탱하고 있는 설근(舌筋.혀 근육.혓바닥)의 힘이 저하하여 혀를 입천장까지 들어 올리지 못하게 된다. 입을 다물었을 때 혀끝이 앞니의 안쪽에 놓여, 혀와 입천장 사이에 공간이 생기게 되면 수면 시에 입호흡을 할 가능성이 높다는 것이다.

모든 근육은 충분한 자극을 주어 단련시키면 기능을 회복시킬 수 있다. 입이나 혀의 근육도 똑 같다. 그리고 가장 간단하면서 효과적인 훈련법은 입 운동인 「아_이_우_에_」트레이닝이다.

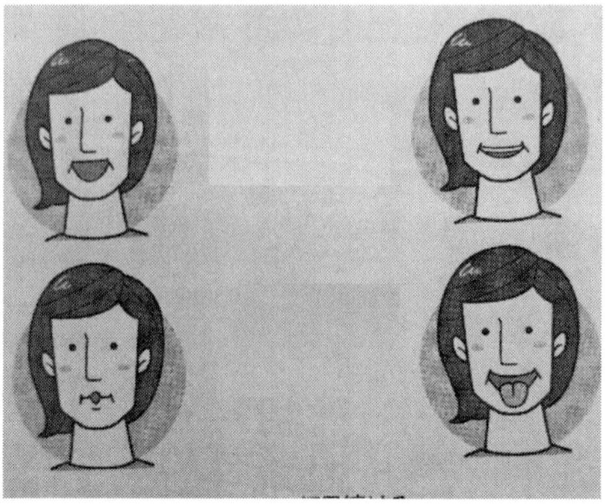

하는 방법은 매우 간단하다. 먼저, 「아-」하고 입을 크게 벌린다. 다음은 「이-」하고 입을 크게 옆으로 펼친다. 그리고 「우-」하고 입을 크게 앞으로 내민다. 끝으로 「에-」하고 입을 열면서 혀를 밑으로 길게 내민다. 이것을 1세트로 해서 1일 30세트 기준으로 실시하면 된다.

코골이가 심하고 혈압도 높은 사람은 「아_이_우_에_」 입 운동을 열심히 한다면 고혈압과 코골이, 수면시무호흡증후군을 개선할 수 있다.

A씨의 경우 초진할 때 최대혈압 160mmHg였다(기준치 130mmHg). 3~4개월 「아_이_우_에_」입 운동을 실시한 결과 숙면이 가능해졌고, 강압제를 복용할 필요도 없이 정상혈압으로 개선되었고, 수면시무호흡증후군도 개선되었다는 것이다.

앞에서도 알 수 있는바와 같이 입 운동 「아_이_우_에_」의 효과를 얻어내는 요령은 단 하나, 매일 끈기 있게 즐기면서 계속하는 것이다. 오늘부터라도 실천해보는 것이 좋지 않겠습니까?

8

입욕 중 모세혈관이 확장되는 복식호흡과 스트레칭

(1) 심한 추위에 목욕만큼 위험한 것은 없다

자율신경은 혈류를 조정하는 큰 역할을 한다. 낮에는 자율신경 중에서 교감신경(몸을 활동적으로 하기 위해 작용하는 자율신경)이 우위에 있어 혈관이 수축하여 혈압이 높아지게 된다. 밤이 되면 부교감신경(몸을 쉬도록 하기 위해 작용하는 자율신경)이 작용하여 혈관이 넓어지면서 혈압은 내려가는 경향을 나타낸다. 고혈압 또는 고혈압이 우려되는 사람은 밤 시간대에 어떻게 편안하게 할 것인가가 혈압을 높이지 않게 하는 핵심 포인트다.

밤에 편안하게 긴장을 푸는데 가장 도움이 되는 것은 무어라 해도 목욕이다. 느긋하게 목욕물에 몸을 담그고 있으면 심신의 긴장이 풀려 부교감신경이 우위에 있게 되면서 혈관이 확장되어 혈액의 흐름이 개선된다. 다시 말해서 부교감신경이 우위를 유지하면서 심신이 안락하게 잠을 잘 수 있다는 것은 지극히 고혈압에 좋은 영향을 주게 된다.

다만, 고혈압인 사람이 혹독히 추운 날 썰렁한 목욕탕에 가는 것은 위험성이 따른다. 탕 안에 들어갔을 때는 몸이 따뜻해지면서 혈관이 확장되어 혈압도 내려가지만, 탈의장이나 욕실이 추우면 혈관이 수축되고 혈압도 올라간다. 이 같은 혈압의 급격한 변화는 참으로 위험하다. 물론, 탈의장과 욕실의 온도 차를 적게 하기 위한 난방 등 운영관리를 철저히 할 관리인의 세심한 주의가 필요하다.

권장할 입욕법이지만, 혈압이 높은 사람은 너무 뜨거운 열탕은 심장에 부담을 줌으로 38~40℃의 따뜻한 온탕에서 10분 정도 반신욕(명치까지의 하반신만을 목욕물 속에 잠그는 목욕법)을 권유한다. 그러면 부교감신경이 우위상태가 되어 몸속 깊숙이까지 따뜻해지면서 혈관이 확장된다. 더욱 춥다고 느낄 때에는 어깨에 수건을 걸치고 입욕하도록 세심한 주의가 필요하다.

(2) 실로 간단하고 효과는 절대적이다

더욱 혈류를 촉진하기 위해서는 입욕시간을 이용한 복식호흡(腹式呼吸.배의 근육을 천천히 움직여 팽팽히 불리고 당기면서 횡격막을 신축시키면서 하는 호흡법)과 스트레칭을 소개한다. 「입욕 중 강압스트레칭(强壓 stretching」이라 부르는 운동으로 실로 간단하면서 효과는 절대적이다. 배를 팽팽하게 나올 만큼 천천히 호흡하면서, 왼손바닥을 앞을 향해 뻗치고 오른손으로 뻗친 왼손의 엄지손가락을 뺀 나머지 네 손가락(검지-중지-약지-소지) 끝을 잡고 몸 앞으로 당기면 손목이 젖혀진다. 같은 방법으로 오른손도 똑 같이 한다. 즉 반신욕과 복식호흡, 스트레칭을 동시에 좌우 10회씩 하면 입욕의 상승효과로 모세관의 혈류나 림프액(lymph)의 흐름이 좋아져서 혈관을 확장시키는데 크게 도움이 된다.

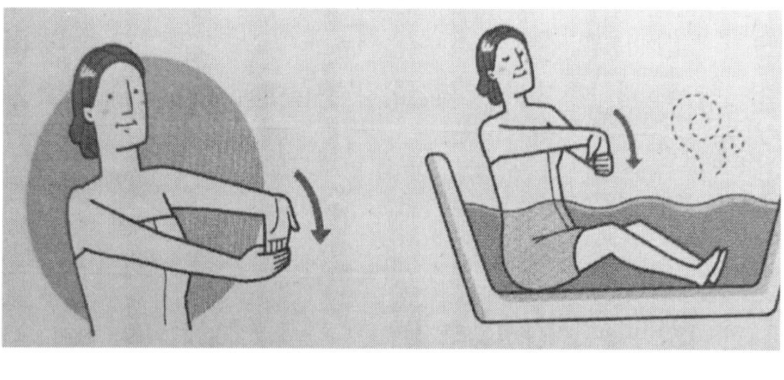

이상과 같이 입욕시간을 이용해서 부교감신경의 작용을 향상시킨 후, 사지말초(四肢末梢)가 쾌적하고 평온한 상태로 유지한 채 잠자리에 드는 것이 최상이다. 다만, TV나 PC등 광 자극은 교감신경을 활성화하게 됨으로 금물이다.

그러므로 입욕 후는 침실의 조명을 끄거나 낮추고, 음악 감상이나 독서 등 편안한 상태로 이불 속으로 눕는다. 입욕 1시간 후면 체온이 약 1℃ 낮아지면서 자연히 졸음(眠氣)이 오게 된다. 이와 같이 밤에는 부교감신경에 스위치를 넣는 생활을 명심하면서 실천한다면, 낮에 우위가 되는 교감신경과의 균형을 능숙하게 조절할 수 있어, 전체의 피 흐름을 매끄럽게 하면서 탄력성 있는 혈관을 만드는 일로 이어지게 되어 건강을 챙기는 결과가 될 것이다.

9

즉효성이 우수한 두피 급소자극으로 말초혈관의 확장효과

(1) 강압제를 먹지 않아도 혈압은 급격히 상승하지 않는다

「한의사의 침치료를 받으면서 혈압이 극적으로 내렸습니다. 이유가 무엇인지요?」 진찰실로 들어온 알츠하이머 환자인 어머니를 모시고 내원한 A여성(55세)의 질문이다. A여성도 어머니의 케어를 하면서 신체적 피곤과 정신적 피로로 견통이 심해지자 침 치료를 받고 있는데, 정말로 침 치료로 고혈압이 개선된다고는 생각하지 않았는데, 참으로 놀랐습니다....라고. 이것은 건강증진clinic원장 가도 나오미((加藤直哉) 박사의 말이다(출처: 高澤謙二, 100歳まで切れない詰まらないタフな血管をつくる.2012,マキノ出版). 한의학에서는 「모든 만성질환은 몸의 밸런스가 흐트러짐과 동시에 병발하고 진행된다.」고 생각한다. 이에

대한 기본적인 치료법은 그것을 중용(中庸, 밸런스가 잡힌 상태)으로 되돌리는 일이다. A여성의 경우도 어머니의 간호로 인한 스트레스가 혈류장해를 일으킨 결과에서 오는 고혈압, 견통으로 보는 것이다.

우리들의 몸은 의지와는 관계없이 내장이나 혈관이 기능하고 있다. 그것을 조정하고 있는 것이 자율신경이다. 앞에서 누차 설명했지만, 자율신경은 몸을 활동적으로 할 때 기능하는 교감신경과 몸을 쉬게 하기 위해 기능하는 부교감신경이 있어, 상호 밸런스를 취하면서 내장이나 혈관을 조정하고 있다. 그러나 과도한 스트레스를 계속 받게 되면 교감신경이 흥분 항진한 채로 있게 된다는 것이다.

그런데 A여성의 경우 침 치료를 받으면서 몸의 밸런스가 잡히면서 병증의 원인이 된 스트레스에 의한 교감신경의 항진(亢進.비정상적으로 활발해진 것)이 개선된 것이다. 그 결과 말초혈관이 확장되어 혈류가 정상 회복되었기 때문에 견통도 없어지고 고혈압까지 효과가 나타난 것이다.

덧붙이면, A여성은 전부터 고혈압으로 강압제를 복용하기 전에는 최대혈압 200mmHg, 최소혈압 120mmHg이었고, 강압제 복용 후에도 최대혈압 160mmHg, 최소혈압 90~100mmHg이었다. 그것이 침 치료로 최대혈압이 130~140mmHg까지 내려간 것이다.

(2) 두부 마사지로 머리가 산뜻해지고 시야가 밝아진다

여기서 침 치료는 면허 있는 한의사만이 치료할 수 있겠으나, 일반인으로서 같은 효과를 기대할 수 있는 방법을 소개코자 한다.

가도 나오미(加藤直哉) 전문의는 야마모도식신두침요법(山元式新頭鍼療法)이라는 야마모도 도시가쓰(山元敏勝)의사가 개발한 침 치료의 일종으로, 주로 머리부에 있는 치료점을 사용하여 치료하는 것이다.

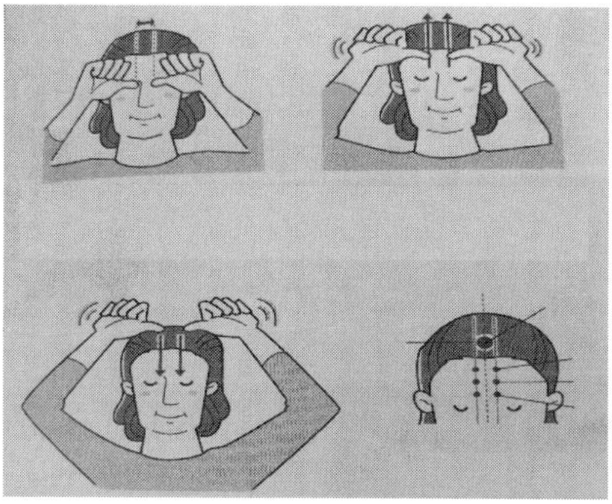

즉, 전두부에 있는 12뇌신경, 12내장점과 뇌점의 자극이다. 이 점들은 몸의 중앙에 있는 정중선(正中線)에서 좌우 1cm 외측 선상에 점재하고 있다. 두정부(頭頂部)에서 똑바로 밑으로 내려간 이마에는 눈, 코, 입의 3감각점(感覺點)이 분포하고 있다.

두피마사지를 실시하면 이들 모두가 자극되는 것이다. 피로와 스트레스를 느낄 때 자극하면 놀랄 만큼 머리가 상쾌해지고 눈도 밝아져서 혈류개선에 따른 혈압강하, 혈관연령이 젊어지는 등의 효과도 기대된다. 방법은 간단하다.

먼저 양손 엄지손가락 끝을 코가 붙어있는 움푹 들어간 곳에 대고, 여기서부터 눈썹머리(眉頭, 경혈로는 印堂穴.양 눈섭 사이), 이마로 약간 아픔을 느낄 정도로 거슬러 올라가 두정부까지 지압해간다. 다시 두정부에서 똑같은 선을 따라 지압하면서 이마를 거쳐 코가 붙은 자리까지 되돌아온다. 이때 좌우 손가락 끝의 간격은 2cm를 유지하고, 도중에 특히 아픈 곳이 있으면 멈추고 아픔이 풀릴 때까지 돌려 비비며 지압한다. 이 같은 일련의 마사지를 천천히 10번 정도 왕복 실시한다.

이것을 1세트로 해서 고혈압이 있는 사람은 1일 2~3세트를 기준으로 계속하면 몸의 밸런스가 깨져 생기는 원흉 스트레스가 크게 경감되고, 동시에 혈류개선을 통한 혈압도 낮아지며, 치매도 예방할 수 있다고 한다.

10

80세에도 치아 20개 이상 "8020"의 기적

일본 도쿄도(東京都)에서 세운 건강장수의료센터 진료실에는 매일 많은 노인이 찾는다. 80세가 넘어서도 잇몸병(치주질환) 검사를 받는 사람, 음식을 씹는 힘을 측정하는 노인 등 구강 치아 검진이 활발하다.

초고령 일본사회에서 「80세에 20개 이상의 치아 갖기」 8020운동이 성공한 덕이라는 것이다(조선일보, 2019.2.12.).

(1) 치아 수가 전신건강의 지표

일본은 고령사회로 접어든 1989년 80세에 20개 치아 갖기 운동이 시작되었다. 치과의사회와 후생노동성 주도로 전국적으로 진행된 치아건강 캠페인으로, 2019년이 30주년이다. 기준은 20개 치아를 유지하면 식사를 통해 충분한 영양을 섭취할 수 있고, 평생 자신의 치아로 즐겁게 음식을 맛볼 수 있다는 근거에서다.

치아건강은 전신건강의 지표다(정상적 청장년의 치아는 32개인데, 사랑니 4개는 없어도 됨으로 28개). 아이지현(愛知縣)이 주민 65세 이상 4425명을 대상으로 4년간 추적 조사한 결과 치아 20개 보다 적은(틀니도 넣지 않음) 사람은 치아가 20개 이상 남아있는 사람보다 치매

발생 위험이 1.9배 높았다. 또한 노인 1763명을 3년간 추적 연구에서도 20개미만 치아를 가진 사람은 낙상 위험이 2.5배 증가했다. 그리고 80세에 치아 20개 이상 있는 어르신은 자가용도 몰고 휴대전화도 잘 이용하는 비율이 높다. 결국 "8020"이 영양·저작력(씹는 힘)·뇌 자극·근육량 등을 반영한 「노년건강지표」라는 뜻이다.

(2) 대대적 "8020" 운동추진과 성과를 보고

일본 정부와 치과의사회는 "8020"운동추진위원회를 가동, 1년에 1~2회 치주질환검진을 제공하고, 2000년에는 "8020"재단을 출범하고 민간사업을 활성화했다. 치실사용, 올바른 양치질캠페인을 벌이는 한편 치과의사 치위생사가 직접 집으로 찾아가는 방문치과를 활성화했다. 2014년부터는 75세 이상 노인에게는 무료 치과검진을 제공하고 있다.

대대적인 "8020"운동을 벌린 결과 놀라운 효과가 나타났다. 1993년 "8020" 달성률이 8.0%였던 것이 2005년 21.1%, 2016년 51.2%를 기록했다. 후기 고령기로 분류되는 75~79세에서도 1993년 10%였던 "8020"이 2016년에는 56.1%로 5.6배 증가했다.

(3) 치아 건강을 넘어 구강 노쇠예방

일본은 단순히 치아 상태뿐 아니라, 삼킴과 발음, 혀의 움직임 등 쇠약해지는 「구강노쇠」라는 개념을 도입했다. "잘 씹고, 잘 삼키고, 잘 말하는 구강건강이 좋아야 전신건강이 좋고, 구강노쇠예방이 노년기 신체허약과 우울증, 사회적 고립을 막는 첫 관문"이라고 도쿄건강장수의료센터 히라노 히로히코 치과.구강외과 부장은 말한다.

권장하고 있는 구강노쇠를 막는 다양한 방법으로는 ①잘 씹어 먹고, ②정성스럽게 양치질 하고, ③치간 칫솔을 사용한다. 오래 씹는 습관을 들이면 신진대사가 활발해져 비만이 예방되고, 뇌 자극이 이뤄져 치매도 줄어든다. 또한 단골치과를 정해서 1년에 2회 이상 검진 받고 스케일링도 한다. 빠진 치아를 방치하면 식사도 어려울 뿐만 아니라 인상, 표정이 바뀌고, 발음도 나빠지고, 치열이 흐트러진다. 조기에 임플란트나 부분틀니를 하도록 권장한다.

침샘이 마르고 구강이 건조하면 세균이 증가하고 구취의 원인이 된다. 대책으로 매일 침샘분비를 촉진하는 침샘마사지를 권유한다. 그 방법은 간단하다. 침샘은 귀밑샘, 혀밑샘, 턱밑샘이 있다. 따라서 네 손가락(검지~새끼)을 귀 앞, 어금니 주변에 대고 뒤에서 앞으로 10회 이상 마사지 한다(귀밑샘). 턱밑샘 자극은 귀밑 턱 아래 부분을 양쪽 엄지로 다섯 곳 정도를 차례로 눌러주면서 턱밑까지 이동 5회 정도 반복한다. 혀밑샘은 양손 엄지를 모아 턱 바로 밑 중앙부위를 10회 정도 밀어 올려준다.

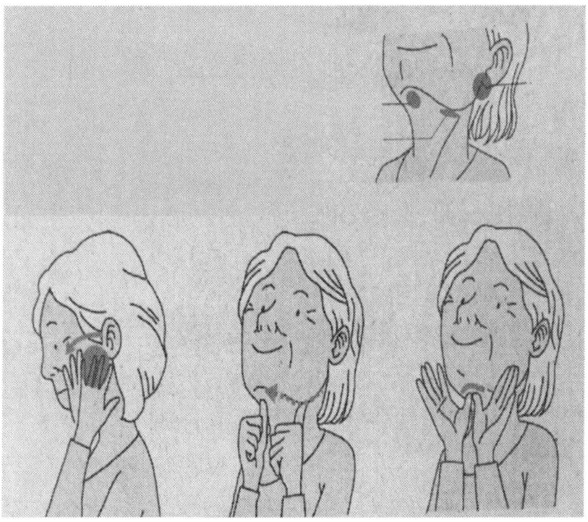

입안을 자주 씻어 정갈하게 하면 구강 내 세균 수가 줄고, 사래 걸려

생기는 흡인성 폐렴도 감소한다. 그리고 삼킴 기능을 좋게 하는 혀 스트레칭 방법으로는 다음과 같다.

① 입을 크게 벌리고 혀를 최대한 내민다.

② 입을 열고 혀끝을 입천장에 대고 힘주어 위로 올려붙인다.

③ 입을 벌린 채 혀를 좌우로 크게 돌린다.

④ 끝으로 혀로 위, 아래 입술 안쪽을 핥고, 입술 바깥쪽도 핥아준다.

그러면 씹는 기능도 좋아지고, 발음도 좋아지며, 침 분비도 많아지면서 삼키는 기능도 원활해진다.

입 마름이 심하고, 국물 마실 때, 특히 자극이 있는 음식으로 자극사레가 들리면 구강노쇠의 신호임으로, 위에 예시한 행동수칙을 지켜 건강한 치아 가꾸기와 침샘이 마르지 않도록 노력을 기울여야 할 것이다.

나의 여인상/女人像/

해가 서산에 지고 연붉게 물든 저녁놀 속에서
그리움으로 가슴 설레는 나의 여인상을 본다.

어둠이 드리운 저녁하늘에 다 채우지 못한
초승달에서 마음 여린 나의 여인상을 본다.

헤아릴 수 없이 수많은 별들은
저마다 찬란히 빛을 발하는 데
어쩌면 저리도 애절하게 눈물 먹은 별 하나에서
못내 고독을 이기지 못하는 나의 여인상을 본다.

간밤에 차가운 비가 내린 뒤 높푸른 가을하늘 아래
가냘프게 웃음 짓는 하얀 코스모스에서
청초하고 우아한 나의 여인상을 본다.

밤은 길어 추운 겨울이 가까운데
귀뚜라미 밤 새워 서글피 울어대는 소리에서
긴 밤 그리움으로 지새는 나의 여인상을 본다.

당신은 지금 어디에 있는지 알지 못하나
내 눈과 귀를 스치는
내 마음에 자리한 여인상을 본다.

제 4 장

내가 믿고 실천해온 건강가이드 라인

PART

19

내가 믿고 실천해온 건강 상식

1

암(癌)을 잘 이해한다면 대처방안이 달라진다

현대의학의 과학기술이 급속도로 발전하고 있으며, 국민의 식생활도 향상되고 있음은 물론 건강에 대한 관심도 크게 높아지고 있어서, 이들 삼요인의 균형 있는 수용으로 인간 수명은 놀랄 만큼 길어져서 100세 시대를 맞고 있는 현재에 와 있다.

그러면서도 항상 삶에 대한 걱정과 불안이 끊이지 않는 것이 있다면 바로 「암(癌)」이라는 공포의 불확실성 때문이다. 왜냐하면 분명히 평균수명은 짧은 기간 내에 매우 길어지고 있는데, 반해 잘못된 식사생활을 비롯해 오염된 주변환경, 많은 스트레스 등으로 암 발생률은 증가하고 있다는 건강의료통계 때문이다. 평균수명은 늘고 있는데 암 발생은 많다는 것이니 앞뒤가 맞지 않아 헛갈린다.

여기서는 그것을 제기하는 것은 아니고, 도대체 우리를 괴롭히고 있는 「암」에 대하여 어떻게 이해해야 되며, 과연 어떻게 대처하는 것이 현명한 방법일까? 필자는 전혀 전문분야가 아니기에 답답하든 차에 정신을 번쩍 들게 하는 저술물이 있어 흥미롭게 읽고 나서, 암 전문의사로서 많은 의사들과 의료업계 제약업계의 저항이 있을 것을 극복하면서까지 어려운 용기를 내야 하는 곤도 마고도(近藤 誠)박사의 "양심"을 읽을 수 있었고, 「나 자신 암에 대한 이해와 그 대처방법에 대한 명쾌한 해답을 얻을 수 있었다」라는 확신이 있었기에 여기에 그의 저서를 소개하면서 본인이 번역 요약한 것을 소개하기로 한 것이다. 많은 참고 있으시기 바랍니다.

(1) 어째서 「암」을 조기발견, 조기치료를 해도 죽는 사람은 늘어만 가는가?

「가짜(擬似) 암」으로 일찍 죽는 사람,

「진짜(眞) 암」으로 오래 사는 사람.

이율배반적인 책 제목이다. 정말로 그런 일이 있는가? 거짓말이 아니다. 너무도 많다는 것이다.

일본에서는 일반 부스럼이나 염증(炎症)을 「암.癌」이라고 진단, 귀중한 위나 자궁을 몽땅 잘라내고, 항암제(抗癌劑)를 먹는 사람이 산더미처럼 많고 점점 늘고 있다고 한다. (한국도 거의 같다고 보여 진다). 그 결과 일찍 죽는(早死) 사람도 많다. 반면 진짜 암인데도 치료하지 않고 방치해도 오래 사는(長生) 사람도 있다.

어째서 조기발견, 조기치료를 아무리해도 암으로 죽는 사람은 늘고 있는가?

어째서 수술이 성공적으로 이루어졌다고 하고, 항암제를 쓰는데도 암은 바로 재발하는가?

어째서 「여명 3개월」이라고 의사가 선고했는데도 3년 4년도 건강하게 사는 사람도 있는가?

그래서 「가짜 암」의 존재에 대해 알아차리면 암에 대한 수수께끼의 많은 것이 깨끗하게 풀리게 된다.

(2) 「진짜 암」과 「가짜 암」

곤도 마고도(近藤 誠)박사는 일본 게이오대학(慶應大學) 의학부 방사선과 교수로 "암은 둘 중에 하나"라고 주장해 왔다.

하나는 다른 장기(臟器)로 전이(轉移.옮겨 퍼짐)하여 언젠가는 죽음에 이르는「진짜 암」이고, 다른 하나는 해가 없는(無害)「가짜 암」이다.

「진짜 암」은 생기는 순간부터 혈액을 타고 parachute(낙하산)부대와 같이 여기저기로 전이하기 때문에, 의사가 조기발견 했을 때에는 벌써 온몸으로 번져 잠복하고 있다. 그래서 아무리 암 덩어리를 잘라내고, 항암제로 두들겨대도 재발하게 된다.

한편「가짜 암」은 전이할 능력이 없기 때문에 생명에는 관계가 없다.

☞ 참고/ 노벨상으로 유명한 iPS세포(人工多能性幹細胞)를 만들 때에 암간세포(癌幹細胞)가 잘 만들어진다는 사실로도 설명이 가능하다.

「진짜 암」인가「가짜 암」인가의 성질은 본래 간세포(幹細胞)에서 결정된다.

그래서 암의 절제수술이나 항암제치료의 90%는 목숨을 단축시킬 뿐이다. 세계의 많은 사람은「암은 빨리 발견해서 잘라내면 낫는다.」라고 믿어버리고,「차라리 암이 발견되기 전에 미리 장기를 잘라내자」라고 생각하는 사람마저 있다.

곤도(近藤 誠) 교수는 암 전문의 40년간 수만의 암환자를 검진하고, 매일 아침 6시 연구실로 출근 합계 10만 시간을 세계 암 의학논문과 데이터를 읽고 분석 발표해왔다. 2013년 Tokyo에서 개최한 近藤 誠 癌研究所 second opinion(http://kondo-makoto.com)에서 6개월간 1,000건 이상의 상담 결과 발표에서 다음과 같이 말했다.

매일 환자들로부터 들은 의사들의 폭언에는 놀라지 않을 수 없다.

「암을 내버려두면 여명 3개월, 전신 통증으로 죽습니다.」,「하루라도 빨리 수술하지 않으면 어찌되는지 아십니까?」,「짝 잘라내면 상쾌하게 낫습니다」,「항암제를 쓰지 않겠다고 하시면 다시는 오지 마십시오」, 「다른 의사의 진단을 받고 싶습니다. 라고 하면 빨리 가십시오」. 이상과 같은 공갈에는 「데이터를 보여 주십시오」, 「그 같은 말은 실례가 아닙니까?」라고 단호히 항의하는 것이 환자 자신의 정당한 권리다.

암 치료의 대부분은 후유증이나 부작용으로 몸은 너덜너덜해져도 의사는 환자 책임이라고 말한다.

통증이나 괴로움이 없다면 멍청하게 암 치료를 시작하지 않아야 한다. 「진짜 암」에 걸려있는 분들도 가능한 한 쾌적하게 오래 오래 살기를 바랄뿐이다.

(3) 「진짜 암」은 잘라내고 항암제를 계속 써도 무의미하다

암 전문 의사들은 어떻게 죽는 것일까?

구미에서도 의사들의 본심에서 우러나오는 말은 비슷하다. 미국 의사의 「How Doctors Die」의 내용을 소개해 보기로 한다.

정형외과의사 챨리는 위에서 응어리가 발견되었다. 병명은 췌장암으로 평균적인 여명은 6개월 전후. 그 진단을 한 외과의사로부터 "5년 생존율을 3배로 연장하는 치료법"이라고 진단했다. 그러나 챨리 의사 환자는 다음 날 직장을 그만두고 병원에는 두 번 다시 발을 들이지 않았다. 가족과 보다 많은 시간을 오래 함께 하기 위해서였다. 수술도 항암제 등 화학요법도 방사선치료도 전혀 하지 않아 치료비를 쓰지 않았다. 챨리는 수개월 후 자택에서 조용히 평온하게 운명했다.

일반인은 「죽고 싶지 않다」면서 많은 치료와 경비를 써가며 발버둥치지만 의사들은 챨리와 같이 조용히 죽음을 택한다. 이것이 의료의 한계다. 「암의 고통과 고독의 공포」를 속속들이 잘 알고 있기 때문이다. 의료전문가라면 누구라도 고통만 안겨주는 소용없는 치료가 환자에게 시술되는 것을 잘 알고 있다. 죽음을 눈앞에 둔 환자에게 최첨단의 기술이라고 권한다. 환자를 메스로 잘라내고, 관을 뚫어 넣고, 치료 장치를 달고, 약물로 담그고....모든 것을 총동원 거대한 치료비용을 지불하며 집중치료를 하게 된다. 결국 치료 끝에 환자에게 남는 것은 치료비용 부담과 고문 같은 고통 뿐....죽고 만다.

만약 의사 자신이 저 환자 같은 상태라면 「죽여 달라」고 동료의사에게 소근 소근 말을 나누는 것을 수없이 듣는다고 한다. 어떤 의료전문가는 목에 "소생장치 거절"이라고 새겨진 메달을 걸고 있다. 그러나 의사들은 그것을 환자에게는 전해주지 않는다.

어째서 의사는 자기나 가족에게는 하지 않는 고통스런 치료를 환자에게는 하는가? 하나는 대부분의 환자와 가족이 "할 수 있는 한 치료를 하고 싶다"라고 열망하기 때문에 의사로서는 기대에 응하고 싶고, 또한 치료해주지 않으면 "성의가 없다"라고 지적당하기 때문이다. 그러기 때문에 치료해주는 것이 무난하고, 감사도 받고, 돈도 벌 수 있으니까요.

많은 의사는 환자의 투병에서 오는 고통, 초라하게 여위여가는 모습을 눈으로 보면서 나 자신은 「암에 걸렸을 때 치료하지 않는 쪽이 훨씬 편안하게 오래 사는 치료법이 무수히 있다」는 것을 안다.

항암제는 의사가 「자신과 가족에게는 쓰지 않는다. 그러나 다른 환자에게는 추천하는 것이다」.

(4) 의료비로 돈을 많이 쓰는 사람은 의료비를 가장 적게 쓰는 사람보다 사망률이 26% 높다

「가짜 암으로」 일찍 죽지(早死) 않는 가장 좋은 요령은 병원을 가까이 하지 않는 것, 의사에게 매달릴수록 「좀 더 확실하게」,「하는 김에」, 「암 검진은 받고 있습니까?」등 여러 가지 검사와 필요 없는 치료를 받게 하고, 약도 이것저것 먹게 하는 등 괴로운 처지에 빠지게 되어있다. 결과는 생명을 단축시키는 결과가 되고 만다.

좀 코가 실룩실룩 하면 「감기다」, 「알레르기다」 라고 병원으로 달려간다. 인플루엔자백신은 매년 반드시 맞는다. 기본적으로 몸에 관한 것은 「의사에게 맡기자」. 「약은 몇 가지를 주는 대로 착실히 먹는다」. 이와 같이 병원에 잘 가는 사람일수록 요주의!

2012년 미국의 유명의사회지에 소개된 5년간 5만 명 조사에서 5단계 평가로 「가장 병원치료에 만족하고 의료비를 많이 쓴 그룹은, 가장 의료비를 적게 쓴 그룹 보다 사망률이 26% 높다」 라고 하는 것이다. 의사들의 얼굴이 파래지는 결과가 나왔다. 즉 의사에게 잘 매달릴수록

「하는 김에 혈액검사를 하는 편이 좋다」,「약도 드릴께요」,「CT를 찍읍시다」,「세포를 떼어내 현미경 조사를 하겠습니다」,「이것은 빨리 잘라내는 쪽 이 좋습니다」....라고 belt conveyor에 실려 있는 것 같이 다음에서 다음으로 필요 없는 검사를 받게 만든다. 그래서 강력한 방사선을 쬐이게 되고, 이것저것 약을 먹게 하고, 각종 치료를 받게 하는 등 괴로운 처지에 빠지게 되고 생명도 단축되는 것이다.

(5) iPS세포와 암세포는 종이 한 장 차이

iPS세포의 개발자 야마나까(山中伸弥.京都大學)교수는 「iPS세포와 암세포는 표리(表裏)를 보는 것만큼이나 닮았다」고 말한다. iPS세포는 줄기세포(幹細胞)의 일종으로 무한으로 세포를 만들어내는 재생능력을 가지고 있다. 1개의 줄기세포가 분열할 때는 2개로 나누어지면서, 하나는 줄기세포로써 keep, 다른 하나는 또 다른 세포로 변화한다. 즉, 「자기 자신」과 「다른 세포로 변화하는 세포」를 동시에 만들어 가기 때문에 줄기세포가 없어지는 일은 결코 없다.

iPS세포를 사용하면 피부로부터 여러 가지 장기(臟器)나 조직(組織)을 만들어 낼 수가 있다. 그래서 「난치병 치료나 재생의료에 혁명을 일으킨다」고 큰 기대를 걸고 있다.

그런데, 한편 벌써부터 「암화.癌化」의 문제가 현안이 되어 있다. 실험실에서 iPS세포를 만들 때 자주 암세포가 생기는 것이다. iPS세포로 만들어낸 조직은 쉼 없이 증식하면서 암이 되는 두려움이 있고, 실제로 쥐 실험에서 체세포를 길러내는 과정에서 암이 되는 케이스가 다수 발견되었다. 더구나 이 「癌化」는 risk가 있다고 하는 쉬운 말이 아니라, iPS세포의 성립과정, 기본구조 자체가 암세포와 거의 같다는 것이다. 따라서 난치병을 고치는 기술로 기대되는 iPS세포와 인간을 죽음으로 이르게 하는 암세포가 종이 한 장 차이로 생명의 신비이기도 하고, 야유이기도 하다.

(6) 어째서 인간에게는 도롱뇽(蠑螈)과 같은 재생능력이 없는 것인가?

「진짜 암」과 「가짜 암」에 대해 줄기세포의 존재로부터 생각해 보기로 한다.

어떤 환지의 암이 「진짜」인가, 「가짜」인가는 현미경으로 조직을 보아도 모른다. 왜냐 하면 암의 성립과정 경과로 생각해 보자.

인간의 몸에는 약 60조개의 정상세포가 있다. 이들은 모친(母親) 1개의 수정란(受精卵)으로부터 갈라져 나온 것이다. 그리고 각 세포는 빠짐없이 2만개 이상의 유전자 세트를 갖추고 있다. 이 유전자는 수만 종류의 단백질 설계도로 단백질이 세포의 형태를 만들어 여러 가지 기능을 발휘하게 된다.

한편 우리들은 호흡하고 음식을 먹고 일광을 쬐고 살아갈 뿐으로, 대기 중의 오염물질, 단배연기, 음식 중 첨가물, 농약, 자외선 등 각 종

유해물질을 매일 몸으로 받아 체내로 거둬들이고 있다. 이들이 유전자에 상처를 주면 「변이유전자.變異遺傳子」가 생기고, 각 세포에 조금씩 쌓이게 된다. 어떤 세포에는 A가 변이를 일으키고, 다른 세포에서는 B와 K가 변이를 일으켜서....그 종류와 수는 가지각색이다. 그 변이유전자를 설계도로 한 「변이단백(變異蛋白)」이 만들어지면 ①정상단백으로서의 기능을 상실, 또는 ②이상한 기능을 갖는다....의 그 어느 쪽이 된다.

세포 내에는 수만 종류의 단백질이 있어서 아주 작은 변이단백이 생겨도 세포의 구조와 기능에는 영향이 없을 것인데, 그러나 변이유전자의 종류에 따라서는 세포가 무한히 분열하는 능력을 갖는 경우가 있다. 이것이 「암세포」다.

야마나까(山中)박사는 「iPS세포」작성에 성공했으며, 이것은 위장, 폐, 간장.... 등 각 장기(臟器)의 줄기세포로 분화하는 능력을 지니고 있어 「幹細胞king」인 것이다. 그런데 iPS세포의 작성에는 앞에서 기술한바와 같이 어처구니없는 함정이 있다.

※ 먼저 정상조직의 세포에 4개의 정상유전자를 삽입하여 iPS세포를 만들어내면 부산물로써 원하지 않은 암세포가 만들어진다. 그렇게 되면 iPS세포를 사람에게 사용하는 것은 위험하다. 어찌되었든 줄기세포인 iPS세포와 함께 암세포가 생긴다는 것은 그 암세포는 「암 줄기세포, 癌幹細胞」라고 추측되는 것이다. 실제로 대장암, 유방암, 두경부암 등 「암 줄기세포」가 발견되고 있는 것이다.

암 줄기세포는 「그밖에 여러 가지 암세포」로 분열하여 암 조직을 형성한다. 암 줄기세포에 전이능력이 있다면 그 암조직의 세포는 전이하지만, 없다면 전이하지 않는다는 것이다.

이것이 암은 생겨나면서 「진짜」, 「가짜」로 나누어지고, 「진짜」는 곧바로 전이를 시작하는 이유인 것이다. 그리고 암 줄기세포는 휴면했다가 다시 분열을 시작하기도 한다. 치료해 완치되었다는 암이 10년, 20년 후에 돌연 재발하는 경우도 있다.

(7) 「진짜 암」은 아무리 치료해도 재발한다

「진짜 암」은 어째서 치료를 해도 재발하는가? 이것도 암 줄기세포 때문이다. 암세포의 크기는 1mm의 1/100 정도, 반복해서 말하지만

「조기발견」된 직경 1cm의 암 병소(癌病巢) 속에는 10억의 암세포가 존재하고 있다. 혈액을 타고 체내를 돌아다니는 암세포도 무수히 많다.

수술로 「암을 잘라냈다」라고 말해도, 그것은 사람의 눈에 보이는 정도 수준의 말이고, 체내에 암 줄기세포가 1개라도 남아있으면 반드시 재발한다.

암 줄기세포는 항암제에도 어지간히 견디어낸다. 그래서 위암, 폐암 등 고형암(固形癌)은 항암제로는 치료되지 않는다.

물론 새로운 다양한 항암제를 개발해가겠지만 아직은 암 줄기세포를 해치우는 신약은 개발하지 못하고 있다. 대저 암 줄기세포를 공격하는 항암제가 개발될 것이나....정상 줄기세포까지도 해치워서 환자는 결국 죽게 된다. 그러기 때문에 近藤박사는 「꿈의 항암제」개발은 무리라고 말하고 있다. 그리고 암의 전이에도 암 줄기세포가 관계하고 있다고 생각하고 있다.

그렇다면 암의 전이는 언제 생기는 것인가?

전이능력이 있는 암 줄기세포는 생기면서 바로 전이한다고 한다. 즉, 일반적으로 「진짜 암」은 암병소(癌病巢)가 0.1mm가 되기 전에 이미

전이한다. 암 줄기세포가 생겨 환자를 죽게 할 때까지 「암의 일생」을 인간의 일생으로 보면, 아기 단계에서 전이가 일어나 「조기발견」되는 단계는 결국 만년(晩年) 되어서다.

(8) 「진짜 암」이라면 어떻게 할 것인가?

1) 잘라내지 않는 선택을 하고 나서

「암을 발견하는 노력은 그만 두자. 만약 발견되었어도 잘라내는 일은 그만두자」라고 결심한 환자에게 암의 증상이 나타나면 어떻게 할 것인가를 생각해 둡시다.

예를 들어 식도암이나 위암이라면 「먹은 것이 목구멍으로 넘어가지 않는다」, 「위가 받아들이지 않는다」, 폐암이라면 「호흡이 고통스럽다」, 대장암이라면 「장이 좁아져 배가 땡땡해지거나 대변이 가늘어져 나오지 않는다」등 매일 매일의 생활에 지장이 심한 자각증상이 나타나면....그것을 진정시키는 가장 안락한 치료법을 생각해야 한다.

첫째 장기(臟器)는 가능한 남겨놓는 쪽이 좋다. 그렇다면 암의 응어리가 식도를 막아버릴 때는 방사선을 쬐거나, 금속 망으로 된 식도확장용 파이프「스탠드」를 넣는 방법이 있다.

대장암으로 장이 좁아지면 스탠드를 대장내벽을 넓혀주면 장내 쌓인 가스나 통변을 좋게 한다. 폐암이 진행되어 호흡이 고통스러우면 산소호흡과 종말에는 모르핀(morphine)을 사용한다. 이외라고 생각할 찌모르나 모르핀은 통증만이 아니라 호흡의 고통을 진정시켜 편안히 잠들게 하는 작용도 있다. 정확히 사용한다면 중독이 되거나 사기(死期)를 빠르게 하는 염려가 없는 매우 뛰어난 마약(痲藥)이다.

먹을 수 없게 될 경우 선택의 길은 하나 있다. 그대로 완전 방치하는 것이다. 마시지 못하고 먹지도 못하고 죽음을 맞는다는 것은 건강한 사람에게는 비참한 일이다. 그러나 몸이 쇠약해져서 「먹으려 생각해도 무리」라고 할 때에는 아사(餓死)는 가장 편안하게 자연스럽게 죽는 방법이다. 오히려 48시간 연명을 위한 영양 수혈 등 점적주사(点滴注射)를 하게 되면 몸이 붓고, 폐도 수침(水浸)상태가 되어 물에 빠져있는 것같이 고통을 느끼며 죽어가는 꼴이 된다. 「편안하게 죽는다」는 것은 꽃이나 나무가 자연스럽게 말라 시드는 것과 같이 죽어가는 것이다.

2) 치료하지 않으면 암은 편안하게 죽는 병

암을 방치하면 마약도 듣지 않을 만큼 통증으로 괴로워 뒹굴 만큼 고통스러울 것이라는 말을 자주 듣는다. 그것은 수술의 후유증이나 항암제의 독성(毒性)에 따른 고통이다.

치료법이 없었던 시대에는 암투병기를 보면 자연히 받아들이는 암환자는 거의가 평온하게 세상을 떠났다고 한다.

현대인도 예를 들면 위암치료를 하지 않고 세상을 떠난 일본 작가 모리요꼬(森瑤子)씨는 호스피스에 들어가서도 최후까지 집필을 계속하고, 가족과도 평상 시 다름없이 대화하고, 친구가 찾아오면 나를 잊지 말라고 미소를 지으면서 평온하게 여행을 떠났다고 한다. 「風とガーデン」TV 드라마를 끝낸 모리씨는 수술도 항암제도 모두 거부하고 실로 편안하게 전혀 아픈 모습도 보이지 않고 훌륭한 최후를 맞았다고 한다. 그렇다면 암이 「고칠 수 없는 운명」이라면 만약 통증이 나타나면 모르핀으로 조절해서 편안히 세상을 떠날 수 있는 것이다. 암이라는 운명이 대단히 가혹하게 보이는 것은 고칠 수 없는데도 과잉 치료를 끝까지(죽기 전까지) 가하기 때문에 그렇게 보이는 것이다.

(9) 「가짜 암」과 「진짜 암」에 관한 소박한 질문과 답변

1) 조기암은 「가짜 암」?

문1. 「가짜 암」이라는 것은 거짓이란 뜻인가요?

답/ 그렇다. 암은 크고 작고 간에 초기발생 이외의 다른 장기(臟器)로 전이(轉移)가 있는지, 없는지 둘 중 하나다. 장기 전이가 있는 암은 고칠 수가 없다. 그것을 「진짜 암」이라 부른다. 내버려두어도 전이 하지 않는 것이 「가짜 암=擬似癌」이다.

문2. 「가짜 암」은 커지지 않는가?

답/ 드물게는 커지는 것도 있지만, 생명을 잃지 않도록 조치할 수가 있다.

문3. 조기암은 「가짜 암」인가요?

답/ 그렇다고 한정지울 수는 없다. 예를 들면 뢴트겐(Röntgen) 만으로 발견되는 유방암과 위점막내암은 99.9% 「가짜 암」. 그러나 위점막 하로 들어간 것은 조기암이라도 수%는 「진짜 암」이다.

문4. 「가짜 암」이 뒤에 전이하는 경우는 없는가?

답/ 그런 예는 하나도 본적이 없다. 이것은 iPS세포에도 관계되는 말이다. 뇌종양, 췌장암, 대장암, 유방암 등 그들 암의 성질을 결정하는 근본은 「줄기세포.幹細胞」가 발견되고 있다. 유전자에 상처가 생겨서 암줄기세포가 생기는 순간, 전이하느냐? 전이하지 않느냐? 가 결정된다. 마치 여왕벌이 일벌을 낳는 것과 같이 암세포가 만들어진다. 「가짜 암」에는 전이능력이 없는 줄기세포가 있는 것이다.

문5. 「진짜 암」의 전이를 방지는 못하는가?

답/ 암세포의 크기는 약 1/100mm. 「진짜 암세포」의 크기는 직경 0.1mm 전후로 전이를 끝낸다. 현재 의학에서 암으로 진단 가능한 것은 직경 5mm정도부터다. 그래서 의사가 「조기발견」했다고 말 할 때는 「진짜 암」은 완전히 전이를 끝낸 것이다.

2) 「진짜 암」과 「가짜 암」의 구분방법

문1. 「진짜 암」과 「가짜 암」을 구분하는 방법은 있는 것인가?

답/ 암 진단에 없어서는 안 될 현미경으로 세포를 검경으로는 생김새가 같아서 구분할 수 없다. 다만 암이 된 부위, 크기, 진전도에 따라 대강은 안다. 증상이 없는데 검진으로 발견 된 암세포는 거의 다 「가짜」다. 췌장암도 기침이나 혈담이 섞여 나오는 증상이 있는 폐암은 「진짜 암」이 많다. 또한 경험이 쌓인 의사는 병소(病巢)의 크기나 관찰, 손 접촉으로도 어느 정도는 판단이 된다.

문2. 일반으로 조기암을 방치하면 전이하는 성질로 바뀐다고 하는 데?

답/ 만약 그것이 정말이면 검진으로 조기암을 척척 알아내서 치료하면 암으로 죽는 사람은 점차 줄어갈 것이다. 해외에서의 대규모 암 검진비교시험에서 「암을 발견해서 치료한 group」과 「아무것도 하지 않은 group」의 암 사망률은 차이가 없다. 오히려 치료한 group쪽이 암 사망률이 많은 경우도 있다.

문3. 암은 어쨌든 조기발견, 조기치료가 중요하다는 세간의 상식은?

답/ 국민 3명에 1명은 암으로 죽는데, 암 의료는 의료산업을 지탱하는 효자. 모두가 열심히 암 검진을 받고 치료해주지 않으면 의료는 붕괴되고 만다.

문4. 정말로 아무것도 하지 않는 쪽이 편안히 장생(長生) 한다고?

답/ 그렇다. 발견된 암이 「진짜」라면 특히 전이가 심하게 잠재 확대되고, 「가짜」면 무해(無害). 운명은 최초부터 결정되므로 현대의학으로는 바꿀 수가 없다. 그러므로 어느 쪽으로 쓰러져도 치료는 무의미하다. 실은 많은 암환자가 치료에 의해 생명을 단축하고 있다. 암이라 진단되어도 잘라내지 않아도 낫는 것이 많고, 암의 90%가 항암제는 효과가 없기 때문이다. 조기암 진행암을 포함해 암은 원칙적으로 치료하지 않는 것이 좋다.

3) 암은 낫는 병으로 된 것인가?

문1. 「현대의료의 덕으로 암은 낫는 병이다」라고 생각하고 있는가?

답/ 「가짜 암」을 「진짜 암」으로 생각하고 「빨리 발견되어 잘라냈기에 고쳤다」고 기뻐한다. 무해(無害)이기에 몇 해가 지나도 재발 되지 않는다는 것은 당연하다. 「조기암을 잘라내지 않아서 재발암이 되었다. 잘라냈다면 좋았을 것이다」라는 사람은 모두 최초의 진단이 잘못된 본래가 진행 암이었던 것이다. 암은 오진(誤診)이 매우 많다.

문2. 그렇다면 「진짜 암」은 현대의료로는 고칠 수 없는가?

답/ 장래 적으로도 고칠 수 없다....고 보증한다.

문3. 암 방치료법(放置療法)에 대하여

답/ 암으로 진단되고 치료하지 않은 150명 이상의 환자 주치의 곤도 마고도 박사는 유방암이라고 진단되었는데도 수술하지 않고 지금까지 23년 이상 건강한 사람도 있다. 「가짜 암」이었기 때문이다. 암은 서둘지 않고 조용히 진행도를 보는 것이 이기는 것이다.

문4. 암은 아프고 괴로운 이미지가 대단히 강한 것은 어째서라고 생각하는가?

답/ 지금까지 쭉 암이라고 하면 치료해 왔기 때문이다. 더욱 암 수술은 가슴이나 배를 잘라 열고 장기를 드러내는 경우가 대부분. 칼로 자르면 신경까지 절단하므로 가는 신경이라도 통증을 남기며, 크게 잘라 열면 신경도 짝 잘라져서 훨씬 아프다. 위나 식도를 자르면 조금씩 먹을 수밖에 없고, 복막염이 되는 등 후유증도 크다. 또한 항암제는 독약(毒藥)이므로 몸이 나른하고 괴롭다. 손발이나 미각(味覺)의 마비, 구내염(口內炎) 등 대단히 고통스럽게 된다.

4) 「진짜 암」을 방치했다가 통증이 오게 되면?

문1. 암을 방치해서 통증이 오게 되면?

답/ 종합병원에는 통증을 안정시키는 치료를 전문으로 하는 완화care과가 있다. 방치한 암의 통증은 모르핀이나 방사선치료로 완전하게 control 된다. 한편 항암제를 반복하여 사용하게 되면 통증이 오히려 없어지지 않고 마비증상이 더해져서 참혹한 결과를 낳게 된다.

문2. 방치해두면 최후까지 아프지 않는 암이 많다는 것도 정말입니까?

답/ 정말이다. 치료하지 않으면 아프지 않은 암은 위암, 간장암, 식도암, 자궁암 등 꽤나 많다. 폐암은 호흡곤란으로 괴롭다고 생각하고 있으나 꾹 참고 있으면 그다지 괴롭지 않다. 점적(点滴)으로 인해 괴로운 경우는 있다. 아무것도 먹지 못한다고 해서 점적을 계속하면 몸속에 물이 괴고, 폐 내부에도 물이 생겨 물에 빠진 상태가 되고 만다.

문3. 아무리 커도 암은 아프지 않다....라고 생각해도 좋은가?

답/ 아무리 커도 암은 아프지 않다. 近藤박사 병원에 유방암이 20cm로 자라 피부까지 뚫고나온 환자도 통증을 보이지 않았다고 한다.

문4. 피부를 뚫고 나왔다는 것은 정이(轉移)가 심하다는 것인지?

답/ 피부를 뚫고나올 정도로 진행된 암도 전이되지 않고 죽지도 않은 「가짜 암」도 있다. 자궁경부암은 3기가 되어도 요관(尿管)을 막히지 않게 방사선을 쬐면 반은 낫는다.

문5. 수술하면 암은 설친다는 것이 정말인가?

답/ 메스(mes)가 가해진 상구(傷口)는 조직이 허물어져 혈액 속을 흐르는 암세포가 그곳에 달라붙어 만연하기 쉽다. 그래서 단번에 암이 번져 커지는 경우가 있다.

문6. 어느 쪽으로 쓰러져도 암은 치료하지 않는 쪽이 좋다는 것인가?

답/ 아프지도 괴롭지도 않은 무증상인 기간은 암 치료가 무의미하다고 곤도 마고도박사는 말한다.

결 론

암 치료의 목적은 보다 좋게 보다 오래 살자는 것,

그런데 생명의 저축을 늘리겠다고 치료를 조급히 서두르면 수술로 통증이 오고, 항암제로 괴로움만 키워 편안한 인생을 박탈당하고 결국에는 많은 의료비 지출과 생명까지도 단축시키고 만다.

당면한 연명을 위한 치료도 한편으로는 이미 전이하고 있는 병소가 자라는 시간만을 주는 것이며, 「뼈로 전이되어 아프고」, 「뇌로 전이되어 마비가 오고」등 치료로 인한 고통을 낳는 리스크가 된다.

40년간 암 연구와 환자의 진찰을 해온 近藤 誠교수는 장기의 절제수술이나 항암제 치료는 생명을 매낀 이길 가망이 없는 도박이라고 말하고 있다.

암세포는 유전자가 상처를 입고 정상세포가 변화해서 자란 「자기 자신」. 천인천색(千人千色)이라고 할 만큼 개성이 짙다.

그래서 수술이나 항암제를 쓰지 않으면 아주 평온하게 세상을 떠날 수 있다고 한다. 대처방법이 틀리지 않는다면 최후까지 머리가 또렷하고, 몸도 움직일 수 있어서 죽기 전까지 병원의 외래환자로 진전도를 체크하러 올 수도 있다. 치료하지 않은 암은 만약 통증이 와도 모르핀으로 확실히 control 된다.

앞에서 밝힌 「가짜 암으로 조사(早死) 하는 사람」「진짜 암으로 장생(長生) 하는 사람」을 잘 참고하면 좋겠습니다.

近藤 誠 교수의 궁극의 꿈은 암을 치료하지 말고, 통증만을 억제시켜서 「감사했습니다.」 라고 말하면서 미소지우며 저 세상으로 여행을 떠나는 것이다.

♣ 문헌/近藤 誠.2013. 「がんもどき」で早死にする人,
「本物のがん」で長生きする人. 幻冬舍.

2

고혈압은 병이 아니다

저자 마쓰모토 마쓰마사(72)는 책 제목 '고혈압은 병이 아니다'처럼 확신에 넘친다. 물론 혈압약을 복용하면 더더욱 안 된다고 경고한다. 그의 고혈압 대처법은 지극히 간단하다. '내버려두라'는 게 전부다. 물론 수축기 혈압이 200mmHg을 넘거나 심장에 지병이 있는 경우만 예외란다.

언제부턴가 고혈압은 「국민병」이 되어버렸다. 일본의 경우 5천만 명이 넘는다. 1980년대 후반만 해도 고혈압 환자는 230만 명에 지나지 않았다. 왜 이렇게 됐을까? 혹시 만들어진 병은 아닐까? 저자는 고혈압이 언제부턴가 '병'으로 둔갑했고, 치료제도 덩달아 활개 치기 시작했다고 말한다. 그러면서 건강한 사람을 환자로 만든 '주범'으로 제약회사 등 의료계를 지목한다. 그가 제시하는 단적 사례가 고혈압 기준치 '조작'이다. 일본에서 1980년대 후반과 2010년대 초반의 20여년 사이에 고혈압 환자가 무려 20배 이상 폭증한 이유이기도 하다.

1987년 당시 고혈압 기준치는 수축기 180mmHg 였다. 이때 환자 수는 앞서 언급한 230만 명. 의료계는 2004년 이 기준치를 140mmHg 으로 낮췄고, 이에 따라 그동안 멀쩡하던 사람들이 갑자기 환자로 분류되며 그 수가 1천600만 명에 달했다. 그리고 수치가 다시 130mmHg 으로 낮춰지자 2011년 조사결과 무려 5천500만 명이 환자로 둔갑했다.

저자는 "환자가 늘면 혈압약 판매는 당연히 늘어난다." 면서 고혈압 기준치의 조작이야말로 제약회사에 금덩이를 안겨주는 도깨비 방망이라고 일갈한다. 일단 환자로 분류되면 불안감에 시달리게 된다. 그날부터 혈압약을 복용하고 걸핏하면 혈압계에 의존하기 마련. 일본에서 20여년 사이에 환자 급증에 따른 혈압약 시장이 다섯 배로 커져 한화로 10조 원 가량에 이른다.

저자는 '고혈압증'을 제약회사가 주도하는 '사기 상술'로 규정한다. 그렇다면 '고혈압은 전혀 걱정할게 못 된다'는 게 저자의 결론이다. 혈압이 높아지는 건 자연스러운 신체현상이지 질병이 결코 아니라는 것. 오히려 혈압약을 먹으면 암이나 치매 등 부작용을 낳을 수 있다고 경계한다.

인체의 모든 반응에는 반드시 목적이 있다는 게 저자의 지론이다. 혈압은 신체 여건에 따라 수시로 등락을 거듭하는데 그중 하나를 놓고 질병 운운하는 것은 어불성설이라고 잘라 말한다. 나이가 들어감에 따라

혈압이 올라가는 것도 지극히 당연하다. 이치는 이렇다.

> 나이를 먹으면 혈관도 유연성과 탄력성을 잃어
> 딱딱해진다. 동맥경화는 그래서 생긴다. 동맥이
> 딱딱해지면 확장과 수축이 힘들어지고, 그만큼 혈액을
> 멀리 보내기도 어려워진다. 이 때문에 심장은 뇌나 손발
> 끝까지 혈액을 보내기 위해 혈압을 높여 피를 내뿜는다.
> 이런 상황에서 약을 투여해 억지로 혈압을 낮추면
> 혈액순환이 안 되어 건강에 해로울 수밖에 없다.

저자는 "현대의료는 이 같은 '나이'를 아예 무시한 채 20대든 80대든 구별 없이 130mmHg 만 넘으면 누구나 고혈압으로 진단해버린다"고 비판한다. 그러면서 혈압 기준을 극단적으로 낮춘 현재의 기준치보다 옛날처럼 「나이+90」으로 계산하는 게 훨씬 합리적이라고 덧붙인다. 콜레스테롤 또한 혈압과 마찬가지로 오해를 사고 있다며 그 수치가 아무리 높아도 괜찮으니 만들어진 질병에 기죽지 말고 웃으며 편히 살라고 권고한다. 현대의 의료는 '나이'를 아예 무시한다. 혈압이나 콜레스테롤 기준치에 '나이'는 전혀 고려 대상이 아니다. 20대든 80대든 130mmHg 이면 누구나 고혈압으로 진단한다. 세상에 이런 엉터리 의료가 어디 있는가?

혈압은 극단적으로 낮춘 현재의 기준치보다 옛날의 「나이+90」으로 계산하는 것이 훨씬 합리적이다. 이는 오랜 세월 환자를 진찰해온 의사의 실질적 판단에 의해서만 할 수 있는 말이다. 또 실제 생활과 정확히 일치하는 내용이다.

'고혈압은 병이 아니다'는 현직 의사가 고혈압에 관한 기존의 상식을

정면으로 비판하면서 고혈압 치유의 새로운 해법을 제시하는 책이다. 40여 년 동안 10만 명을 진찰한 경험과 다양한 연구 자료를 통해 '고혈압은 질병이 아니라 제약회사의 이익 때문에 만들어진 허구의 병' 이라는 충격적인 내용을 설득력 있게 풀어내고 있다. "고혈압증이란 말에는 '증'이 붙는데도 '증상'이 없다. 즉 아프다거나 괴로운 증상이 없다는 얘기다. 딱 잘라 말하면 고혈압은 병이 아니다. 약간 신경 쓰이는 정도의 혈압이 큰 병을 일으킬 가능성은 제로에 가깝다. 고혈압이 국민병이라는 것은 새빨간 거짓말이다."

그렇다면 수많은 고혈압 환자는 어떻게 만들어진 것일까? 일본에서 환자 수는 대략 5,500만 명에 달한다. "제약회사와 어용학자가 모두 한통속이 되어 '혈압이 높으면 뇌졸중이나 심장병을 일으키기 쉽다. 방치하면 큰일 난다'는 캠페인을 벌이며 '고혈압 위험론'을 퍼뜨렸기 때문이다. '고혈압증'이야말로 제약회사의 이익 때문에 만들어진 허구의 병이라고 생각한다." 저자는 '혈압이 높아지는 것은 자연스러운 가령현상이지 질병이 아니기 때문에 약을 복용할 필요가 없다'고 단언한다. 많은 사람이 필요하지도 않은 혈압 치료를 위해 비싼 치료비를 '강요당하고 있다'는 것이다.

"우리 몸이 스스로 혈압을 높이는 것은 생명을 지키기 위해서다. 혈압이 180mmHg 이어도 괜찮다. 오히려 약으로 혈압을 떨어뜨리는 것은 목숨을 앗아가는 것과 같은 행위다. 뇌경색은 혈압약을 처방한 의사가 만든다고 해도 과언이 아니다." 저자는 '혈압약을 먹으면 암이나 치매에 걸릴 수 있다'며 혈압약 사용에 신중을 기해야 한다고 주장한다. '혈압약을 끊으면 몸이 더 좋아 진다'는 저자의 고혈압 대처법은 아주 간단하다. "내버려두라. 이게 전부다. 가정용 혈압 측정기를 가지고 있다면, 지금 당장 내다 버려라. 그런 측정기는 마음을 어둡게 하고 질병으로 이끌 뿐이다."

이 책을 통해서 저자는 '의사나 제약회사가 하라는 대로 따라하지 말고 스스로 생각하고 판단하는 힘을 길러야한다' 고 강조한다. 그리고 혈압 걱정에서 자유로워지면 몸도 마음도 건강해진다고 목소리를 높인다.

"혈압은 신경 쓰지 않는 편이 좋다. 아니, 오히려 신경을 써서 안 된다. 혈압에 신경 쓰는 행위 자체가 스트레스이고, 그런 부정적인 생각이 되레 많은 병을 불러일으킨다." 참고 바랍니다.

3

생강(生薑)으로 몸을 따뜻하게 하면 혈액이 깨끗해져서 각종 병이 예방치료 된다

본인은 태어날 때부터 한의학에서 말하는 사상체질(四象體質)로 보면 소음인(少陰人)으로 비위(脾胃)가 약해서, 특히 정신적 피로(스트레스)가 쌓이면 복부(腹部)가 차가워지면서 소화불량과 설사를 자주하는 편이었으며, 따라서 건강한 체질이 되지 못하고 항상 소화제 등 위장약을 일생 곁에 두고 살아왔다 해도 과언이 아니다.

그러든 차에 일본에 체재할 기회가 있어 산세이도오(三省堂) 대형서점에 들였다. 눈에 들어온 것이 이시하라(石原結實) 박사의 저서 「生薑で体を溫めれば, 血液サラサラ病氣も治る. 생강으로 몸을 따뜻하게 하면, 혈액이 졸졸 흘러 질병이 낫는다.」라는 제목의 책이었다.

상세히 읽고 난 뒤 바로 이것이다....라는 미음으로 귀국 후 실천에 옮겨 지금에 이르기까지, 다음에 소개하는 〈생강 + 홍차 + 흑설탕 또는 꿀〉을 따끈한 차(茶)로 하여 마신 결과 복부는 물론 온몸이 따뜻해지고 소화력도 완전 정상화되어서, 장복했던 건위소화기관 양약도 이제는 나와는 인연이 끊어졌다. 그래서 대학 정년 후 인연을 맺고 있는 연구소를 비롯한 각종 모임에서 세미나도 하고, 회지에 기고도 한바 있다.

여기에 경험을 토대로 확신을 가지고 알기 쉽게 요약 정리하여 소개하면서, 해당되는 독자들에게 실천에 옮겨 좋은 결과 있기를 바라는 심정이며, 아는 것이 문제가 아니라 실천이 중요함을 덧붙여 드립니다.

(1) 몸이 냉(冷)하면 몸속에서 각종 병이 생긴다

한의학: 풍사(風邪) = 냉(冷)은 만병의 근원이다.

현대인의 사망원인

1위는 암(癌)이며, 저체온이 관여한다.

2위, 3위는 심근경색(心筋梗塞), 뇌경색(腦梗塞) 등 혈전증 (血栓症) 이며, 이 또한 냉기(冷氣)가 관여한다.

⇩

물(水) + 냉(冷.저온) ⇒ 어름(氷.굳는다)

우주의 모든 생물체는 식물(食物) + 냉동(冷凍) ⇒ 결빙(氷結.硬) 즉, 냉해지면 모두 굳어버리는 속성을 갖는다.

- 암(癌), 혈전증(血栓症), 고지혈증(高脂血症), 당뇨병(糖尿病)도 혈액 중에 지방당이 냉해져서 충분히 연소되지 않기 때문이다.

- 류머티즘악화는 사지관절이 굳어져 생기는데 냉기가 원인이다.
- 간경변(肝硬変), 신부전(腎不全)도 장기가 냉하여 굳어지는 병이다.
- 자살하는 우울병(憂鬱病)도 저체온과 관련(북구한냉지방 11-3월 중 최다발생) 된다.

(2) 냉기는 면역력(免疫力)을 저하시켜 병을 일으킨다

서양의학: 냉기 냉성이란 개념이 없다.

한방의학: 원전 「상한론.傷寒論」에서 병의 원인은 냉기에서 온다.

- 체온 36.2～36.8℃에서 36.0～35.0℃ 수준으로 떨어져도 별로 무감각이지만, 1℃만 높아져도 위급감을 느끼는 것이 상례이다.

⇩

- 체온 1℃ 저하하면 면역력 30% 이상 저하하고 각종 병 유발
- 1일 중 체온이 가장 낮아지는 시간대인 오전 3~5시에 사망률이 가장 많고, 불면증환자는 잠에서 깬다.
- 암세포는 35℃에서 가장 많이 증식하고, 39.3℃에서는 사멸한다.

(3) 몸을 냉하게 하는 식품

체온이 저하하면 활동력이 낮아지는데, 이는 면역력이 낮아지기 때문이다.

- 체온 1℃ 저하하면 기초대사는 12% 저하하고, 면역력은 30% 저하한다. 그 원인은 근육운동량 부족, 냉가전제품 보급 등에 있다.
- 체온저하의 가장 큰 원인은 20~30년 사이 식생활의 큰 변화이다.

	체온을 낮춤(냉식품)	체온을 높임(온식품)
색깔	청 백 녹색식물	적 흑 등색식물
	우유	치즈
	백와인	적와인
	Beer	흑Beer
	우동	메밀
	양과자	잡곡떡
	백설탕	흑설탕
	엽채류	근채류
산지	남방산	북방산
	바나나	사과
	파인애플	포도
	레몬	블루베리
	메론	체리
	오이, 수박	밤, 감
음식물	버터	치즈
	마요네즈	절임(漬物)
	크림, 콜라, 쥬스	팥 잡곡류

(4) 지나친 수분섭취는 체온을 저하 시킨다

- 필요이상의 수분섭취는 체온저하의 한 원인이 된다.
- 본래 인체는 체온을 높이려고 하는 mechanism이 있다.

〈예〉 감기(感氣.風邪) ··· 콧물(鼻水), 재치기

침냉(寢冷) ··· 설사(下痢), 물똥

큰병(大病) ··· 침한(寢汗.식은땀)

밤 체온저하 ··· 빈뇨(頻尿)

알레르기성결막염 ··· 눈물

비염(鼻炎) ··· 콧물(鼻水), 재치기

천식(喘息) ···› 묽은 가래

아토피성피부염 ···› 습진(濕疹)

★ 수분섭취방법으로는 체온을 높이고 발한, 배뇨촉진을 위한 방법으로는 생강홍차, 생강매실즙차, 다시마차, 더운물 등을 마신다.

(5) 과식(過食)은 혈액을 오염시킨다(오혈(汚血))

- 몸이 차지면(冷) 만병의 원인이 되는데, 이는 혈액이 더러워지기 때문이다.

※ 한의학: 만병의 근원은 혈액이 더러워져서 생긴다.

원인 ⇒ 과식(문명식)

백미는 잡곡과 현미를 혼식하고, 백빵은 흑빵으로, 백설탕은 흑설탕으로 바꾼다.

즉, 식의섬유와 vitamin, mineral 등 부족하면

⇩

대사저하

⇩

단백질, 지방, 당질의 연소부족 ⇒ 과잉축적

⇩

노폐물의 증가

⇩

오혈(汚血)

(6) 인간은 고기를 씹는 치아(齒牙)가 4개뿐

- 육상동물 최대의 코끼리(600kg): 초식동물 ↣ 평치(平齒)뿐임

  기린(長身), 말(速走), 소 등도 초식동물임

- 범, 사자: 육식동물 ↣ 육식용 견치(犬齒)뿐임

- 인간: 전체32개 치아 중 20개 구치(臼齒 62.5% 곡식용),

  8개 문치(門齒 25% 채식용),

  4개 견치(犬齒12.5% 육식용)

  인간은 곡물 채식 중심의 생리생태적 치아형성으로 태어남

⇩

☞ 현재 식생활의 서구화 → 육식, 유제품, 인스턴트식품 등 에너지섭취의 불균형과 과잉화, 문명병인 심근경색, 뇌경색, 암, 당뇨, 통풍, 지방간 등 혈액 중 cholesterol, 중성지방, 당질, 요산 등 잉여노폐물의 증가로 인한 혈액의 오염(汚血)이 가장 큰 원인이다.

(7) 아침에 일어나 「입냄새」,「눈곱.目脂」이 많으면 위험신호

앞에서와 같은 「혈액의 오염, 오혈(汚血)」

⇩

신장(腎臟)에 의해 여과, 배설됨

⇩

신장기능 저하 ⇄ 신부전(腎不全)

⇩

수족부종(手足浮腫), 위장부종(胃腸浮腫), 간장종대(肝臟腫大), 폐수종(肺水腫), 심부전(心不全), 빈혈(貧血), 면역력감소(免疫力減少) 등 각종 장기와 기관에 병증발생

↯

- 나타나는 증상: 아침 기상 시 심힌 「입냄새」, 「눈곱」, 「코딱지」, 「가래」, 「요농색.尿濃色」, 「발진」, 「체하.滯下」, 「검은 변.黑便」, 「설태.舌苔」 등이 나타난다.

(8) Stress도 혈액을 오염 시킨다

심신이 stress를 받으면 먼저 자율신경이나 내분비 hormone계가 반응하여 체내 여러가지 증상이 나타나게 된다.

- 부신수질(副腎髓質)로부터 아드레날린이 분비하여 혈관이 수축하면서 혈압이 상승한다.
- 부신피질(副腎皮質)로부터 코티졸(스테로이드 hormone)이 분비하여 혈액 중 림파구(백혈구의 일종)를 용해시켜 면역력을 저하시킨다.
- 혈액 중에는 당, cholesterol, 중성지방, 요산, 적혈구 등이 증가하여 혈액 자체가 끈적끈적해져서 오혈(汚血)이 된다.

⇩

그러면 Stress성 뇌경색, 심근경색, 간염, 췌장염, 위십이지장궤양, 고혈압, 바세도우병, 천식 등 잡다한 질병이 발생한다.

(9) 근육을 만들고 사용하라

체온이 냉하고 혈액오염의 원인이 과식과 stress만은 아니고 운동부족도 큰 원인이다.

인간의 체온 40%는 근육으로부터 생성 방출된다. Body builder는 80%의 체온을 근육에서 만들어낸다.

따라서 운동부족, 근육운동부족인은 근육으로부터 만들어지는 에너지열 발생이 저하하여 몸이 냉해진다. 그 결과 체내 혈관내의 노폐물, 지방, cholesterol, 당 등 잉여물의 연소와 배설이 충분하지 못해 혈액이 오염되고 냉해진다.

따라서 인간의 근육 70% 이상이 하반신에 있으므로 늘 걷고 운동을 충분히 해서 하반신근육으로부터 열이 생겨 순잉여물, 노폐물의 연소가 촉진되어 혈액은 오염을 방지하고 체온을 높게 유지할 수 있다.

(10) 설사나 구토를 멈추게 해서는 안 된다

인간의 몸은 늘 건강해지자, 병을 고치자, 장생하자 라는 mechanism이 작용하는 자연치유력(自然治癒力)을 가지고 있다.

만약 식중독(食中毒)이 되면 격하게 구토(嘔吐, 유해물을 위장에서 혈액내로 흡수 못하도록 반응)하는 자연치유력의 작용이 있다.

그런데 장까지 가면 구토로는 불가하다. 따라서 위액(胃液), 췌액(膵液), 담액(膽液) 등 소화액을 분비하여 유해물을 희석시켜 설사(泄瀉)나 하리(下痢)를 통해 체외로 배설 시킨다.

그러기 때문에 지사제(止瀉劑, 지사를 막는 약), 진토제(鎮吐劑,토하지 않게 하는 약)를 사용하여 설사 및 구토를 막는 방법은 잘못된 방법이다(邪道).

그런데 과식, 과육식으로 생긴 장내노폐물, 아민6, 암모니아, 인돌 등 유해물은 장에서 혈액 속으로 침투한다.

↓

이때 백혈구가 유해물질존재를 알아차리고 세포를 자극 히스타민을 분비하여 혈관의 투과성을 높여 혈관벽을 통해 피부로 유해물질을 배설시키려 애쓴다. 그것이 바로 습진, 아토피, 염증 등 피부병이다.

⇩

서양의학: 스테로이드제, 항히스타민제를 투여 발진억제

한의학: 피부병을 혈액오염물질의 배설현상으로 해석하고 십미패독탕(十味敗毒湯), 갈근탕(葛根湯)으로 발한촉진법을 사용한다.

따라서 피부병치료의 근본은 과식을 피하고, 운동. 목욕으로 체온을 높여주고, 배뇨. 발한을 촉진시켜 혈액오염을 없애고 깨끗이 할 것을 권장한다.

(11) 동맥경화, 혈전, 출혈, 결석도 혈액오염의 증거

오염된 혈액을 정화시키기 위해 혈관내벽에 노폐물, cholesterol을 침착시키려는 반응을 일으키게 되는데 이것이 동맥경화다.

- 동맥경화가 되면 혈액이 흐르는 혈관이 좁아져서 전신에 60조에 이르는 세포에 산소, 에너지, 영양공급이 불충분하게 된다.
- 심장은 더욱 힘을 내어 혈액을 pumping하게 되어 고혈압이 되고,
- 과식, 육식과잉, 운동부족이 계속되면 그 이상 동맥내벽은 좁아져 한계에 도달되어 혈액 중 노폐물, 오염물을 1개소로 모이게 한다. 이것이 혈전(血栓)이다. 이것을 치료하기 위한 방법으로

  서양의학: 심장력저하제, 혈관확장제, 혈전용해제, 혈액응고제 사용.

  한의학: 사혈요법(瀉血療法), 거머리흡혈요법(吸血療法)을 활용.
- 요로결석(신결석. 방광결석), 담석은 혈전과 똑같은 과정으로 생기는 병 즉, 오줌, 담즙 속에 노폐물. 잉여물이 쌓인 오염증상으로써 오줌, 담즙의 흐름을 좋게 하라는 배설의 수단 반응이다.

(12) 잘라내도 「암」은 재발, 전이되는 이유

- 발진, 염증반응이 없는 허약자, 비만자, 화학약품으로 장기간 치료자는 점차 혈액이 오염되어감으로 최종적으로 오혈(汚血)을 정화하려는 장치가 만들어진다. 이것이 암종(癌腫)이다.
- 서양의학: 암은 암세포로부터 암독소(cancer toxin)를 방출하는 궁극의 혈액정화장치이다. 절단제거해도 암은 사람이 살아 있는 한 또다시 같은 장치를 만들어낸다. 이것을 재발(再發), 전이(轉移)라고 한다.

암의 발생을 막고 치료하는 최선의 방법은 역시 오염되지 않게 혈액을 관리하고, 오염된 혈액을 깨끗하게 하는 것만이 유일의 대도(大道)이다.

(13) 자신의 몸에 「둘의 명의」를 철저히 구사토록 하라

병치료에서 증상의 억제, 절제, 방사선소각, 화학약품으로 독살시키는 방법은 역 치료는 아니지?

- 야생동물의 세계는 의사도 병원도 없고 약제도 없다. 따라서 병이 발생하면 스스로 금식하고 발열시켜 자연치료를 한다.
- 人間에 둘의 명의: ① 먹고 싶지 않으면 먹지 않음(絕.斷食)
  ② 발열이 나면 고맙다고 감사하라.
  탈수 시에는 충분히 수분을 공급한다.
- 결론: 평소 소식하고 체온을 높이는 생활을 하면 병에 면역력이 강해지고 무병장수(無病長壽) 할 수 있다.

(14) 몸을 따뜻하게 하는 식품 NO,1의 효과

※ <u>생강 + 홍차 + 흑설탕(꿀)의 신비한 한방약 효과</u>

1) 생강: 인도 원산, 학명 Zingiber officinale

① 한방약의 역사

- 한의학의 원전 「상한론(傷寒論) 기원 2,000년 전」한냉으로 장해를 입는 병을 치료하는 이론서: 생강은 체내 모든 장기를 자극하여 활성화시켜 몸을 따뜻하게 한다. 대사조절(代謝調節), 수독제거(水毒除去), 구풍(驅風.gas배출), 소화촉진, 복부팽만(鳩尾穴下) 해소에 특효
- 본초강목(本草綱目): 생강은 백사(百邪)를 방어

- 현대한방약: 150여종에 80%가 생강이 상용되며, 생강은 5,000년의 치료사(治療師) 이다.
- 인도의학, 철학서(아뉴르베타): 생강은 신이 준 치료의 선물
- 이슬람성전 코란: 생강은 하늘이 준 성된 영약
- 아리비아: 생강은 미약(媚藥)
- 고대로마: 생강은 소화제, 구풍제, 식중독해독제
- 영국 등 유럽: 왕가, 상류계급에서 고가로 사용(부와 권력의 상징)

② 생강의 약효

- 체온상승작용: 부신수질(副腎髓質)을 자극 혈액순환을 좋게 함.
- 면역력증강작용: 백혈구 수를 증가 촉진시켜 면역력 증강
- 발한 거담작용: 혈관확장으로 혈행을 좋게 해서 체내 관선조직을 자극시켜 발한, 거담작용을 발휘
- 진해작용: 뇌의 진해중추에 작용하여 기침을 진정시킴.
- 해열작용: 생강은 아스피린의 80% 해열효과가 있음.
- 진통 소염작용: 생강 1일 3~10g 투여로 류머티즘 90%, 관절염 88% 효과
- 혈액응고억제작용: 혈소판의 점조성(粘稠性)을 억제하여 혈전을 막아 뇌경색, 심근경색, 고혈압 예방개선
- 강심작용: 심근(心筋)의 수축력을 높이고 맥박을 천천히 저하 시키며, 혈압강화 효과
- 소화흡수력 촉진작용: 위장내벽의 혈액순환을 높여 소화흡수를 높이고, 담즙분비촉진으로 vitamin, mineral 활성을 증대, 특히 생강에는 zingibain이란 강력단백 소화효소(파파야, 파인애플의 풀로

멜린에 필적)는 고기연화작용이 있어 고기요리에 상용

- 항궤양작용: 7종의 항궤양성분이 있어 위궤양 원인균인 헬리코박터균, 대장균, 살모넬라균, 황색포도상균 등 식중독균에 대한 살균작용이 큼.
- 진토작용: 배 멀미, 수술마취 후 진토제의 효과, 입덧증상 등에도 특효
- 항균, 항virus, 항진균, 항기생충작용: 풍사virus, 기관지염, 폐렴 등을 일으키는 세균류, 수충 등 진균에 대한 항균작용, 회충 등 기생충구충효과, 적리치료 등.
- 어지러움 증: 이명방지효과
- 혈중 cholesterol 저하작용: 생강 gingeron의 담즙배설촉진작용으로 혈액 중 cholesterol 저하
- 생식기능 개선: 남성정자운동을 높이고, 여성생리불순개선으로 불임증에 유효
- 산화방지작용: 최대의 산화방지제, 최고의 항산화제로 염증, 암, 알레르기, 자기면역질환 및 항산화작용이 강력해 노화방지, 만병예방효과 인정
- 뇌에 혈류를 좋게 해서 우울증에 특효: 2,000년 전부터 생강에는 「기(氣)를 얻어 우울증을 개선」하는 작용이 있다고 해서 「기병특효약」인 반하후박탕(半夏厚朴湯)의 약제로 사용
- 해독촉진, 체내정화작용: 식독, 어혈(瘀血, 污血), 수독, 에너지 과다축적의 경우 생강음용으로 혈액순환을 촉진시켜 체내 60조 세포의 활력증강과 발한, 배뇨, 배변으로 체내독소를 배설하여 장기

정화효과가 큼.

⇧

염증, 종양, 순환장해, 면역이상, 변성(퇴행)질환

⇩

생강은 백사(百邪)를 방어하고 백사를 치료하는 영약(靈藥)

초신력식품(超神力食品)

③ 생강의 성분

방향성분(芳香成分): Zingiberol 등 400여종

신미성분(辛味成分): Zingeron, Capsaisin 등 다수

유효성분(100g 중)

에너지 31 kcal

단백질 0.9 지질 0.1 당질 6.3

미네랄

Ca 12mg P 23 Fe 0.3 Na 4

K 340 Mg 28 Zn 400 Cu 95

Vitamine

A 1ug B1 0.03mg B2 0.03mg

나이신 0.7 C 2mg 식이섬유 2.5g

2) 홍차

- 홍차는 녹차를 발효시켜 만든 것으로 녹차는 냉한 음성식품이나, 홍차는 따스한 양성식품으로 녹색을 적흑색으로 변성시킨 것이다.
- 카페인이 들어 있어 강심, 이뇨작용이 있어 수독(水毒)을 제거하고

phyto chemical이 중합하여 변성된 디아후라빈(홍차의 적색소)에는 강력한 항산화작용이 있어 만병의 원인으로 주목되고 있는 활성산소를 제거(풍사 virus 사멸) 한다.

- 따라서 현대인에게 필요한 차는 체온을 따뜻하게 해서 신진대사, 혈액순환을 촉진하고 체내노폐물을 없애는데 효능을 가진 생강 + 홍차가 최고의 식품이다.

3) 흑설탕

※ 생강 + 홍차에 흑설탕을 가하면 효능 극대화

- 흑설탕은 백설탕과는 전혀 다른 효능을 가진 식품이다.
- 현대인의 영양과잉(고단백.고지방.고탄수화물), 영양실조(vitamin, mineral 부족)에서 오는 각종 질병을 막아낼 만큼의 vitamin, mineral 류를 함유한다.

Calcium 150배(백설탕)로 무충치, 혈당강하 효과가 크다.

⇩

<u>※※※ 생강 + 홍차 + 흑설탕의 상호작용</u>

⇧

<u>과식 ···› 비만 ···› 혈액오염 ⇛ 만병의 원인</u>

4) 생강의 효능을 최대로 살린 몸에 가장 좋은 건강법

※ 몸을 강력히 따뜻하게 하는 생강활용법

생강홍차

- 재료: 생강
  홍차: 발효홍차건엽 또는 홍차 티
  흑설탕(또는 꿀)
- 만드는 법: 생강을 깨끗이 씻어 믹서로 곱게 갈아 흑설탕이나 꿀을 넣어 유리병에 재워두고(1년분), 끓는 물로 우려낸 홍차물을 컵에 넣고 생강+흑설탕(꿀)을 1 Teaspoon 넣어 복용하면 된다.
- 복용법: 매일 아침, 점심, 저녁 식사 전 각각 1잔 복용

※ 韓方으로 본 다음 病症에 適用
風邪初期, 氣管支炎, 痛症(腹痛 등)
高血壓, 高脂血症, 高尿酸血症(痛風), 糖尿病, 肝臟病
血栓(心筋梗塞, 腦梗塞)의 예방,
冷症, 冷性알레르기(冷性皮膚病), 아토피性皮膚病, 凍傷害
膀胱炎, 癌豫防, 疲勞, 肩痛
肥滿豫防(利尿作用과 新陳代謝活性化로 体重減少) 등

☞ 參考資料; 石原結實.2008. 生薑で体を温めれば, 血液サラサラ病氣も治る.
傷寒論.張機(仲景).219.
本草綱目.李時珍.1579.

4

성인병의 원인으로 높은 중성지방, LDL cholesterol을 내리는 방법

(1) 비만(肥滿)의 무서움을 알자.

1.1. 내장지방대사증후군(Metabolic syndrome)의 정의

비만, 특히 복부비만(腹部肥滿)이면 보기 흉할 뿐 아니라 건강상 리스크가 크게 높아진다. 구체적으로는 고혈압, 당뇨병, 지질이상이라는 생활습관병(성인병) 등 3대질환의 우려가 커진다.

내장지방대사증후군(內臟脂肪代謝症候群, Metabolicsyndrome)이란 비만과 함께 고혈압, 고혈당, 중성지방이 높다....중에서 2가지를 함께 가진 경우를 칭한다. 그저 뚱뚱하다는 것만으로는 인정하지 않는다(표1).

내장지방대사증후군(Metabolicsyndrome)(표1)

기 준

① 복부 비만 ☞ 배 둘레: 남성 90cm 이상
여성 85cm 이상

② 지질이상 ☞ 중성지방 150mg/dl 이상
HDL 40mg/dl 이하
LDL 140mg/dl 이상

★ 셋 중 어느 하나 또는 2~3

고 혈 압 ☞ 수축기혈압 130mmHg 이상
확장기혈압 85mmHg 이상

★ 둘 중 하나 또는 둘 모두

고 혈 당 ☞ 공복 시 혈당치 110mg/dl 이상

⇩

결 론: ①이 해당되는 경우, 여기에 더하여

② 중 2개 이상이 해당되는 경우

☟

내장지방대사증후군(metabolic syndrome)이 인정되며, 이 경우 협심증, 심근경색, 뇌경색, 뇌출혈 등 혈관병의 위험이 수십 배 높아짐으로 생활습관 개선이 절대 필요하다.

위의 조건이 충족된 사람은 협심증, 심근경색, 뇌경색, 뇌출혈 등 혈관병의 위험도가 수십 배 높아진다.

1) 기아 40만년 포식의 50년 역사

인간의 선조 homo sapiens(직립인간)는 40만 년 전 아프리카에 나타나면서, 원시적 수렵과 채집으로 죽을힘을 다해가며 먹을거리를 구하며 살아왔다. 그 후 점차 지능이 발달하면서 일할 도구와 먹을거리를 기르게 되었으나 식량 확보가 어려웠으니 「인간의 역사는 곧 기아의 여사」였다.

그러면 인간이 충분한 식량 확보로 배불리 먹으며(포식) 식생활을 하게 된 것은 언제부터였을까요? 그것은 불과 100년 전에 일이며, 우리나라는 불과 50년 전의 일이다. 인간역사 40만년 중 겨우 50년(1970년대)이다. 이것이 「포식의 시대」이다.

인간은 어째서 중성지방을 몸속에 저장하는가? 그것은 배고픔에 대비해서다. 며칠이고 먹지 못하게 될 경우 생명유지를 위해서다. 본래 인간의 몸은 매일 포식으로 배를 채우고 지방도 넘칠 만큼 먹도록 되어 있지 않다.

그리고 혈당치를 억제하는 hormone insulin은 지극히 소량밖에 분비되지 않는다. 왜냐하면 인간의 몸은 혈당치가 지나치게 높아질 만큼 먹도록 만들어지지 않았기 때문이다.

혈압도 마찬가지다. 인간의 조상 homo sapiens는 소금을 전혀 먹지 않았다. 그래서 고혈압 환자도 없었다. 그런데 포식의 시대가 되면서 인간은 계속해서 비만해져왔고 고혈압, 당뇨병으로 인한 리스크에 시달리게 된 것이다.

2) Cholesterol도 중성지방도 살아가는 데에는 불가결

① cholesterol은 세포재생에 절대 불가결

Cholesterol은 몸속에 존재하는 지질의 하나로 세포가 생겨나 세포막 형성재료가 되는 물질이다. 또한 몸의 기능을 조정하는 부신피질호르몬이나 여성호르몬, 남성호르몬의 재료가 된다.

☆ 체내에 있는 cholesterol은 100~150gr로 이외로 적다. 그 중 1/4은 뇌에 있고, 척수와 근육에 많이 함유되어 있고, 혈액에는 불과 10~13gr 정도고, 혈청 속에는 그 반인 6~7gr이 녹아있다.

② 중성지방은 예비 에너지

중성지방은 에너지의 저장과 이용에 관련되어있다. 과격한 운동으로 에너지가 부족할 때 예비 에너지로 이용된다. 또한 피하지방으로 체온을 보호하고 내장을 지키는 쿠션역할을 한다. 이상과 같이 cholesterol과 중성지방은 본래 없어서는 안 될 중요한 영양소다. 이것이 부족하면 면역력 저하로 병에 걸리기 쉽고 호르몬balance가 흐트러져 몸에 해롭게 된다. 역으로 말하자면 cholesterol도 중성지방도 건강한 사람에게 적당량을 체내에 유지하고 있기에, 쓸데없이 감량할 것이 아니라 알맞은 양을 보유해야한다는 의식이 중요하다.

3) Cholesterol 80%는 간장에서 만들어 진다

혈당치는 식후 급상승하고, Insulin의 작용에 의해 2시간에 걸쳐 천천히 떨어진다. 그러나 cholesterol은 거의 일정치를 보인다. 결국 cholesterol은 급격히 증가하는 것이 아니다. 지질이상은 어째서 생기는 것인지는 오랜 기간에 걸친 생활습관이 흐트러진 것이 원인이다.

그러면 어떤 식사가 cholesterol을 증가시키는 것일까?

'계란'이나 '게'를 많이 먹어서일까? 실제는 식물에서 섭취되는 cholesterol은 전체의 20~30% 뿐이다. 그 외의 약 80%는 간장등 체내에서 합성된다. 이와 같이 몸속의 cholesterol 양은 간장에서 조정되기 때문에 계란이나 게를 먹었다고 해서 cholesterol치가 쉽게 높아지는 것은 아니다.

Cholesterol 과다를 가져오는 원인은 무엇일까?

간장에서 합성하는 cholesterol의 재료는 탄수화물, 단백질, 지질 등이다. 특히 탄수화물을 과잉 섭취하면 cholesterol 합성이 필요 이상 많아진다. 여분의 cholesterol은 혈액 속에 머물러 동맥경화의 원인이 되다.

중성지방도 같다. 지난밤 먹은 고기의 지방이 그대로 뱃속 지방이 되는 것은 아니다. 매일매일 소화하는 그 이상의 칼로리를 섭취하면 뱃속 내장에 저장된다. 고기의 지방이나 술이 좋지 않다는 것은 칼로리가 높은 식품이기 때문이다. 포식시대 이전의 생활로 되돌아가면 비만도 지질이상도 없어지게 된다.

4) 소비 칼로리와 섭취 칼로리를 계산하자

지질이상의 원인은 소비 이상으로 섭취 칼로리가 많다는 것이다. 우선은 자신이 1일 몇 칼로리가 필요한가를 생각해야한다.

이상적 체중(표준체중): 신장 × 신장 × 22 = 60kg

체중 1kg당 필요에너지를 곱하면 1일 소비에너지가 산출된다.

☞ 60kg × 30kcal(사무직/체중1kg) = 1,800kcal/3식
= 600kcal/1식

5) 지질이상이 되기 쉬운 것은 운동부족

① 섭취 칼로리가 과한 사람: 정제된 곡물, 지방육, 소스드레싱 과다, 술 과음 등

② 운동부족인 사람: 운동부족, 앉아하는 직업, 걷지 않음, 눕기 잘 함, 게으른 사람 등

6) 황색신호가 오면 빨리 개선하라

① HDL은 높을수록 좋다.

혈중 cholesterol, 중성지방이 과다한 상태를 지질이상이라고 한다.

☞ LDL 140mg/dl 이상(적신호), 120~139mg/dl (황색신호)
HDL 40mg/dl 이하(적신호), 40~49mg/dl (황색신호)
중성지방 150mg/dl 이상(적신호), 120~149mg/dl (황색신호)

② 생활습관에 문제가 없어도 지질이상이 되는 경우

지질이상의 원인은 잘못된 생활습관이다. 그 밖에도 몇 가지 이유가 있다. 만성갑상선기능저하증, 신장병 등이 원인이 되는 경우, 경구피임약, 스테로이드약제복용 등이 간접적으로 지질이상을 일으키는 예도 있다. 또한 유전적 원인으로 체내 cholesterol 이용이 정상적이

지 않은 '가족성고지혈증'의 경우도 있다.

7) HDL, LDL, Super LDL cholesterol 은 무엇이 다른가?

① Cholesterol 자체는 완전히 동일

실은 HDL이나 LDL 이나 cholesterol 자체는 전혀 다르지 않다. 다만 cholesterol을 운반하는 리포단백이라는 물질이 다른 것이다. 간장에서 만들어진 cholesterol은 혈액을 타고 몸속 조직으로 운반된다. 이 조직으로 운반하는 일을 하는 것이 LDL 라고 하는 리포단백이다. 이와 같이 LDL은 필요한 존재지만, 이것이 혈액 속에서 지나치게 많아 정체되면 cholesterol를 혈관 속에 남겨두는 성질이 있다. 이같이 남겨져 쌓인 cholesterol은 동맥경화의 원인이 된다. 그래서 LDL cholesterol을 나쁜(惡性) cholesterol 이라 부른다.

HDL이라고 하는 리포단백은 여분의 cholesterol을 조직이나 혈액에서 회수하여 간장으로 운반하는 작용을 한다. 청소역할을 하기 때문에 좋은(善性) cholesterol이라 부른다.

② 입자가 작은 super LDL cholesterol

동맥경화를 진행시키는 것이 LDL cholesterol이지만 그 속에서 특히 입자가 작은 소형LDL이 있다. 이것은 혈액 속에 오래 머물러(5일) 산화하기 쉽기 때문에 동시에 혈관벽에 들어가 붙기 쉽기 때문에(산화LDL cholesterol) 동맥경화, 심근경색을 일으키는 리스크가 3배나 높다(super LDL). LDL cholesterol치가 정상치인데도 혈관병이 있는 사람은 super LDL cholesterol이 높기 때문이다(고혈압, 고혈당, 고중성지방, 비만).

8) 남성과 여성의 비만판정기준은 다르다

① 피하지방과 내장지방은 다르다

비만의 판정기준치(배꼽둘레)가 남자90cm, 여자85cm 이상으로 본다. 중성지방은 피하에 쌓이는 것과 복부에 쌓이는 것이 있다. 어느 것이든 만약의 경우를 위한 에너지로 저장해둔다는 중요성을 갖는다. 또한 피하지방은 방한이나 외부로부터의 충격을 흡수하는 역할을 가지며, 내장지방은 장기의 위치를 일정하게 유지하는 역할을 한다. 따라서 중성지방이 없으면 큰일이다.

그러나 피하지방도 내장지방도 지나치게 많아지면 비만으로 연결되지만, 여성에는 피하지방에 쌓이고, 남성에게는 복부내장에 쌓여 배가 뿔록 나오는 경우다.

② 내장지방은 생활습관병을 악화시킨다

중성지방이 과다하면 혈당치를 낮추는 Insulin의 활용을 저해하고, LDL cholesterol, super LDL cholesterol치를 높이는 나쁜 작용이 있다. 실은 이 나쁜 작용이 중성지방 중에도 남성에 많은 내장지방인 것이다. 역으로 말하면 여성은 다소 비만해도 피하지방이 많을 뿐이어서 생활습관 리스크가 크지 않다.

(2) 식생활개선으로 중성지방과 cholesterol을 낮추자

2.1 식생활을 고치는 것으로부터 시작하자

1) 맛있게 먹으면서 cholesterol을 낮추자

식사요법이라면 맛없는 병원식사를 연상하지만, 고기 생선 기름 술... 등 맛있게 먹으면서 고쳐가는 것이 중요하다.

인간의 신체와 건전한 생활을 유지하기 위해서는 탄수화물, 단백질, 지질의 3대영양소를 중심으로 다양한 먹을거리를 균형 있게 취하는 것이 절대조건이다. 중성지방과 cholesterol을 줄이기 위해 탄수화물이나 지질을 극단으로 줄인다는 것도 본말전도라 하겠다. 젊은 여성 중에는 무리한 diet로 몸을 망치는 경우가 많다. 정확히 먹고 cholesterol과 중성지방을 줄이는 것이 최상이다.

2) 과식이 금물이다

Cholesterol과 중성지방은 전체의 식사량을 과식하지 않도록 하는 것이 중요하다. 계란이나 고기를 먹지 말라는 것이 아니다.

간장에서 cholesterol이 합성될 때 아세질CoA라는 초산(酢酸)의 일종이 주된 재료다. 이 아세질CoA는 한 번에 먹는 에너지양이 많을 때 크게 증가하는 특징이 있다. 과식이나 속식(速食)도 마찬가지다. 또한 HDL을 증가시켜 LDL을 감소시키는 우량식품이 있다. 모처럼 먹는데 먹고 싶은 좋은 것을 먹어야하지 않겠는가?

2.2 탄수화물의 과잉섭취가 지질이상의 최대요인

1) 전분질인 채소도 에너지가 높다

어떤 식생활을 하는 사람이 지질이상이 되기 쉬운지 생각해보기로 하자. 칼로리를 취하기 쉬운 식사란 탄수화물이다. 탄수화물은 소화되면 포도당이 되어 장에서 흡수된다. 이 포도당이야말로 인간 활동의 에너지원이다.

탄수화물은 밥, 빵, 면 등 곡물에 많이 함유되어 있다. 그런데 감자, 연근, 당근 등도 주로 전분이다. 채소니까 몸에 좋다고 생각해 지나치게 많이 먹어서는 안 된다. 설탕이 많이 들어간 단과자도 칼로리가 높은 식품이다. 아무리 쌀밥을 줄여도 간식으로 단 것을 많이 먹는다면 의미가 없다. 또한 설탕이 듬뿍 들어있는 cider, juice 등도 주의가 필요하다. 미국인의 비만과 당뇨병은 cola의 과음이라 지적되고 있다. 일식요리에 쓰이는 설탕이나 미림(味醂)도 주의해야 한다. 최근 열에 강한 인공감미료가 판매되고 있어 이를 사용하는 것도 바람직하다.

2) 식후 산책은 칼로리 소비에 효과적이다

섭취한 칼로리는 곧바로 소비하는 것이 철칙이다. 식사 후 가벼운 산책, 계단 오르기 등 작은 운동도 지방을 연소시키는데 효과적이다.

2.3 동물성지방은 줄이고 조리유는 올리브유가 좋다

1) 생선지방은 혈관병을 방지

Cholesterol, 중성지방 증감에 크게 관계하는 것은 유지이다. 유지에는 동물성지방과 식물성지방, 포화지방산과 불포화지방산 또한 일가불포화지방산과 다가불포화지방산 등으로 분류하여 꽤나 복잡하다.

-포화지방산(동물성지방): cholesterol, 중성지방을 높인다.

-불포화지방산(식물성지방, 생선지방): cholesterol, 중성지방을 낮춘다.

동물성지방은 상온에서도 굳기 때문에 구분이 간단하다. 버터, 라드, 우지(牛脂)가 대표적이다. 라면의 스프를 냉장고에 두면 표면에 기름이 굳어지는 것을 볼 수 있는데, 이것이 동물성지방이다.

이 같은 정보라면 동물성지질은 먹지 않는 것이 좋다는 결론이지만, 건강한 몸을 유지히기 위해서는 역시 필요한 성분이다.

2) 생선기름은 불포화지방산이다

꽁치, 고등어 등 청어에 들어있는 EPA, DHA는 혈관병 방지에 도움이 된다.

불포화지방산의 대표적인 것으로는 올리브유, 홍화유, corn유, 해바라기유 등이다. 특히 올리브유에는 HDL을 늘리는 힘이 있어 조리유로 쓰인다. 최근 특히 cholesterol을 낮추는데 주목하고 있는 것이 다가불포화지방산의 n-3계열로 분류되는 것이 자소유(紫蘇油), 들깨유다. 1일 1spoon으로도 효과가 있다.

2.4 닭고기 양고기는 걱정 없이 현명하게 먹자

1) 닭고기의 지방은 cholesterol과는 무관하다

단백질은 인간이 살아가는데 없어서는 안 될 영양소의 하나다. 고기, 생선, 계란, 콩 등으로부터 섭취하는데, 그 가운데 고기의 비중이 크다. 그러나 과잉섭취하면 여분의 동물성지방은 cholesterol, 중성지방이 된다는 것도 알아야 한다.

우선 기억해두고 싶은 것은 닭고기의 기름은 cholesterol치에 거의 영향을 주지 않는다. 다만 닭고기의 껍질은 cholesterol치가 높아서 줄여먹는 것이 좋다. 또는 양고기에 함유된 L-칼르티닌 성분은 중성지방을 낮추는데 좋다고 한다.

2) 햄, 소시지는 지방, 염분이 많다

소, 돼지고기를 먹을 때에는 우선 부위선택에 주의해야 한다. 어깨살보다는 엉덩이 살이 좋으며, 특히 소 돼지고기 중간과 뱃살에는 cholesterol이 가장 많아 피하는 것이 좋다. 그리고 햄, 베곤, 소시지 등 가

공식품은 지방분과 염분이 많아 피하는 것이 좋다. 가능하면 요리법에서도 기름부위를 떼어내고 먹는 것이 좋다.

2.5 신선한 생선의 지방은 중성지방을 낮게 한다

1) supplement 성분으로서도 우량식품

장려할만한 단백질원으로는 역시 생선이다. 같은 동물성지방이라도 생선의 지질은 cholesterol치를 높일 우려가 전혀 없다. 특히 전갱이, 정어리, 꽁치, 고등어 등 청어에는 불포화지방산인 DHA, EPA가 듬뿍 들어있는 우량식품으로 의식적 적극적으로 먹는 것이 좋다.

왜냐하면 DHA, EPA에는 LDL 리포단백합성을 억제하고 중성지방을 낮추는 효과가 크다. 뿐만 아니라 혈액응고를 막아 혈전을 방지하고 혈압을 낮추는 작용이 있어 다른 식품과는 비길 수 없는 식품이다.

2) 신선할 때 머리 부분까지 먹는 것이 최상 섭취 법

생선을 먹는 방법에도 요령이 있다. 생선은 산화하기 쉽고, 산화된 생선은 식품효과가 떨어지고 해가 될 경우도 있다. 따라서 가능한 신선할 때 빨리 먹는 것이 맛도 좋고 안전하다. 또한 DHA, EPA는 생선의 머리 부분에 많으며 칼슘의 보고이기 때문에 더욱 좋은 식품이며, 열처리 요리를 해도 전혀 유효성분의 손실이 없어 연중 식탁에 올리는 것이 건강상 제일이다.

2.6 호박 당근으로 베타-카로틴을 듬뿍 취하라

1) 채소 중에도 특별히 좋은 것이 있다

Cholesterol, 중성지방을 낮추고 비만을 해소시키는 특별히 우수한 채소가 있다. 제일 권하고 싶은 것은 베타-카로틴에는 항산화작용이 있어 혈액을 깨끗이 해서 동맥경화를 방지하는 대표적 채소가 “호박”이다. 특히 호박껍질주변에는 베타-카로틴이 다량 함유되어 있어 olive유나 깨 기름과 함께 조리하면 한층 효과적이다. 당근도 베타-카로틴을 다량 함유하고 있어 1/5개로 1일 필요성분을 섭취할 수 있다. 단 당뇨병환자는 단 호박, 당근을 피하는 것이 좋다.

2) Vitamine-B군은 매일 정상적으로 섭취하자

Vitamine-B군은 지질과 당질의 대사를 잘 이루게 하여 칼로리 치를 낮춘다. vitamine-B군을 많이 함유하는 것으로는 소나 돼지의 간, 청어, 대구 알, 고구마 등이다. 다만 간이나 대구 알은 cholesterol이 많이 함유된 식품이다. 그리고 vitamine-B군은 체내에 머무는 시간이 길지 않아서 매일 조금씩 취하는 것이 옳은 방법이다.

3) 초조감에는 뱀장어구이

Vitamine-B군 중에서 vitamine B1은 정신안정에 효과가 있다. 스트레스는 동맥경화를 일으키는 큰 요인이라고 한다. 돼지고기에는 vitamine B1이 많이 함유되어 있어 vitamine C, E와 함께 섭취하면 효과적이다. 또한 초조감으로 정신이 얼떨떨할 때에는 뱀장어구이를 먹고 디저트로 딸기를 먹으면 완벽하다고 한다.

2.7 Vitamine C를 매일 먹는 습관을 갖자

1) Vitamine의 성질을 알고 취하는 방법도 공부하자

Vitamine C, A, E는 항산화 vitamine으로 알려져 있다. 항산화효과는 혈관을 튼튼하게 하여 동맥경화를 막으며, 이들을 함께 먹으면 효과가 높아지는 특성이 있다.

그 중에도 vitamine C는 담즙의 주성분인 담즙산 합성을 왕성하게 하는 작용이 있다. 담즙산은 지방을 소화할 때 활약하는 성분이다. 담즙산은 cholesterol을 분해하여 만들어짐으로 cholesterol을 낮추어준다.

Vitamine C는 열에 약해 생식하는 것이 좋으며, 또한 체내에서 오래 머물러 있지 않아서 매일 조금씩 먹는 것이 좋다. 딸기, 감, 키위, 파프리카 등을 매일 아침 먹는 습관이 베스트다.

2) 견과류(nut)는 혈액을 깨끗이 한다

Vitamine E도 항산화작용을 촉진하며, 활성산소를 억제하는 물질로도 알려져 있다. Vitamine E를 함유하고 있는 식품으로는 아몬드, 땅콩 등 nut 종류에 많다. 단 염분이 적은 것을 선택해야 함을 잊어서는 안 된다.

2.8 수용성 식물섬유가 cholesterol을 낮게 한다

1) 장 속에서 꾸물꾸물 오래 머무는 것이 좋다

채소를 먹는 하나의 merit는 식물섬유를 취한다는 것이고, 식물섬유는 소화하기 어렵다는 특성이 있어 장 속에서 꾸물꾸물 오래 머문다는 성질이 있다. 그리고 오래 머무는 동안 여분의 지질이나 불필요물을 붙들어서 대변과 함께 몸 밖으로 배출시켜준다. 즉 장을 클리닝하여 깨끗이 해준다. 대장을 클리닝하는 과정에서 지방을 소화하는 담즙산도 대량 배출된다. 담즙산은 cholesterol을 재료로 간장에서 생성되는 물질로, 담즙산이 많이 사용되면 더 많이 만들려고 해서 재료인 cholesterol은 줄어들게 된다. 따라서 건강상 cholesterol은 적어지게 되는 것이다.

2) 새우껍질에도 식물섬유가 듬뿍 들어있다

식물섬유에는 물에 용해되기 쉬운 수용성과 용해되지 않는 불용성이 있다. Cholesterol을 낮추는 작용을 하는 것은 수용성 식물섬유다.

수용성 식물섬유를 많이 함유하고 있는 식품은 낫도(納豆), 우엉, 호박, 건시(乾柿), 호밀 빵 등이다. 우엉초(酢)는 best다. 그밖에 새우나 게 껍질에도 수용성 식물섬유가 많이 함유되어 있다.

3) 건조한 해조류의 50%는 식물섬유다

미역이나 다시마에 함유된 아르기산 성분도 수용성 식물섬유로 끈적끈적한 감촉의 것으로써 건조한 해조류의 약 50%는 식물섬유다. 아르기산에는 cholesterol을 낮추고 Na(염분)을 체외로 배출하여 혈압을 낮추는 작용이 있어 매일 매일 먹도록 권장한다.

2.9 작은 콩알에는 유효성분이 꽉차있다

1) Cholesterol을 낮추는 우량 단백질 콩

세상에 HDL을 높이고 LDL을 낮추는 대단히 좋은 식품이 있다. 먼저 추어올리고 싶은 것이 콩 제품이다. 콩에는 질 좋은 식물성단백질이 듬뿍 들어있어 cholesterol을 낮추는데 best 식품이다.

그런데 어째서 같은 단백질인데 전혀 다른 작용을 하는지? 그것은 단백질을 구성하는 amino산의 결합구조에 비밀이 있다. 식물성단백질에는 아르기닌이란 amino산이 많이 들어있어 cholesterol을 낮추는 작용을 한다.

2) 식물섬유의 작용을 확실히

대두에는 독특한 고삽미(苦澁味)가 있는데, 이것이 saponin이란 성분으로 물과 기름과 혼합되면 유화작용(乳化作用)이 있고 식물섬유와 담즙산을 결합시킨다. 담즙산은 cholesterol을 재료로 간장에서 만들어지며, 식물섬유와 함께 체외로 배출되어 체내 cholesterol이 사용되면서 감소된다. 또한 대두에 함유된 Lectin은 혈관벽으로 파고들어간 cholesterol을 청소하는 작용을 한다. 그밖에 isoflavin도 cholesterol을 저하시킨다. 이렇게 작은 콩에 이만큼 우량물질이 뭉쳐있다는 것은 놀랄 일이다.

2.10 표고버섯 등에는 우량성분이 숨어있다

버섯류에는 주목할 만한 우량식품이 있다. 특히 표고버섯은 에리타데닌(Eritadenine)이란 특유성분이 있어 혈액 중 cholesterol을 낮추는 강력한 효과가 있고, 혈압도 낮춘다는 보고도 있다. 실험결과에 따르면 주 1회 먹으면 효과가 나타나고, 주 5회 이상 먹으면 뚜렷한 효과가 있다고 한다. 또한 표고버섯에는 vitamin D가 다량 함유되어 있고, 조리전에 햇볕을 쬐이면 자외선의 영향으로 vitamin D가 더욱 증가하여 뼈형성에 효과적이다. 버섯류는 식물섬유가 풍부할 뿐 아니라 칼로리가 적다는 merit가 있다.

2.11 양파, 마늘의 냄새가 혈액을 졸졸 흐르게 한다

1) 양파 냄새의 정체는 유황화합물

양파의 껍질을 베끼거나 씹으면 냄새가 강해 눈물이 나는데, 이것은 유황화합물(硫黃化合物)에 효소가 작용하여 눈, 코를 자극하기 때문이다. 유황화합물은 강한 항산화작용이 있어 혈액의 노화를 방지한다. 그 결과 혈액이 응고됨을 막고 혈관을 넓혀 혈류를 좋게 한다. 또한 cholesterol의 저하, 중성지방 억제, 동맥경화 예방, 면역력 향상의 효과가 있다. 특히 양파에는 flavonoid라는 주요성분이 함유되어 있는 데 가식 부위보다 껍질에 10배 정도인 2~20g이나 함유하고 있으며, 그 중 퀘르세틴(quercetin)은 항산화력이 있어 몸의 산화를 방지한다. 역시 껍질에는 10배 정도나 많이 함유되어 있어 껍질 이용이 중요하다.

2) 마늘의 유효성분과 성인병 예방효과

양파와 함께 유황화합물이 많은 식품이 마늘이다. 마늘도 자르면 공기에 접촉하자 강한 냄새가 발생한다. 마늘에 함유된 유효성분들의 효과는 아래와 같다.

☞ 알리신: vitaminB_1의 흡수를 증진, 뇌의 활성화, 피로회복, cholesterol를 낮춘다.

알린: 신진대사를 좋게 하고 세포활력을 증진한다.

스콜디산: 혈압강화, 강장효과, 체온상승, 근육량 증가, 지방분해 효과가 있다.

알리티아민: vitamin B_1과 알리신이 결합하여 생기는 물질로 vitamin B_1의 흡수를 10~20배 높이고, 당질대사촉진으로 당뇨병 예방효과가 크다.

셀레늄: 활성산소 발생방지, vitamin E의 50~100배의 강력한 항산화작용, 면역력 강화, 노화방지 효과가 있다.

마늘의 냄새를 없애기 위해서는 가열하거나 레몬, 식초간장에 저리면 되며, 특히 마늘은 양파가 갖는 cholesterol과 중성지방을 낮추는 효과가 매우 커서 성인병 예방에 매우 좋은 식품이다.

2.12 채소나 과일로부터 폴리페놀(polyphenol)을 취하자

1) Red wine의 카테킨(catechin)은 항산화작용이 강하다

혈액이 오염 없이 깨끗한 혈관환경을 유지하기 위해서는 항산화작용이 강한 식물을 섭취해서 산화를 방지하는 일이 중요하다.

항산화작용이 강한 식물이라면 polyphenol이 대표적인 것이며, 이것은 식물이 곤충, 병원균, 자외선으로부터 스스로를 보호하기 위한 방어 성분이라고 생각된다. 대부분의 식물은 얼마간의 Polyphenol을 지니고 있다.

Polyphenol은 Red wine 속에 들어있는 catechin이란 물질로 녹차에 함유되어 있는 것과 같으며, 혈액응고를 막고 동맥경화로부터 보호하는 기능을 한다.

2) Vita-choco, Cacao라면 먹는 것이 좋다

대두에 함유된 아이소플라본(isoflavon)도 polyphenols의 일종으로 지질이상개선과 골조송증 예방효과가 있다고 하며, Chocolate (cacao)나 Nuts 종류에 함유된 cacao-polyphenol도 최근 주목되는 성분이다. Blueberry에 함유된 안토시안(antocyan, 花青素)도 polyphenol의 일종으로 시력회복에도 효과가 있다고 알려져 있고 혈액의 산화방지에도 유효하다. 요구르트(Yogurt)와의 상성(相性)은 특출하다. 그밖에도 포도, 자두, 자색양배추, 자색양파 등에도 antocyan이 함유되어 있다.

이상과 같이 다양한 채소나 과일로부터 polyphenol을 섭취해서 혈관을 건강하게 지키도록 하자.

☞ Red wine: catechin,
Cacao.chocolate: cacao polyphenol,
Blue berry.Grape: antocyan
자색양배추.자색양파: antocyan

2.13 염분을 줄여 고혈압을 막자

생활습관병을 방지하기 위해서는 염분을 줄이는 것이 최대 관건이다. 왜냐하면 염분은 고혈압의 최대 원인이기 때문이다. 그 메커니즘은 극히 단순하다. 염분이 혈액 속에 증가하면 혈중 염분농도를 일정 농도로 유지하기 위해 수분을 흡수한다. 그러면 혈액량이 늘어 혈관이 팽창한다. 이것이 팽팽형 고혈압이다. 물이 대량 흐르는 호스의 수압이 올라간다는 사실을 생각한다면 쉽게 이해될 것이다. 최근 외식, 편의점 도시락, 라면 등 즉석식품이 늘면서 염분섭취량이 증가하여 고혈압, 당뇨병, 지질이상 등 생활습관병이 만연하고 있음에 주의해야 한다.

체내 흡수된 염분을 배출하는 탈염의 효과적 방법으로는 칼륨 등 미네랄 섭취가 바람직하며, 콩 호박 브로콜리(broccoli), 토마토 등이 유효하다.

2.14 먹는 순서 바꾸는 것만으로도 cholesterol이 낮춰 진다

같은 것을 먹더라도 cholesterol이나 중성지방, 혈당치가 악화되지 않는 방법은 무엇일까? 그 마법은 먹는 순서를 바꾸는 것이다.

배가 몹시 고플 때 어떻게 먹는지요? 허둥지둥 먹어치우지는 않는지요? 실은 이 같은 식사법은 칼로리를 과잉 섭취하게 되어 cholesterol이나 중성지방을 높이는 원인이 된다. 밥, 빵, 국수 등의 탄수하물은 소화되면 포도당이 되어 매우 흡수하기 쉬운 상태가 되어 간장으로 순조롭게 당분을 운반하는 결과가 된다. 따라서 보기에는 효율이 좋은 것 같이 생각되지만 식후 혈당치를 높이고 여분의 cholesterol이나 중성지방을 만드는 원인이 된다.

앞에서와 같은 결점을 억제하기 위해서는 우선 소화가 잘되지 않는 것부터 먹는 것이다. 구체적으로는 식물섬유가 많은 해조류, 버섯류, 콩류, 우엉 등이 이에 해당된다. 그리고나 고기, 생선 등을 샐러드와 함께 먹고, 밥과 국은 마지막으로 아주 천천히 먹는다. 이때에는 이미 배가 많이 차 있어 적게 기분 좋게 먹게 된다. 이주 작은 상식만 있어도 같은 것을 먹으면서도 지질을 줄일 수가 있는 것이다.

2.15 늬우쳐 고칠 빨리 빨리 왕창 먹기는 금물

탄수화물을 한꺼번에 많이 먹지 않기 위해 생각해야할 것은 빨리 왕창 먹지말기다. 막 자라나는 소년이라면 힘 있게 먹는 것도 귀엽지만, 비만을 걱정하는 중년이 허둥지둥 마구 입에 퍼 넣는 식사법은 바람직하지 못하다. 왕창 마구 퍼 넣는 식의 식사법은 cholesterol 재료가 일사천리로 간장으로 운반된다는 것이고, 이것은 필요이상으로 합성된 중성지방과 cholesterol이 혈액 속으로 넘쳐들어 간다는 것이다. 어른스럽게 여유 있게 먹는 방법을 몸에 익히는 것은 어떨까요.

친구와 같이 점심이라도 하러간다면 좀 멀리 떨어진 식당을 선택한다면, 식 후 천천히 걸어오는 것도 운동이 되므로 혈당치를 낮추는 지혜가 될 것이다. 또한 빨리 먹지 말고 천천히 먹는다면 차츰차츰 배가 불러와서 결과적으로는 적게 먹어지고 만족하게 된다. 그리고 배 80~70%만 채우기, 쉽지 않은 일이지만 한번 몸에 배면 건강에 좋은 지혜로운 식사법이니 실천해봄직하다.

2.16 술은 천천히 마시며 오래 교제 한다

얼마전만해도 술은 건강에 좋지 않다고 했으나, 최근에는 「소량이면 마시는 것이 좋다」는 설이 유력하다. 왜냐하면 alcohol에는 stress

해소, relax효과 외에도 혈액 속 HDL을 높이는 효과도 알려지고 있다. 술은 전혀 마시지 못하는 사람보다 적당히 마시는 사람이 오래 산다는 조사도 발표되고 있다. 즐거운 이야기다. 그러나 과음은 칼로리가 높은 기호식품으로 주의해야 한다.

술을 마실 때에는 안주에 신경 써야 한다. 술자체도 칼로리가 높지만 안주로 고기요리, 육포, 감자칩 등 고영양가는 삼가는 것이 좋다. 권하고 싶은 것으로는 풋콩, 생선구이, 건과류, 식초류(酢物) 등이다.

Alcohol이 체내 흡수되는 데에는 30분 정도 걸린다고 함으로 첫 잔을 홀짝 홀짝 마시면 천천히 취해옴으로 많이 마시지 않고도 만족하게 즐길 수 있다.

2.17 현대생활 속에서 헤여나지 못하는 위험한 식생활

1) 아침식사 거르는 것은 역효과, 간식은 알맞게

마지막으로 식습관을 고쳐보기로 하자. 우선 아침식사다. 아침은 출근 등 바쁘다고 해서 아침식사를 거르는 사람이 많아지고 있다. 한 끼니 거른다고 해서 문제될 것이 없다고 생각하기 쉬우나, 이것은 잘못된 것이다. 아침식사를 거른 것만큼 점심에 과식하게 되어 역효과가 우려되기 때문이다.

다음은 간식이다. 일하면서 과자, 주스 등 간식을 즐기는 사람이 많은 데 이 같은 습관은 좋지 않을 뿐 아니라, 점심 또는 저녁식사까지의 시간이 짧아 중성지방이나 혈당치가 높아지게 된다.

늦은 야식도 삼가야 한다. 식사 후 가능한 먹는 칼로리는 소비해야 하는데, 야식 후 바로 잠자리에 들면 중성지방이 높아지기 쉽게 된다. 또한 식사시간이 불규칙한 것도 좋지 않다. 인간의 몸은 자율신경에 의해 생명이 유지되는데, 불규칙한 생활은 자율신경을 흐트러지게 하는 원인이 된다.

2) 홧김식사, 홧술은 삼가야 한다

Stress가 쌓이면 홧김에 폭식하는 사람이 있다. 이것은 다량의 당분이 흡수되어 과잉 cholesterol이나 중성지방이 합성되므로 결코 건전한 stress 해소법이 될 수가 없다. 홧술도 마찬가지로 삼가야 한다. 외식이 많은 사람은 칼로리와 염분의 조절이 어렵기 때문에 각별히 주의해야 한다.

☞ Mineral은 에너지가 되는 영양소가 아니다. 몸의 기능이 건강하게 작용할 수 있도록 하기 위한 hormone에 관계되는 중요한 성분이다. 필요량은 극소량이지만 체내에서 합성하지 못함으로 식물로부터 적극적으로 섭취해야 한다.

☞ Mineral은 지질이상과는 그다지 관계가 없는 것같이 생각하지만 혈액을 정상적으로 기능할 수 있도록 하기 때문에 mineral이 부족하면 동맥경화, 고혈압을 불러일으키기 때문에 생활습관병과 직결된다.

인간이 필요로 하는 대표적 mineral은 Ca, Mg, K, Na, Zn, Fe, Cu, Mn 등이다. 그 중에서도 Ca, Mg, K는 각별히 많이 섭취할 성분이다. 장기의 balance를 건강히 유지함과 동시에 뼈나 치아를 만드는 성분이기도 하다. 또한 Zn은 혈관벽에 cholesterol이 머물러 쌓이는 것을 방지하고, Cr은 지질대사를 좋게 하는 것으로 알려졌다. 어느 것이든 필요량은 미량이지만 부족하면 지질이상을 조장시킨다. 한 가지 주의해야 할 것은 Na이다. Na는 소금성분으로 과잉섭취는 혈압을 상승시키는 등 주의해야 한다.

(3) 간단한 운동으로 cholesterol과 중성지방을 낮추자

3.1 활동량을 늘려서 에너지를 소비하자

Cholesterol, 중성지방이 어째서 증가하는가? 섭취한 에너지 량에 비해 소비한 에너지 량이 적기 때문이다.

현재의 풍족한 생활이 포식시대를 맞으면서 모든 생활이 편리해졌고 IT기술의 급속한 발전으로 작업의 자동화에서 오는 운동량 부족이 소비에너지를 줄이게 되었고, 식생활이 점차 고 칼로리 화와 인스턴트 화에 익숙해지면서 오는 결과이다.

옛날에는 모든 일이 발로 거르면서 손을 움직이면서 했던 것이 경제의 급성장으로 전산화 자동화 IT기술과의 접목 등으로 1일 운동량은 급격한 감소를 가져왔다. 전차 자동차를 이용한 이동, 취사 세탁 청소 등 생활의 자동화, computer를 이용한 사무자동화, 은행 영업업무, 회의 모니터화....등으로 절대적인 활동량이 급감하고 있다. 이래서야 cholesterol이나 중성지방이 증가하는 것은 당연하다.

1) 중성지방은 늘기도 쉽지만 줄이기도 쉽다

Cholesterol이나 중성지방은 달라붙기도 쉽지만 떨어져나가기도 쉬운 특징이 있다.

운동을 하면 중성지방을 분해하는 작용을 하는 리포단백효소가 활성화하여 혈액 중의 중성지방이 분해된다. 또한 중성지방이 줄어들면 HDL cholesterol이 증가하는 효과가 있다.

2) 혈당치, 혈압도 함께 개선하자

1일 걷는 보수와 cholesterol 량을 조사한 결과 보수가 많은 사람일수록 HDL이 높고 LDL 이 낮아지는 결과가 보고되고 있다. 또한 운동량이 많으면 근육양이 늘고 기초대사가 상승해서 일상생활에서의 칼로리 소비가 많아진다. 더욱 운동에 의해 혈당치가 떨어지고 혈압도 낮아져서 안정된 생활은 물론 stress도 해소되는 등 종합적으로 동맥경화나 혈관병의 리스크가 작아진다. 식사요법과 운동은 생활습관병 개선의 양축이 되기 때문에 의식적으로라도 반드시 실천해야 할 현대인에게 가장 긴요한 과제이다.

3.2 유산소운동을 습관화해서 중성지방을 줄이자

1) 식후 3시간 후에 혈중 지질은 peak가 된다

기왕 운동을 한다면 효율적으로 해야 한다. 그러기 위해서는 식후 3시간 후가 best 라고 한다.

혈중 중성지방은 혈당치만큼 현저하지는 않지만 식사에 따라 변동한다. 식사를 하면 상승하고 3시간 후에 peak에 달한다. 그리고 서서히 내려가 6시간 후에는 원상대로 되돌아간다. 따라서 식사 3시간 후에 철저히 운동한다면 중성지방은 빨리 떨어지게 되는 것은 당연하다.

2) 효과가 나타나는 것은 3~6개월 후

Cholesterol 이나 중성지방을 억제하기 위해서는 유산소운동이 효과적이다. 유산소운동이란 walking, cycling, swimming 등 지질대사를 촉진하는 운동을 가리킨다. 역으로 단거리계주, 역기, 구기 등은 무산소운동이라 부르며 체내 근육양은 늘지만 지질은 그다지 변하지 않는다. 유산소운동은 3개월 정도로 체중이 줄기 시작하여 6개월이면 총 cholesterol치가 낮아짐으로 계속하는 것이 중요하다.

3.3 30분 walking으로도 칼로리 소비효과는 뛰어나다

1) 바른 자세를 몸에 익히자

유산소운동 중에도 손쉽게 시작할 수 있는 것이 walking이다. 혼자라도 시간이 있을 때마다 가능함으로 어떤 운동보다 편리하다. 그러나 그저 걷기만 하면 되는 것이 아니다. 올바른 자세로 걷는 것이 효과가 오른다. 걷는 방법의 point는 몸은 곧게, 시선은 똑바로, 턱은 당기고, 양팔은 리드미컬하게 앞뒤로 흔들면서, 착지와 전진을 정확히 하도록 한다. Walking의 목표는 1일 30분 정도, 1~2회 나누어 해도 좋다.

2) 실제 walking으로 몇 칼로리나 소비되는지?

30분간(2.4km) walking으로 소비되는 에너지는 75kcal나 된다. 1일 운동 없이 지낼 때 소비되는 에너지 량은 불과 83kcal 라고 하니 30분 walking은 대단한 성과다.

3.4 일상생활 속에서의 스트레칭의 습관을 익히자

운동의 습관화라면 스트레칭이 제1이다. 왜냐하면 직장에서도 집에서도, 통근 중 전철에서도 어디서나 가능하기 때문이다. 흔히 스트레칭 정도가 무슨 운동이 되겠느냐?....하지만 무의식중에서 언제 어디서나 몸을 움직인다는 의미에서도 매우 중요한 운동습관이라는 것이다. 15분 정도 스트레칭으로 50kcal나 소비된다는 사실은 walking에 필적되는 우수한 운동습관이다.

스트레칭은 혈류의 흐름을 좋게 하고 혈관의 노화를 막는 등 효과가 크다. 스트레칭은 아주 부지런한 운동으로 30분마다 일어서서 가볍게 하는 것이 이상적이지만, 앉은 채로 등을 쭉 세우고 발끝을 위 아래로 움직이는 간단한 운동으로도 충분한 효과가 있다고 한다.

운동부족해소의 대책

날씨가 나쁘다. 오늘은 바쁘다. 피곤하다...등 게으름을 피우는 이유는 얼마든지 있다. 결단을 나려 시작할 것이고, 어떤 program이라도 입회하여 시작하면 취미가 붙고 습관화되어 즐겁게 할 수 있는 것이다. 요가, 에어로빅, 근교산책, 박물관이나 미술관 관람, 헬스 등 얼마든지 갈 곳이 많다. 늦었다고 할 때, 너무 게을렀다고 생각될 때가 바로 시작할 시기다. 고령일수록 가볍고 즐거운 운동이나 운동에 버금가는 산책 걷기로 건강을 건전하게 지키기로 하자.

(4) 생활습관병을 극복해서 장생할 몸을 만들자

4.1 생활습관병은 자각증상이 없고 혈관은 서서히 노화한다

1) 혈압, 혈당치에도 주의가 필요

건강한 식생활과 활동량이 많은 생활습성을 실천한다면 생활습관병은 극복할 수가 있다. 역으로 cholesterol과 중성지방치가 건강진단 결과에서 우려된다고 했다면 혈압, 혈당치도 주의할 필요가 있다. 만약 혈압, 혈당치가 정상치 범위 내에 있다고 하드래도 조금씩 상승하는 추이라면 황색신호라고 생각하는 것이 좋다. 앞에서 지적한바와 같이 비만, 고혈압, 고혈당, 지질이상(cholesterol, 중성지방) 중에서 2가지 또는 그 이상이 해당되면... 위험이라 지적했으니 한 번에 개선합시다.

2) 어느 날 돌연 찾아든 인생 최악의 날

많은 사람이 생활습관병을 방치한 채 두고 있는 원인은 '자각증상'이 전혀 없다는 데에 있다. 혈압이 올랐다, 복통이 왔다, 고열이 났다...그것쯤이야 하고 방치한 채 아무런 개선노력이 없다면...문제다.

그런 상태가 자주 오래 계속된 것을 방치한다면 혈관은 서서히 노화해간다. 그리고 어느 날 갑자기 뇌경색이나 심근경색의 발작이 일어난다면 그것이야말로 인생이 암전(暗轉)하는 순간이다. 이 같은 최악의 경우를 피하려면 지금부터 앞에 기술한 것들을 실천합시다.

4.2 생활습관병을 일으키는 동맥경화가 모든 것의 원흉

1) 혈관은 최대의 장기(臟器), 그냥 관(管)이 아니다

생활습관병이 혈관을 노화시킨다고 했는데 그 mechanism을 해설하기로 한다.

혈관은 3층 구조(외막.중막.내막)로 되어있어서 건강한 혈관은 탄력이 있어 심장으로부터 보내오는 혈액을 전신으로 흘려보내는 원동력이 된다. 그러나 혈관이 노화하면 딱딱해지고 탄력성을 잃게 된다. 또한 혈관은 혈액에 함유된 산소와 영양소를 장기나 근육으로 넘겨주는 중요한 역할을 담당하면서, 다시 각 기관 조직에서 발생한 노폐물을 회수하는 작용도 한다. 혈관은 그냥 관이 아니다. 인간의 생명을 지탱하는 '최대의 장기'이다.

2) 언제부턴가 진행하는 동맥경화

혈관은 건강상태로 관리한다면 100년 이상 정상적으로 작동한다고 한다. 생활습관병(고혈압, 당뇨병, 지질이상)으로 혈액상태가 나빠지면 여러 가지 장해를 일으키는데, 그 대표가 '동맥경화'이다. 혈압, 혈당치가 높아지면 혈관의 내막에 상처가 생기고, 상처 난 내막으로 지질이

들어가서 퉁퉁한 혹을 만들게 된다. 이 지질이 바로 LDL cholesterol 이다. 혹이 커지면 혈관은 좁아져서 혈류가 어렵게 되고, 드디어 혹이 터지면 혈전이 되어 생기는 것이 뇌경색, 심근경색이다.

동맥경화가 진행되고 있는지? 는 경동맥초음파검사로 간단히 알 수가 있으니 불안한 사람은 병원 검진을 받아보도록 하자.

4.3 동맥경화에 의한 숨어있는 뇌경색에 주의하자

1) 바로 고칠 수 있는 뇌경색도 있다

요즘 숨은 뇌경색이 주목을 받고 있다. 뇌경색은 동맥경화로 생긴 혈전이 뇌의 좁아진 혈관에서 생기게 되는데, 그 결과 뇌의 혈액이 공급되지 않으면 생명이 위험하다.

그러나 혈관에 생긴 혈전이 작은 경우는 아주 짧은 시간(순간)동안 저림(마비혈상), 현기증을 느낄 뿐 아무 일이 없었던 것처럼 회복되면서 전혀 자각증상을 수반하지 않는 경우도 있다. 이를 '일과성뇌허혈발작(숨은 뇌경색)이라 부른다. 많은 사람은 「좀 피로한 탓」,「바로 낳았으니 걱정 끝」이라고 생각하고 만다.

그러나 숨은 뇌경색을 경험한 사람 중 30%는 5년 안에 중대한 발작을 일으키는 경우가 있으므로 정밀한 검사를 받도록 하자.

2) 막힌 혈관에 따라 증상이 다르다

뇌경색에 따른 저림이나 마비의 특징은 몸의 한쪽(片側)만 발생한다는 것이다. 양측 모두에서 발생한다면 다른 원인을 의심해야 한다.

또한 혀가 돌지 않거나 시야가 좁아지는 경우도 있다. 어떤 증상이 나타나느냐는 막힌 혈관이 어디인지에 따라 다르다. 운동신경과 관련이 있는 뇌부분의 혈관이 막히면 수족에 마비가 생긴다.

생활습관병이 있는 사람은 뇌 검진을 미리 받아보는 것이 좋다.

4.4 맛이 진한 식사는 고혈압의 최대 원인

1) 높은 혈압이 혈관 내막에 상처를 주기 쉽다

혈압이란 무엇인가? 심장의 좌심실(左心室)로 들어온 혈액은 좌심실의 수축력으로 힘 있게 동맥으로 보내진다. 이때에 동맥벽이 받는 강한 압력이 수축 시 혈압(또는 상혈압)이다. 그 후 좌심실은 다음 혈액을 빨아드리기 위해 확장하는데 이때 동맥에 가해지는 압력은 가장 낮아서 이를 확장 시 혈압(하혈압)이라고 한다.

혈압이 높아지면 혈관벽에 강한 힘이 가해져서 혈관 내막이 손상을 입게 되고 동맥경화가 발생하기 쉽게 된다. 역으로 혈압이 낮으면 혈관벽이 받는 damage가 적어져 항상 탄력 있는 젊은 혈관을 유지할 수가 있다.

2) 혈액이 많아지는 것도 혈압상승의 원인이 된다

고혈압이 되는 이유에는 몇 가지가 있다. 가장 많은 것은 팡팡형 Type이다. 혈액 중 염분이 높아지면 몸은 이것을 희석시키려고 수분을 빨아들인다. 염분농도가 기준치를 넘으면 여러 가지 장기나 hormone에 악영향을 미친다. 혈액이 수분을 빨아드리면 혈액량이 증가하면서 혈관이 팡팡하게 팽창한다. 그렇게 되면 혈압은 쑥 올라가게 된다.

혈압약은 일반적으로 이뇨제다. 오줌의 양을 늘려 혈관내의 수분을 배출시키게 하는 작전이다. 부작용도 적고 안심하고 사용해도 된다. 이 같은 팡팡혈 고혈압이 되는 원인은 염분의 과잉섭취다. 진한 맛의 식사는 대개가 고염분식이므로, 외식이 많아지면 혈압은 오르게 마련이다.

3) 가장에서 혈압을 재면서 건강을 관리하자

요즘은 기능이 좋은 혈압계 보급으로 가정에서도 손쉽게 혈압측정이 가능하다(상완형 혈압계).

아침에 일어나 아침식사 전에 측정하도록 한다. 아침 기상직후는 혈압이 쑥 올라가게 됨으로 조금 쉬었다 측정한다. 매일 아침 측정해서 기록을 남기면 병원진찰을 받을 때 중요한 데이터가 된다.

4.5 지질이상과 당뇨병은 밀접히 link 되어있다

1) 혈액이 끈적끈적해지면 모세혈관이 막히기 쉽다

혈액 중 당분이 많아지면 혈액이 끈적끈적해져서 적혈구들이 들러붙기 쉽게 된다. 그러면 혈액의 흐름이 나빠지고 여러 가지 장해를 일으킨다. 끈적끈적해진 혈액은 가는 모세혈관을 막히게 한다. 예를 들면 망막(網膜)은 모세혈관이 많이 있는데, 처음에는 모세혈관이 끊어져도 재생되지만 몇 차례 반복되는 동안 대량의 출혈이 일어나 돌연 눈이 보이지 않게 된다. 이것이 "당뇨병망막증, 糖尿病網膜症"이다.

신장도 모세혈관이 많이 모여 있는 장기다. 신장모세관이 막혀 신장기능이 저하되면 불필요한 노폐물이 체외로 배출하지 못하게 되며, 최악의 경우 "투석치료, 透析治療"를 받을 수밖에 없다.

또한 혈당치가 높아지면 혈관벽에 상처가 나기 쉬운데, 이것이 동맥경화에 직접 원인이 되는 것이다.

고혈압이나 지질이상은 생활습관을 개선하면 정상치로 되돌리는 것이 가능하지만, 당뇨병은 일단 기준치를 넘게 되면 본래대로 되돌리는 것은 불가능하다. 즉, 불치의 병이 된다.

2) 중성지방이 증가하면 Insulin의 효과가 없게 된다

혈당치와 중성지방은 매우 깊은 관계가 있다. 중성지방이 높아지면 Insulin의 작용이 나빠지게 된다. 이것을 Insulin저항성이라고 한다. Insulin은 췌장에서 분비되는 hormone으로 혈액 중의 당분을 간장이나 근육에 축적하는 일을 한다. 따라서 Insulin이 부족하면 혈액 중에 당분이 증가하게 된다. 한국인은 Insulin이 적은 민족으로 중성지방을 줄여서 귀중한 Insulin을 유용하게 사용하려 한다. 또한 혈당치가 높으면 중성지방이 증가하고 HDL이 감소하는 것도 보고되고 있다. 지질이상의 개선과 혈당치를 낮추는 일은 서로 link 되어 있다.

당뇨병도 자각증상이 적은 병이지만 몇 가지 현저한 예를 들 수가 있다. 「밤에 변소에 자주 간다」,「목이 마른다」,「잘 먹는데도 체중이 줄어 간다」,「머리가 멍하다」,「피로하기 쉽다」 등이다. 따라서 조기 에 검진하여 치료에 임하는 것이 중요하다.

4.6 Stress가 중성지방을 높이고, A형 성격은 요주의

1) 현대사회는 stress 투성이

식생활의 흐트러짐, 운동부족, 그밖에 지질이상 원인은 stress 다. 현대사회에서 인간이 stress로부터 해방된다는 것은 불가능하다. 일의 stress, 가정의 stress, 대기오염stress, 대인관계stress...등 우리들의 생활은 항상 긴장감에 노출되어 있다. Computer나 Mail이 일상생활화 되면서 24시간 정신적 긴장이 계속된다면 견디어낼 재간이 없다. Stress도 중성지방과 실로 밀접한 관계가 있다.

인간의 몸은 정신적으로 흥분하면 자율신경이 자극되어 여러가지

hormone이 분비되거나 억제된다. 그렇게 되면 간장에서는 cholesterol이나 중상지방 합성이 활발해진다. 또한 stress는 혈압을 상승시키기 때문에 직장에서의 일은 고혈압상태의 지속이라고 하며, 이를 "직장고혈압"이라고 부른다.

2) 휴일은 relax가 철칙

Stress의 영향을 받기 쉬운 사람은 착실하고 책임감이 강한 A형 성격의 사람이라고 한다. 휴일에는 일을 잊어버리고 stress해소가 중요하다. 그러기 위해서는 취미를 즐기고 친구나 가족과 여유 있게 지내는 습관이 중요하다. 휴일을 철저히 relax하면서 늦춤과 당김의 여유를 갖는 것이 현명한 지혜이다.

4.7 생활리듬이 흐트러지면 몸에 stress가 쌓인다

1) 인간은 체내시계를 가지고 있다

Stress를 늘리는 원인의 하나가 불규칙한 생활이다. 인간의 몸에는 체내시계의 system이 내장되어 있다. 해가 뜨면 잠에서 깨어나 활동적이 되고, 해가 지면 잠을 자고 싶어 하는 것은 체내시계가 정확히 기능하고 있음을 나타내는 것이다. 규칙 바른 생활을 하고 있으면 hormone이 정상적으로 작용하고 자율신경도 흐트러지지 않는다.

그러나 낮과 밤이 역전되는 생활을 계속한다면 체내시계가 흐트러지면서 cholesterol이나 중성지방의 합성도 왕성해지고 또한 자율신경의 부조로 각가지 장기에 악영향을 미치게 된다.

2) 기분 좋은 수면이 몸 관리의 point

생활의 리듬을 올바르게 유지하는 데에는 기분 좋은 수면이 필수적이다. 푹 잠을 자게 되면 아침에 눈도 가볍게 떠지고 피로도 깨끗이 없어진다. 수면 중 분비되는 성장 hormone은 세포의 신진대사를 활발히 하여 몸을 refresh 시킨다. 역으로 밤을 새우거나 휴일에도 대낮까지 자는 등 생활이 흐트러지면 몸의 피로는 풀리지 않고 stress는 더 쌓이는 요인이 된다.

수면 1시간 전 따뜻한 목욕탕에 들어가면 smooth하게 잠들 수가 있고, 가벼운 맨손체조 등 몸에 맞는 방법을 찾아 실천하는 것도 바람직하다.

4.8 건강진단에서 지적된 것은 전문의의 검사로 환진

1) 문진의 답변을 준비하자

Cholesterol이나 중성지방이 많아도 자각증상이 거의 없다. 드물게 위 눈꺼풀 내측에 황색의 부풀은 곳이 생겨있거나, 무릎이나 팔꿈치 내측에 지방 덩어리가 있는 경우가 있다. 또한 아킬레스건이 굵어진 경우가 있는데 이것들은 모두 cholesterol의 침착이 원인이다.

지질이상은 대부분의 경우 건강검진에서 쉽게 발견되므로 40세가 지나면 정기적으로 혈액검사를 받도록 하자.

2) 병증에 맞는 약을 선택하자

지질이상이라고 진단되면 많은 경우는 식사요법, 운동요법의 개선부터 시작한다. 그러나 가족성 고cholesterol 혈증, 협심증 등이 보이면 바로 약물요법을 시작하는 경우도 있다. 지질이상증(이상지질혈증) 치료에 사용되는 약은 「지질대사개선약」으로 총칭된다.

지질대사개선약은 증상에 따라서 「LDL cholesterol을 낮추는 약」,

「HDL cholesterol을 높이는 약」,「중성지방을 낮추는 약」으로 분류된다. 또한 치료약에는 급속한 효과를 기대하는 것, 서서히 효과를 기대하는 것이 있다. 의사의 충분한 설명을 듣고 식사요법, 운동요법과 함께 투약에 세심한 주의와 판단 실천이 중요하다.

참고문헌

坂倉弘重; 中性脂肪.コレステロールが簡単に下がる.ダイアプレス.2015,8.

高橋弘,이진원역; 혈관이 수명을 결정 짓는다. 다산출판사.2016,1.

高澤謙二.玉目称生,박재현역; 혈관이 살아야 내 몸이 산다. 이상미디어.2011,2.

5

생명의 뿌리는 혈액(血液) 혈액의 역할과 건강한 혈액 가꾸기 (가이드라인 9가지)

(1) 혈액의 성분

인체 내 혈액량은 체중의 약 1/13 정도로 체중 55kg인 사람은 약 4,231L(4,231cc), 60kg인 사람은 4,615L(4,615cc)가 된다.

혈액성분은 적혈구(赤血球), 백혈구(白血球), 림프구, 혈소판(血小板), 혈장(血漿)이며, 혈액은 뼈의 골수(骨髓, bone marrow)에서 만들어진다. 혈액이 몸 전체를 순환하는 데에는 45-50초 걸린다.

(2) 혈액의 역할

1) 영양소의 흡수와 이동

인간의 생명유지에 필요한 필수영양소는 탄수화물, 단백질, 지방이다. 이들 영양소가 혈액 안으로 흡수되고 몸 전체로 이동할 수 있도록 촉매하고 조절하는 물질이 바로 물과 비타민(vitamin)과 무기물질(mineral)이며, 폐의 혈액을 통해 산소를 공급한다. 이러한 영양소는 폐와 장관을 통해서 혈액에 용해되어 60조에 달하는 조직세포에 골고루 공급한다.

영양소를 혈액 속으로 흡수시키는데 가장 중요한 역할을 하는 것이 혈장과 적혈구이다. 그런데 혈장의 94%, 적혈구의 65-70%가 물이다. 따라서 혈액의 이동은 물이 좌우한다는 사실이 중요하다.

2) 노폐물의 배설

생명유지에 필요한 영양소는 대사활동을 통해 활동에너지를 얻고, 노폐물인 이산화탄소, 젖산, 암모니아, 질소, 요산, 요소, 파괴된 적혈구 등을 발생시켜서 혈액을 통해 소변, 대변, 호흡, 땀 등으로 배설된다.

폐는 매일 1L정도의 물과 이산화탄소를 배출하고, 신장은 전체 혈액량을 40회 통과시키면서 혈액 속의 노폐물을 수분과 함께 1일 1.5L씩 소변으로 배설하며, 파괴된 적혈구는 담관과 장관을 통해 배출한다.

3) 혈액은 면역기능을 갖는다

공기, 물, 음식, 접촉물을 통해 수많은 병원균(박테리아, 바이러스, 곰팡이, 알레르겐)들이 혈액 속으로 들어오면 이를 단핵백혈구(마크로파지), 백혈구, 림프구가 포획 공격 제거하고 또는 면역기능이 혈액 안에서 벌어진다. 이러한 면역기능이 제대로 발휘하지 못하면 알레르기 과민반응, 감염성질환, 암세포의 증식이 일어나게 된다.

※ 요약/ 전체적인 혈액의 역할

① 인체 모든 조직세포에 산소를 운반(적혈구)

② 세포에 영양소와 호르몬 운반과 노폐물 배출(혈장)

③ 수분과 염분, 칼슘, 인 등 mineral 조절(혈장)

④ 세균, 바이러스 등을 공격하여 몸을 보호(백혈구.림프구)

⑤ 상처로 인한 출혈을 멈추게 함(혈소판)

⑥ 체온 조절(혈장)

혈액의 종합적인 역할을 보면 생명도 질병도 혈액 안에 있다는 것을 알 수 있다. 혈액에 수분이 부족하면 영양소를 잘 이동시키지 못하고, 대사과정에서 생긴 노폐물을 원활하게 배출시키지 못하면 혈액은 산성화 독성화 되어 각종 질병을 일으키고 치사적인 병균이 침투하여 각종 질병이 생기게 된다. 그런데 혈액 속에 영양소 이동과 노폐물 배설에 가장 큰 영향을 주는 물질이 바로 물(水分)이다. 즉 혈액의 건강은 혈장의 건강이며, 이는 물과 직.간접으로 관련이 있다.

(3) 건강한 혈액 만들기 가이드라인 9가지

생명의 뿌리는 혈액이며, 혈액의 건강은 물과 음식(에너지영양소) 그리고 운동이 좌우한다. 혈액의 바다라고 할 수 있는 혈장은 94%가 물이며, 나머지 6%에 에너지영양소, 조절영양소, 대사성 노폐물이 용해되어 있다. 혈액은 모든 영양소를 이동하고, 노폐물을 배출하고, 면역기능을 가진다. 이들 작용이 정상적이면 세포대사도 원활하게 이루어지며 외부로부터 병균이 침입해도 포획제거하고 면역기능도 강해진다.

※ 혈액건강 가이드라인은 혈액의 농도와 비슷한 알칼리성 mineral water와 음이온과 음이온을 함유한 알칼리성 공기와 천연소재 vitamin, mineral 보조제를 적절히 섭취하는 것이다. 물론 에너지 3대영양소인 탄수화물, 단백질, 지방의 균형 있는 섭취와 적어도 1일 1시간 정도의 걷기운동을 하여야 함은 말할 필요도 없다.

1) 철저한 저식염식의 식생활

우리의 식생활에서 된장, 고추장, 간장, 젓갈, 김치찌개 등이 전통적인 식단이고 보면 저염식의 실천은 쉽지가 않다. 그러나 염분의 과다 섭취는 칼슘의 배출, 혈관의 수축, 세포의 탈수를 가속화시키므로 반드시 저염식을 지킬 필요가 있다.

2) 1일 2L 이상의 알칼리성 미네랄워터를 마신다

알칼리미네랄워터의 가장 중요한 역할은 혈액의 환경을 악화시키고 만병의 근원이 되는 탈수(脫水)를 방지하는 것이다. 혈액의 농도와 비슷한 알칼리미네랄워터는 단순한 물이 아니다. 알칼리미네랄워터 속에는 칼슘, 마그네슘, 중탄산이 들어있다. 중탄산은 위벽과 장벽을 보호, 위산의 중화, 체액의 분비 순환을 원활하게 하여 탈수를 해소하고 혈액의 산성화를 막는다. 또한 담즙산과 지방산을 중화시켜 암 예방에 탁월한 효과가 있으며, 특히 중요한 역할은 혈액환경악화와 만병의 근원인 탈수방지 효과가 크다.

3) Multi-vitamin과 mineral보조제를 매일 먹는다

천연소재의 vitamin과 mineral보조제는 성분과 성능, 제조공정의 검증을 받은 USP인증, GMP인증, 식약청인증을 받은 제품인가를 확인할 필요가 있다(kirkland 및 nature made사 등 제품). 1일 1알에 필요한 20-30종의 각종 vitamin과 mineral이 들어있는 것이 좋다. 특히 각종 질환이 있는 환자는 부족함이 없도록 반드시 섭취해야 한다.

4) 칼슘 1,000-2,000mg 보조제를 매일 섭취한다

음식만을 통해 1일 1,000mg 이상 섭취는 불가능하다. 특히 한국인은 고식염식을 하므로 칼슘의 체내배설이 심각하기 때문에 질환 여부에 관계없이 섭취해야 한다. 시판되는 칼슘은 1알에는 vitamin D가

200-400IU 함유되어 칼슘흡수를 돕는 역할을 한다.

칼슘은 체내 mineral의 83%를 차지하며 뼛속에 99% 이상이 저장되어 있다. 나머지 극소량이 혈액과 세포 내에 분포한다. 칼슘의 역할은 뼈 형성, 면역기능, 체액과 각종 hormone 분비조절, 정보전달, 세포대사, 근육에너지조절, 정자운동에 관여하며, 칼슘이 부족하면 골다공증, 동맥경화, 당뇨병, 신장결석, 고혈압, 치매, 관절염, 불임, 심질환, 뇌질환, 암 등 질병에 관련되어 있어 절대적으로 필요한 보조제이다.

5) vitamin B-complex를 매일 섭취한다

알레르기, 아토피피부염, 간질환, 암, 위염, 소화기능에 문제가 있는 사람은 강력한 항산화제인 vitamin B-complex를 섭취할 필요가 있다. Vitamin B-complex에는 다음의 8가지가 들어 있다.

① vitamin B_1(티아민): 에너지대사, 신경근육활동조절

② vitamin B_2(리보플라빈): 에너지대사, 신경세포대사, 수정체보호, 손톱.모발형성과 성장

③ vitamin B_3(니아신): 에너지대사, 신경전달물질대사, 체액조절, 혈관확장, 혈중콜레스테롤조절

④ vitamin B_5(판토텐산): 신경전달물질대사, 지방산조절, 부신호르몬조절

⑤ vitamin B_6(피리독신): 단백질대사, 뇌신경전달물질대사, 세로토닌분비조절, 진통작용

⑥ vitamin B_7(비오틴): 혈구형성, 남성호르몬분비, 신경계.골수기능조절, 모근과 피부세포대사

⑦ vitamin B_{12}(코발라인): 에너지대사, 지방산조절, vitamin A조절, 적

혈구생산, 뇌.신경세포의 석탄화방지

⑧ 엽산(폴릭산): 조산과 유산방지, 성장호르몬조절, 적혈구생산, 항체형성조절, 면역기능, 뇌신경물질조절, 동맥경화방지, DNA합성
특히 악성알레르기증상환자, 항생제 항염제 진통제 제산제의 장복환자들, 항암치료환자들은 vitamin B-complex의 파괴가 심하기 때문에 반드시 섭취할 필요가 있다.

6) Vitamin C 1,000~1,200mg을 매일 보조제로 섭취한다

Vitamin C는 체내 활성산소를 억제하는 항산화작용과 면역작용 항염작용을 하며 위염, 암, 동맥경화, 류머티즘, 괴혈병을 예방한다. 신경전달물질인 세로토닌, 노르아드레날린 생산에도 관여하며 콜라겐 형성에도 도움을 준다.

Vitamin C는 수용성이기 때문에 미네랄물을 마시는 사람에게 1일 1,000-1,200mg 정도를 섭취하는 것은 아무런 부작용도 없다. 화학적으로 합성된 vitamin C는 너무 과도하게 섭취하는 것은 위장에 손상이 우려되지만, 천연 Rose Hips 등에서 추출한 vitamin C는 1일 1,000mg 이상 섭취는 혈액의 건강 유지에 큰 도움이 된다.

7) Vitamin E 400-500IU를 매일 보조제로 섭취한다

Vitamin E는 지용성이며 항산화작용, 항염작용, 면역작용, 항체형성, 적혈구세포막보호, 지방산보호 등의 작용을 한다. 최근 vitamin E는 알츠하이머, 파킨슨병과 심장질환 예방치료에 효과가 있는 것으로 알려져 있고 통풍예방과 정자세포 생산에도 관여하고 있다는 연구보고가 있다. 해바라기씨기름, 포도씨기름, 올리부유 등 식물성 기름에 다량 함유되어 있지만 400-500IU를 음식을 통해 섭취한다는 것은 어려움으로 천연

소재 토코페롤로 만든 vitamin E보조제 400-500IU를 매일 섭취하는 것이 좋다.

8) 필수지방산 오메가-3 1,000mg을 매일 보조제로 섭취

오메가-3는 vitamin이 아니지만 몸에 필요한 필수지방산으로 심혈관 질환, 염증성질환을 예방하고 고혈압, 당뇨병, 동맥경화, 고지혈증 등 생활습관질환과 간질환, 알레르기, 천식, 기관지염, 아토피성피부염, 통풍, 건선, 다발성경화증 등 염증성질환 환자들은 섭취해야 한다.

오메가-3와 같은 필수지방산은 우리 몸에서 만들 수 없음으로 1일에 1,200mg 이상의 오메가-3(EPA, DHA)를 섭취하려면 등 푸른 생선의 대표적인 고등어를 1일 10마리 이상 먹어야 하므로 쉬운 일이 아니다.

※ 따라서 USP마크에 의해 성분과 성능이 검증된 vitamin, mineral, 필수지방산은 건강한 혈액을 유지하는 필수적인 물질이기 때문에 매일 아침 식사 후 섭취하는 것이 바람직하다.

9) 알칼리성 은이온수(콜로이드실버수)를 1일 500cc 마신다

알칼리성 콜로이드실버수는 천연항생효과를 가지고 있으며, 용존산소가 풍부하고 은나노입자의 미동량 전극작용으로 혈액, 위장, 장관 속에 있는 나쁜 bacteria와 악성virus의 증식을 억제한다. 특히 만성적 알레르기 증상과 혈관. 장내조직의 염증성질환 개선에 뛰어난 효과가 있다.

☞ 본 내용은 도쿄대학, 뉴욕주립대 연구겸임교수이며 Ki Hitech연구소장인 주기환 박사의 저서 "생명은 피 안에 있다 혈액과 물과 공기"에서 가장 중요한 부분만을 발췌 요약한 것임을 밝히면서, 매우 중요한 건강지침이 될 수 있다는 생각에서 알려드리는 것입니다. 실천하시기 바랍니다.

제 5 장

농업은 삶의 대도(大刀) 세계의 평화

PART

20

미래지향적 농업과 농학의 길

1

새로운 농업 농학의 길

국가의 근본은 농민에게 있으며, 농민의 근본은 식량에 있다. 식량의 근본은 농업에 있으니 곧 국가의 근본은 농업이라는 것이다. 그러므로 국가의 번영을 위해서는 농민이 번영해야만 한다는 것이다. 이것이 농본주의(農本主義)다.

농본주의는 자칫 자국의 사회적 기반의 안정이나 식량자급의 필요성만을 강조한 나머지 배타·보수주의가 되기 쉬우나, 이제부터의 농업은 인류적 과제와 결부된 사고방식의 하나로 세계의 평화와 직결된다. 평화를 실현하는 것은 농민이며, 그 때문에 그 책임도 크다.

농업은 「사람의 버릴 수밖에 없는 것을, 그것으로 그것이 없이는 살아갈 수 없는 식량을 생산해서 인류에게 은혜를 베푸는 일」이니, 곧 천하의 대도(大道)를 실천하는 일이기에 농업·농민은 영원히 멸하지 않는다. 그러므로 농업은 영속성을 지니며 미래의 직업으로도 가장 흥미있고 흥분되는 산업일 것이며, 이에 미래를 지향하는 농민은 급변하는 세계화에 대응하여 배움과 함께 농민 스스로의 자기계발이 필요하다.

농(農)은 나라의 근본이라고 하여 농업을 국가정책의 근본으로 삼는 것은 참된 농본주의가 아니고, 농민을 근본으로 하는 데에 있다. 그 참된 의미는 농민을 존중하는 농민의 안정된 정착이 있는 곳에 국가의 안정이 있으며, 그럴 때에만 비로소 농업의 본연의 모습이 있다고 확신한다. 따라서 「국가의 근본은 농민에게 있으며」, 더구나 그 「농민의 근본은 식량에 있다」. 그리고 「식량의 근본은 농업에 있는 것이다」. 그러므로 국가의 근본은 농업이라는 것이다.

농업이 융성하게 되면 국가도 융성해 진다. 농업이 쇠퇴하여 식량이 없으면 국민이 굶주리게 되고 드디어는 국가도 쇠퇴한다. 근본이어야 할 농민이 쇠퇴하는데 어찌 국가가 건전할 것인가?

농업은 혈(血), 토(土), 신분(身分), 소득(所得)을 위해 있는 것이 아니다. 인류가 농경을 시작한 후에 그런 것들이 생겨났다는 것이 역사적 사실이다. 「혈」은 혈연관계를 말하는데, 농촌에서 농업과 깊은 관계를 갖고 있는 중요한 가정의 존속이나 가족제도를 위해 농업을 하는 것이 아니고 농업을 지키기 위해 가족제도가 만들어졌고 농촌이 생겨난 것이다. 「토」는 토지의 중요성을 말하는 것인데, 토지를 위해 농업을 하는 것이 아니고 농업을 위해 토지가 필요한 것이다. 「신분」은 높고 낮음을 말하는 것으로, 옛 부터 신분이 높은 정치가나 관리를 위해 농업이 존재하거나 농업정책을 위해 농업이 있는 것이 아니다. 농업을 위해 농업정책이 수립되는 것이 본질이다. 현재에는 「소득」이 중요하다고 한다. 그러나 소득을 위해 농업이 있는 것이 아니고 국민소득을 위해 농업이 운영되어서는 안 된다. 농업의 발전을 위해 국민소득의 증대나 경제성장이 있는 것이어야 한다. 상공업도 농업의 편이를 위해 발달한 것이며, 그런 면에서 국가도 똑 같다. 그러기 때문에 농민이 안주하지 못하면 농지가 황폐하며, 농지가 황폐하면 농업이 쇠퇴하고 국가가 쇠퇴한다. 국가가 쇠퇴하는데 어찌 상공인들 쇠망하지 않겠는가?

그렇다면 현재를 살기 위한 새로운 농본주의란 어떤 것인가? 에 대하여 생각해 보기로 하자.

미국의 새로운 farm fundamentalism에는 아래와 같은 것이 있다.

Independent and self-relient. Some have even argued that farming is a divine calling where God and man work hand in hand to supply the physical needs of mankind.

꽤나 고풍의 표현이나 1961년의 비교적 새로운 논문이다. 우선 농업이라는 것은 신성한 직업이라는 것이다. 더욱 신과 인간이 손에 손을 잡고 인간의 신체적인 필요물질을 공급하기 위해 일하는 성직(聖職)이라고 주장했다. 현재의 우리는 이것을 시대착오적인 정의라고 말할지 모르겠다. 과연 그런 것인가?

우리는 여기서 농본주의를 재검토할 필요가 있으며, 어떤 내용을 포함할 것인가에 대하여 생각해 보기로 하자. 이에 대하여 미국의 D. Paarbelg는 Agricultural Creeds로서 7개 항목을 제시했으며, 이것을 L. Tweeten이 해설을 가한 것을 소개하기로 한다.

1. Farmers are good citizen, and a high percentage of our population should be on farms.
2. Farming is not only a business but a way of life.
3. Farming should be a family enterprise.
4. The land should be owned by the man who tills it.
5. It is good to make two blades of grass grow where one grew before.
6. Anyone who wants to farm should be free to do so.
7. A farmer should be his own boss.

첫째로 「농민은 선량한 국민이므로 인구비율이 높으면 높을수록 좋다」는 것이다. 그런데 우리는 경제성장과 더불어 농업인구는 계속 감소하고 있다. 경제발전을 중시하면 높은 농업인구율을 지닌다는 것은 무리라고 주석을 달고 있는데 한국도 이미 무너지고 말았다.

둘째는 「농업은 비즈니스임과 동시에 way of life이다」 라고 했다.

여기에는 경제적으로나 생활양식으로나 농업은 바람직하다는 의미가 숨겨져 있다. 어째서 농업은 좋은 것인가 하면 노동자는 타율적 노동임에 대하여 농업은 자율적·자발적 노동이기 때문이다. 또한 농업은 돈을 번다든가 먹기 위해서 라는 이외에 좋아서 한다는 면이 있다. 좋아서 농업을 한다는 것은 자발적 농업이다. 예술도 학문도 마찬가지다. 돈을 위해 하는 것이라면 훌륭한 예술·학문은 탄생되지 않는다.

셋째는 「농업은 가족경영이 바람직하다」. 농업은 기업이 아닌 가족이 하는 것이 농업 본래의 모습이라고 한 것이 농본주의의 하나의 신조였다. 그러나 최근에는 기업적 농업이 생겨나면서 가족경영은 붕괴하고 있다. 경영관리도 자금조달이 되어 고능률을 유지할 수 있다면 가족경영이라도 좋으나, 그것이 불가능하다면 기업경영이나 효율이 좋은 조직으로 바뀔 것이다. 즉 경제효율의 경쟁에서는 능률이 나쁜 것은 아무리 하여도 지고 말 것이다. 더욱 외국으로부터 값싼 농산물이 수입될 경우에는 더욱 그러하다. 그런데 적자임에도 불구하고 붕괴되지 않고 남아 있었던 것이 지금까지의 가족경영의 모습이었다. 그곳에 가족경영·소농의 강력함이 있는 것이다.

넷째는 「토지는 경작하는 사람이 소유해야한다」. 말하자면 자작농주의의 사상이다. 자기의 토지를 자신의 노동력과 자본으로 생산하는 것이 가족경영의 이상이며 소유의 본래 모습이다. 가족경영에서는 토지·자본·노동의 3요소가 모두 자신이 조달하는 형태가 되어 있다. 그러나 이것을 모두 가족 내에서 조달한다는 것에는 한계가 있다. 따라서 이를 타개하기 위하여 생겨난 것이 협업경영 등의 생산조직이다. 이것은 엄밀한 의미에서의 가족영영은 아니나, 실제 몇 개의 농가 또는 부락이 단위가 되어 생산조직화 된다면 밖으로는 기업적으로 능률좋게 대항하면서 안으로는 가족경영의 형태를 유지 발전시키는 방법이 될 것이다.

다섯째는 「생산성을 높여야한다」. 기술이 발전됨에 따라 생산성을 추구하는 것은 당연하다.

여섯째는 「농업은 하고 싶은 사람은 누구라도 할 수 있어야한다」는 것이다. 농업의 본질에서 본다면 이것이 이상이다. 농업은 자유롭고 인간의 삶의 방법으로서도 멋지다면 농업을 동경하는 사람도 당연히 나오게 된다. 지금까지 농업과 인연이 없었던 도시사람이라도 농업을 하고 싶다면 자유롭게 할수 있어야 하는 것이다. 지금까지는 어려운 면도 있었으나 점차 누구나 농업이 좋아서 할 수 있는 것이 되어야 한다. 사회가 풍요로워질수록 그런 가능성은 보다 강하게 요구될 것이다. 그런 사람들에게는 참으로 인간다운 삶을 위해 농업을 선택한다는 사상에 근거하는, 진정한 way of life로서의 가치추구라고 생각한다.

일곱째는 「농민은 자신이 주인이어야 한다」는 것이다. 농민은 샐러리맨이 아니다. 자기 스스로가 자기의 생각으로 살아가는 것이며, 다른 사람으로부터 구속됨이 없이 독립적인 인생을 살아가는 것이다. 농업의 좋은 점을 말할 때 이 점을 강조하는 사람이 특히 많다. 그러나 농업은 자주적이며 주체적이어야 한다고는 하지만 농산물의 수급, 시장동향, 경영확대라는 문제 등에 영향을 받게된다. 결국 농업은 자립적이지만 채권자·지주·정부라는 관계 위에서 과학적 농업이 이루어질 수밖에 없는 것이 현실이다.

그런데 Agricultural Creeds는 다음과 같은 2가지를 추가하고 있다.

Two additional articles could be added to the agricultural creed:

(a) that food and fiber are the most basic needs of civilization, and

(b) that farmers must be prosperous if the nation is to prosper. A fundamentalist attitude fostered by the first article is conveniently refuted by the undifferentiated status awarded the waterworks employee, though water is a more immediate necessity for life than food.

(a)에서「의식(衣食)은 국민의 가장 기본적인 것이다. 그것을 공급하는 것이 농업이다」라고 한 것도 말할 나위 없이 당연한 것이다. 말하자면 문명의 기초는 식량에 있다고 하는 농본주의의 주장과 똑 같다. 아무리 문화가 훌륭하다고 해도 먹지 않고는 아무것도 있을 수 없다는 것이다. 이 이상의 설명은 필요 없을 것이다.

(b)는「국가의 번영을 위해서는 농민이 번영해야 만 한다」는 것이다. 국가가 경제적으로 융성하여 번영하는 데에는 우선 농업이 번영하지 않으면 안 된다는 주장이다. 이것이 농본주의의 기조이며 중농주의의 학설이기도 하다. 이것은 지금의 우리에게도 중요한 교훈이다. 그 나라가 발전하기 위해서는 농업이 발전하지 않으면 안 된다는 것은, 농업이 발전하고 있는 나라에 공업이 발달했다는 역사적 사실을 말해주고 있는 것이다. 최근 한국의 급속한 경제성장도 그것을 가능하게 한 것은 농업이 발전했기 때문이다. 1976년 쌀의 자급과 함께 그것이 기초가 되어 상공업의 발전이 있을 수 있었음은 역사적 상식이 되어 있다. 이 같은 교훈은 세계적으로 보아도 중요하다.

2

세계의 평화와 농업

(1) 영원한 평화

옛날 농본주의는 자국의 사회적 기반의 안정이나 식량의 국내자급의 필요성만을 강조했음으로, 그로부터 배타주의 · 보수주의로 이어지기 쉬웠고 초국가주의에 의해 이용되는 원인이 되었다고 볼 수 있다. 그러나 현재와 미래의 농업은 오히려 열려진 존재의식, 인류적 과제와 결부시켜 나아가지 않으면 안 된다. 그래서 새로운 농본주의의 사고방식의 하나로서 농업과 평화라는 문제에 대해 생각해 보기로 한다.

철학자 칸트의 저서로 「영원한 평화를 위하여」 라는 것이 있다. 칸트는 이 세상에 평화를 실현하기 위해서는 어떻게 해야 좋을지를 생각한 것이다. 칸트시대에는 영원한 평화는 죽지 않고는 잡을 수 없었는지 모르지만, 현대야말로 평화를 이 세상에 실현하지 않으면 안 될 시대이다. 세계 각국이 일제히 핵을 포함한 군비를 철폐하지 않는 한 인류는 생존할 수 없는 상황에 와 있다. 현실적으로 미국의 핵우산 안으로 들어갈 것이냐, 혹은 다른 진영의 핵우산 안으로 들어가느냐로 평화를 유지하려 하지만, 핵무기나 그 밖의 일체의 군비를 철폐하지 않는 한 영원한 평화는 기대할 수 없는 것이다.

세계의 평화를 논한 책으로 G.Clark and L.B.Sohn의 "World Peace through World Law"가 있다. 세계법을 만들어 세계국가를 수립 세계평화를 실현하자는 의견으로 현재의 국련헌장의 개정만으로 충분하다고 한 점은 매우 흥미롭다. 조문상의 불비 점, 법을 지키는 강제성을 갖지 못한 것이 결정적인 결점으로, 이 점을 개정하여 국련군을 만드는 한편, 각국의 군과 군비를 완전 철폐하고 협동으로 국련헌장을 지키며, 개개인이 무장해도 국제법으로 벌을 주는 강제력을 갖는 법률을 만들자는 것이다. 현재는 국내법이 있고 그 위에 국제법이 있다. 이에 대해 개인과 세계를 직접 묶는 세계민법이야 말로 Paul de Havesy의 "The Unification of the World"도 평화의 문제를 논한 말로 이제 필요하다는 주장이다.

또한 Paul de Havesy의 "The Unification of the World"도 평화의 문제를 논한 책이지만, 최종으로는 농업문제로 돌아가 평화실현을 위한 세계농업의 통합이라는 생각을 제시하고 있다. 한국에서는 이 같은 논제가 거의 발견되지 않고 있으나 외국의 농업, 농업정책의 책에서는 평화라는 어구가 나오지 않는 것이 오히려 드문 일이다.

일반적 평화론은 대부분의 경우 직접 전쟁 방지론이 중심이 되고 있지만, 평화라는 것을 신중히 생각하고 있는 사람은 실은 농업 쪽으로 생각을 돌리고 있어서, 그 같은 관점에서 평화와 농업이라는 문제를 연구하고 있는 사람이 많다는 것은 주목할 만 한 일이다.

(2) 농민 농업과 평화

실제로 농업만큼 평화와 밀착되어 있는 것은 없다. 농업은 개개의 농가가 튼튼히 자기의 경제력을 세워 훌륭하게 생활하는 것이 근본이기 때문에, 전쟁이 일어나면 본전도 이자도 없어지고 만다. 그래서 자기의 생활을 진지하게 생각하는 농민은 평화를 원하는 것이다. 영원한 평화를 실현하는 것은 농민이다. 묵묵히 대지에 허리를 굽혀 진지하게 세계평화를 생각하는 것은 농민이다. 옛말에 「영웅의 주위에는 비극이 있다」라는 말이 있다. 이에 대해 이제는 「농민의 주위에는 평화가 있다」는 말이 될 것이다. 평화를 실현하는 것은 농민이며, 그러기 때문에 그 책임도 있는 것이다.

농업과 평화가 밀접한 관계에 있으며, 평화를 실현하는 것은 농민이다. 라는 말은 농산물을 농민이 쥐고 있기 때문이다. 세계인구가 2030년에는 140억에 달할 것이라고 한다. 그 140억의 인간이 과연 먹고 살 수 있을 것인가 라는 큰 문제를 눈앞에 두고 있다. 이 같은 가장 긴박한 인류의 생사를 쥐고 있는 것이 농민 농업이라는 것이다.

한편, 똑 같은 문제를 다룬 것으로 "G. Borgstrom의 Agricultural Unit, Is It Possible?"이라는 책이 있다. 특히 후자는 국제간에 가장 협조하기 어려운 것이 농업문제이며, 국제문제는 많은 경우 농업을 외교의 제1주의로 함으로써 국제관계를 보다 복잡하게 하고 있다고 지적하고 있다. 즉 농업이 평화의 가장 중요한 요점이며, 역으로 전략적으로 이것을 이용할 위험이 생기게 된다. 이런 점에서도 농업은 새삼스럽게 논의할 필요가 있는 것이다.

3

농업은 영원히 지속되어야한다

(1) 농업은 천하의 대도(大道)

농업이라는 것은 「사람이 버리지 않을 수밖에 없는 것을 주어모아서 국민에게 가장 귀한 것으로 만들어 주는 것」이라고 할 수 있다. 「사람의 버리지 않을 수밖에 없는 것」이란 그 자체를 가지고 있어도 아무런 가치도 없는, 오히려 가지고 있어서는 곤란한 것, 그러면서 함부로 버릴 수도 없는 것, 그것이 예를 들면 인분뇨라고 하자. 인분뇨는 자신이 배설한 자신의 것이다. 그러나 그것을 버릴 수가 없다. 버리면 문제가 되는 것이 공해이다. 옛날에도 분명히 공해가 있었다. 공해가 되어서는 안 되기에 공해가 되지 않도록 한 것이 농민이다. 즉 각자가 버릴 수밖에 없는 것을 모아서, 그리고 또한 그것을 가지고 인간이 없어서는 살아갈 수 없는 식량을 생산해서 국민에게 은혜를 베푸는 것으로, 이것이 농업은 천하의 대도(大道)라고 하는 뜻이다. 「사람이 버릴 수밖에 없는 것을 주어모아서 그것으로 식량을 생산하여 국민에게 은혜로 베풀다」는 일을 농민은 하고 있다. 그러므로 농업은 천하의 대도로써 어떤 일이 있어도 이 길(大道)은 멸하지 않는다. 농민은 그 같은 철학을 가지고 천하의 대도를 실천하고 있기 때문에 농업은 영원히 멸하지 않고 지속되어야 하는 것이다.

여기서 농민이 지닌 대도의 철학을 현대적 의미에서 생각해 볼 필요가 있다. 「사람이 버릴 수밖에 없는 것을 모아서, 그것으로 국민에게 은혜를 베풀다」는 것과 같이 공해를 일으킬 배설물 . 폐기물을 모아서 새로운 산업을 일으키는 길이야말로 공해문제의 근본적 해결의 길일 것이다. 새로운 농업의 길은 그와 같은 적극적인 철학의 방향으로 진행되리라고 생각된다.

농촌에서 농민을 대상으로 하는 연수회가 자주 개최되고 있지만, 1970년대만 하더라도 농민이 원하는 것은 기술이었다. 벼 재배기술에 관한 강의라고 하면 농민은 모여들었다. 그러던 것이 그 뒤에는 어떻게 달라졌는가. 선발된 농업연구 . 기술자가 출강을 해도 농민은 전과 같이 모이지 않는다. 그 다음에 원하는 것은 농업경영학자였다. 경영학이라고 한 것이 이제 와서는 경영학만으로는 농민은 모이지 않는다. 그 다음은 경영보다 좀 더 폭넓은 사회경제론적인 농업을 전문하는 학자가 필요하게 된다. 그러나 가까운 시일 안에는 그것도 농민을 모으기에는 힘들 것이라고 본다.

그렇다면 도대체 농민은 무엇을 요구하고 있는 것일까. 오래 전 미국에서도 그와 같은 것을 문제로 하고 있었다. 즉 농민이 요구하고 있는 것은 기술이 아니다. 경영도 아니다. 무엇을 재배(경영)할 것인가 도 아니다. 우리를 둘러싸고 있는 상황은 도대체 무엇인가. 우리의 아들 딸들이 언제까지 농업을 하고 있으면 어찌될 것인가. 국제적인 관계는 어찌될 것인가 라는 것을 이미 1940년에 기술하고 있다. 이 같은 문제는 농민자신은 철학이라고 말하지 않으나 그들이 구하고 있는 것은 철학이라고 말할 수 있다. 틀림없이 한국의 농민도 가장 바라고 있는 것은 그와 같은 철학이라고 생각한다.

(2) 농업은 국가의 근본

역사의 교훈으로서 우리가 배워야할 것은 "하나의 지배체제가 영속할 수는 없다." 라는 것이다. 지배체제에는 반드시 변혁기가 있으며 종말이 있다는 것이다. 현대는 상공민이 농경민을 지배하고 있다. 말을 바꾸면 분업이 전업을 지배하고 있다고 할 수 있다. 그러나 농경사회를 상공업을 주체로 한 체제하에 예속시킬 수 없다는 것도 과거의 역사가 증명하고 있다. 그 근본은 농경사회의 영속성에 있다. 자급자족이 농경사회의 원칙이어서 국가권력의 간섭조차 본질적으로는 불필요한 것이다. 농경사회의 영속성은 비옥한 토양에 의해 지탱되는 것이다. 농업을 긴 안목으로 보는 농업관이 중요하다. 화폐의 척도가 아닌 영속성이라는 것을 제1의적으로 생각해야 한다.

일찍이 우리나라는 농업국이었으나 현재는 다르다. 농가호수 101만으로 전체호수의 10%에 지나지 않으며, 그 중 전업농가는 57.9%로 이를 웅변해 주고 있다. 비농업인은 분업체제의 압력 밑에서 고민하고 있으며, 안정된 생활방법을 구하는데 갈피를 못 잡고 있다. 분업으로 분

단된 인간성의 회복을 여가로 만족하는 사람은 그것으로 좋다. 그러나 인간이 참으로 문화적이면 문화적일수록, 진지하게 인생을 살면 살수록 흙에 뿌리를 내리지 않는 인생은 공허함을 느끼게 된다. 분업을 거부하고 전업을 바램으로 받아들이는 데에는 농업밖에 없다.

(3) 미래의 직업으로서의 농업

최근의 사상 속에서 농업을 어떻게 받아들이고 있는가. 또한 미래의 농업이 어떻게 될 것인가에 대하여 생각해 보기로 하자. 세계적인 장래를 전망하면서 농업은 어떻게 될 것인가에 대하여 대담하게 논한 C.V.Rock의 「미래의 농업」이라는 저서가 있다.

장래는 오토메이션 때문에 실업자가 증대한다는 것에서부터 논술하고 있다. 오토메이션은 컴퓨터의 도입과 함께 한층 적극적으로 진전되어 모든 분야, 극단으로는 가정 내부에까지 파고들어가 주부를 대신해서 로봇이 요리, 청소를 하게 된다. 말할 것 없이 제조공장이나 그 밖에 사무에도 거의 완전하게 인간을 밀어제치고 자리 잡을 것이다. 따라서 지금까지의 노동자는 거의 실업자가 될 것이다. 오토메이션과 기술혁신에 의해 인간이 일할 부분은 적어져서 지금까지의 취업구조는 일변하고 말 것이다. 그런 가운데에서 무엇보다도 유망한 직업이 될 수 있는 것이 농업이다, 라고 기술하고 있다.

즉「2030년까지 지구 인구는 100억으로 증가한다고 한다. 이 식량을 조달하는 일은 미래의 중요한 과제이다. 따라서 단연코 위기에 강하다고 인정하지 않으면 안 될 직업군이 있다. 그것은 식량분야에서 일하는 직업은 모두가 그렇다」고 했다.

실제로 농업을 경제로 보는 것은 무의미하다. 농업이야말로 문화적 의미를 갖는 것으로 경제적 측면만으로는 평가할 수 없다. 현실적으로 농업을 하고 있는 농민이 가장 고생하고 있으면서도 가난하다. 그래서 농업의 가치는 경제적 가치에 있는 것이 아니고 문화적 가치에 있음을 주장한다.

기술혁신이나 사회적 발전에 따라가기 싫은 사람, 또한 심한 경쟁과 출세욕으로 가득 찬 세상과는 함께 살기를 싫어하는 사람들을 농업이 흡수한다. 요는 초문명적, 초문화적 체제를 농업이 만들어 간다는 것이다. 한편 농업 측에서는 타 산업분야에서 근무하고 경영관리나 경리회계의 감각이 풍부했던 사람이 농업에 들어오게 되면 농업경영의 경리부문에 크게 유익할 것이다. 그래서 사회적, 구조적으로 실업을 한 사람들은 오토메이션사회에서는 무력하지만 경제적 활동에는 우수한 사람이기 때문에, 새로운 농업에 있어서는 필요한 사람이 될 수 있다. 농업은 그와 같은 초문명적인 삶을 추구하는 사람들에게 안심하고 일할 수 있는 장소를 제공해 주는 것이다. C.V.Rock은 장래 유망한 산업으로 농축산업, 해양산업을 들고 있으며, 직업으로서는 농업자, 농업기술자, 농업토목자, 농업연구자를 들고 있다. 그렇다고 한다면 대학의 농학부출신의 장래직업은 점점 더 촉망의 대상으로 증가할 것이다.

어쨌든 농업은 인간의 가장 진보된 방향을 담당하는 직업임과 동시에, 비록 경제체제와는 직접 관계가 없이 어디에서나 할 수 있는 유망한 산업이라고 말할 수 있다.

(4) 성공할 미래농민의 조건

R.C.Suter는 "The Courage to Change"라는 저서에서 다음과 같은 강열한 의견을 제시하고 있다.

Agriculture is a changing and challenging industry, a very interesting and exciting on today.

즉 농업의 변화가 심하고 공격적이면서, 매우 흥미 깊고 가장 흥분하는 산업이라는 것이다. 1960년대만 하더라도 벼농사는 인력에 의한 작업기술산업이었으나, 현재는 트랙터로 논을 갈고 써리며, 이앙기로 모를 심고 콤바인으로 벼를 수확 탈곡하고, 화학비료, 농약, 제초제 등을 사용하여 생산하고 있다. 대단한 변화이다. 앞으로도 계속 새롭게 변화할 흥미 있고 흥분되는 매력 있는 산업이라는 것도 확신한다.

그래서 이와 같은 농업을 직업으로 할 농민은 어떤 사람이어야 하는가라는 문제가 제기된다. 이에 대하여 R.C.Suter는 다음과 같이 말하고 있다.

They are creating some problems, yet they are also providing themeans of increasing incomes to those farm families who are (1) interested in changing their businesses, (2) willing to accept the risks, and (3)capable of seeking the rewards that go to persons with a high level of management.

높은 생산성과 소득을 올리는 농가는 어떤 농가인가 하면, (1)자신의 사업이 바뀌는 데에 흥미를 갖는 사람이라고 했다. 즉 변화가 심한 산업이기 때문에 그런 것에 대한 위험이나 실패를 무서워함이 없이, 그것에 견디며 새로운 것을 지체 없이 받아들여야 한다. (2)실패에 대비하고 최악의 경우를 상정해서 변화에 도전하는 의지가 있는 사람을 요구하고 있다. (3)높은 경영관리 수준에 부합된 보수를 받는 것이다. 노동보수를 무시해서는 기업적 농업이라고 말할 수 없으며, 기업자정신을 지닌 농가가 생산성에 있어서도 소득에 있어서도 성공하는 것이다.

그러나 실제에는 이것만으로는 불충분하다. 변화에 대응하고 더구나 위험성을 고려한 충분한 정보가 불가결하다. 이에 대한 능력은 교육에 의해 배양될 수 있다. 농업교육은 이와 같은 능력을 기를 수 있도록 이루어져야 한다. 물론 그것만이 농업교육의 전부라고는 할 수 없으나, 적어도 오늘의 우리나라 농업교육에서는 이 방향의 교육이 결여되어 있는지도 모른다.

그러나 농업교육에만 의지할 것이 아니고, 농민자신이 자기 계발을 해 나아가는 것이 필요하다. 이것은 곧 농민 스스로가 주체가 된다는 것을 의미한다.

현대에 있어서의 농업의 의의는 공업적 대량생산방식이 가져온 인간소외와 그에 따른 도의의 전락으로부터 우리를 구하고, 인간성이 존중되는 피안으로 운반하는 배와 같은 것이다. 농업이라는 배에는 한 사람이라도 더 많이 태우지 않으면 안 된다. 그러기 위해서는 대농경영만이 아니라 소농경영도 필요하다.

농민의 희생위에 전개된 고도경제성장의 환상은 붕괴되고 정책의 전환을 강하게 요구하고 있는 것이 현재이다. 지금이야말로 농업의 복권을 요구할 때이다. 주곡인 쌀이 부족할 때 한 동안은 식량자급으로 농업입국에 의한 평화로운 국가를 건설하겠다는 시기가 있었다. 그 때 농민과 농업연구자는 공통된 이상으로 결속되어 농민의 생활향상을 중심으로 전력을 기울였다. 그러나 식량자급이 달성되자 그 공은 살아지고 상공업의 발전을 제1의적 목표로 하는 고도경제성장의 폭풍에 겨우 움튼 푸른 싹은 억지로 꺾이었다. 그러나 그 정신까지도 근절된 것은 결코 아니라고 생각한다. 지금도 여전히 올바른 농업의 발전을 원하는 많은 연구자의 존재를 농민은 믿어주기를 바란다.

4

미래전망적 쌀 생산농지활용과 국민식생활 안정대책

세계지도를 펴보면 광대한 대륙의 중심으로부터 약간 남쪽에는 세계의 지붕이라고 하는 히말라야 티베트산악고원이 있다. 그 남쪽에서 동쪽 둘레에는 인도동부, 방글라데시, 미얀마, 타이, 라오스, 캄보디아, 베트남, 말레이시아, 인도네시아, 필리핀, 중국중남부, 한국, 일본을 포함하는 국가들이 있어 몬순아시아지역이라 부르며 세계 벼농사의 중심을 이루고 있다. 이 지역에서는 1억3000만ha(88%) 이상의 논이 있고, 매년 약 3.5억 톤(91%)의 쌀이 생산되어 16억 명이 넘는 인구가 쌀을 주식으로 생활하고 있다.

동남아시아가 세계의 쌀 생산중심지가 된 것은 강우량이 많아 벼농사에서는 빼놓을 수 없는 물이 풍부하기 때문이다. 이 비는 몬순(monsoon), 즉 계절풍이 운반하여 준다. 그리고 인도에서 한국에 이르는 넓은 지역에 비를 운반하는 몬순이 일어나는 것은 히말라야 티베트산악이 있기 때문이다.

어느 국가가 어떤 농업에 적합 하냐 적합하지 않느냐는 그 나라의 기후와 토양조건에 의해 결정된다. 그런데 벼가 한국에 적합하다는 것은 벼 생육기간이 열대가 무색할 정도의 여름 더위가 열대원산인 벼에 꼭 알 맞는 조건이라는 점과 풍부한 강우량에 의한 풍족한 물이 벼농사에 필요한 막대한 양의 관개수를 보증해 주기 때문이다. 다음은 토양조건인데 덥고 비가 많은 여름에는 일반으로 토양에 함유된 유기물은 심하게 분해되어 소모되고, 칼슘 등 토양 중 무기염류는 빗물에 씻겨내려 산성토양이 되기 쉽다. 더욱 한국은 지형이 급하여 호우로 토양유실의 위험성이 높다. 이 같은 토양은 지력을 높게 유지시키는 데에는 좋은 조건만은 아니다. 그런데 논으로 하여금 벼를 재배하면 이 같은 조건이 크게 완화된다. 여름 벼농사기간은 물을 대어 공기의 유통을 차단하기 때문에 토양 중 유기물의 분해, 소모가 현저히 억제된다. 또한 논에서는 누수가 되지 않게 토양층이 형성되어 무기염류가 하층으로 유실되는 것을 막고, 관개수에 용해되어 있는 무기염류의 천연공급량도 크게 기대된다. 한국은 경지면적이 협소함에도 불구하고 세계적으로 인구밀도가 높은 원인도 논을 경지로 한 쌀의 생산력이 높기 때문이라는 것도 간과해서는 안 된다.

물을 담아 벼농사를 하는 논(畓)의 장점을 살펴보자. 평탄한 경지 위에 물을 가득히 담아두는 논에서는 홍수로 인해 유실되는 모래나 흙의 입자를 논바닥에 침전 퇴적 시킨다. 한국과 같은 홍수지대에서 토양유실이 큰 문제가 되지 않는 것은 삼림이 푸르고 논에서 벼농사를 주체로 하는 농업이 이루어지기 때문이다. 우리들의 선조는 벌써부터 이 문제를 산림은 푸르게 지키고 논에서는 벼농사를 하는 것으로 해결해 왔다.

건조지대에서의 어중간한 밭관개는 농경지의 염류장해, 즉 연작장애를 일으키는 원인이 된다. 관개수가 증발할 때 물에 용해된 하층의 염류가 상층으로 운반되어 집적되기 때문이다. 고대 Tigris와 Euphrates의 두 강 사이의 Mesopotamia에서 성립된 밀과 보리를 중심으로 한 농경문명이 드디어는 쇠퇴하고 만 것은 기후의 건조화와 밭관개에 의한 염류집적의 해가 진전된 때문이라고 한다. Egypt의 Aswan댐 건설과 관개에 의한 사막의 녹화사업계획으로 과수원이 만들어져 있으나 염분이 솟아오르는 밭이 늘어 문제가 되고 있다. 그러나 물이 있는 논에서의 벼농사는 염분이 오히려 물로 씻겨내려 농경지의 염류장해가 일어나지 않는다. 논에서 이루어지는 벼 재배는 이 같은 점에서도 영속성이 있는 경작법이다.

예로부터 「쌀은 지력으로 생산하고, 밀은 비료로 생산 한다」라고 전해져 오고 있다. 현재는 수량을 많이 올리기 위하여 벼에도 많은 비료를 시용하고 있지만, 무비료 조건에서도 맥류에 비해 수량감수가 경미하다. 이것은 관개수에 의한 양분의 천연공급량이 많기 때문이다. 또한 수천 년의 이어짓기(연작)을 계속해 온 논에서 이루어지는 벼농사에 대하여, 밭농사밖에 모르는 구미지역의 전문가들도 놀라는 것이다.

이상에서 지적한 논에서의 벼농사 특성인 안정성, 영속성, 다수성은 곧 한국, 그리고 몬순아사아의 인구가 많고 활성이 높은 사회를 실현시킨 훌륭한 요인이기도 하다. 그리고 한국, 일본을 비롯한 아세안(ASEAN)으로 이어지는 융성한 공업의 발달도 이들 지역 논에서의 벼농사가 배양해 온 조밀한 인구, 거대한 국내외시장, 그리고 많은 인재에 의한 것이라고 보아도 좋을 것이다. 한편, 논의 공익적 효과는 쌀 생산 이상으로 중요한 의미를 갖는다. 농촌과 도시를 큰 홍수로부터 구함은 물론이고, 큰비를 듬뿍 담고 서서히 흘려보내는 거대한 댐과 저수지와 같은 물을 조절하는 치수기능을 갖는 훌륭한 쌀 생산 장치이다. 우리나라 논 면적 130만ha(1970년대)에 논두렁 높이 30cm에 물이 만수로 차 있다면 그 저수량은 39억 톤에 이르며, 7~8월 홍수로 3번만 가득 채워도 117억 톤이라는 거대한 양이다. 그 밖에 관개를 위한 모든 수계를 포함한 수자원의 함양, 토사유실의 방지, 야생 담수어와 곤충 및 조류의 보호, 보건휴양 등 자연과 국토를 보전하는 빼어난 생산시스템인 동시에 뛰어난 생태계의 조화를 창조해 온 것이 논이라고 해도 지나침이 없을 것이다.

5

미래지향적 쌀 자급을 위한 농지보존과 식생활대책

우리나라의 식량자급률이 급속히 낮아져 22%까지 하락하고 있음은 지극히 위험한 일이다. 바꾸어 말하면 우리의 식생활에 필요한 곡물 중 우리나라에서 생산되는 것은 불과 1/5에 지나지 않고, 나머지 4/5는 수입, 즉 외국의 토지에서 생산된 것이라는 점이다. 우리나라는 경제적으로 풍족한 선진공업국으로 인정받고 있지만, 우리나라만큼 곡물자급률이 낮은 나라는 일본을 제외하고는 없다. 선진제국은 곡물의 재배면적을 늘리고 생산을 늘려 대곡물수출국이 되고 있다. 그러면, 우리나라는 경지가 협소하여 곡물의 자급은 과연 불가능 한 것인가?

우리나라의 기후풍토가 주곡인 쌀농사에 최적임은 앞에서 기술하였다. 그렇다면 논의 뛰어난 특성을 살리면서 외곡에 의존하고 있는 밭작물 재배의 불리함을 극복할 훌륭한 기술은 없다는 것인가?

답전윤환(畓田輪換)이라는 방법이 있다. 논을 2~3년간 밭으로 돌려 밭작물을 재배하고, 그 후 다시 논으로 되돌려 2~3년간 벼를 재배하는 것을 반복하는 방법이다. 답전윤작에서 논을 밭으로 했을 때 논토양에 축적되었던 유기물은 왕성하게 분해되어 듬뿍 양분을 방출한다. 따라서 밭작물은 생육이 좋고 수량도 증가한다. 다음 밭을 다시 논으로 되돌리면 이번에는 건토효과라고 하여 일정량의 유기물이 분해해서 양분을 방출하므로 벼도 수량이 증가한다. 물론 잡초경감 효과는 물론 병해충 발생도 현저히 경감되어 경영비가 절감된다. 답전윤환으로 밭에 밀과 콩을 재배하는 기술은 큰 문제가 아니다. 40~50년 전까지만 해도 우리나라 논에는 많은 면적에 2모작으로 벼 수확 후 밀(또는 보리)을 재배하여 다음 해 봄 모심기 전에 수확했다. 밀 육종가에 의하면 우리나라의 밀수량도 유럽 수준으로 올릴 수 있다는 것이다. 그렇게만 한다면 포기해버린 밀의 자급률도 놀랄 수준으로 끌어올릴 수 있다. 한편 자급률 8%로 낮아지고 있는 콩을 생각해 보자. 본래 콩은 중국.한국.일본을 포함한 동아시아 원산의 작물이다. 그리고 우리나라는 전통적으로 벼농사 기간에 논두렁에 콩을 심어왔다. 그러기에 논을 전환한 밭에서는 얼마든지 재배가 가능하다. 수입곡물의 대부분을 차지하고 있는 옥수수도 C4식물로서 열대, 아열대 원산의 작물로서 한국의 여름은 열대에 버금가는 고온으로 재배환경 상 높은 수량의 생산이 가능하다는 것은 국립식량과학원의 시험성적으로도 입증되고 있다.

답전윤환에는 많은 이점이 있지만, 이를 성공시키기 위해서는 다음과 같은 조건이 갖추어져야 한다. 첫째는 집단화된 면적에서 정확한 계획하에 실시해야 한다. 둘째는 언제 밭으로 해도, 논으로 해도 논밭의 기능을 충분히 할 수 있도록 관개시설과 배수시설을 모두 만족시킬 필요가 있다. 셋째는 답전윤환 전체를 통해서 재배기술, 어떤 작물을 어떤 순서로 재배하고, 토양의 관리, 비료 농약의 사용법, 어떤 농기계가 적당한지....등을 충분히 연구해야 할 것이다. 그리고 마지막으로 생산된 곡물은 알 맞는 값으로 판매되지 않으면 곤란하다. 정부도 쌀의 안정적 생산정책으로 쌀생산 농지보존과 기반조성, 생력기계화...등 모든 정책지원을 총동원하여 생산에서부터 저장 가공 비축은 물론 국민식생활정책으로 소비촉진을 독려하고 수출시장 개척에도 노력하고 있다.

쌀이 남아돌 때가 기회인 것이다. 한국인의 식량은 가능한 자국에서 생산한다는 목표를 세워서 답전윤환에 도전할 수는 없는 것일까? 21세기를 향해 세계의 식량사정은 반드시 낙관할 수 없으며, 나라마다 불평등이 확대될 것이 예상될 때 조금이라도 국내생산을 높여 수입을 줄이는 일은 우리들 자신만을 위한 것이 아니라 미래의 세계, 특히 기아에서 허덕이는 개발도상국의 사람들에게 대한 한국의 책임이기도 하다.

6

쌀 농업정책에 과단성 있는 조치가 필요하다.

귀했던 쌀이 자급을 지속해오면서 천대를 받고 있다. 아이러니하다. 1970년대 초만 해도 주식인 쌀 부족으로 매년 외미를 20-50만 톤씩 도입해 충당했던 쌀, 획기적 다수성인 통일품종 개발로 녹색혁명을 일으킨 연구자들의 연구와 정부의 지원성과로 1976년 드디어 쌀 자급달성을 이루었고, 현재도 우리나라의 식량자급률은 23%에 지나지 않으나 쌀만은 안정적 자급을 지속해오고 있다. 그런데 오늘에 와서는 쌀 소비량이 감소하고 생산량은 줄어들지 않아 정부재고미가 매년 누적증가하고 있어 정부의 재정적 부담이 크게 문제가 되고 있다는 것이다.

그 해결대책으로 정부가 중점적으로 해온 것이 벼 재배면적 감축(생산조정제)으로 2005년 1,244천 정보였던 것이 2017년 755천 정보로 매년 평균 40천 정보씩 줄이는데 성공했다고 말한다. 이 같은 현상이 지속된다면 우리나라 논벼 재배면적의 여명(餘命)은 20년에 불과하다. 경천동지할 일이다. 그럼에도 불구하고 국민 1인당 쌀 소비량은 2005년도 80,5kg이던 것이 2017년도에는 61,8kg로 크게 줄어서, 꾸준한 재배면적 감축 정책에도 불구하고 2017년도 양곡 연도 말 정부 재고미는 186만 톤(1,283만석)으로, 이와 같은 쌀 소비와 생산 공급의 불균형은 결과적으로 생산농민의 쌀값 하락과 정부의 쌀 매입관리비 및 변동직불금의 증가로 이어져서 논 농업이 이대로는 안 되겠다는 평가다. 결코 잊어서는 안 될 경험이 있다. 1980년 냉해로 인한 대흉작이다. 그로 인해 1981년도 쌀 자급률은 66%, 정부는 그 대안으로 현재 정부가 고민하고 있는 재고미 186만 톤 보다 38,5만 톤이 많은 외미(外米) 224,5만 톤을 수입했다는 사실이다. 결코 자만하고 방심할 일이 아니라는 경고이며 교훈이다.

이와 같은 쌀 생산과 소비대책의 잘못은 과연 어디에 있다는 것인가?

안전다수성품종 개발에 진력해온 연구자에게 있는가? 피땀 흘려 생산해온 농민에게 있는가? 아니면 정부의 농업정책에 있는가? 굳이 답한다면 후자에게 있다고 지적하고 싶다. 왜냐하면 연구자의 임무는 보다 안정되고 생산성 높은 품종을 육성하는 일이 본분이며, 생산농민은 질 좋은 쌀을 보다 많이 생산해서 모든 국민에게 안심하고 넉넉하게 먹도록 하는 것이다. 따라서 정부는 정확한 예측으로 생산 공급의 조정과 소비촉진 방법의 묘안을 부단히 발굴하고 계획 추진할 책임을 부여받고 있기 때문이다.

이상과 같은 현안을 해결하는 방안으로 필자는 현재의 쌀 농업 위기에 과단성 있고 미래 전망적인 대안을 제안코자 한다.

첫째 재고미 중 고미(古米)에 해당하는 묵은 쌀을 과단성 있게 사료미로 처분하기를 강력히 제안한다. 매년 사료용 곡물을 약 1,000만 톤씩 도입하는 현실을 감안한다면 적극 추진함으로서 재고미도 줄일 수 있고, 사료용 곡물도입량도 줄이는 이중효과가 있다. 한편 고미를 학교급식이나 군인급식용으로 사용한다면 젊은이들에게 쌀에 대한 이미지를 흐리게 해서 쌀 소비에 부정적 효과를 미치는 결과가 될 것이다.

둘째 논에 다수성인 통일계 품종을 사료용으로 재배할 것을 적극 제안한다. 다른 밭작물을 논에 재배한다는 것은 철저한 배수시설의 정비 없이는 습해우려가 있으므로 안정성이 없다. 정부가 2018년부터 쌀 생산을 조정하겠다는 논 50천 정보에 다수성 통일계 품종을 사료용으로 재배한다면 매년 30여만 톤의 사료곡물을 안전하게 생산할 수 있다. 논은 논대로 유지하면서 사료용 곡물수입량도 줄일 수 있고 쌀값 하락도 막을 수가 있다.

셋째 논 경지에 기본적이며 반영구적이고 안정적 이용을 위한 대책이 입안 추진되어야 한다. 논은 농민이 가꾸고 지켜온 재산이며 국민의 생명을 담보한 식량생산의 보고(寶庫)다. 더욱 연간 1,200mm의 강수량을 논이라고 하는 담수장치가 갖는 수자원(땜)으로서의 가치, 토양유실 방지, 야생 담수어와 곤충 조류의 보호, 국민의 보건 휴양 등 자연생태계의 조화와 국토를 보존하는 빼어난 생산시스템이라는 것은 아무리 강조해도 지나침이 없다. 영구히 보존해야할 조상으로부터 면면히 전승해온 재산으로써 영구히 후손에게 물려줄 소중한 유산이다. 또한 다른 용도로 전환한 논을 복원하는 일은 쉬운 일이 아니며 많은 시간을 요구한다. 늦었다고 생각할 때 시작한다는 현명이 필요하다. 통일한국의 영원한 장래를 보증하는 기본식량의 안정적 생산은 국가가 책임을 지고 하루 속히 실행에 옮기는 다음과 같은 농업정책이 요청된다.

논에 물을 담아 쌀농사를 짓는 경지인 답(畓)은 밭(田) 위에 물(水)을 담아 벼를 심는 다는 뜻이다. 그런데 자급률 10% 이하인 콩이나 다른 밭작물(물속에서 견디는 통기조직이 없음)을 논에 심어 안정적으로 재배생산하기 위해서는 논물이 쉽게 빠져 밭 상태가 되어야 한다. 방법은 물 빠짐이 용이한 영구적 배수장치인 기반조성이 전제되어야 한다. 즉 자유자재로 배수가 가능하고 순환관수를 겸비한 기반조성이 이루어져 전천 후(全天候) 논으로 기능할 수 있도록 정비되어야 한다. 이것이 가능해진다면 쌀이 남아돌면 물을 빼서 밭으로 전환하여 콩.사료용옥수수 등 밭작물을 2~3년 재배하고, 쌀 공급이 부족하게 되면 다시 물을 넣어 논으로 환원 벼농사를 2~3년 재배하는 돌려 심기(윤작) 농법을 이어간다면 균형 잡힌 식량자급은 물론 생태환경으로 본 이상적 논 관리로 병해충과 잡초의 방제, 논토양환경의 개산효과로 시비량을 줄이는 등 곡물생산비 절감은 물론 자연친화적 경지이용률 제고라는 과학적 영농의 모델농법이 될 것을 확신한다. 이와 같이 논을 논과 밭으로 범용(汎用)을 전제로 한 기반조성사업은 논 소유주인 개개농민은 불가능하다. 정부차원의 미래지향적 단, 장기계획과 적극적인 실천을 촉구하는 바이다.

7

국민의 숙원인 주식 쌀의 자급달성과 박정희 대통령

지난 10월 14일 농촌진흥청 퇴직공무원조직인 수요등산회에서 고 박정희대통령기념관을 처음으로 방문하였다. 한마디로 박정희대통령의 경제개발을 비롯한 식량자급...등 조국근대화에 일생을 바쳐 국민과 더불어 이룩한 위대한 치적에 비추어보면 기념관의 위치와 규모 전시물 등이 어딘지 모르게 허전해보여 국민의 한 사람으로 수오지심(羞惡之心)을 느끼지 않을 수 없다. 그러나 이에 대해 고 박정희 대통령이나 따님인 전 박근혜대통령은 사양지심(辭讓之心)으로 이것도 과분하다고 더는 아니라고 극구 사양할 것이 분명하다...라는 소감을 가져본다.

우리나라는 예부터 기후와 풍토에 알 맞는 벼농사를 중심으로 설립된 도작문화국가(稻作文化國家)로 국민의 문화, 경제, 종교, 풍습, 국민성에 이르기까지 벼, 쌀과 관계없는 것이 하나도 없고, 더욱 「쌀밥이 있는 식사」라는 독특한 식문화(食文化)를 성립시켜왔다.

그러나 1945년의 광복과 1960년 6.25전란을 겪으면서 해외동포의 귀국과 함께 급속한 인구증가로 식량소비량의 급증과 경지의 황폐화로 당시의 쌀 생산량은 10a당 300kg수준으로 극히 저조하여 총생산량 약 400만 톤에 비해 총수요량은 약 450만 톤으로 매년 50여만 톤을 외국으로부터 수입하여 주식용 쌀로 충당하였다. 따라서 수출주도형 경공업화로 수출 1억 달러 달성으로 얻은 수익은 외미(外米) 수입으로 소진하는 안타까운 실정이었다. 이에 대응하는 필자를 포함한 벼육종·재배연구진들의 고민은 벼 다수확품종의 육성개발이라는 목표 아래 진력해왔으나 뚜렷한 성과를 얻기에는 역부족이었다. 그러든 차에 기회가 온 것이다. 1966년도 국제미작연구소(IRRI)가 개발한 기적의 볍씨 초다수성 품종 "IR8"이 출현한 것이다. 그러나 "IR8"은 열대지방인 필리핀에 위치한 IRRI 육종 팀에서 육성한 것으로 열대형인 비감광성 품종이기 때문에 하지가 지나 일장(日長)이 짧아지는 우리나라의 기상생태 하에서는 늦은 가을에야 벼이삭이 나와 여물지 못하는 특성을 지녀 재배가 불가능한 것이다. 이에 착안한 것이 종래의 육종방법과 인연이 가까운 품종 간의 근연교잡(近緣交雜)으로는 한계가 있음을 인식하고, IR8 품종이 지닌 초다수성 형질의 유전자를 도입하기 위해 인연이 먼 원연3원교잡(遠緣3元交雜,Yukara/Taichung native 1/IR8) 방법을 시도하고, 여기에서 얻어진 수십만의 잡종개체들을 계대 선발하면서 육성에 성공한 것이 바로 획기적 초다수성 품종 "통일벼"이며, 드디어 1976년 국민의 숙원인 쌀 자급달성이 이루어진 것이다.

여기서 밝히고자 하는 것은 “통일벼” 품종의 우수성이나 육성과정을 기술하려는 것은 아니다. 이미 많은 연구보고서나 신문 영상 등 다수 매체를 통해 여러 차례 출간 보도된 바 있어 새삼 기술할 필요가 없다. 다만 본지에서는 “통일벼” 품종육성에 성공하고 농가보급과정에 이르기까지 이를 둘러싼 주역들은 과연 누구이며, 그 주역들의 의지와 집념 그리고 눈물겨운 정열과 감동의 일편을 진솔하게 알리고자 하는 것이 목적이다.

새로운 벼 품종의 육성과정과 육성된 품종의 농가 보급에 이르기까지 단계별로 보면 참으로 복잡하기 때문에 연구자들의 축적된 지혜와 경험, 그리고 피나는 노력이 없이는 불가능하다.

먼저 육성단계와 과정을 보면 ①목표하는 우량 유전자를 지닌 교배모본(交配母本 ♀.♂)의 선정→②교배→③1대잡종육성→④분리세대인 2대잡종육성과 수백만의 개체 중에서 우량개체 선발→⑤3~6...고세대육성과 선발→⑥예비생산력검정시험(병해충 등...다양한 특성검정 병행)→⑦생산력검정본시험 2~3년(특성검정 병행)→⑧지방적응연락시험 2~3년→⑨농가실증시험→⑩보급품종 결정과 명명(命名)→⑪기본식물유지 및 원종. 원원종 종자증식→⑫농가 보급종자 증식→⑬농가재배...,

이상과 같은 여러 육성단계와 농가보급에 이르기까지의 과정으로 볼 때 ①~②의 첫 단계인 교배모본선정과 교배를 주도했다고 해서 품종이 육성되는 것은 결코 아니라는 것을 알 수 있다. 왜냐하면 잡종계대(雜種繼代)의 다양한 표현형인 수백만의 개체군 속에서 육종가들이 바라는 이상형(理想型, ideal type)을 선발하고, 선발개체들의 다음 세대를 거치면서 주된 유용형질이 고정되는 ④⑤⑥...단계에서 생산성과 병충해저항성 등 주요특성검정은 물론 종자증식 및 농가보급에 이르기까지 그 어느 한 단계도 소홀히 해서는 목적으로 하는 품종개발은 성취할 수 없는 것이다. 따라서 "통일벼" 품종육성과 보급은 농촌진흥청 소속 작물시험장(수원)을 주축으로 하여 호남작물시험장(이리), 영남작물시험장(밀양)의 육종·재배연구진, 서울대학교 농과대학 허문회교수, 국제미작연구소의 협조가 근간이 되었고, 지방적응연락시험은 각도 농촌진흥원, 대량종자증식은 작물시험장과 국제미작연구소와의 협조로, 농가확대보급에는 시군농촌지도소는 물론 농수산부의 행정·재정력의 동원 등으로 이루어진 총합된 산물이며, 재배농민들의 적극적인 수용으로 쌀 자급달성이 성취된 것이기에 역할과 공헌에 경중은 있으나 참여한 모두의 산물임은 말할 나위도 없다.

여기서 각별히 지적해 두고 싶은 중요한 사실 2가지가 있다.

첫째는 박정희대통령의 쌀 자급자족에 대한 강력한 의지와 집념이다. 조국근대화를 위한 경제개발도 쌀 자급이 그 기초가 된다는 일념은 1966년을 시작으로 1971년도 "통일벼" 품종으로 명명(命名, 박대통령의 제안)되기까지 수시로 농촌진흥청 작물시험장 시험포장에 오셔서 통일벼의 전신인 잡종세대가 자라는 모습을 보고 아낌없는 독려를 해 주셨고, 심지어는 세대단축온실에서 실제 벼 암·수 교배하는 시습까지 하시면서 고온다습한 온실에서 땀 흘리며 애쓰는 연구원들의 노고에 격려를 아끼지 않으셨고, "통일 쌀"로 밥을 지어 밥맛을 평가하는 시식평가(試食評價)에도 참여하시는....등 통치자의 애국애족에 찬 집념과 연구원들에 대한 애정과 격려 없이는 "통일벼" 품종개발과 적극적인 농가 확대보급은 불가능했다고 솔직히 고백하고 싶다.

"통일벼" 품종개발로 쌀 자급달성 기념 녹색혁명성취 기념탑

또 하나는 농업연구·지도사업을 총지휘하는 농촌진흥청장 김인환 박사의 확고한 신념과 추진력이다. 육종과정에서 종래와 다른 형질의 발현으로 연구진이 주저할때마다 박정희대통령의 정책추진에 대한 충정, 오직 쌀 자급달성으로 녹색혁명(綠色革命)을 이룩하겠다는 집념과 한결같은 추진력이 뒷받침이 되어 성취한 결과임을 부정할 수가 없다. 그러기에 박정희대통령은 연구와 학자 출신인 김인환 박사를 농촌진흥청장직에 13년간이나 책임지게 했다는 후문이다.

끝으로 수 없이 많은 숨은 일화 중에서 마음에 와 닫는 작은 미화를 한두 가지 덧붙이기로 한다.

박정희대통령은 권농일엔 각료들과 함께 농촌진흥청 작물시험장 시험포장에서 모심기를 할 때 총리가 경험이 없어 모를 꺾어 깊이 심는 것을 보시고, 모는 엄지와 검지, 중지로 잡고 발자국을 메워 평평히 고른 뒤 얕게 심어야 가지가 많이 쳐 수량이 많다고 시범을 보였으며, 가을 추수감사절 시험포장에서 벼 베기를 할 때는 준비된 낫을 들자마자 낫이 잘 갈려 날이 잘 섰는지를 알기 위해 엄지손가락으로 낫날을 쓸어 보시는 모습은 농민이 낫질에 앞서 하는 관습 그대로였으며, 벼 베기에도 각료들이 한포기 한포기 베는 어설픈 낫질을 보고 박대통령은 빙긋이 웃으시며 네다섯 포기를 손목으로 싸안아 베어내는 솜씨는 전업농민도 감탄할 숙련됨을 보여 통치자에게서도 숨은 농민의 농사기술과 함께 포근하고 인자한 마음을 읽을 수 있었다.

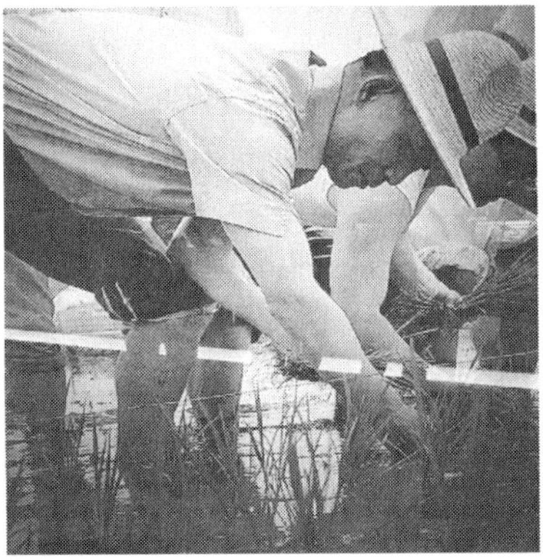

작물시험장 시험답에서 박정희대통령과 각료들의 모심는 모습

김인환 농촌진흥청장은 "통일벼"가 품종으로 개발되기까지 장대비가 오거나 갑자기 기온이 내려가는 밤이면 놀라 깨어나 밖에 나가 하늘을 쳐다보며 밤잠을 설치기가 수십 번이라는 뒷이야기를 듣고 그 정열과

집념에 애틋함마저 느꼈다.

이렇듯 고 박정희대통령은 위정자로서, 고 김인환청장은 연구 · 지도의 총지휘감독자로서 "통일벼" 품종육성의 성공과 농가확대보급을 통해 1976년도 쌀 생산 467만 톤(소비량 465만 톤)을 생산, 드디어 쌀 자급 달성을 성취함으로서 한국의 녹색혁명(綠色革命)을 이루게 한 지도자라고 하여 하나도 더함이 없다고 생각한다. 그리고 당시 벼 품종 육종기법은 더욱 발전하여 현재에도 세계적 우위를 차지하고 있을 뿐만 아니라 장차 통일한국의 국민 식량을 책임질 수 있도록 농촌진흥청 국립식량과학원은 범지구적 유전자원을 보전하고, 그 활용에 적극 대응하고 있음을 밝혀둔다.

가버린 인연들

나 이렇게도 가슴 저리고 사무치게
쓸쓸함을 느끼기는 처음이다.

내가 마구 뛰놀든 고향의 뒷산
모두 변해버린 때문일까.

진달래꽃 따먹고 칡뿌리 캐먹던
초등학교 친구
멀리 떠나버린 때문일까.

마음 여리고 그렇게도 진력했던 사람이
너무도 일찍이 하늘나라로 떠난 때문일까.

엄하셨지만 팔베개 비우고 밤하늘 별 보고
별 하나 나 하나 별 둘 나 둘 같이 세던 아버지
말수는 적지만 자애로워 언 손 입김으로 녹여주던
어머니 어머니 어머니
저 세상 천당으로 가신 때문일까.

모두가 보고 싶은 얼굴들이다.
주변이 텅 비어 쓸쓸할 뿐이다.

나의 마음이 약해진 때문일까.

아니 나이 탓일까.

본래 인간은 혼자인 것을!

아카시아 꽃의 연정

목련꽃, 산수유꽃, 개나리꽃, 진달래꽃이 지고 나면
신록의 계절 5월
찔레꽃, 탱자꽃, 안개꽃, 아카시아 꽃이 손짓한다.

그 중에서도 나는 아카시아 꽃에 머문다
연한 녹색 옷단장에 하얀 그리움을 절규하는 너의 열정이
밀물처럼 출렁이는 5월이 아니냐
온 천지가 너의 감미로운 향기로 충만 하구나

영겁의 세월 속에서 비록 인생은 찰나라 하지만
너는 영겁의 회귀로 이 자리에 찾아 왔구나
어쩌면 너는 연인처럼 다정 하구나
어쩌면 너는 신부처럼 화려 하구나
어쩌면 너는 여왕처럼 고상 하구나

나는 찰나에 왔다 가지만
너와의 만남, 그 수많은 인연 중에서
우리의 기연이 신기하고 찬란하다

나는 아카시아 꽃이 피는 5월을 좋아 한다
사치스럽지 않은 외모에

가까운 듯 멀고 먼 듯 가까운
그윽하고 신비로운 너의 향기 속에
나는 네가 있기에 잃어버린 나를 발견 한다

너의 향기가 떠나기 전에
가까운 사람들을 이 자리에 초대하여
너와 나의 기연을 찬미하리라

글을 마치며 한마디의 말

밖에는 봄비가 오고 있어요.

다실에서 봄비 오는 소리를 들으며

*聽細雨*라는 먹물 붓글시로 쓴 괘도족자를 걸어놓고, 그 아래 탁자에는 담청색의 수국(水菊.紫陽花)을 봄비에 적시어 빗방울이 꽃잎에 방울방울 맺게 하고.

김이 오른 담백한 녹차를 친구와 함께 마시며 고상하고 운치 있는 이야기를 나누는 정취는 茶와 禪과 인생이 상통하는 유현의 극치요.

一期一會와 中正.和敬淸寂의 표증이고, 日日是好日인 茶樂人이 즐기는 일입니다.

인생 88 여기까지 왔습니다.
이제 *지혜롭게 사는 인생노트*와 *수많은 못다 한 글들*을 봄비와 함께 대자연에 묻고나면, 그 종자 글들은 자연과 어우러져 파릇파릇 새싹을 내밀고, 소담스럽게 자라서, 우아한 꽃을 피워 후학세대 인연들에게 무아봉공(無我奉公)하면서 자연과 함께 공생공서(共生共棲 .symbiosis)하는 작은 한 몫을 실현하기를 기원합니다.

늘빛 종훈(鍾薰)

저자 이 종 훈(李 鍾 薰)

경기도 여주시에서 출생, 농촌진흥청 작물시험장 답작과에 농업연구사로 들어와 수도재배과 및 육종과 농업연구관을 거처 일본 동경농대에서 벼생리연구로 일본작물학기사 학술지에 논문 6편을 발표했으며(日語), 1973년 「水稲根の形態およひ機能と地上部諸形質との關連について」로 농학박사 학위를 받음.

특히 수도육종과에 근무하면서 '통일' '조생통일' '황금벼' '금강벼' '만석벼' 등 육성에 공헌하였고, 춘천의 내냉성 검정포는 설계에서 설치, 검정 기술확립에 이르기까지 주도적으로 이끌어 국제내냉성검정포(IRCTN)로 활용하는데 공헌함. 그 후 재배과장으로 근무하면서 '유신' 품종의 급성위조현상 원인구명을 위해 '국제미작연구소(IRRI)'에 파견 품종계보에 따른 해부학적 형태구조의 유적적 특성이 주원인임을 밝혀냈고, 품종육성 과정에서 위조현상 검정법을 확립함.

벼기계이앙생력화를 위한 상자육묘법 및 재배기술확립에 공헌하였고, 이울러 미국루이지애나주립대, 캘리포니아주립대, 택사스농업시험장 객원연구원으로 근무하였으며, 그 후 한국방송통신대학교 교수로 전직하여 다년간의 연구경력과 실제 농가에 바탕을 둔 산 경험으로 농업경영인 육성을 위해 진력하였고, 농학과장은 물론 교무처장을 역임했고, 일본 문부성 방송교육개발센터 및 동경농대 객원교수로 근무하였으며 한국방송통신대학교에서 정년퇴직(명예교수 1호) 함.

저서로는 「水稻冷害實態分析과 綜合技術對策」을 비롯「벼와 쌀의 지혜」, 「作物生理學」, 「벼기계이앙재배의 理論과 技術」,「재미있는 농업이야기」, 「農學原論」, 「稻作科學」, 「식용작물학 I」, 「작물생산생태학」등이 있으며, 주요논문으로는「水稻品種의 萎凋現象과 生理 및 形態解剖學的 構造와의 關聯性에 관한 研究」등 120편 있음.

수 상

- 표창장: 농촌진흥사업기여공헌(1027호) 1970.12. 농수산부장관
- 표창장: 소득증대 지역사회발전기여공헌(24645호) 1974. 6. 국무총리
- 표창장: 농업기술.지도기여공헌(5821호) 1976.11. 농수산부장관
- 녹조근정훈장: 통일품종개발보급 식량자급기여공헌(7943호) 1977.12. 대통령
- 장려상: 수도기계이앙재배기술확립(8170호) 1979.12. 농수산부장관
- 장려상: 수도냉해실태분석 종합기술대책연구(9830호) 1981.12. 농수산부장관
- 한국작물학회 학술상: 우수논문발표(8호) 1981.5. 한국작물학회장
- 한국농업과학상: 저서 "농학원론" 1998.10. 한국농림수산과학협회장 등이 있음.